M&A 개론

김홍식

INTRODUCTION TO
MERGERS &
ACQUISITIONS

博 英 社

머 리 말

이 책에서는 신문·TV 등 다양한 매체를 통하여 접하여 왔던 기업인수·합병 즉 M&A와 관련된 여러 가지 법률문제를 회사법, 증권거래법, 자본시장과 금융투자업에 관한 법률, 독점규제 및 공정거래에 관한 법률 등 다각적인 측면에서 다루어 보고자 한다.

생각건대 실제로 발생하는 M&A는 개별적인 상황에 따라 관련당사자에게 긍정적인 효과나 부정적인 효과를 미칠 수 있기 때문에 M&A는 양날의 검과 같이 가치창조적인 면과 가치파괴적인 면이 공존하고 있는 복합적인 현상으로 보아야 한다고 본다. 이에 따라 M&A와 관련된 당사자들에게 비효율적인 경영진의 교체와 같은 M&A의 순기능적인 면(가치창조적인 면)은 장려되어야 하고, 단기적 성과에 치중한 경영과 같은 역기능적인 면(가치파괴적인 면)은 억제되어야 할 것으로 생각한다.

저자는 이 책에서 이러한 복합적인 측면을 지닌 M&A와 관련하여 각국의 M&A 법제 및 방어행위의 적법성에 관한 학설·판례를 비교법적 측면에서 검토한 후 우리나라 M&A 법제를 보완함에 있어서 참조할 점이나 우리나라법상 방어행위에 관한 적법성의 판단기준을 모색하고자 한다. 또한 적대적 M&A에 직면한 회사들이 적절한 방어수단을 채택하는데 있어서 참고가 될 수 있도록 방어수단의 우리나라법상의 실질적인 활용성을 검토하고자 한다.

이 책은 저자의 박사학위논문을 기초로 하여 그동안 변경된 법제 및 내용을 첨부하여 완성된 만큼 부족한 부분이 많을 것으로 예상된다. 향후 지속적인 보완을 약속드린다.

미흡한 본인에게 박사학위를 수여하셨고 인생의 스승님이신 고려대학교에 계신 정찬형 교수님의 도움이 아니었다면 이 책은 세상에 나올 수 없었을 것이다. 또한 그동안 연구를 한다는 미명하에 가장의 의무를 소홀히 한 저를 이해해 준 제 처와 딸아이에게 감사드린다. 마지막으로 저에게 훌륭한 출판사의 이름을 사용할 수 있게 해 주신 박영사 안종만 회장님과 출판을 도와주신 조성호 부장님, 편집을 맡아주신 노현 부장님께 깊은 감사를 드린다.

2009. 1. 3.

安東에서 **김홍식**

차　　례

제 1 장　M&A 일반론

제 1 절　M&A의 개념 ········· 3

제 2 절　M&A의 유형 ········· 5

Ⅰ. M&A의 분류기준 ········· 5

Ⅱ. 적대적 M&A ········· 6

제 3 절　M&A에 관한 이론 ········· 8

Ⅰ. 징계이론(The Disciplinary Hypothesis) ········· 9

Ⅱ. 상승효과이론(The Synergy Hypothesis) ········· 10

Ⅲ. 기업규모확대이론(The Empire Building Hypothesis) ········· 11

Ⅳ. 착취이론(The Exploitation Hypothesis) ········· 12

Ⅴ. 소　　결 ········· 15

제 2 장　각국의 M&A 법제

제 1 절　총　　설 ········· 21

제 2 절　미　　국 ········· 22

Ⅰ. 개　　관 ········· 22

Ⅱ. M&A 관련법규의 주요내용 ···· 23
1. 연방법(윌리암스법) ···· 23
가. 미국 증권거래법 제13조 (d)항 ···· 24
나. 미국 증권거래법 제13조 (e)항 ···· 25
다. 미국 증권거래법 제14조 (d)항 ···· 25
라. 미국 증권거래법 제14조 (e)항 ···· 27
2. 주회사법 ···· 28
가. 제 1 세대 기업인수규제법
(First Generation Anti-Takeover Statute) ···· 30
나. 제 2 세대 기업인수규제법
(Second Generation Anti-Takeover Statute) ···· 30
(1) 지배주식취득규정(Control Share Acquisition Statute) / 30
(2) 공정가격규정(Fair Price Statute) / 31
(3) 이해관계자규정(Stakeholder Statute, Constituency Statute) / 32
(4) 주식매수청구권규정(Redemption Rights Statute) / 32
다. 제 3 세대 기업인수규제법
(Third Generation Anti-Takeover Statute) ···· 33
제 3 절 유 럽 ···· 34
Ⅰ. 유럽연합(European Union) ···· 34
1. 개 관 ···· 34
2. 공개매수에 관한 13th Directive의 주요내용 ···· 35
가. 정보제공의무 ···· 35
나. 공개매수기간 ···· 36
다. 공평가격(Equitable Price) ···· 36
라. 의무공개매수(Mandatory Bid) ···· 36
마. 소수주주의 퇴출 ···· 37
바. 대상회사 경영진의 중립원칙(Neutrality Rule) ···· 37
사. 폐기원칙(Breakthrough Rule) ···· 38
아. 선택규정(Optional Arrangement) ···· 39
Ⅱ. 영 국 ···· 40
1. 개 관 ···· 40

2. M&A 관련법규의 주요내용 ······ 42
가. 의무공개매수(Mandatory Offer) ······ 42
나. 소수주주의 퇴출 ······ 44
다. 경영진의 방어행위 허용여부 ······ 46
Ⅲ. 독　　일 ······ 47
1. 개　　관 ······ 47
2. M&A 관련법규의 주요내용 ······ 48
가. 의무공개매수(Pflichtangebot, Mandatory Offer) ······ 48
나. 소수주주의 퇴출 ······ 50
다. 경영진의 방어행위 허용여부 ······ 51
제 4 절 일　　본 ······ 52
Ⅰ. 개　　관 ······ 52
Ⅱ. M&A 관련법규의 주요내용 ······ 53
1. 신회사법 ······ 53
가. 신주예약권 ······ 53
나. 종류주식 ······ 55
(1) 의결권제한주식 / 55
(2) 취득조항부주식 / 55
(3) 전부취득조항부종류주식 / 56
(4) 거부권부주식 / 56
(5) 종류주주총회에서 이사·감사를 선임할 수 있는 주식 / 57
2. 기업가치보고서 ······ 58
가. 배　　경 ······ 58
나. 주요내용 ······ 59
(1) 방어수단에 관한 공시제도의 강화 / 59
(2) 기업가치기준에 입각한 방어수단의 합리성에 대한 판단 / 59
(3) 기업가치기준에 합치하는 방어수단 / 60
3. 방어수단에 관한 지침 ······ 61
가. 배　　경 ······ 61
나. 주요내용 ······ 62
(1) 기업가치·주주공동이익의 확보·향상의 원칙 / 62

(2) 사전공시 · 주주의사의 원칙 / 62
(3) 필요성 · 상당성의 원칙 / 63

제 5 절 한 국 ··· 64

Ⅰ. 개 관 ··· 64

Ⅱ. M&A 관련법규의 주요내용 ··· 64

1. 상 법 ··· 64

가. 회사의 합병제도 ··· 64

(1) 간이합병요건의 완화 / 65
(2) 소규모합병제도의 신설 / 66

나. 회사의 분할제도 ··· 67

다. 영업양수(양도) ··· 68

2. 증권거래법 ··· 68

가. 주식의 대량소유제한제도 ··· 68

나. 의무공개매수제도 ··· 69

다. 주식대량보유보고제도 ··· 71

라. 위임장경쟁 ··· 72

마. 공개매수제도 ··· 74

바. 적대적 M&A에 대한 방어법제의 변천 ··· 76

Ⅲ. 외국인의 M&A와 관련된 법제 ··· 77

1. 서 언 ··· 77

2. 역차별의 문제 ··· 78

가. 외국인투자촉진법상의 문제 ··· 78

나. 독점규제 및 공정거래에 관한 법률상의 문제 ··· 79

(1) 출자총액규제 / 79
(2) 상호출자규제 / 80
(3) 상호출자제한기업집단내 금융계열사의 의결권 제한 / 81
(4) 지분소유현황 공개 / 82
(5) 비상장사의 경영상 중요사항의 공시 / 82
(6) 사 견 / 83

3. 국가기간산업과 관련된 문제 ··· 84

가. 엑슨 플로리오 수정법안(Exon-Florio Amendment) ··· 85

나. 국가기간산업과 관련된 입법 ······ 86
제 6 절 소 결 ······ 87

제 3 장 적대적 M&A에 대한 방어행위의 정당성과 적법성

제 1 절 총 설 ······ 97
제 2 절 방어행위의 정당성 ······ 98
Ⅰ. 미국의 학설 및 미국법률협회의 입장 ······ 98
1. 주의의무/충실의무와 경영판단의 원칙과의 관계 ······ 98
가. 주의의무와 경영판단의 원칙과의 관계 ······ 98
나. 충실의무와 경영판단의 원칙과의 관계 ······ 101
다. 방어행위와 경영판단의 원칙과의 관계 ······ 102
2. 경영진의 방어행위에 관한 미국의 학설 ······ 103
가. 경영자수동행위이론(Theory of Managerial Passivity) ······ 103
나. 경영판단의 원칙(The Business Judgment Rule) 적용설 ······ 105
다. 경영자경매인이론(Managerial Auctioneer Thesis) ······ 106
3. 미국법률협회의 입장 ······ 109
Ⅱ. 상법상 방어행위의 정당성에 관한 논의 ······ 112
1. 긍 정 론 ······ 112
2. 부 정 론 ······ 113
3. 절 충 론 ······ 113
4. 사 견 ······ 114
제 3 절 방어행위의 적법성 ······ 117
Ⅰ. 방어행위의 적법성 판단기준에 관한 각국의 판례 ······ 117
1. 미 국 ······ 117
가. Cheff v. Mathes ······ 117
(1) 사건의 개요 / 118
(2) 판결의 요지 / 119
(3) 판결의 의의 / 120

나. Unocal Corp. v. Mesa Petroleum Co. ········ 121
(1) 사건의 개요 / 121
(2) 판결의 요지 / 122
(3) 판결의 의의 / 123
다. Revlon v. MacAndrews & Forbes Holdings ········ 124
(1) 사건의 개요 / 124
(2) 판결의 요지 / 127
(3) 판결의 의의 / 129
라. Paramount Communications, Inc. v. Time Inc. ········ 130
(1) 사건의 개요 / 130
(2) 판결의 요지 / 133
(3) 판결의 의의 / 135
마. 소 결 ········ 136
2. 일 본 ········ 137
가. 秀和 對 忠實屋・いなげや(이나게야) 사건 ········ 138
(1) 사건의 개요 / 138
(2) 판결의 요지 / 139
(3) 판결의 의의 / 139
나. 高橋産業 對 宮入밸브 사건 ········ 140
(1) 사건의 개요 / 141
(2) 판결의 요지 / 141
(3) 판결의 의의 / 142
다. 일본방송 사건 ········ 143
(1) 사건의 개요 / 143
(2) 판결의 요지 / 144
(3) 판결의 의의 / 145
라. ニレコ(니레코) 사건 ········ 146
(1) 사건의 개요 / 146
(2) 판결의 요지 / 147
(3) 판결의 의의 / 148
마. 소 결 ········ 149
3. 한 국 ········ 151
가. 한화종합금융 사건 ········ 151

(1) 사건의 개요 / 151
(2) 판결의 요지 / 152
(3) 판결의 의의 / 153
나. 현대엘리베이터 사건 ······ 154
(1) 사건의 개요 / 154
(2) 판결의 요지 / 156
(3) 판결의 의의 / 159
다. SK 사건 ······ 160
(1) 사건의 개요 / 160
(2) 판결의 요지 / 162
(3) 판결의 의의 / 163
라. 유비케어 사건 ······ 163
(1) 사건의 개요 / 164
(2) 판결의 요지 / 165
(3) 판결의 의의 / 165
마. 소 결 ······ 165
Ⅱ. 방어행위의 적법성 판단기준에 관한 논의 ······ 167
1. 제 1 설 ······ 167
2. 제 2 설 ······ 169
3. 사 견 ······ 170
가. 방어행위가 직접 법령이나 정관에 규정된 경우 ······ 173
(1) 적 법 성 / 173
(2) 이사의 책임 / 173
(3) 증명책임 / 175
나. 방어행위가 직접 법령이나 정관에 규정되지 않은 경우 ······ 176
(1) 적 법 성 / 176
(2) 이사의 책임 / 176
(3) 증명책임 / 177
Ⅲ. 방어권 인정규정의 도입 ······ 181
1. 필 요 성 ······ 181
2. 입 법 례 ······ 182
가. 유 럽 ······ 182

나. 미 국 ···· 183
3. 사 견 ···· 183

제 4 장 적대적 M&A에 대한 방어수단

제 1 절 총 설 ···· 191
제 2 절 정관을 이용한 방어수단 ···· 193
Ⅰ. 인수자격퇴규정(Shark Repellent Amendment) ···· 193
1. 개 념 ···· 193
2. 유 형 ···· 194
가. 시차이사임기조항(Staggered Board Provisions) ···· 194
나. 특별다수결조항(Supermajority Provision) ···· 195
다. 공정가격조항(Fair Price Provisions) 및 의무상환권조항 (Compulsory Redemption Provision) ···· 197
라. 잠금규정(Lock-up Amendment) ···· 198
3. 인수자격퇴규정과 관련된 법적 논점 ···· 199
가. 미국법상 논점 ···· 199
나. 우리법상 논점 ···· 199
(1) 시차이사임기조항의 도입 / 200
(2) 특별다수결조항의 도입 / 201
Ⅱ. 차등의결권주식(Dual Class Stock) ···· 203
1. 개 념 ···· 203
2. 유 형 ···· 204
가. 교환청약(Exchange Offer) ···· 204
나. 특별배당(Special Distribution) ···· 205
다. 의결권의 변경(Voting Right Alteration) ···· 206
3. 차등의결권주식과 관련된 법적 논점 ···· 207
가. 미국법상 논점 ···· 207
나. 우리법상 논점 ···· 209
(1) 차등의결권제도의 도입에 관한 견해 / 209

(2) 차등의결권제도의 도입에 관한 사건 / 210
제 3 절 계약에 의한 방어수단 ··· 212
Ⅰ. 황금낙하산(Golden Parachute) ··· 212
1. 개 념 ··· 212
가. 지배권변동에 관한 조항(Change of Control Clause) ··· 213
나. 계약종료에 관한 조항(Termination Clause) ··· 213
다. 보상에 관한 조항(Compensation Clause) ··· 214
2. 유 형 ··· 215
가. Golden Parachute의 발생요건에 따른 유형 ··· 215
나. Golden Parachute의 대상에 따른 유형 ··· 215
3. 경제적 효용성 ··· 216
가. 유능한 임원의 확보효과 ··· 216
나. 대리인 비용의 감소효과 ··· 217
다. 적대적 M&A에 대한 억제효과 ··· 218
4. Golden Parachute와 관련된 법적 논점 ··· 218
가. 미국법상 논점 ··· 218
나. 우리법상 논점 ··· 219
(1) 구체적인 보상액이 확정된 경우 / 220
(2) 구체적인 보상액이 확정되지 않은 경우 / 220
(3) Golden Parachute 규정변경의 제한 / 221
Ⅱ. 락업(Lock-Up) ··· 221
1. 개 념 ··· 221
2. 유 형 ··· 223
가. 위약비용(Topping Fee) ··· 223
나. 비용상환규정(Expense Reimbursement Provision) ··· 223
다. 해약금(Termination Fee 혹은 Break-up Fee) ··· 223
라. 자산선매권(Asset Lock-Up Option) ··· 224
마. 주식선매권(Stock Lock-Up Option) ··· 224
3. 경제적 효용성 ··· 225
가. 긍 정 론 ··· 225
나. 부 정 론 ··· 226

4. Lock-Up계약과 관련된 법적 논점 ……… 227
가. 미국법상 논점 ……… 227
(1) 학설상의 논의 / 227
(2) Delaware법원의 입장 / 229
나. 우리법상 논점 ……… 232
제 4 절 자본구조변경에 의한 방어수단 ……… 243
Ⅰ. 자기주식의 취득 ……… 243
1. 개 념 ……… 243
2. 유 형 ……… 244
가. 주식시장에서의 자기주식취득(Open Market Repurchases) ……… 244
나. 자기공개매수(Self-Tender Offer) ……… 245
다. 공개매수자로부터의 자기주식의 취득(Greenmail) ……… 246
(1) 개 념 / 246
(2) 경제적 효용 / 248
3. 자기주식취득과 관련된 법적 논점 ……… 250
가. 미국법상 논점 ……… 250
(1) 주식시장에서의 자기주식취득 및 자기공개매수의 경우 / 250
(2) 공개매수자로부터의 자기주식의 취득(Greenmail)의 경우 / 250
나. 우리법상 논점 ……… 252
(1) 주식시장에서의 자기주식취득 및 자기공개매수의 경우 / 252
(2) 자기주식처분과 관련된 문제 / 254
(3) 공개매수자로부터의 자기주식의 취득(Greenmail)의 경우 / 255
Ⅱ. 차입매수 및 경영진에 의한 차입매수(Leveraged Buyout & Management Buyout) ……… 257
1. 개 요 ……… 257
2. 유 형 ……… 260
가. 대상회사의 주주가 주식매수자금을 조달하는 경우 ……… 260
나. 독립적인 기관이 주식매수자금을 조달하는 경우 ……… 260
3. LBO/MBO와 관련된 법적 논점 ……… 261
가. 미국법상 논점 ……… 261
(1) LBO/MBO의 문제점 / 261

(2) LBO/MBO에 있어서 적법성의 판단 / 263
나. 우리법상 논점 ······ 269
(1) 회사자산의 담보제공행위의 허용여부 및 이사의 책임 / 269
(2) 자기거래금지와 관련된 문제 / 272
(3) 수시공시의무 및 내부자거래와 관련된 문제 / 276
(4) 폐쇄기업화와 관련된 문제 / 278
(5) 형법상 배임죄와 관련된 문제 / 279
(6) 소 결 / 282
Ⅲ. 근로자지주제도(Employee Stock Ownership Plan) ······ 284
1. 개 요 ······ 284
가. 우리사주조합제도 ······ 285
(1) 개 념 / 285
(2) 연 혁 / 285
(3) 기본구조 / 285
나. 미국의 ESOP ······ 287
(1) 개 념 / 287
(2) 연 혁 / 288
(3) 기본구조 / 288
(4) 유 형 / 290
2. 특 징 ······ 291
가. 조 합 형 ······ 291
나. 성과배분형 ······ 292
3. 운영현황 ······ 292
가. 우리사주조합 ······ 292
(1) 우리사주 예탁현황 / 292
(2) 우리사주 재원별 취득현황 / 293
나. 미국의 ESOP ······ 294
(1) 자사주 보유현황 / 294
(2) 자사주 재원별 취득현황 / 294
4. 근로자지주제도와 관련된 법적 논점 ······ 295
가. 미국법상 논점 ······ 295
(1) 의결권 행사방법 및 수탁자의 의무 / 295

(2) 개인별 계정에 배정된 주식의 의결권행사와 관련된 수탁자의무 / 296
(3) 미배정주식의 의결권행사와 관련된 수탁자의무 / 296
나. 우리법상의 논점 ········ 299
(1) 차입형 우리사주제도의 활성화 / 301
(2) 의결권 행사방법에 관한 논점 / 302
(3) 적법성의 판단 / 307
Ⅳ. 포이즌 필(Poison Pill) ········ 309
1. 개 념 ········ 309
2. 유 형 ········ 310
가. 우선주배당형식의 Poison Pill ········ 311
(1) 전환권이 부여된 우선주배당 / 311
(2) 상환권이 부여된 우선주배당 / 312
나. 권리(Right)부여형식의 Poison Pill ········ 312
(1) Flip-Over Provision / 313
(2) Back-End Provision / 316
(3) Flip-In Provision / 317
(4) Exchange Option / 319
3. Poison Pill과 관련된 법적 논점 ········ 320
가. 미국법상 논점 ········ 320
나. 우리법상 논점 ········ 322
(1) 우선주배당형식의 Poison Pill의 경우 / 322
(2) 권리(Right)부여형식의 Poison Pill의 경우 / 324

[부록] Directive 2004/25/EC of the European Parliament and of the Council of 21 april 2004 on takeover bids ········ 324
국문색인 ········ 365
영문색인 ········ 368

제 1 장

M&A 일반론

제 1 절 M&A의 개념

제 2 절 M&A의 유형

제 3 절 M&A에 관한 이론

제 1 장
M&A 일반론

제 1 절 M&A의 개념

M&A란 무엇인가? 우리가 일상적으로 기업인수·합병이라고 부르고 있는 M&A는 Merger and Acquisition의 약어로서 법률학상의 용어라기보다는 경영학상의 용어로서 이를 직역하면 기업의 합병·인수라고 할 수 있다.[1] 즉 M&A는 정확한 법적 개념의 정립이 되지 않은 채 실무에서 '인수합병', '매수·합병', '기업매수', '기업인수', '기업취득'[2] 등 다양한 용어로 사용되고 있다. 본서에서는 이러한 다양한 용어 대신에 이미 상용화되어버린 M&A라는 용어를 사용하는 편이 M&A와 관련된 법적 논점을 고찰하는데 있어서 도움이 된다고 생각하여 M&A라는 용어를 사용하고자 한다.

M&A는 합병(Merger)과 인수(Acquisition)의 합성어라 할 수 있는데, 먼저 합병의 개념에 대하여 살펴보기로 하겠다. 2개 이상의 회사가 결합되는 합병에는 한 회사가 존속하고 다른 회사가 소멸하는 흡수합병(Merger)과 당사회사 전부가 소멸하고 신회사가 설립되는 신설합병(Consolidation)으로 분류할 수 있으나, 양자간에는 합병의 형태를 제외한 합병

1) 정찬형, 「회사법강의(제 3 판)」(서울: 박영사, 2003), 130면.

2) 수원지방법원 여주지원은 2003년 12월 12일에 선고한 2003카합369 신주발행금지가처분 사건(소위 현대엘리베이터 사건)의 판결문에서 기업의 지배 또는 경영권을 취득할 목적으로 하는 모든 형태의 거래를 총칭하는 M&A의 우리말로서 기업취득이라는 용어를 사용한다고 밝히고 있다.

요건 및 절차적인 면은 동일하다고 할 수 있다.[3)]

그리고, 인수의 개념과 관련하여 인수란 대상회사의 주요자산이 인수회사에 이전되는 것이라는 견해에 의하면,[4)] 회사의 인수는 주요자산의 매매가 발생한다는 점에서 회사지배권의 移轉去來와 같은 유형으로 볼 수 있으므로,[5)] 인수회사는 대상회사의 인수를 통하여 대상회사의 지배권을 취득할 수 있다고 본다. 즉 인수의 개념을 대상회사의 지배권 취득이라고 넓게 본다면 인수방법에는 대상회사의 자산 및 주식의 인수라는 일반적인 인수방법 이외에 전술한 대상회사와의 합병의 방법도 포함시킬 수 있게 되는 것이다.

따라서 M&A의 개념을 단순한 합병과 인수의 합성어가 아닌, 합병을 포함하는 넓은 의미의 인수로 파악하여 대상회사의 지배권 취득을 목적으로 하는 거래의 총체로 보는 것이 실질적인 M&A의 개념과 부합한다고 생각한다.[6)]

국내학자들도 M&A의 개념에 대해서는 거의 유사하게 정의를 내리고 있는데 이하에서는 이와 관련된 몇 가지 견해를 간략하게 서술하여 보기로 하겠다.

첫 번째로 M&A는 대체적으로는 기업의 경영권 취득을 목적으로 하는 거래의 총체라고 이해된다고 하는 견해[7)]가 있으며, 두 번째로 M&A

---

3) James D. Cox & Thomas Lee Hazen, Corporation 2nd Ed. (New York: Aspen, 2003), at 606 [hereinafter Cox & Hazen, Corporation]; Stephen M. Bainbridge, Mergers and Acquisitions (New York: Foundation Press, 2003), at 7 [hereinafter Bainbridge, Mergers and Acquisitions].

4) Ronald J. Gilson & Bernard S. Black, The Law and Finance of Corporate Acquisitions 2nd Ed. (New York: Foundation Press, 1995), at 10-11 [hereinafter Gilson & Black, Corporate Acquisitions]; Jesse H. Choper, John C. Coffee, Jr. & Ronald J. Gilson, Cases and Materials on Corporations 6th Ed. (New York: Aspen, 2004), at 964 [hereinafter Choper, Coffee & Gilson, Corporations].

5) Choper, Coffee & Gilson, Corporations, *supra,* at 963.

6) 同旨: 정동윤, 「회사법(제 7 판)」(서울: 법문사, 2001), 855면.

7) 권재열, “적대적 M&A에 대한 이사의 방어행위 기준,” 「상사판례연구」(한국상사판례학회), 제18집 제 2 권(2005), 173면(이하 권재열, 이사의 방어행위 기준).

라 함은 회사의 지배권의 취득을 목적으로 하는 회사법과 증권거래법상의 모든 거래를 총칭하는 것으로서, 개인, 단체 또는 회사가 회사의 자산의 소유자가 되거나, 회사의 경영지배권을 획득함으로써 회사자산에 대한 지배권을 직접 또는 간접으로 취득하는 하나의 거래 또는 거래의 총체라고 정의하는 견해[8)]가 있다. 세 번째로는 기업의 인수는 기업에 대한 지배권이나 그 영업전체를 대상으로 하는 모든 거래행위를 지칭한다고 하는 견해[9)]도 있다.

제 2 절 M&A의 유형

Ⅰ. M&A의 분류기준

M&A는 분류기준을 어떻게 설정하느냐에 따라 여러 가지로 분류할 수가 있는데, 예를 든다면 다음과 같다. 결합형태에 의하여 수평적 M&A, 수직적 M&A, 복합적 M&A로 분류할 수 있고, 결제수단에 의하여 현금매수, 주식교환매수, 차입매수(LBO)로 분류할 수 있으며, 결합주체에 따라 국내기업간의 M&A, 국내기업이 해외기업을 인수합병하는 In-Out형, 해외기업이 국내기업을 인수합병하는 Out-In형으로 분류할 수 있다.[10)]

여기에서는 그 중 대상회사의 경영진의 사실상의 대응태도[11)]에 주목하고자 한다. 즉 M&A를 경영진의 사실상의 대응태도를 기준으로 분류한다면 우호적 M&A, 중립적 M&A, 적대적 M&A로 분류할 수 있다. 이때 우호적 M&A는 대상회사의 경영진이 매수에 적극 협조하는 M&A이

8) 송종준, “증권거래법과 M&A,” 「상사법연구」(한국상사법학회), 제 9 집(1991), 151-152면.

9) 이문성, “M&A의 서론적 고찰,” 「상사법연구」(한국상사법학회), 제 9 집(1991), 9면.

10) 윤종훈·이호준·법무법인 한결·화인 경영회계법인「M&A 전략과 실전사례」(서울: 매일경제신문사, 2003), 32-37면 참조.

11) 거래당사자의 거래의사 유무라고 표현하는 경우도 있으며[임재연, 「증권거래법(改訂版)」(서울: 박영사, 2002), 635면] 결국 같은 의미라고 할 수 있다.

며, 중립적 M&A는 대상회사의 경영진이 매수에 대해 반대도 협조도 하지 않는 M&A이고, 적대적 M&A는 대상회사의 경영진이 적극 반대하는 M&A를 의미한다. 이하에서는 현실적으로 가장 문제가 많이 제기되는 적대적 M&A에 관하여 좀 더 자세히 검토하여 보기로 하겠다.

Ⅱ. 적대적 M&A

적대적 M&A의 개념에 대해서 국내에서는 거의 유사하게 정의하고 있다. 예를 들면 적대적 M&A란 대상회사 내지 표적기업의 현경영진의 의사에 반하여 그 경영진을 교체하려는 목적을 가지고 대상회사의 경영권을 획득하는 것을 의미한다는 견해[12]가 있으며, 적대적 M&A는 대상회사의 경영진이 반대하는 속에 이루어지는 것[13]이라고 서술하고 있다.

M&A 사례가 가장 빈번하게 발생하였던 미국의 경우에는 적대적 M&A의 개념에 대하여 언급한 논문은 많지 않으나, 적대적 공개매수의 개념에 대하여 언급한 논문은 다수 있다. 이 경우에 있어서 적대적 공개매수는 미국의 경우에 있어서 적대적 M&A와 동의어로 사용되는 경우가 빈번할 만큼 적대적 M&A의 주요수단이기에 적대적 공개매수의 개념에서 적대적 M&A의 개념을 도출하여도 무리가 아니라고 생각한다. 이하에서는 적대적 공개매수의 개념과 관련된 몇 가지 견해를 간략하게 검토하여 보기로 하겠다.

첫 번째로 적대적 인수는 대상회사의 경영진이 인수되는 것을 반대하는 것이라는 견해[14]가 있으며, 두 번째로 적대적 공개매수란 대상회사 경영진의 승인 없이 공개매수의 방법에 의하여 대상회사의 주주에 대하여 직접적으로 시도되는 것이다고 보는 견해[15]가 있다. 그리고 세 번째

12) 권재열, 전게논문(이사의 방어행위 기준), 174면.

13) 권종호, “적대적 M&A에 대한 방어수단의 국제비교와 시사점,” 「기업법연구」(한국기업법학회), 제20권 제 1 호(2006), 97면.

14) Bainbridge, Mergers and Acquisitions, *supra*, at 6.

15) Choper, Coffee & Gilson, Corporations, *supra*, at 917

로 공개매수가 발생한 상황에 있어서 적대적이란 의미는 대상회사의 경영진이 인수자의 인수시도에 대하여 반대하는 것이다고 보는 견해[16)]가 있으며, 네 번째로 공개매수가 대상회사의 경영진에 의하여 승인이 된 경우는 우호적 공개매수이며, 대상회사의 경영진이 반대를 하는 경우에는 적대적 공개매수로 보는 견해[17)]도 있다.

전술한 바와 같이 M&A의 분류기준을 대상회사 경영진의 사실상의 대응태도로 보는 경우에 있어서 경영진이란 대상회사의 이사회를 가리키며 이사회를 구성하는 이사들이 회사의 지배권을 보유하고 있는지 여부(주식 소유를 통하여 자신이나 다른 이사의 선임권을 가지고 있는지 여부)는 아무런 관련이 없다. 따라서 주식을 전혀 갖고 있지 못한 전문경영진이 이사회를 구성하고 있으며 이들과 별도로 회사의 지배주식을 소유하고 있는 주주가 있을지라도 M&A가 적대적인지 우호적인지 구분은 그 전문경영진의 태도에 따라 구분된다. 그러므로 순전히 논리적으로는 우호적 M&A이지만 대상회사의 지배주주가 반대하는 경우[18)]도 있을 수 있으며 반대로 적대적 M&A이지만 대상회사의 지배주주는 찬성하는 경우도 있을 수 있다.[19)]

이와 같이 M&A에 있어서 M&A거래의 대상인 회사의 경영권을 위임받아 행사하는 지위에 있을 뿐이며 거래의 직접적인 당사자가 아닌 대상회사의 경영진의 태도를 기준으로 적대적 또는 우호적 M&A를 구분하는 것이 적당한지 여부에 대하여는 의문이 있을 수 있다. 그러나 현실적

16) Barbara White, *Conflicts in the regulation of hostile takeovers in the United States and the European Union,* 9 Ius Gentium 161, 167 (2003).

17) Robert A. Prentice, *Front-End Loaded, Two-Tiered Tender Offers: An Examination of the Counterproductive Effects of a Mighty Offensive Weapon,* 39 Case W. Res. 389, 394 (1989).

18) 현실적으로 경영진이 지배주주의 의사에 반하여 M&A에 대한 대응태도를 결정하는 것은 쉽지 않을 것이나, 예외적으로 기존 지배주주가 반대하고 있지만 M&A가 성공할 것이 거의 확실하고 그 인수자측이 기존 경영진의 지위를 보전하여 주기로 약속하는 경우 등에는 대상회사의 경영진이 기존 지배주주의 의사와는 달리 M&A에 우호적인 태도를 취할 수도 있다[정동윤·송종준·이문성, 「적대적 M&A와 법적대응」(서울: 전국경제인연합회, 1996), 74면 각주 13].

19) 정동윤·송종준·이문성, 전게서, 73-74면.

인 M&A에 있어서 경영진이 어떠한 입장을 취하는지에 따라 그 M&A의 사회경제적 평가·M&A의 성공가능성 및 법률상의 M&A 수단의 선택에 있어서 매우 큰 영향을 주게 된다.

즉 대상회사의 사정에 가장 정통한 입장에 있는 경영진이 반대하는 적대적 M&A는 대상회사의 경영진이 선관주의의무·충실의무를 위배하지 않는 한 대상회사 또는 그 주주 전체의 입장에서 보아 손해가 되는 M&A이므로 많은 법제에서 적대적 M&A에 대하여 보다 강력한 규제를 하고 있으며, 대상회사의 경영진은 일단 M&A가 회사 전체의 이익에 반한다고 판단하면 이를 저지하기 위한 여러 가지 방어수단을 취하게 되며 그 결과 M&A의 성공가능성은 그만큼 감소하게 되며, 적대적 M&A의 경우에는 대상회사 경영진의 협조를 받을 수 없기에 영업양수도나 합병과 같이 대상회사의 경영진의 동의가 필요한 방법은 채택할 수 없게 되기 때문에,[20] 대상회사 경영진이 당해 M&A에 대하여 취하고 있는 태도에 따라서 우호적 및 적대적 M&A를 구분하는 점은 충분한 실익이 있게 된다. 특히 적대적 M&A의 경우에는 대상회사의 경영진·지배주주·일반주주·소수주주·근로자·회사채권자간에 복잡한 이해관계가 상충되는 경우가 빈번하므로 이러한 이해관계를 어떻게 합리적으로 조정하느냐가 문제되고 있다.

제3절 M&A에 관한 이론

M&A는 왜 발생하는가? M&A가 발생하는 원인 내지는 동기에 대하여 많은 이론이 있으며 학자들의 견해에 따라서 여러 가지로 분류할 수 있다. 예를 든다면 Gilson 교수와 Black 교수는 운영상의 시너지(Operating Synergy)효과 추구·사업다각화(Diversification) 및 금융상의 시너지(Financial Synergy)효과 추구·비효율적인 경영진의 교체(Replacing Inefficient Management)·회사자본구조의 개편(Recapitalization)·세제상의 혜택(Tax Incentive)

20) 정동윤·송종준·이문성, 전게서, 74면.

추구·저평가된 대상회사의 주가 차익(Mispricing of the Target Company's Stock) 추구·부의 이전(Wealth Transfer) 추구 등 7가지를 분류기준으로 들고 있으며,[21] Clark 교수는 효율적인 경영진으로 인한 가치증가(Gain from better management)·시너지효과로 인한 가치의 증가(Synergy gains)·독점으로 인한 이익(Monopoly benefits)·경영자의 이익(Managerial benefits)·약탈적 가치증가(Looting gains)의 5가지를 분류기준으로 열거하고 있으며,[22] Bainbridge 교수는 비효율적인 경영진의 교체 및 전략적 동기의 2개의 카테고리로 분류하고 있다.[23] 이하에서는 Coffee 교수의 분류[24]에 따른 M&A에 관한 이론을 살펴보기로 하겠다.

Ⅰ. 징계이론(The Disciplinary Hypothesis)

이 이론은 기업지배권시장(Market for Corporate Control)이론[25]을 기초로 하여 M&A의 역할은 비효율적인 경영진의 교체(replacing inefficient management)에 있다고 보고 있다. 즉 대상회사의 자산을 비효율적으로 운영하는 경영진을 교체하여 효율적인 기업운영을 함으로써 대상회사의 자산가치의 증가에 따른 수익창출을 도모하기 위하여 M&A를 시도한다는 이론이다.[26]

---

21) Gilson & Black, Corporate Acquisitions, *supra*, at 253-638.

22) Robert Clark, Corporate Law (New York: Aspen, 1986), at 533-540 [hereinafter Clark, Corporate Law].

23) Bainbridge, Mergers and Acquisitions, *supra,* at 47-51.

24) John C. Coffee, Jr., *Regulating the market for corporate control: A critical assessment of the tender offer's role in corporate governance,* 84 Colum. L. Rev. 1145, 1162-1175 (1984) [hereinafter Coffee, *corporate control*].

25) 이는 현경영진의 효율성이 회사의 주식의 가치에 정확히 반영되며, 현경영진의 교체가 가능한 제도가 있다는 전제하에, 효율적인 자본시장에 있어서는 M&A가 비효율적인 경영진에서 효율적인 경영진으로 그 회사의 지배권을 이동시키는 역할을 한다는 이론이다 [Herry Manne, *Mergers and the market for corporate control,* 73 J. Pol. Econ. 110 (1965)].

26) 이 이론을 지지하는 대표적인 학자로서는 Frank H. Easterbrook & Daniel R. Fishel, *The Proper Role of a Target's Management in Responding to a Tender Offer,* 94 Harv. L. Rev. 1161 (1981)를 들 수 있다.

이러한 관점에서는 M&A가 이루어진 후 대상회사가 얻는 수익의 폭이 클수록 대상회사의 경영진의 비효율성의 정도가 크다고 할 수 있으며, 대상회사 경영진의 비효율성 때문에 얻지 못하였던 가치를 M&A에 의하여 인수회사와 대상회사의 주주들이 분배하여 가지게 되므로 M&A는 사회적으로 바람직한 현상이라고 볼 수 있는 것이다.[27)]

이 이론의 중요성은 우호적 M&A는 대상회사의 현경영진의 지배권 유지에 크게 위협이 되지 않는 이유들에 의하여 발생하는 반면에 적대적 M&A는 인수회사가 비효율적인 경영진의 교체를 통한 가치상승을 실현하고자 하는 이유에 의하여 발생하게 되므로 적대적 M&A는 회사지배구조에 있어서 감시역할(policing mechanism)을 하게 되는 데 있다.[28)]

그러나 M&A의 역할을 비효율적인 경영진의 교체로 보는 이러한 이론에 있어서 회사의 운영은 효율적으로 이루어지나 기업의 가치가 저평가되어 있는 경우에도 M&A는 발생할 수 있기 때문에 효율성의 기준을 대상회사의 주식의 가치로만 판단하기는 어렵다는 문제가 있다. 또한 M&A발생 후 대상회사의 경영진의 교체가 발생하는 빈도수가 반수 이하였다는 연구결과[29)]나 M&A발생후 오히려 인수회사의 주가가 하락하는 경우도 빈번하다는 점 등을 참조하여 본다면 비효율적인 경영진의 교체를 통한 가치창조란 단지 구실에 불과하며 중요한 동기라고 보기에는 무리가 있다는 비판[30)]을 받고 있다.

Ⅱ. 상승효과이론(The Synergy Hypothesis)

이는 대상회사 및 인수회사의 개별적인 회사로서의 가치의 합보다 합병후 회사의 가치가 커지는 상승효과를 얻기 위하여 M&A가 이루어진

---

27) Coffee, *corporate control, supra*, at 1163; See Also Clark, Corporate Law, *supra*, at 533.

28) Coffee, *corporate control, supra*, at 1164.

29) Bainbridge, Mergers and Acquisitions, *supra,* at 49 n7.

30) Bainbridge, Mergers and Acquisitions, *supra,* at 49.

다는 이론이다. 이때 상승효과는 운영상의 상승효과(operating synergy)와 금융상의 상승효과(financial synergy)로 나누어 볼 수 있는데, 운영상의 상승효과는 합병후 회사가 과도한 설비나 인력을 감축하여 얻을 수 있는 가치 등을 예로 들 수 있으며, 금융상의 상승효과는 대출비용의 감소 및 주식자본의 증가로 인한 도산위험의 감소 등을 예로 들 수 있다.[31]

이러한 상승효과로 인한 가치증가(synergistic gains)는 대상회사와 인수회사간의 상호보완적인 특유한 물품, 대상회사가 소유한 특수한 자원, 규모의 경제, 비용의 감소, 대출비용의 감소 등의 요인에 의하여 나타나게 되며 이에 관하여 Gilson 교수와 Bebchuk 교수가 일련의 논문을 통하여 개별적으로 견해를 표명하고 있다.[32]

그러나 이 이론은 M&A가 성사된 다음 합병후 회사에 관한 실증적 연구들에 의하여 기대하였던 상승효과가 창출되는 경우가 많지 않으며, 적대적 M&A의 징계적인 효과를 간과하였다는 비판을 받고 있다.[33]

Ⅲ. 기업규모확대이론(The Empire Building Hypothesis)

이 이론에 의하면 기업의 경영자는 다음의 여러 가지 이유로 인하여 주주의 이익 등을 고려하지 않은 채 기업규모를 확대하고자 한다고 보고 있는데,[34] 각 기업은 규모확대로 인하여 다음과 같은 장점을 가진다고

31) Coffee, *corporate control, supra*, at 1166 n44.

32) Ronald J. Gilson, *The Case Against Defensive Tactics in Tender Offers*, 33 Stan. L. Rev. 819 (1981); Ronald J. Gilson, *The Case Against Shark Repellent Amendments: Structural limitations on the Enabling Concept,* 34 Stan. L. Rev. 775 (1982); Ronald J. Gilson, *Seeking Competitive Bids versus Pure Passivity in Tender Offer Defense,* 35 Stan. L. Rev. 51 (1982); Lucian A. Bebchuk, *The Case for Facilitating Competing Tender Offers,* 95 Harv. L. Rev. 1028 (1982); Lucian A. Bebchuk, *The Case for Facilitating Competing Tender Offers: A Reply and Extension,* 35 Stan. L. Rev. 23 (1982).

33) Coffee, *corporate control, supra*, at 1166-1167.

34) 이 이론의 지지자로는 William Baumol, *Business Behavior, Value and Growth* (rev. ed. 1967); John Kenneth Galbraith, *The New Industrial State* (1967); Oliver Williamson, *Markets and Hierarchies: Analysis and Antitrust Implications* (1975);

보고 있다: i) 경영진에 대한 보상의 증가, ii) M&A에 있어서 경영진의 지위보전과 관련된 안전성의 증가, iii) 경영진의 사회적 지위의 상승, iv) 기업의 과점적 지위의 취득, v) 현경영진에 대한 승진기회의 제공 등.

이러한 이론에 의하면 대상회사를 인수하기 위하여 인수회사가 부담하는 프리미엄은 대상회사의 잠재적인 가치에 대한 것이기보다는 대상회사에 대한 인수회사 경영진의 긍정적인 평가라 할 수 있으므로, 기업규모확대이론에 있어서의 M&A는 효율성을 추구한다기보다는 인수회사의 주주들로부터 대상회사의 주주들에게로 이루어지는 순수한 富의 移轉(transfer of wealth)이라고 볼 수 있는 것이다.[35)]

이 이론은 기업지배경쟁에 있어서 가장 중요한 이익의 충돌은 인수회사의 경영진과 그 주주라는 측면을 강조하고 있기 때문에 인수회사에 대한 영향이라는 하나의 변수에만 초점을 두고 있다는 비판을 받고 있다.[36)]

Ⅳ. 착취이론(The Exploitation Hypothesis)

이 이론은 대상회사의 주식가치와 관련하여 실질가치가 현실가치를 정확히 반영하지 못하는 비효율적인 시장이 존재한다는 가정하에 기업지배권시장(market for corporate control)과 투자이익시장(market for investment profit)이라는 구분된 시장이 존재한다고 보고 있다. 이때 적대적 M&A는 이러한 2개의 시장 간의 주식가치의 차이, 즉 대상회사의 주식의 현실가치와 실질가치의 차익을 착취(exploit)하고자 하는 것으로 파악하고 있다. 즉 이 이론에 따르면 적대적 M&A는 시장의 효율성이나 사회적 이익의 증진에 기여하는 바가 없다고 한다.

이러한 착취의 방법에는 2가지가 있는데 첫 번째는 대상회사의 주식

Robin Marris, *The Economic Theory of 'Managerial' Capitalism* (1964); Harvey Leibenstein, *Allocative Efficiency vs. 'X-Efficiency'*, 56 Am. Econ. Rev. 392 (1966) 등을 들 수 있다.

35) Coffee, *corporate control, supra*, at 1168.

36) Coffee, *corporate control, supra*, at 1168-1169.

가치가 일시적인 저평가 상태에 있는 점을 악용하여 대상회사의 실질가치보다 낮은 가격으로 주식을 매입하여 그 차익을 취득하는 경우이며,[37] 두 번째는 주로 2단계 공개매수(Front-end loaded, Two-tiered Tender Offer)에 직면한 대상회사의 주주들이 죄수의 딜레마(prisoner's dilemma)에 사로잡히게 되어 대상회사의 주주들로부터 인수회사로 부의 이전이 발생하게 되는 경우라 할 수 있다.[38] 즉 공개매수에 직면한 대상회사의 주주들은 상호간에 의사연락을 할 수 없거나 조직적인 행동을 할 수 없는 상황에서 프리미엄이 부가된 1단계 매수가격에 매도할 것을 거부하기가 어려우며, 이러한 문제점은 시장가격 이하로 제시되는 2단계 매수가격에 대하여 취약점이 되게 되므로, 2단계 공개매수에 직면한 대상회사의 주주들은 1단계 매수가격에 매도할 것인가를 선택해야만 하는 상황인 '죄수의 딜레마(Prisoner's Dilemma)'에 봉착하게 되는 것이다.[39]

[2단계 공개매수(Front-end loaded, Two-tiered Tender Offer)]

2단계 공개매수란 1단계로 일정한 수량의 주식을 공개매수하여 대상회사의 경영권을 인수한 다음에 2단계로 공개매수 때보다 낮은 가격을 대상회사의 잔여주주에게 지급하면서 대상회사와의 합병을 실현하는 것이다.

2단계 공개매수에 있어서는 1단계의 매수가격(front-end price)과 2단계의 합병대가(back-end price)가 공개매수 개시 이전에 동시에 공표된다. 2단계 공개매수의 경우에는 대상회사의 주주들이 1단계의 공개매수기간 내에 공표된 공개매수가격에 자신들의 보유 주식을 매도할 것인가 여부를 결정하여야 하기 때문에 매우 위협받는 처지에 놓이게 되는 것이다.[40]

---

37) Louis Lowenstein, *Pruning Dealwood in Hostile Takeovers: A Proposal for Legislation,* 83 Colum. L. Rev. 249 (1983).

38) William J. Carney, *Shareholder Coordination Costs, Shark Repellents, and Takeout Mergers: The Case Against Fiduciary Duties*, 1983 Am. B. Found. Res. J. 341, 349 (1983); Lowenstein, *supra*, at 307-309.

39) Coffee, *corporate control, supra*, at 1169 n59.

40) 정동윤, 전게서(회사법), 860면.

[죄수의 딜레마(Prisoner's Dilemma)[41]]

전형적인 예로서 다음과 같은 상황을 들 수 있다. A와 B가 감옥에 각기 다른 방에 감금되어 있으며 상호간에 의사연락은 불가능한 상황에서, 검사는 A와 B에게 만약 A나 B가 홀로 자백을 한다면 자백한 자는 3개월·자백하지 않은 자는 10년을 구형받겠지만, A와 B 모두 자백한다면 A와 B는 모두 5년을 구형받을 것이며, 둘 다 자백하지 않는다면 1년을 구형받을 것이라는 내용의 제안을 하게 된다. 이때 A와 B는 자백을 할 것인지에 대한 선택의 기로에 서게 된다. 이는 공개매수에 직면한 대상회사의 주주들의 상황을 나타내는 데 많이 사용되는 표현이다.

이 이론의 지지자인 Carney 교수는 2단계 공개매수에 관한 실증적 연구를 통하여, 대상회사의 주식에 대하여 1단계 매수가격으로 높은 프리미엄을 지급하는 경우에 최종적인 매수가격의 평균은 공개매수 개시후 상승한 대상회사의 주식가치 이하이며 이때 최종적인 매수가격의 평균과 공개매수 개시후 대상회사의 주식가치의 차이가 대상회사의 주주에게는 손실로 발생하게 된다고 설명하고 있다.[42]

예를 들면 B회사의 주식에 대하여 A회사가 2단계 공개매수를 시작하여 1단계 매수가격을 1주당 $40로 제시한 경우에 있어서 공개매수전 B회사의 주가는 1주당 $30이었으나 공개매수 개시후 1주당 $37로 상승하게 되었다. 그 후 2단계 매수가격이 1주당 $30로 제시된 경우 최종적인 공개매수가격의 평균은 $35이 되며(40+30/2), B회사의 공개시장에서의 가격인 $37과 최종적인 공개매수가격의 평균이 차이인 $2이 대상회

41) 이러한 Prisoner's Dilemma란 용어를 처음 사용한 논문은 다음과 같다 [Brudney & Chirelstein, *Fair Share in Corporate Mergers and Takeovers*, 88 Harv. L. Rev. 297 (1974)].

42) Carney, *supra*, at 350-351: Coffee, *corporate control, supra*, at 1169 n61에서 재인용.

사의 주주들이 부담하는 순손실(net loss)이 되는 것이다.[43]

그러나 저평가된 주식은 대개 저평가된 상태가 계속 지속되게 마련이므로 위에서 본 주식가치의 현실가치와 실질가치의 차익을 취득하기 위한 M&A가 시도되어 대상회사의 실질가치가 주가에 반영되는 경우에 있어서는 대상회사의 주주들은 그러한 M&A의 존재가치에 대하여 긍정적으로 평가할 수 있다고 본다. 또한 비효율적인 주식시장으로 인하여 구조적으로 주식가치의 저평가가 발생하는 경우라면 대상회사의 주주들에게는 적대적 M&A는 보다 긍정적으로 작용할 수 있다는 의견[44]도 있다.

Ⅴ. 소　　결

위에서 언급한 징계이론과 상승효과이론에 따르면 M&A는 주가 가치의 상승의 형태로 부를 창조하며 그 창조된 수익을 인수회사와 대상회사가 공유하게 된다고 보고 있으며, 기업규모확대이론과 착취이론은 M&A를 인수회사의 주주와 대상회사의 주주들 간에 부를 이전시키는 기구로 파악하고 있다. 즉 기업규모확대이론에 따르면 대상회사의 주주는 인수회사의 주주로부터 이익을 얻으며, 착취이론에서는 반대로 인수회사의 주주들이 대상회사의 주주들로부터 이익을 얻게 되는 것이다.

따라서 M&A에 있어서 '누가 승자이며 누가 패자인가'라는 질문에 대한 대답은 위에서 언급한 이론의 구성에 따라 달라질 수 있으며, 이러한 이론들은 제각기 일관성이 부족하기 때문에 각각의 특정한 이론이 전적으로 타당한 이론이라고 혹은 아니라고 말할 수 있는 것은 아니다.[45] 즉 위에서 언급한 M&A의 동기에 관한 이론들은 부분적으로 타당성을 가지고 있으며, 표면적인 M&A의 동기와 실제적인 M&A의 동기간에 차

43) Coffee, *ibid.*

44) Coffee, *corporate control, supra,* at 1173.

45) Coffee, *corporate control, supra*, at 1173.

이가 있을 수 있기 때문에 실제적인 M&A의 동기는 위에서 언급한 하나의 이론에 따라 단순하게 파악되는 개념이 아닌 하나 이상의 동기가 복합적으로 작용하는 개념이라고 볼 수 있다.

Clark 교수는 징계이론과 상승효과이론에 있어서의 M&A를 가치창조적(value-creating) M&A로 파악하고 있으며, 기업규모확대이론과 착취이론에 있어서의 M&A를 가치파괴적(value-destroying) M&A로 파악하고 있다.[46] 이러한 점을 고려하여 볼 때 실제로 발생하는 M&A의 경우에는 가치창조적인 면과 가치파괴적인 면이 공존하고 있다고 생각하며, 이에 따라 M&A와 관련된 당사자들에게 M&A의 가치창조적인 면은 장려되어야 하며 가치파괴적인 면은 억제되어야 할 것으로 본다.

46) Clark, Corporate Law, *supra*, at 540.

참고문헌

Ⅰ. 국내문헌

윤종훈·이호준·법무법인 한결·화인 경영회계법인, 「M&A 전략과 실전 사례」, 서울: 매일경제신문사, 2003.

임재연, 「증권거래법(改訂版)」, 서울: 박영사, 2002.

정동윤, 「회사법(제 7 판)」, 서울: 법문사, 2001.

정동윤·송종준·이문성, 「적대적 M&A와 법적대응」, 서울: 전국경제인연합회, 1996.

정찬형, 「회사법강의(제 3 판)」, 서울: 박영사, 2003.

권재열, "적대적 M&A에 대한 이사의 방어행위 기준," 「상사판례연구」(한국 상사판례학회), 제18집 제 2 권(2005).

권종호, "적대적 M&A에 대한 방어수단의 국제비교와 시사점," 「기업법연구」(한국기업법학회), 제20권 제 1 호(2006).

송종준, "증권거래법과 M&A," 「상사법연구」(한국상사법학회), 제 9 집(1991).

이문성, "M&A의 서론적 고찰," 「상사법연구」(한국상사법학회), 제 9 집(1991).

Ⅱ. 국외문헌

James D. Cox & Thomas Lee Hazen, Corporation 2nd Ed., New York: Aspen, 2003.

Jeffrey D. Bauman, Corporations and Other Business Associations Statutes, Rules and Forms 2006 Edition, Minnesota: West, 2006.

Jesse H. Choper·John C. Coffee, Jr. & Ronald J. Gilson, Cases and Materials on Corporations 6th Ed., New York: Aspen, 2004.

Robert Clark, Corporate Law, New York: Aspen, 1986.

Ronald J. Gilson & Bernard S. Black, The Law and Finance of Corporate Acquisitions 2nd Ed., Foundation Press, 1995.

Stephen M. Bainbridge, Mergers and Acquisitions, New York: Foundation Press, 2003.

Barbara White, *Conflicts in the regulation of hostile takeovers in the United States and the European Union,* 9 Ius Gentium 161 (2003).

Brudney & Chirelstein, *Fair Share in Corporate Mergers and Takeovers,* 88 Harv. L. Rev. 297 (1974).

Frank H. Easterbrook & Daniel R. Fishel, *The Proper Role of a Target's Management in Responding to a Tender Offer,* 94 Harv. L. Rev. 1161 (1981).

Herry Manne, *Mergers and the market for corporate control,* 73 J. Pol.Econ. 110 (1965).

John C. Coffee, Jr., *Regulating the market for corporate control: A critical assessment of the tender offer's role in corporate governance,* 84 Colum. L. Rev. 1145 (1984).

Louis Lowenstein, *Pruning Dealwood in Hostile Takeovers: A Proposal for Legislation,* 83 Colum. L. Rev. 249 (1983).

Lucian A. Bebchuk, *The Case for Facilitating Competing Tender Offers,* 95 Harv. L. Rev. 1028 (1982).

———, *The Case for Facilitating Competing Tender Offers: A Reply and Extension,* 35 Stan. L. Rev. 23 (1982).

Robert A. Prentice, *Front-End Loaded, Two-Tiered Tender Offers: An Examination of the Counterproductive Effects of a Mighty Offensive Weapon,* 39 Case W. Res. 389 (1989).

Ronald J. Gilson, *The Case Against Defensive Tactics in Tender Offers,* 33 Stan. L. Rev. 819 (1981).

William J. Carney, *Shareholder Coordination Costs, Shark Repellents, and Takeout Mergers: The Case Against Fiduciary Duties,* A.B.F. Research J. 341 (1983).

제 2 장

각국의 M&A 법제

제 1 절 총 설
제 2 절 미 국
제 3 절 유 럽
제 4 절 일 본
제 5 절 한 국
제 6 절 소 결

제 2 장
각국의 M&A 법제

제 1 절 총 설

M&A법제란 M&A와 관련된 법제도를 통칭하는 개념이며, M&A거래 자체의 직접적인 규제 및 적대적 M&A에 있어서 공격 및 방어수단과 관련된 법제이다. 이러한 M&A법제는 미국형과 유럽형 2가지가 주류를 이룬다고 할 수 있으며 이하에서 간략하게 살펴보겠다.[1)]

먼저 미국형 법제는 취득하고자 하는 만큼의 주식을 공개매수에 의하여 취득할 수 있는 부분매수를 원칙으로 하고, 지배권 프리미엄의 분배에 관하여는 프리미엄의 강제적인 분배보다는 모든 주주에게 주식매각을 위한 공평한 기회의 제공에 초점을 두며, 공개매수에 직면한 대상회사 경영진의 다양한 방어수단의 채택 및 행사도 자유롭게 허용하면서 현금지급합병을 인정하여 소수주주의 퇴출을 광범위하게 허용하는 체제라고 할 수 있다.

한편 유럽형 법제 중 대표적인 영국형 법제는 지배권의 변동이 생긴다고 보는 일정한 지분율(30%)을 기준으로 그 이하인 경우에는 부분매수가 허용되지만 그 이상인 경우에는 대상회사 주식의 전부에 대한 공개매수를 강제하는 전부매수를 원칙으로 하고, 지배권을 확보하였다고 볼 수

1) 송종준, 「M&A법제의 현황과 보완과제」(한국상장회사협의회, 2005), 3-6면 참조.

있는 정도의 지분율 이상을 취득할 경우에는 모든 주주에 대하여 지배권 프리미엄의 분배를 강제하며, 공개매수기간중 대상회사의 경영진의 방어수단의 채택 및 행사를 허용하지 않으면서 전주식에 대한 공개매수청약을 한 경우와 같이 한정된 범위 내에서만 소수주주의 퇴출을 인정하고 있는 체제이다.

이와 같은 M&A 법제를 매수법과 방어법으로 나누어 본다면 일본은 매수법제에 있어서는 미국형 법제를 따르며 방어법제에 있어서는 지배권 프리미엄의 분배에 관하여 영국형 법제를 수정하여 반영하는 절충형이었으나, 2005년 신회사법의 제정에서 현금지급합병제도 및 다양한 방어수단을 도입한 점을 고려한다면 현재는 미국형 법제에 따르고 있다고 볼 수 있다.

우리나라의 경우에도 일본과 유사하게 매수법제에 있어서는 부분매수를 원칙으로 하는 점 등을 고려하여 본다면 기본적으로는 미국형 법제에 따르고 있으나 방어법제에 있어서는 공개매수기간중 대상회사의 경영진의 방어수단의 채택 및 행사를 인정하지 않는 영국형 법제를 따르다가 2005년 이후 공개매수기간 중의 방어금지규제를 해제함으로써 미국형 법제에 근접하였다고 본다.

이하에서는 미국·영국·독일 및 일본의 M&A법제에 대하여 자세히 검토한 후 우리나라의 M&A법제를 살펴보기로 하겠다.

제 2 절 미 국

I. 개 관

미국의 경우 M&A를 규제하는 법률은 연방법인 윌리암스법(Williams Act)과 주회사법의 2원적 구조로 이루어졌다. 즉 연방법인 윌리암스법은 M&A의 주요 공격수단인 공개매수에 관하여 규제하고 있으며, 주회사법은 M&A에 직면한 경영진의 방어행위의 적법성과 관련하여 규제하고 있다. 또한 대부분의 주회사법에서는 공개매수로부터 州內會社를 보호하기 위하여 다양한 내용의 企業引受規制法(Anti-Takeover Statutes)을 채택하고 있다. 이하에서는 이러한 법규에 관하여 검토하여 보기로 하겠다.

Ⅱ. M&A 관련법규의 주요내용

1. 연방법(윌리암스법)

연방차원에서 M&A를 규제하는 법률은 1934년 증권거래법(Securities Exchange Act of 1934, 이하에서는 미국증권거래법이라 함)의 수정조항으로 이루어진 윌리암스법(Williams Act)이다. 1965년에 상원의원인 Harrison Williams가 현금공개매수를 규제하기 위하여 주창한 이 법은 1968년에 비로소 증권거래법의 조문의 일부가 되었는데, 이러한 윌리암스법은 공개매수가 긍정적인 효과 및 부정적인 효과를 동시에 가지고 있다는 인식의 확산에 영향을 받은 것이며, 초창기에 제안되었던 내용보다는 좀 더 인수회사와 대상회사간에 균형적인 태도를 취하고 있는 것으로 보인다. 즉 윌리암스법은 공시(disclosure)와 사기방지(anti-fraud)에 중점을 두고 있으며 인수회사나 대상회사 어느 쪽으로도 기울지 않은 중립적인 태도를 취하고 있다고 할 수 있다.[2)]

이러한 윌리암스법은 구체적으로 증권거래법에 추가된 제13조 (d)항·(e)항과 제14조 (d)항·(e)항·(f)항을 의미하는데, 강제적 공시규정과 일반적 사기방지조항 및 후술할 대상회사 주주의 이익을 보호할 '질서규정(traffic rules)'의 3가지 요소로 이루어졌다고 볼 수 있다.[3)] 이하에서는 이러한 윌리암스법의 주요한 내용들을 검토하여 보기로 하겠다.

---

2) Stephen M. Bainbridge, Mergers and Acquisitions (New York: Foundation Press, 2003), at 11 [hereinafter Bainbridge, Mergers and Acquisitions].

3) Robert Clark, Corporate Law (New York: Aspen, 1986), at 551 [hereinafter Clark, Corporate Law].

가. 미국 증권거래법 제13조 (d)항

미국 증권거래법 제13조 (d)항[4]에 의하면 미국 증권거래법상 등록주식의 5%[5] 이상의 실질적 소유자(beneficial owner)[6]는 취득일로부터 10일 이내에 미국 증권거래위원회(Securities and Exchange Commission: 이하 SEC 라고 함)가 제정한 Schedule 13D[7]의 양식에 따라 매수자의 신원과 배경, 매수에 사용된 자금의 출처, 매수의 목적, 매수자의 실질적인 보유주식수, 증권의 발행회사와 관련 있는 계약·협정·양해 등을 대상회사와 SEC에 신고하여야 한다고 규정하고 있다. 이때 실질적 소유자는 1인뿐만 아니라 단체도 포함되는데, 미국 증권거래법 제13조 (d)항(3)[8]에 의하면 발행회사의 주식을 취득, 보유 또는 처분할 목적으로 2인 이상의 자들이 단체(Partnership, Limited Partnership, Syndicate 등)로 행동하는 경우에는 그러한 단체를 1인으로 보고 있으므로 이러한 단체의 구성원이 보유하는 종류주식을 합쳐서 당해 종류주식이 5% 이상일 경우에는 미국 증권거래법 제13조 (d)항(1)의 적용을 받게 된다. SEC는 이러한 미국 증권거래법 제13조 (d)항을 구체적으로 시행하기 위하여 Regulation 13D를 제정하였다.

---

4) 15 U.S.C. § 78m(d)(1) (1997).

5) 증권거래법 제13조 (d)항(6)에 의하면 현재 5% 이상의 주식을 취득하고 있으나 과거 12개월 동안 2%를 초과하여 취득한 것이 아니라면 제13조 (d)항 (1)의 공시의무의 적용은 면제된다. 이는 SEC에게 대상회사의 지배권에 영향을 미치거나 변경을 가할 목적이 없는 주식취득을 제외할 수 있는 권한을 부여한 규정이라 본다 [Clark, Corporate Law, *supra,* at 550].

6) SEC Rule 13d-3에 의하면 i) 계약이나 협정등에 의하여 증권에 대한 의결권(voting power)이나 처분할 수 있는 투자권(investment power)을 가지거나 공유(share)하는 경우, ii) 1934년 증권거래법 제14조 (d)항 (1)의 공시의무를 회피할 목적으로 i)에 서술한 실질적 소유자가 되는 것을 면하기 위하여 신탁, 위임장, 의결권 공동계약(pooling agreement) 등을 설정하거나 이용하는 경우, iii) 60일 내에 선매권(option)이나 워런트(warrant)의 행사, 전환증권에 있어서의 전환권의 행사, 신탁·일임매매계정(discretionary Account)의 철회 또는 자동적 종료의 사유로 인하여 i)에 서술한 의결권이나 투자권을 가지는 증권을 취득할 수 있는 경우에 실질적 소유권이 있다고 본다.

7) 17 C.F.R. § 240. 13d-101 (2002).

8) 15 U.S.C. § 78m(d)(3) (1997).

나. 미국 증권거래법 제13조 (e)항

미국 증권거래법 제13조 (e)항[9]은 자기주식매입에 관한 규정으로, 발행회사가 사기 또는 시세조정의 목적으로 자기주식을 매입하는 것은 금지하고 있으나, 일정한 경우에는 공시를 조건으로 하여 자기주식을 매입할 수 있다는 내용이다. SEC는 구체적으로 주식시장에서의 자기주식매입에 관한 Rule 13e-1[10]과 자기공개매수에 관한 Rule 13e-4[11]를 규정하고 있다.

먼저 Rule 13e-1은 주식시장에서 자기주식을 공개매수가 발생한 이후에 취득한 경우에만 적용되며 단지 정보공시규제에 그치고 있다. 즉 자기주식을 취득하고자 하는 대상회사는 SEC에게 특정한 정보[12]를 신고하여야 하며 그러하지 않은 경우에는, 공개매수가 발생한 이후 주식시장에서 자기주식을 취득할 수 없다고 규정하고 있다.

그리고 SEC는 Rule 13e-4와 Schedule 13E-4를 제정하여 자기공개매수를 규제하고 있는데, 이러한 규정에 의하여 자기공개매수에도 신고, 공시가 강제되며 주식시장에서의 자기주식취득에 적용되는 Rule 13e-1과는 달리 특정한 사기방지규정과 실질적인 규제요건을 포함하고 있다.

다. 미국 증권거래법 제14조 (d)항

미국 증권거래법 제14조 (d)항 (1)[13]은 공개매수규제에 있어서 가장 핵심적인 조항으로서, 공개매수를 통하여 미국 증권거래법상 등록주식을 5% 이상 실질적으로 소유하게 되는 경우에는 그 공개매수를 시작함과 동시에 SEC가 제정한 Schedule TO[14]에 따라 대상회사와 SEC에 신고하

---

9) 15 U.S.C. § 78m(e) (1997 & Supp. 2002).

10) SEC Rule 13e-1, 17 C.F.R. § 240.13e-1 (1984).

11) SEC Rule 13e-4, 17 C.F.R. § 240.13e-4 (1984).

12) SEC Rule 13e-1(a)에 자세히 언급되어 있으며 i) 주식의 명칭과 매입할 주식수 ii) 매입대상자의 명칭 iii) 증권거래소의 명칭 iv) 매입의 목적 v) 매입후 주식의 처리방법 vi) 매입자금의 출처를 SEC에 제출토록 규정되어 있다.

13) 15 U.S.C. § 78n(d)(1) (1997).

14) 17 C.F.R. § 240. 14d-100 (2002).

여야 한다는 규정이다.

이는 전술한 미국 증권거래법 제13조 (d)항 (1)과 거의 유사한데, 2가지 점에 있어서 차이를 보인다. 첫 번째는 공시의무의 발생인데, 제13조 (d)항의 경우에는 공개매수를 통하지 않고 공개시장에서의 주식매집 등을 통하여 대상회사의 주식을 5% 이상을 소유하게 되는 경우에 취득일로부터 10일 이내에 공시하여야 하며, 제14조 (d)항의 경우에는 공개매수를 통하여 대상회사의 주식을 5% 이상 취득시 공개매수 개시와 동시에 공시의무가 발생한다는 차이점이 있다.

두 번째는 공시의 범위인데, 제13조 (d)항의 경우에는 Schedule 13D의 양식을 따르나, 제14조 (d)항의 경우에는 Schedule TO의 양식을 따르게 되어 있다. 이때 Schedule TO는 Schedule 13D와 거의 유사하나 공개매수와 관련된 정보가 추가되었다는 점이 조금 다르다.

이러한 공시규정에 부가하여 증권거래법은 이른바 '질서규정(traffic rules)'이라 불리우는 3가지 중요한 규정을 두고 있는데, 이는 철회권(withdrawal right), 안분비례에 의한 매입(proration), 최고가격의 원칙(best price rule)이며 이하에서 자세히 살펴보기로 하겠다.

먼저 첫 번째로 철회권에 관한 규정으로서 미국 증권거래법 제14조 (d)항 (5)[15]은 공개매수에 응모한 자는 공개매수가 공표된 날로부터 7일 이내에는 예탁은행에 예탁한 주식을 인출(withdrawal)할 수 있다고 규정하고 있으며 이러한 철회기간은 SEC에게 위임하였다. SEC는 Rule 14e-1[16]을 통하여 공표된 날로부터 7일이라는 공개매수기간을 연장하여 공개매수가 공표된 날로부터 20일 이상이어야 하며, 공개매수가격이나 공개매수예정주식수가 변경된 경우에는 그러한 변경에 대한 공표가 있은 날로부터 10일간 공개매수기간이 연장이 된다고 하였다. 즉 이와 같은 공개매수 기간 동안 공개매수에 응모한 자는 언제든지 공개매수를 철회할 수

15) 15 U.S.C. § 78n(d)(5) (1997).

16) 17 C.F.R. § 240. 14e-1 (2002).

있다(Rule 14d-7).[17]

두 번째는 안분비례에 의한 매입규정으로서 미국 증권거래법 제14조 (d)항(6)[18]은 총발행증권보다 적은 수를 공개매수하는 경우에 있어서 공개매수의 공표일로부터 10일 이내에 매수예정주식수보다 많은 주식이 공개매수에 응모하여 예탁된 경우에는 按分比例要件(pro rata basis: 대상회사는 매수에 응한 모든 주식에 대하여 매수에 응한 주식의 비율에 따라 매수하여야 한다)에 따라 매도에 응한 증권을 매수할 것을 규정하고 있다.

세 번째는 최고가격의 원칙에 관한 규정으로서 미국 증권거래법 제14조 (d)항(7)[19]은 공개매수의 만료일 이전에 이미 제시된 공개매수가격을 인상하는 경우에는 이미 공개매수에 응한 자에게도 인상된 공개매수가격을 지급하여야 한다고 규정하고 있으며, SEC는 Rule 14d-10(a)(2)를 통하여 동일 종류의 주식을 가진 주주 전원에 대하여 공개매수기간중에 지급된 최고가격을 지급하여야 한다는 원칙을 확립하였다.

라. 미국 증권거래법 제14조 (e)항

미국 증권거래법 제14조 (e)항[20]은 공개매수와 관련된 일반적인 사기금지조항으로서 공개매수와 관련하여 부실표시를 하거나 사기적 행위를 하는 것은 위법이라고 규정하고 있으며, 이러한 부실표시나 사기적 행위를 방지하기 위하여 SEC에게 구체적인 규칙을 제정할 권한을 위임하고 있다.

SEC는 Regulation 14E에서 그러한 규칙을 자세히 규정하고 있는데,

---

17) 17 C.F.R. § 240. 14d-7 (2002).

18) 15 U.S.C. § 78n(d)(6) (1997) [SEC는 이 규정은 모든 주주에게 공개매수에 참여하는데 공정한 기회를 부여하기 위한 규정이라고 하였으며 (Securities Exchange Act Release No. 14, 234, [1977-1978 Transfer Binder] FED. SEC. L. REP. (CCH) 81, 380, at 88, 787 (Dec. 7, 1977), 또한 SEC는 안분비례요건은 주주에게 압력을 가하지 못하기 위함이라고 하였다 (Securities Exchange Act Release No. 16, 112, [1979 Transfer Binder] FED. SEC. L. REP. (CCH) 82, 182, at 82, 209 (Aug. 16, 1979)].

19) 15 U.S.C. § 78n(d)(7) (1997).

20) 15 U.S.C. § 78n(e) (1997).

먼저 Rule 14e-1[21]에 의하면 공개매수기간은 공개매수가 공표된 날로부터 20일 이상이어야 하며, 공개매수가격이나 공개매수예정주식수가 변경된 경우에는 그러한 변경에 대한 공표가 있은 날로부터 10일간 공개매수기간이 연장이 된다. 또한 Rule 14e-5[22]에 의하여 공개매수자는 공개매수가 개시된 때로부터 종료할 때까지 공개매수 이외의 다른 방법으로 대상회사의 주식을 취득하는 것은 금지된다.

2. 주회사법

M&A로부터 州內會社를 보호하기 위하여 채택된 企業引受規制法(Anti-Takeover Statute)은 학자들에 따라 약간씩 견해의 차이는 있으나 MITE판결[23]과 CTS판결[24]이 중요한 분수령이 되었다는 점에는 이견이 없으며, 여기에서는 이러한 MITE판결과 CTS판결을 기점으로 1~3세대 기업인수규제법으로 나누어서 살펴보기로 하겠다.

[Edgar v. MITE corporation 457 U.S. 624(1982)]

본 사건은 일리노이주 기업인수법이 연방헌법상의 통상조항(Commerce Clause)과 최고법규성조항(Supremacy Clause)에 저촉하는지 여부가 문제가 된 사건이었다.

델라웨어주법을 설립준거법으로 하고 본점을 코넷티켓주에 둔 MITE사는 Chicago Rivet and Machine Company(CRMC)사의 주식 전부에 대하여 현금공개매수를 개시하였다. 공개매수절차와 관련하여 MITE사는 윌리암스법상의 규제에는 따랐으나 일리노이주 기업인수법에는 따르지 않았다. 그 대신 MITE사는 일리노이주 기업인수법이 연방법인 윌리암스법에 저촉되며, 州間通商에 대하여 과중한 부담을 가한다는 이유로 일리노

21) 17 C.F.R. § 240. 14e-1 (2002).

22) 17 C.F.R. § 240. 14e-5 (2002).

23) Edgar v. MITE corporation 457 U.S. 624 (1982).

24) CTS Corp. v. Dynamics Corp. of Am., 481 U.S. 69 (1987).

이주 연방지방법원에 대하여 동법에 대한 예비적留止처분을 신청하였다. 연방대법원은 일리노이주 기업인수법은 州間通商에 대하여 州의 이익을 상회하는 과중한 부담을 가하고 있기 때문에 연방헌법상의 통상조항에 위반하여 무효라고 판시하였다.

전형적인 제 1 세대 기업인수규제법이었던 일리노이주 기업인수법이 본 사건에서 위헌으로 판결이 난 이후 各州에서는 새로이 기업인수규제법을 제정하였고 이를 제 2 세대 기업인수규제법이라 한다.[25)]

[CTS Corp. v. Dynamics Corp. of Am., 481 U.S. 69 (1987)]

본 사건은 제 2 세대 기업인수규제법에 속하는 인디애나주 회사법상의 지배주식취득법(이하 인디애나주법)이 연방헌법상의 통상조항과 최고법규성조항에 저촉하는지 여부가 연방대법원에서 다투어진 사건이었다.

인디애나주 회사인 CTS Corp.(CTS사)의 보통주식 9.6%를 소유하고 있던 Dynamics Corp. of America(DCA사)는 CTS사 주식 100만주에 대하여 공개매수를 선언하였다. 공개매수가 성공하는 경우 DCA사의 지분율은 27.5%가 되기 때문에 인디애나주법의 적용을 받게 되었다. 이에 DCA사는 인디애나주법은 연방헌법상의 통상조항과 최고법규성조항에 위반한다는 이유로 소송을 제기하였다. 연방대법원은 인디애나주법은 연방헌법상의 통상조항과 최고법규성조항에 위반하지 않는다고 판시하였다.

제 2 세대 기업인수규제법에 속하는 인디애나주 회사법상의 지배주식취득법이 본 사건에서 합헌으로 판결이 난 이후 주에 의한 기업인수규제는 더욱 활력을 얻어 새로운 기업인수규제법을 제정하는 주가 생겨났으며 이를 제 3 세대 기업인수규제법이라 한다.[26)]

---

25) 유영일, “주식공개매수에 관한 연구 —방어행위의 적법성에 관한 미국 회사법상의 논의를 중심으로—,” 「법학박사학위논문」(서울대학교), 1994. 2, 163-167면, 169면 참조.

26) 김택주, “기업매수의 방어에 관한 연구 —미국법상의 논의를 중심으로—,” 「법학박사학위논문」(부산대학교), 1994. 2, 173-178면 참조.

가. 제 1 세대 기업인수규제법(First Generation Anti-Takeover Statute)

먼저 제 1 세대 기업인수규제법은 윌리암스법 제정 이후 등장하였는데, 윌리암스법과는 달리 인수회사에 대하여 실질적인 장애가 될 수 있는 실질적·절차적 요건을 부과하고 있다. 제 1 세대 기업인수규제법은 일리노이주에서 채택한 일리노이주 기업인수법(Illinois Business Takeover Act)이 그 대표적인 예라고 할 수 있으며 윌리암스법과 3가지 측면에 있어서 차이점을 가지고 있었다.[27)]

첫째는 인수회사에 대하여 공개매수의 효력발생일 20일 이전에 대상회사 및 일리노이 주무장관(Secretary of State)에 대하여 통지하여야 할 의무를 부과하고 있다. 둘째는 주무장관에게 공개매수의 공정성에 대한 공청회를 개최할 수 있는 권한을 부여하고 있다(또한 공개매수 대상 주식의 10% 이상을 소유하고 있는 주주의 요청이 있는 경우에 주무장관은 공청회를 열어야 한다). 셋째는 주무장관은 실질적인 불공정성과 같은 이유를 들어 공개매수 자체를 금지시킬 수 있었다.

그러나 이렇게 주무장관에게 강력한 권한을 부여하고 있는 일리노이주 기업인수법은 MITE판결에서 위헌결정이 내려짐에 따라 제 2 세대 기업인수규제법이 출현하게 되었다.

나. 제 2 세대 기업인수규제법(Second Generation Anti-Takeover Statute)

제 2 세대 기업인수규제법은 제 1 세대 기업인수규제법과는 달리 공개매수를 행정적 규제나 주증권거래법이 아닌 기업지배구조와 관련된 주회사법에 의하여 통제하고자 하였다. 이러한 제 2 세대 기업인수규제법의 내용은 各州에 따라 다양하였으나 그 중 대표적인 특징을 몇 가지 들어보면 다음과 같다.

(1) 지배주식취득규정(Control Share Acquisition Statute)

첫 번째 특징은 지배주식취득규정인데, 이러한 지배주식취득규정을

---

27) Bainbridge, Mergers and Acquisitions, *supra*, at 412.

채택한 대표적인 예로서 오하이오주 회사법[28)]을 들 수 있다. 그 내용은 인수회사가 대상회사의 주식을 취득하고자 할 때 인수회사가 대상회사의 주식을 일정비율 취득시(20%~33 1/3%, 33 1/3%~50%, 50% 이상) 각 단계별로 대상회사의 주주총회에서 이해관계 없는 주주들(disinterested shareholders)(이때 인수회사와 대상회사의 집행임원·이사가 소유한 주식은 제외된다)의 과반수의 승인을 얻어야 하며, 대상회사는 정관이나 부속정관이 그 적용의 배제를 명시한 경우에 한하여 지배주식취득규정의 적용을 배제(opt out)할 수 있다는 것이다.

이러한 오하이오주 회사법상의 지배주식취득규정에 의결권의 배제라는 요소가 첨가된 형태를 채택한 인디애나주 회사법[29)]은 인수회사가 대상회사의 주식을 일정비율 취득하였을 때 각 단계별로 대상회사의 주주총회에서 이해관계 없는 주주들의 과반수의 승인을 얻지 않으면 그 취득한 주식의 의결권은 배제되는 내용을 담고 있다. 이러한 지배주식취득규정은 1994년도까지 27개주에서 채택되었다.[30)]

(2) 공정가격규정(Fair Price Statute)

두 번째 특징은 공정가격규정인데, 이러한 공정가격규정을 채택한 대표적인 예로서 매릴랜드주 회사법[31)]을 들 수 있다. 그 내용은 2단계 공개매수 중 2단계 매수에 있어서 이해관계 있는 주주(대상회사의 발행주식의 10% 이상 소유한 주주)와 대상회사간의 합병 및 기업결합의 경우에는 대상회사의 주주총회의 특별다수결에 의한 승인이 요구되는데, 공정가격규정을 충족하는 경우에는 이와 같은 특별다수결 요건은 면제가 된다는 것이다.

이와 같은 공정가격규정의 세부적인 내용은 공정가격규정을 채택한 주에 따라 조금씩 다르나, 일반적으로 2단계 공개매수 중 2단계매수에

28) Ohio Gen. Corp. Law § 1701.831 (1982).

29) Ind. Bus. Corp. Law § 23-1-42 (1986).

30) Jesse H. Choper, John C. Coffee, Jr. & Ronald J. Gilson, Cases and Materials on Corporations 6th Ed. (New York: Aspen, 2004), at 1163 [hereinafter Choper, Coffee & Gilson, Corporations].

31) Md. Gen. Corp. Law §§ 3-601-3-603 (1986).

있어서 공개매수에 응하지 않은 대상회사의 주주가 일정한 기간(대개 2년)동안에 이해관계 있는 주주가 대상회사의 주식에 대하여 지급한 최고가격 이상을 받는 것을 의미한다. 만약 이러한 공정가격규정이 충족되지 않았다면, 대개 대상회사 주주총회에서 발행주식의 80% 이상과 이해관계 없는 주주들의 2/3에 의한 승인을 받아야 하는 특별다수결요건을 충족하도록 되어 있다.

(3) 이해관계자규정(Stakeholder Statute, Constituency Statute)

세 번째 특징은 이해관계자규정인데, 이는 기업의 경영진이 의사결정을 내릴 때에 해당 기업의 주주 이외에 피고용인, 채권자, 고객 및 지역사회의 이익을 고려할 수 있도록 하는 내용을 담고 있으며 이러한 이해관계자규정을 채택한 예로서 오하이오주 회사법[32)]을 들 수 있다. 이 규정이 기업인수에 미친 실질적인 영향은 확실하지 않으나 법원이 경영진의 행위가 주주에 대한 충실의무위반인지 여부를 판단하는 경우에 있어서 대개 경영진의 행위가 주주에 대하여 충실의무위반으로 판단할 수 있는 경우를 충실의무위반으로 보지 않는 것으로 결정하는 데 영향력을 미치고 있다는 견해가 있다.[33)]

또한 유사한 입법형태로서 인디애나주 회사법[34)]은 이사회가 장기적 이익뿐만 아니라 기업인수가 주주 이외의 구성원에 대하여 미치는 영향을 고려하도록 하는 규정을 가지고 있다.

(4) 주식매수청구권규정(Redemption Rights Statute)

네 번째 특징은 주식매수청구권규정인데, 이러한 주식매수청구권규정을 채택한 대표적인 예는 펜실베니아주 회사법[35)]을 들 수 있다. 이에 의하면 인수회사가 대상회사의 주식을 30% 이상 취득한 경우에는 대상회사의 잔여주주들은 인수회사에 대하여 공정가격에 자신들의 주식의 매

32) Ohio Gen. Corp. Law § 1701.59 (1988).

33) Choper, Coffee & Gilson, Corporations, *supra,* at 1166.

34) Ind. Code Ann. § 23-1-35-1(d) (Michie 1999 & Supp. 2002).

35) Pa. Bus. Corp. Law § 910 (1988).

수를 청구할 수 있는 권리를 부여받게 된다. 이때 법원이 이러한 공정가격을 산정할 때에는 1단계 매수에서 대상회사의 주주들에게 이미 지급한 프리미엄을 비례적으로 반영하여야 한다는 내용을 가지고 있다.

다. 제 3 세대 기업인수규제법(Third Generation Anti-Takeover Statute)

제 3 세대 기업인수규제법은 CTS판결에서 대법원이 인디아나주의 지배주식취득법의 유효성을 지지한 이후 몇몇 주에서는 제 2 세대 반기업인수법보다 좀 더 인수회사에게 가혹한[36] 요건을 부과하는 제 3 세대 반기업인수법을 제정하였다.

대표적인 예로는 뉴욕주 회사법상의 기업결합규정(Business Combination Statutes)[37]을 들 수 있는데, 이는 대상회사의 발행주식의 20% 이상 소유하게 된 이해관계 있는 주주(interested shareholder)가 대상회사와 기업결합을 시도하고자 하는 경우에 있어서, 그 주주가 대상회사의 주식을 20% 이상 취득하기 이전에 그러한 주식취득에 대하여 대상회사의 경영진의 승인을 얻지 못하였다면 주식취득일로부터 5년[이를 동결기간(freeze period)이라 한다] 동안 대상회사간의 기업결합을 금지하는 내용을 담고 있다. 또한 5년 후라 할지라도 이해관계주주와 대상회사간의 기업결합에 있어서는 전술한 공정가격요건이 충족되어야 한다.

이러한 뉴욕주 회사법은 그 회사의 의결권 있는 주식의 10% 이상을 뉴욕주민이 소유하고, 중요한 회사조직 및 회사의 본점이 뉴욕에 있는 경

---

36) 대부분 draconian이라고 표현하고 있는 견해가 많은데, 이는 대상회사의 매수인에게 좀더 유리하지 않은 매수조건을 부과한다는 의미로 사용되었다고 볼 수 있다 [James D. Cox & Thomas Lee Hazen, Corporation 2nd Ed. (New York: Aspen, 2003), at 694 [hereinafter Cox & Hazen, Corporation]; Bainbridge, Mergers and Acquisitions, *supra*, at 426].

37) N.Y. Bus. Corp. Law § 912 (1985): N.Y. Bus. Corp. Law § 912 (1985)과 Del. Gen. Corp. Law § 203 (1988)과 같은 기업결합법은 제 2 세대 기업인수규제법으로 분류하고 15 Pa. Cons. Stat. Ann. §§ 2571-2576 (West 1999)과 같이 좀 더 대상회사의 매수인에게 엄격한 요건을 부과한 경우를 제 3 세대 기업인수규제법이라 분류하는 견해도 있다[Bainbridge, Mergers and Acquisitions, *supra*, at 426].

우에 한하여 적용되며, 이해관계 없는 주주들은 뉴욕주 회사법 적용의 배제에 대하여 투표할 수 있다.

델라웨어주 회사법[38] 또한 대상회사의 발행주식의 15% 이상 소유요건 및 3년간의 동결기간을 제외하고는 뉴욕주 회사법과 거의 유사한 내용을 채택한 바 있다.

제 3 세대 반기업인수법은 다양한 내용으로 발전되었는데, 1990년 펜실바니아주 회사법은 지배주식법 채택에 덧붙여 대상회사의 의결권 있는 주식의 20% 이상을 취득하게 된 자에 대하여 지난 18개월간 취득한 이익의 반환을 요청할 수 있는 법규[39]를 제정하였다.

제 3 절 유 럽

Ⅰ. 유럽연합(European Union)

1. 개 관

유럽연합의 공개매수에 관한 제13차 지침[40](The Thirteenth Directive of the European Union on Takeover Bids, 이하 13th Directive라고 함)이 최종적으로 유럽연합 의회(parliament)와 각료이사회(council)를 통과하여 2004년 4월 21일 승인되었으며, 이에 따라 각 EU 회원국들은 2006년 5월 20일까지 자국의 법령을 이 13th Directive에 따라 수정하여야 하였다.[41] 이하에서는 먼저 13th Directive의 주요내용에 대하여 검토한 후 유럽연합의 주

---

38) Del. Gen. Corp. Law § 203 (1988).

39) 15 Pa. Cons. Stat. Ann. §§ 2571-2576 (West 1999); 부언하자면 대상회사나 대상회사의 주주는 지배주주나 지배그룹에 대하여 지배주주나 지배그룹이 지배주식을 취득한 후 18개월 내에 발생한 주식의 처분에 발생한 이익의 환수에 관하여 소송을 제기할 수 있다는 내용이다.

40) 정식명칭은 Directive 2004/25/EC of the European Parliament and of the Council of 21 April 2004 on takeover bids이다.

41) 13th Directive Article 21 ‘Transposition’.

요한 국가인 영국과 독일의 경우를 살펴보기로 하겠다.

2. 공개매수에 관한 13th Directive의 주요내용

가. 정보제공의무

13th Directive 제 3 조는 공개매수와 관련된 일반원칙(general principle)들을 규정하고 있는데, 그 중 13th Directive 제 3 조 1항 (b)에 의하면 대상회사의 주주가 공개매수에 대한 응모여부를 결정하는 데에는 충분한 시간과 정보가 제공되어야 한다고 하였다. 이에 따라 공개매수자는 공개매수가 공표됨과 동시에 대상회사에 대하여 이를 통지하여야 하며,[42] 대상회사의 주주들이 적절한 결정을 할 수 있는데 필요한 정보를 포함하는 공개매수서류(offer document)를 작성하여 공표하여야 한다.[43]

이러한 공개매수 서류에 필수적으로 포함되어야 하는 내용은 13th Directive 제 6 조 3항에 자세히 규정되어 있으며, 예를 들면 공개매수자의 신원, 공개매수의 가격, 공개매수할 주식의 최대수와 최소수, 대상회사의 장래사업에 관한 의도, 공개매수에 대한 승낙기간, 공개매수 자금의 출처, 대상회사와 인수회사간의 계약에 대한 준거법 등을 들 수 있다.

또한 공개매수자뿐만 아니라 대상회사의 이사회도 공개매수제안이 회사 전체의 이익, 특히 고용에 미칠 영향 및 인수자의 향후 회사운영전략 등에 관한 의견이 포함된 공개매수에 대한 의견을 공표하여야 한다.[44] 이러한 규정들은 대상회사의 주주가 정보부족으로 인하여 잘못된 결정을 하지 않고, 정보의 불균형으로 인하여 기업인수 시장의 왜곡현상이 발생하지 않도록 하기 위한 것이다.[45]

---

42) 13th Directive Article 6 'Information concerning bids' (1).

43) 13th Directive Article 6 (2).

44) 13th Directive Article 9 'Obligation of the board of the offeree company' (5).

45) 유진희, "유럽연합의 기업인수 규제 ―공개매수 지침을 중심으로―," 「기업법연구」(한국기업법학회), 제19권 제 3 호(2005), 264면.

나. 공개매수기간

13th Directive에서는 대상회사의 주주에게 공개매수에 대하여 공개매수 서류가 공표된 날로부터 최소 2주 이상 10주 이하의 승낙기간(time allowed for acceptance)을 부여하고 있으며, 공개매수자가 2주 전에 통지를 하였다면 10주의 기간은 연장가능하다고 한다.[46] 각국은 이러한 공개매수기간을 임의로 변경가능하다고 규정하고 있다.[47]

다. 공평가격(Equitable Price)

13th Directive는 공개매수자가 공개매수 청약에 응한 주주에게 지급하여야 하는 가격과 관련하여 공개매수전 6개월 내지 12개월간 지급한 최고가격이 공평가격으로 간주된다고 규정하고 있으며, 공개매수기간의 만료 전에 이미 제시된 공개매수 가격보다 높은 가격을 지급한 경우에는 공개매수자는 그 공개매수 가격을 지급된 가격 이상으로 높여야 한다고 규정하고 있다.[48] 이때 13th Directive는 공개매수기간 동안의 취득과 그 기간 이후의 취득을 평등하게 대우할 것을 요구하고 있지 않아 문제라는 견해가 있다.[49]

라. 의무공개매수(Mandatory Bid)

13th Directive는 일정한 조건이 성취되었다면 공개매수자에게 대상회사 주식 전부에 대하여 공개매수 청약을 하여야 할 의무를 부과하는 의무공개매수제도를 규정하고 있는데, 그 내용은 다음과 같다. 즉 공개매수자가 기업 지배권(control)을 행사할 수 있는 일정비율 이상의 증권을 취득하는 경우에는 대상회사의 모든 주주 등을 대상으로 그들이 보유하는 증권 전량에 대한 공개매수청약을 할 의무를 부담하며,[50] 지배권을

46) 13th Directive Article 7 ‘Time allowed for acceptance’ (1).

47) 13th Directive Article 7 ‘Time allowed for acceptance’ (2).

48) 13th Directive Article 5 ‘Protection of minority shareholders, the mandatory bid and the equitable price’ (4).

49) 유진희, 전게논문, 267면.

50) 13th Directive Article 5 (1).

행사할 수 있는 지분율은 각 회원국이 정할 수 있다고 규정하고 있다.[51]

마. 소수주주의 퇴출

13th Directive에서는 공개매수 완료 후 대상회사에 남아 있는 소수주주의 퇴출에 관하여 2가지 규정을 두고 있다. 첫 번째는 공개매수자가 대상회사의 주식의 90% 내지는 95%를 취득한 경우에는 공개매수자는 공개매수기간 종료 후 3개월 이내에 남아 있는 소수주주에 대하여 공정한 가격(fair price)[52]으로 자기에게 주식을 매도할 것을 청구할 수 있는 주식매도청구권(right of squeeze-out)이다.[53]

두 번째는 공개매수자의 주식매도청구권이 인정되는 것과 동일한 상황인 공개매수자가 대상회사주식의 90% 내지는 95%의 취득한 경우에 남아 있는 소수주주는 공개매수자에 대하여 공정한 가격으로 자기의 주식을 매수할 것을 청구할 수 있는 주식매수청구권(right of sell-out)이다.[54]

바. 대상회사 경영진의 중립원칙(Neutrality Rule)

13th Directive는 대상회사 경영진의 중립원칙에 대하여 규정하고 있는데, 이는 공개매수기간중에 대상회사의 경영진은 공개매수를 무산시킬 수 있는 행위를 하기 전에는 주주총회로부터 권한을 부여받아야 한다고 내용이다.[55] 이때 경영진이 공개매수에 대한 방어수단을 채택하기 위하여 주주총회의 승인이 필요한 경우에는 단기 소집통지(short notice)로서 주주총회를 소집할 수 있으며 통지후 2주가 지나면 주주총회를 개최할 수 있다.[56]

---

51) 13th Directive Article 5 (3).

52) 이는 공개매수에서 제시된 가격이라 보고 있다(제13차 공개매수 지침 제15조 5항).

53) 13th Directive Article 15 ‘The right of squeeze-out’ (2).

54) 13th Directive Article 16 ‘The right of sell-out’ (2).

55) 13th Directive Article 9 ‘Obligations of the board of the offeree company’ (2).

56) 13th Directive Article 9 (4).

즉 제13차 공개매수지침 제 9 조 2항에 의하면 적대적 M&A에 직면한 대상회사의 경영진에게는 원칙적으로 방어권이 인정되지 않는다고 볼 수 있으며, 예외적으로 방어행위를 하기 위해서는 주주총회로부터 수권을 받아야 한다고 볼 수 있다.

사. 폐기원칙(Breakthrough Rule)

13th Directive 제11조에서 규정하고 있는 폐기원칙은 2단계로 나누어지는데, 먼저 1단계로 공개매수제의가 공표되면 회사의 정관 또는 주주간·주주와 회사간 계약에 규정된 주식양도 제한규정은 공개매수기간 중 효력이 정지되며,[57] 회사의 정관 또는 주주간· 주주와 회사간 계약에 규정된 의결권 제한규정도 이사회의 방어수단 채택에 대한 승인여부를 결정하는 주주총회에서 효력이 상실되고, 복수의결권주식(multiple-vote securities)은 이사회의 방어수단 채택에 대한 승인여부를 결정하는 주주총회에서 1주당 1개의 의결권을 가지게 된다.[58]

그 다음 2단계로 기업인수자가 공개매수 완료후 의결권 있는 자본의 75% 이상을 취득한 경우에는 전술한 주식양도 제한규정 또는 의결권 제한규정과 이사회 구성원의 선임 또는 해임과 관련하여 주주에게 특별한 권리를 부여하는 정관조항은 효력을 상실하게 되며, 공개매수에 성공한 인수자가 대상회사의 정관을 개정하거나 이사를 선임 또는 해임하기 위한 주주총회를 소집한 때에는 복수의결권주식은 1주당 1개의 의결권을 가지게 된다.[59]

그리고 이러한 공개매수지침 제11조에 따라 효력이 상실되는 권리의 보유자들은 자신이 입은 손실에 대하여 각 회원국이 정한 조건에 따른 공평한 보상(equitable compensation)을 받을 수 있다.[60]

57) 13th Directive Article 11 'Breakthrough' (2).
58) 13th Directive Article 11 (3).
59) 13th Directive Article 11 (4).
60) 13th Directive Article 11 (5).

아. 선택규정(Optional Arrangement)

전술한 바와 같이 13th Directive 제 9 조는 대상회사의 경영진은 주주총회의 수권(authorisation) 없이는 공개매수를 무산시킬 수 있는 행위를 할 수 없으며, 13th Directive 제11조는 주식양도 제한규정, 의결권의 제한규정과 같은 M&A에 대한 방어수단은 효력이 상실된다고 규정하고 있는데, 이러한 13th Directive 제 9 조 및 제11조가 각 회원국 간에 다르게 규정되어 있는 방어수단이 충돌하는 경우에는 13th Directive 제12조의 선택규정에 의하여 해결하게 된다.[61)]

즉 각 회원국들은 회원국 내에 주소를 둔 13th Directive 제 1 조 1항에 해당하는 회사가 13th Directive 제 9 조의 중립원칙과 제11조의 폐기원칙의 적용(중립원칙만의 적용 또는 폐기원칙만의 적용하는 경우도 포함한다)을 받지 않도록 규정할 수 있는 권한을 가지는데(opt-out),[62)] 이는 회원국이 국내기업들을 중립원칙 및 폐기원칙의 적용대상에서 배제할 수 있음을 의미한다.

회원국이 전술한 opt-out 선택권을 행사한 경우에도 대상회사가 주주총회결의에 의하여 중립원칙과 폐기원칙을 자발적으로 채택하는 경우(중립원칙만의 채택 또는 폐기원칙만의 채택하는 경우도 포함한다)에는 이를 허용하여야 한다(opt-in).[63)]

그리고 중립원칙과 폐기원칙의 적용을 받는 대상회사가 중립원칙과 폐기원칙의 적용을 받지 않는 공개매수자에 의하여 공개매수의 대상이 된 경우에는 회원국은 대상회사에 대하여 중립원칙과 폐기원칙의 적용을 면제시킬 수 있다(상호적 선택권[reciprocity option]).[64)]

---

61) 이는 각 회원국간의 방어수단의 충돌문제를 해결하기 위하여 각료이사회 의장국인 이탈리아가 타협안으로 제시한 2단계 옵션모델(Option Model)에 근거한 규정이다 [유진희, 전게논문, 274면].

62) 13th Directive Article 12 'Optional arrangements' (1).

63) 13th Directive Article 12 (2).

64) 13th Directive Article 12 (3).

[상호적 선택권(reciprocity option)]

예를 든다면 다음과 같다. A회원국이 A회원국 내의 회사를 대상으로 중립원칙 및 폐기원칙의 적용을 배제하는 내용의 opt-out 선택권을 행사한 경우에 있어서 A회원국 내의 X회사는 자발적으로 중립원칙 및 폐기원칙의 적용을 받는 opt-in 선택권을 행사하였다.

그런데 만약 중립원칙 및 폐기원칙의 적용을 받지 않는 Z회사가 X회사에 대하여 공개매수를 시도하였다면 A회원국은 X회사가 이미 opt-in 선택권을 행사하였음에도 불구하고 X회사에 대하여 중립원칙과 폐기원칙의 적용을 배제할 수 있다는 것이다.

Ⅱ. 영 국

1. 개 관

영국의 경우에 공개매수와 관련된 주요한 법규범은 인수 및 합병에 관한 패널(The Panel on Takeovers and Mergers [이하 Panel이라 한다])[65)]에 의하여 제정 및 운영되는 자치규범인 City Code on Takeovers and Mergers (이하 City Code라 한다)[66)]와 회사법(Companies Act 2006)을 들 수 있는데,

65) 이는 1968년에 설립된 독립적인 기구이며 주요 기능은 City Code on Takeovers and Mergers의 제정 및 운용, 이에 규정된 규칙(Rule)과 관련하여 City Code가 적용되는 공개매수의 규제 및 감독에 있다. 또한 2004년 4월 21일 채택된 EU의 제13차 공개매수지침(Directive 2004/25/EC of the European Parliament and of the Council of 21 April 2004 on takeover bids)에 따라 공개매수와 관련된 규제적 기능을 수행하는 감독당국이다 [www.thetakeoverpanel.org.uk/The Panel 참조].

66) City Code는 일반원칙(General Principle) 및 규칙(Rule)으로 이루어져 있는데, 일반원칙은 광범위한 일반적인 원칙으로 서술되어 있으며 그러한 원칙의 상세한 범위, 한계 및 적용을 정의하고 있지는 않다. 이러한 City Code의 목적은 주주들이 공평한 취급을 받으며, 주주에게 이익이 되는 공개매수에 대하여 결정할 기회를 부인하지 않을 것을 보장하는 데 있다. 본서에서는 2006년 5월 20일부터 효력이 발생된 City Code of Takeovers and Mergers 8th Edition, (20 May 2006) [hereinafter City Code 8th]을 검토대상으로 한다 [City Code 8th Introduction 2 The Code (a)Nature and purpose of the code (b)General Principles and Rules 참조].

City Code가 공개매수의 규제와 관련된 주요한 규범이라 할 수 있다.

영국은 전술한 바와 같이 EU의 13th Directive 제21조에 따라 2006년 5월 20일까지 자국의 관련법규를 이 13th Directive에 따라 수정하여야 하였는데, 이를 회사법개정안(Company Law Reform Bill)과 임시법안인 공개매수지침규칙(Takeovers Directive Regulations 2006) 및 City Code의 개정안을 통하여 충족하고자 하였다.[67)]

영국정부는 EU의 13th Directive의 요건을 국내법령에 적용하기 위하여 회사법개정안을 제정하려 하였으나 시간상 제약으로 인하여 2006년 5월 20일부터 효력이 발생되는 임시법안인 공개매수지침규칙을 제정하게 되었으며, City Code에 EU의 13th Directive의 내용 및 관계법령의 개정을 반영하기 위하여 Panel은 2006년 4월 21일 City Code의 개정안을 제시하였고 이러한 개정안은 2006년 5월 20일에 효력을 발생하였다.[68)] 그 후 회사법 개정안은 2006년 회사법(Companies Act of 2006)으로서 2006년 11월 8일부터 그 효력이 발생하였다.

Panel은 Panel Consultation Paper[69)]에서 City Code 개정안에 13th Directive 및 관계법령의 내용을 반영하고자 하였으며, 대상회사의 경영진은 주주총회의 수권 없이는 공개매수를 무산시킬 수 있는 행위를 할 수 없다는 13th Directive 제 9 조(대상회사 경영진의 중립원칙)와 주식양도 제한규정·의결권의 제한규정과 같은 M&A에 대한 방어수단의 효력상실에 관한 13th Directive 제11조(폐기원칙)의 적용에 있어서, 영국회사에 대하여 제 9 조는 적용하며(opt-in), 제11조의 적용은 배제(opt-out)하는 것이 Panel의 입장임을 밝혔다.

그리고 영국회사들이 제 9 조 내지는 제11조(혹은 제 9 조와 제11조)의

67) Mayer Brown Rowe & Maw, *Takeover changes in the UK,* (May 2006), at 1.
68) Mayer Brown Rowe & Maw, *Takeover changes in the UK*, (May 2006), at 2-4.
69) 이는 City Code를 개정하기 위하여 Panel이 정해진 절차 및 기간에 따라 그 개정안에 대한 공공의 의견을 고려하고자 개정안을 공표(publish)한 것이며, 본문의 Panel Consultation Paper는 2005년 11월 18일에 공표한 PCP 2005/5 Issued on 18. Nov. 2005를 의미한다.

적용을 받기로(opt-in) 결정한 경우에 있어서는 13th Directive 제12조 3항의 상호주의(reciprocity)에 관한 규정은 적용되지 않는다고 하였다. 즉 중립원칙과 폐기원칙의 적용을 받는 대상회사가 중립원칙과 폐기원칙의 적용을 받지 않는 공개매수자에 의하여 공개매수의 대상이 된 경우에도 대상회사에 대하여 중립원칙과 폐기원칙의 적용을 배제할 수 없는 것이다.70)

이하에서는 영국의 M&A 관련법규의 주요내용을 City Code 및 회사법을 중심으로 검토하여 보기로 하겠다.

2. M&A 관련법규의 주요내용

가. 의무공개매수(Mandatory Offer)

City Code는 공개매수를 2가지로 분류하여 규정하고 있는데, 하나는 의무공개매수((Mandatory Offer)이며 다른 하나는 자발적인 공개매수(Voluntary Offer)이다. 즉 대상회사의 주식 30% 이상을 취득하고자 하는 경우, 또는 30% 이상 50% 미만의 지분을 보유한 자가 추가적으로 주식을 취득하고자 하는 경우에는 잔여주식 전부에 대하여 공개매수청약을 하여야 하는 의무공개매수를 행하여야 한다.71) 이때 공개매수의 대가는 현금 또는 현금의 대체물이며, 공개매수의 공표 이전 12개월 이내에 동종의 주식에 대하여 지급한 최고 금액(Highest Price)이어야 한다.72) 그리고 자발적인 공개매수에 의하여 이미 대상회사의 지배권(Control)73)을 취득한 경우에는 이러한 의무공개매수를 행할 필요가 없다고 규정하고 있다.74)

Panel은 대상회사 주식의 30% 이상의 소유는 대상회사에 대한 실질

70) Freshfields Bruckhaus Deringer, *Update on the UK implementation of the EU takeover Directive*, (2005 November), at 1; Freshfields Bruckhaus Deringer, *UK implementation of the EU takeover Directive*. (2005 January), at 2.

71) City Code 8th, Rule 9.1 'when a mandatory offer is required and who is primarily responsible for making it'.

72) City Code 8th, Rule 9.5 'consideration to be offered'.

73) 지배권(Control)이란 사실상의 지배권인지 여부와 관계없이 대상회사의 의결권 있는 주식의 30% 이상의 소유를 의미한다(City Code 8th, definitions, control).

74) City Code 8th, Rule 9.1.

적인 지배권이라고 보아 만약 공개매수가 진행되어 대상회사의 주주들이 경영진이 변경되고 목적도 다른 회사의 주주가 된다면 이는 주주들에게 불공평하며, 또한 대상회사 주주들의 주식을 매도할 기회를 부여받지 못하는 것은 주주나 시장에 장점으로 작용하지 못할 것이라 간주하였기 때문에 이러한 의무공개매수가 필요하다고 보고 있다.[75)]

이러한 의무공개매수의 청약은 원칙적으로는 대상회사의 모든 주식의 취득을 목적으로 하기에, 그 청약의 이전 또는 청약기간 내에 취득하였거나 취득하기로 합의한 공개매수자 및 공동보유자의 주식수를 모두 합하여 의결권 있는 주식총수의 50% 이상의 승낙(acceptance)을 조건으로 하게 되며 이를 '승낙조건(acceptance condition)'이라 한다.[76)] 단 공개매수 청약 이전에 이미 대상회사의 주식을 50% 이상 소유하고 있는 경우에는 이러한 조건이 첨부되지 않으며,[77)] 이러한 경우에는 이미 회사의 경영을 지배하고 있기 때문에 주식의 취득을 증가한다 하더라도 잔존소수주주에게 주는 영향은 같기 때문에 의무공개매수가 적용되지 않는다.[78)]

자발적 공개매수의 경우에도 의무공개매수의 경우와 마찬가지로 공개매수자는 50% 이상의 대상회사 주식의 기취득 및 취득예정을 승낙조건으로 하게 되는데,[79)] 이러한 승낙조건이 대상회사의 주주들에게 공개매수서류(offer document)가 발송된 후 60일 이내에 충족되지 않는다면, 그

---

75) Freshfields Bruckhaus Deringer, *The City Code on Takeovers and Merger*, (2006 summer), at 14.

76) City Code 8th, Rule 9.3 'conditions and consents' (a). 이때 공개매수자 및 공동보유자의 이미 보유하고 있는 지분과 공개매수기간중 응모한 지분의 합이 의결권 있는 주식수의 50% 이상이 되는 경우에는 Panel의 동의가 필요 없이 공개매수가 확정되나, 50%가 미달하게 되는 경우에는 공개매수가 성립되지 않으므로 새로운 공개매수를 해야 하는지 또는 공개매수자의 지분을 감소시켜야 하는지 등에 관한 적절한 조치에 관하여 Panel과 협의하여야 한다 (City Code 8th, Notes on Rule 9.3, 2).

77) City Code 8th, Notes on Rule 9.3, 1.

78) J. H. Farra, Farra's Company Law, (1988), at 545 [강희갑, "기업의 매수·합병(M&A)과 지배주식의 양도," 「상사법연구」(한국상사법학회), 제 9 집(1991), 100면에서 재인용].

79) City Code 8th, Rule 10 'the acceptance condition'.

공개매수청약은 효력을 상실하게 된다.[80)]

나. 소수주주의 퇴출

원래 영국회사법(Companies Act 1985: 이하 1985년 회사법이라고 함)에서는 일정한 요건하에서 공개매수자에게 미응모주식에 대한 주식매도청구권(right of squeeze-out)을, 공개매수에 응모하지 않은 소수주주들에게는 주식매수청구권(right of sell-out)을 인정하고 있었는데 그 내용은 다음과 같다.

1985년 회사법에서는 대상회사의 발행주식 전부에 대하여 공개매수청약이 있었고, 총발행주식의 90% 이상의 주식이 응모되었으나 100%에는 미달하여 공개매수가 성공하지 못한 경우에 있어서, 공개매수자에게는 공개매수에 응하지 않은 주주의 주식에 대한 매도를 청구할 수 있는 권리(주식매도청구권)를 규정하고 있었다. 즉 공개매수자가 주식매도청구권을 행사하기 위한 구체적인 요건은 다음과 같다. 공개매수자는 기존의 공개매수조건과 동일한 매수조건을 유지하여야 하고, 공개매수에 응하지 않은 비응모주주에 대한 통지의무를 준수하여야 하며, 매수통지를 수령한 주주가 법원에 이의신청을 제기하지 않아야 한다. 이러한 요건이 충족된다면 공개매수자에게 청약조건에 따라 잔여 비응모주주의 주식을 취득할 권리와 의무가 발생하게 된다.[81)]

또한 전술한 바와 같이 공개매수자에게 강제매수청구권이 인정되는 상황하에서 공개매수에 응하지 않은 주주들에게도 자신들의 주식의 매수를 공개매수자에 대하여 청구할 수 있는 권리(주식매수청구권)를 1985년 회사법에서 규정하고 있었다.[82)]

최근 영국은 이러한 1985년 회사법을 대폭 개정한 회사법(Companies Act of 2006: 이하 2006년 회사법이라고 함)을 2006년 11월 8일 발효시켰는데, 여기에서도 주식매도청구권 및 주식매수청구권에 관하여 기존의

80) City Code 8th, Rule 31.6 'final day rule (fulfilment of acceptance condition, timing and announcement)'.

81) Companies Act 1985, Ch. 6, s. 429 · 430 · 430C (2006).

82) Companies Act 1985, Ch. 6, s. 430A · 430B (2006).

1985년 회사법의 내용과 유사하게 규정하고 있다. 이하에서는 2006년 회사법중 주식매도청구권 및 주식매수청구권에 관한 내용을 자세히 검토하여 보기로 하겠다.

2006년 회사법에서는 공개매수 청약자가 대상회사의 의결권 있는 주식의 90% 이상을 취득하였거나 무조건적인(unconditional) 취득계약을 체결하였다면, 공개매수 청약자가 취득하지 못하였거나 무조건적인 취득계약을 체결하지 못한 주식의 소유자(이하 잔여주주이라고 함)에게 그러한 주식의 취득을 희망하는 통지(notice)를 할 수 있다는 내용을 규정하고 있다.[83] 그리고 그러한 공개매수 청약자가 발송한 통지의 내용을 승인하는 법원의 명령(Order)이 공개매수 청약자가 잔여주주의 주식에 대한 매도청구권을 행사하는 데 필요하다고 규정하고 있다.[84] 즉 공개매수 청약자가 잔여주주에 대한 주식매도청구권을 행사하기 위해서는 잔여주주에 대한 통지와 그 통지에 대한 법원의 명령이 필수요건이라 할 수 있다.

주식매도청구권 행사시 문제가 될 수 있는 잔여주식에 대하여 지급되는 대가에 관하여는 공개매수 청약자가 부여받은 주식매도청구권을 행사시 잔여주식을 취득하는 데 소요되는 취득대가(acquisition consideration)는 공개매수 청약조건에서 특정된 대가를 초과하면 안 된다고 규정하고 있으며,[85] 공개매수 청약자는 6주 이내에 주식의 대가를 지급하여야 한다고 규정하고 있다.[86]

또한 공개매수 청약자에게 주식매도청구권이 부여될 수 있는 상황(공개매수 청약자가 대상회사의 의결권 있는 주식의 90% 이상을 취득하였거나 무조건적인(unconditional) 취득계약을 체결한 경우)에 있어서 잔여주주에게 자신의 주식을 공개매수 청약자가 매수할 것을 요구하는 주식매수청구권

---

83) Companies Act 2006, Part 28 Takeover etc Chapter 3 “Sqeeze-out” and “Sell-out” s. 979 (1), (2), (3), (4).

84) Companies Act 2006, Part 28 Ch. 3 s. 986.

85) Companies Act 2006, Part 28 Ch. 3 s. 979 (8), (9), (10).

86) Companies Act 2006, Part 28 Ch. 3 s. 981 (6).

이 부여될 수 있다.[87] 이때 잔여주주가 그러한 주식매수청구권을 행사하기 위해서는 공개매수 청약자에 대한 서면통지(written communication)[88]와 법원의 명령(Order)[89]을 필요로 한다. 이는 전술한 공개매수 청구자의 주식매도청구권의 행사요건과 비교하여 통지가 아닌 서면통지를 요하는 점 이외에는 동일하다고 할 수 있다.

이러한 주식매수청구권의 행사시 지급대가에 관하여 공개매수 청약자는 청약조건 또는 합의된 다른 조건에 따라 주식을 취득하여야 한다고 규정하고 있으며,[90] 잔여주주는 공개매수 청약자에게 3달 이내에 주식매수청구권을 행사하여야 한다고 규정하고 있다.[91] 즉 전술한 주식매도청구권은 공개매수 청약조건에서 특정된 대가를 지급대가의 상한선으로 하고 있었으나 주식매수청구권의 경우에는 공개매수 청약자와 잔여주주간에 지급대가에 관한 합의사항이 있다면 이에 따를 수도 있다는 점이 비교된다고 할 수 있다.

다. 경영진의 방어행위 허용여부

City Code에 의하면 공개매수 기간이나 공개매수청약 직전에는 대상회사의 경영진이 선의의 공개매수청약(bona fide offer)에 직면하였다고 신뢰할 만한 이유가 있다면 대상회사의 경영진은 주주총회의 승인 없이는 공개매수를 무산시킬 수 있는 행위나 공개매수의 가치에 관하여 주주가 결정할 기회를 부인하는 행위를 하여서는 안 된다고 규정하고 있다.[92]

이때 공개매수를 무산시킬 수 있는 행위의 예가 City Code에 몇 가지 규정되어 있으며, 이에는 신주의 발행, 미발행 주식에 대한 매수선택권의 부여, 대상회사 주식으로의 전환권이 부여된 증권의 발행, 실질적인

87) Companies Act 2006, Part 28 Ch. 3 s. 983.
88) Companies Act 2006, Part 28 Ch. 3 s. 984.
89) Companies Act 2006, Part 28 Ch. 3 s. 986.
90) Companies Act 2006, Part 28 Ch. 3 s. 985 (2).
91) Companies Act 2006, Part 28 Ch. 3 s. 984 (2).
92) City Code 8th, Rule 21.1 ‘when shareholders’ consent is required’.

자산의 양도, 일반적인 업무 이외의 계약의 체결 등을 들 수 있다.[93] 이러한 규정은 EU의 13th Directive 제 9 조 2항의 대상회사 경영진의 중립원칙 규정과 대체로 유사한 입장이라고 할 수 있다.

Ⅲ. 독　일

1. 개　관

독일의 경우에 있어서 공개매수와 관련된 주요한 법규범으로는 주식법(Aktiengesetz[AktG]), 증권거래법(Wertpapierhandelsgesetz[WpHG]), 유가증권의 취득 및 기업인수에 관한 법률(Wertpapiererwerbs und Übernahmegesetz [WpÜG], 이하에서는 WpÜG라 한다)[94] 등이 있다.

2001년 7월 EU의 13th Directive의 채택이 실패로 돌아간 직후 독일 정부는 영국회사인 Vodafone/Airtouch Plc이 독일회사인 Mannesmann AG에 대하여 시도한 공개매수사례를 통하여 드러난 공개매수 관련 법규의 단점을 극복하고자 WpÜG를 제정하여 2002년 1월 1일부터 그 효력이 발생하게 되었다.

전술한 바와 같이 독일은 EU의 13th Directive 제21조에 따라 2006년 5월 20일까지 자국의 관련법규를 이 13th Directive에 따라 수정하여야 하는데, 이에 따라 독일은 WpÜG를 수정하여 2006년 7월 14일에 효력이 발생한 WpÜG의 수정법안을 공표하였다.[95]

수정법안의 내용에 따르면 대상회사의 경영진은 주주총회의 수권 없이는 공개매수를 무산시킬 수 있는 행위를 할 수 없다는 제13차 공개매수지침 제 9 조(대상회사 경영진의 중립원칙)와 주식양도 제한규정·의결권의 제한규정과 같은 M&A에 대한 방어수단의 효력상실에 관한 제13차

93) City Code 8th, Rule 21.1 (b).

94) 영문으로는 일반적으로 Acquisition of Securities and Takeover Act 또는 Securities Acquisition and Corporate Takeover Act라고 번역하고 있다.

95) 본서에서는 2002년 1월 1일에 제정된 후 지속적인 개정을 거쳐서 2007년 1월 5일부터 효력이 발생된 WpÜG를 검토대상 법률로 한다.

공개매수지침 제11조(폐기원칙)의 적용에 관하여 독일은 제 9 조와 제11조의 적용을 배제(opt-out)하기로 결정하였다.

그리고 독일 상장회사들이 의결권 있는 주식 75% 이상의 찬성에 의한 주주총회결의에 의한 정관변경으로 제 9 조나 제11조(혹은 제 9 조와 제11조)의 적용을 받기로(opt-in) 자발적으로 결정할 수 있다고 보았으며, 독일상장회사들이 제 9 조나 제11조(혹은 제 9 조와 제11조)의 적용을 받기로 채택한 경우에는 연방금융감독청(BaFin)에게 이 사실을 고지하여야 한다. 또한 제13차 공개매수지침 제12조 3항의 상호주의(reciprocity)에 관한 규정도 독일상장회사들이 제 9 조나 제11조(혹은 제 9 조와 제11조)의 적용을 받기로 채택한 경우에 적용된다.[96)]

이하에서는 독일의 M&A 관련법규의 주요내용을 WpÜG를 중심으로 검토하여 보기로 하겠다.

2. M&A 관련법규의 주요내용

가. 의무공개매수(Pflichtangebot, Mandatory Offer)

기업인수법은 공개매수의 유형을 지배권(kontrolle, control)[97)]의 취득과는 무관한 공개매수(freiwilliges angebot, voluntary offer)[98)]와 지배권 취득 목적의 공개매수(übernahmeangebot, takeover offer)[99)] 및 이미 대상회사의 지배

---

96) Freshfields Bruckhaus Deringer, *The Takeover Directive: implementation in Germany* (2006 July), at 1.

97) 지배권이란 대상회사의 의결권 있는 주식의 30% 이상의 취득을 의미한다[WpÜG 제29조 (2)]. 의결권의 30%라는 지배권 취득기준을 정함에 있어서 독일의 입법자는 국제적으로 통용되는 정족수를 기초로 삼았고, 독일의 상장된 주식회사의 주주총회에 출석하는 주주가 비교적 적기 때문에 대개의 경우 이 정도의 지분이면 다수결의를 하기에 충분하다는 점을 고려하였다[WpÜG 제29조에 대한 입법이유 B. 4.: 유진희, "독일법상 기업인수의 규제," 「서강법학」(서강대학교 법학연구소), 제 6 권(2004), 194면].

98) 이는 지배권을 취득하고자 하는 목적이 없이 주식을 직접 취득하고자 하는 공개매수로서 대상회사 주식의 일부분에 대한 부분공개매수도 가능한데, WpÜG 제19조에 의하여 부분공개매수의 경우에는 응모된 주식수가 공개매수예정 주식수를 초과하는 경우에는 안분비례에 의거하여 응모한 주식수에 비례하여 매수하여야 한다.

99) 이는 대상회사의 지배권을 취득하고자 하는 공개매수로서, 이 경우 공개매수자

권을 취득한 자의 대상회사의 잔여주식에 대한 의무공개매수(pflichtangebot, mandatory offer)로 분류하여 규제하고 있다.

이하에서는 의무공개매수에 관련된 기업인수법의 주요한 규정에 대하여 검토하여 보기로 하겠다. 이미 대상회사의 의결권 있는 주식의 30% 이상을 매수하여 지배권을 취득한 자는 그러한 사실을 7일 내에 공시하여야 하며, 지배권취득의 공시로부터 4주 이내에 공개매수서류를 연방금융감독청(Bundesanstalt für Finanzdienstleistungsaufsicht: BaFin)에 제출하여야 한다.[100] 연방금융감독청은 공개매수서류의 내용이 법률규정에 명백하게 위반하는지의 여부를 검토하게 되는데, 연방금융감독청이 공개매수청약의 공개(publication)를 명시적으로 허용하거나 공개매수 청약자가 공개매수서류를 제출한 후 10 업무일(working days) 이내에 연방금융감독청이 반대의사를 표명하지 않은 경우에는 지체없이 공개매수서류를 공표(publish) 즉 공개매수청약을 하여야 한다.[101]

이때 공개매수청약은 대상회사의 모든 잔여주식에 대하여 이루어져야 하며,[102] 지배권 취득 목적의 공개매수에 의하여 대상회사의 지배권을 취득한 경우에는 위와 같은 의무공개매수에 관한 규정은 적용되지 않는다.[103]

따라서 대상회사의 의결권 있는 주식의 30% 이상을 매수하고자 하는 지배권 취득 목적의 공개매수의 경우에는 공개매수자는 대상회사의 모든 주주의 주식 전부에 대하여 공개매수청약을 하여야 하며, 대상회사

는 대상회사의 모든 주주의 주식 전부에 대하여 공개매수를 하여야 한다[WpÜG 제32조].

100) WpÜG § 35 'Verpflichtung zur Veröffentlichung und zur Abgabe eines Angebots (Duty to Publish and Make an Offer)' (1), (2).

101) WpÜG § 14 'Übermittlung und Veröffentlichung der Angebotsunterlage(Communication and Publication of the Offer Document)' (2).

102) WpÜG § 39 'Anwendung der Vorschriften des Abschnitts 3 und 4(Application of the Provisions of Divisions 3 and 4)', WpÜG § 32 'Unzulässigkeit von Teilangeboten (Inadmissibility of Partial Offers)'.

103) WpÜG § 35 (3).

의 의결권 있는 주식의 30% 이상을 공개매수에 의하지 않고 취득한 경우에도 공개매수자는 대상회사의 잔여 주식 전부에 대하여 공개매수청약을 하여야 한다.

이러한 의무공개매수는 소수주주를 보호하기 위하여 회사 지배권의 변경이 있는 경우에 있어서 주주에게 자기 주식을 매도할 수 있는 기회를 부여하는 규정이라 할 수 있다.[104)]

나. 소수주주의 퇴출

2002년 WpÜG의 제정에 따라 독일 주식법에는 소수주주퇴출에 관한 규정[105)]이 신설되었으며, 이러한 규정들은 후에 WpÜG가 개정됨에 따라 WpÜG의 일부로 흡수되었다. 여기에서는 연혁적으로 소수주주퇴출에 관한 독일 주식법의 규정부터 검토하는 것이 소수주주퇴출과 관련된 WpÜG의 규정을 이해하는 데 보다 도움이 된다고 보아 먼저 독일주식법에 규정되었던 소수주주퇴출에 관한 규정을 살펴보고 WpÜG에 규정된 내용을 검토하여 보기로 하겠다.

독일 주식법에 규정되었던 소수주주 퇴출제도에 관한 규정들은 공개회사·폐쇄회사를 불문하고 적용되고 영국회사법의 규정과 같이 공개매수에 의한 주식매수청약을 전제로 하지도 않았다.

즉 다수파 주주에게 특별한 사업상의 정당한 사유가 존재하지 않더라도 자본참여요건으로서 다수파 주주가 기본자본의 95% 이상을 소유하고, 퇴출시키고자 하는 소수주주에게 전문검사인에 의하여 적정성이 평가된 지급대가를 보상한다면, 소수주주 퇴출을 위한 이사회에 의하여 소집된 주주총회의 결의를 통하여 소수주주를 퇴출시킬 수 있었다.[106)]

이러한 소수주주를 퇴출시키고자 인정되었던 주식매도청구권(The

104) Joachim J. Modlich & Patrick Sinewe, *The New German Acquisition of Securities and Takeover Act,* Mayer Brown Rowe & Maw (May 2004), at 8.

105) Aktiengesetz(AktG) s. 327a to 327f.

106) 최병규, “독일의 Sqeeze-Out제도에 관한 연구,” 「한독법학」(한독법률학회), 제14집(2003), 492면 이하.

Right of Squeeze-out)에 관한 규정은 WpÜG의 개정에 따라 제39조 a로 흡수되었으며, 더불어 소수주주의 주식매수청구권(The Right of Sell-out)도 제39조 c로 신설되었다.

WpÜG에서는 주식매도청구권(Squeeze-out of Remaining Shareholder)에 관하여 지배권취득 목적의 공개매수나 의무공개매수가 이루어진 후 대상회사의 의결권 있는 주식을 95% 이상 공개매수자가 소유하게 되었다면 공개매수자는 공개매수에 응하지 않은 주주(이하 잔여주주라고 함)에게 공평한 보상(equitable compensation)을 지급하고 잔여주식을 양도받을 수 있다고 규정하고 있다. 이러한 공개매수자의 주식매도청구권의 행사요건에 있어서 주식매도청구권의 행사신청(Application) 및 그 신청에 대한 법원의 명령(order)은 필수요건이며, 이러한 주식매도청구권의 행사기간은 잔여주주에 대하여 공개매수기간의 종료 후 3개월 이내이다.[107]

또한 WpÜG는 잔여주주의 주식매수청구권(The Right of Sell-out)에 관하여 다음과 같은 규정을 두고 있다. 공개매수자에게 전술한 주식매도청구권이 부여되는 상황에서 잔여주주는 공개매수청약에 대한 승낙기간이 종료한 후 3개월 이내에 자신의 주식을 공개매수청약자가 공평한 보상을 지급하고 매수할 것을 승낙(accept)할 수 있다.[108] 즉 잔여주주의 승낙에 의하여 공개매수자는 공개매수청약의 승낙기간의 종료 후에도 잔여주주의 주식을 매수하여야 하는 의무를 부담하게 되는 것이다.

다. 경영진의 방어행위 허용여부

WpÜG는 기업인수와 관련된 대상회사의 경영진의 방어행위에 관하여 규정하고 있는데,[109] 먼저 기업인수제의가 공표되어 그 결과가 공표될 때까지 대상회사의 경영진은 그 기업인수제의를 무산시킬 수 있는 행위

107) WpÜG § 39 a 'Ausschluss der übrigen Aktionäre(Squezze-out of Remaining Shareholder)'.

108) WpÜG § 39 c 'Andienungsrecht(The Right of Sell-out)'.

109) WpÜG § 33 'Handlungen des Vorstands der Zielgesellschaft(Actions of the Board of Management of the Target Company)'.

를 할 수 없으나, 기업인수제의를 받지 않은 회사의 경영진의 통상적인 행위, 경쟁 매수자(competing offer)를 물색하는 행위 및 대상회사의 감사회(aufsichtsrat, supervisory board)가 동의한 행위는 예외적으로 허용된다.

만약 대상회사의 주주총회가 기업인수제의가 공표되기 전에 주주총회의 권한 내에 속하는 기업인수제의를 무산시키기 위한 행위를 할 수 있도록 권한을 부여하였다면, 그러한 주주총회의 수권(authorization)에는 경영진의 방어행위가 특정되어야 하며, 수권의 기간은 18개월을 초과할 수 없다. 그리고 주주총회의 결의를 위해서는 총주식의 3/4 이상의 출석과 출석한 주주의 과반수의 찬성이 요구되며 이러한 수권에 의거하여 경영진이 방어행위를 하는 경우에는 감사회의 동의를 요한다.

즉 WpÜG에 의하면 대상회사의 경영진은 감사회의 승인만 있다면 주주총회의 승인 없이 방어행위를 할 수 있으므로 이는 경영진에게 방어행위에 대한 재량권을 부여하였다고 볼 수 있다.

제 4 절 일 본

Ⅰ. 개 관

일본의 경우에는 2005년 2월 라이브도아라는 인터넷포털회사가 산케이신문과 민영방송인 후지TV의 지주회사인 일본방송에 대하여 적대적 M&A를 실시한 이른바 일본방송사건이 사회적으로 큰 반향을 일으키면서 부적절한 적대적 M&A에 대한 규제와 합리적인 방어수단의 구축을 위한 노력이 활발히 전개되고 있다.

먼저 (i) 국회는 2005년 6월 29일 '회사법제의 현대화법안(會社法制の現代化法案)'(이하 신회사법이라 함)의 입법을 통하여 방어수단으로서 매우 효율적으로 활용될 수 있는 제도를 새로이 도입하였다. (ii) 경제산업성과 법무성은 공동으로 2005년 5월 27일에 경제산업성 산하의 기업가치

위원회(企業價値委員會)의 기업가치보고서(企業價値報告書)[110]를 참고로 '기업가치·주주공동이익의 확보·향상을 위한 방어수단에 관한 지침(企業價値·株主共同の利益の確保又は向上のための買受防禦策に關する指針)'[111](이하에서는 방어수단에 관한 지침이라 하겠음)을 발표하였다. (iii) 법원은 일본방송사건 및 니레코사건의 일련의 결정을 통하여 방어수단이 정당화되기 위한 기준을 제시하였다. (iv) 집권여당인 자민당산하의 기업지배구조위원회(企業統治委員會)는 2005년 7월 7일 '공정한 기업매수·합병(M&A) 룰에 관한 제언'이라는 보고서를 발표하여 M&A에 관한 공정한 규범의 확립을 위하여 시급히 실현하여야 할 제도개혁과 향후 검토과제를 제시하였다.[112]

이하에서는 신회사법의 내용 중에서 적대적 M&A와 관련된 규정, 기업가치보고서 및 방어수단에 관한 지침에 관하여 중점적으로 검토하여 보기로 하겠다.

Ⅱ. M&A 관련법규의 주요내용

1. 신회사법

가. 신주예약권

이는 2001년 11월 일본상법 개정에 의하여 도입된 제도인데, 권리자(신주예약권자)가 미리 정해진 기간(권리행사기간) 내에 미리 정해진 가격(권리행사가격)으로 회사에 대해 신주의 발행을 청구할 수 있는 권리를 말한다. 신주예약권자가 新株豫約權을 행사하면 회사는 그 자에 대해 신주

110) http://www.meti.go.jp/press/20050527005/3-houkokusho-honntai-set.pdf 에서 기업가치보고서의 전문을 다운받을 수 있다.

111) http://www.meti.go.jp/press/20050527005/3-shishinn-honntai-set.pdf 에서 방어수단에 관한 지침의 전문을 다운받을 수 있다.

112) 권종호, "일본의 적대적 M&A현황과 방어수단에 관한 최근 동향," 「상장협」(한국상장회사협의회), 제52호(2005), 45-46면 [이하 권종호, 방어수단에 관한 최근 동향]; 권종호, "일본 경제산업성·법무성의 기업가치·주주공동이익 확보를 위한 적대적 M&A 방어수단에 관한 지침," 「상장」(한국상장회사협의회), 8월호(2005), 71-72면 참조 [이하 권종호, 방어수단에 관한 지침].

를 발행하거나 이에 갈음하여 자기주식을 교부하여야 한다.[113)]

2001년 11월 일본상법 개정 이전에는 신주인수권이나 스톡옵션을 부여하는 것이나 신주인수권을 사채와 조합하여 신주인수권부사채로 발행하는 것은 인정되고 있었지만, 신주예약권만을 발행하는 것은 인정되지 않았었다. 그 후 새로운 주식유형에 대한 기업수요에 부합하는 차원에서 2001년 11월 일본상법개정에서 신주예약권을 단독으로 발행하는 것을 인정하였으며, 신회사법에서는 주식의 발행과 동시에 신주예약권을 발행하는 일도 가능하게 되었다. 종래의 스톡옵션, 신주인수권부사채의 신주인수권, 전환사채의 전환권을 총칭하여 신주예약권으로서 정리되어 신주예약권을 단독으로 발행하는 것이 가능하게 되었으며, 이에 전환사채 및 신주인수권부사채는 신주예약권부사채로 대체되었다.[114)]

이러한 신주예약권과 관련하여 신회사법은 신주예약권무상배정제도를 두고 있는데, 이는 신주예약권을 주주에게 무상으로 지분비율에 따라 배정(발행)할 수 있는 제도이며(신회사법 제277조), 그 결정은 원칙적으로 주주총회(이사회설치회사의 경우에는 이사회)가 하며 정관에 다른 정함이 있으면 그러하지 아니하다. 이 제도의 도입으로 신주예약권을 이용한 Poison Pill을 보다 쉽게 이용할 수 있게 되었다.

또한 신회사법에 의하면 이미 발행된 신주예약권을 회사가 강제로 취득할 수 있는 조항이 부착된 취득조항부신주예약권의 발행도 인정하고 있다. 회사가 신주예약권을 강제적으로 취득하려면 발행결의에서 신주예약권의 내용으로 취득사유 등에 관하여 정해두어야 하며(신회사법 제236조 1항 7호, 제238조 1항), 신주예약권을 취득할 때 현금을 비롯하여 주식, 사채, 다른 신주예약권 기타 재산을 그 대가로서 교부할 수 있다(신회사법 제236조 1항 7호 ニ 내지 チ). 따라서 회사는 사채로의 강제전환권이 회사에 있는 신주예약권도 발행할 수 있다.[115)]

113) 권종호, 전게논문(방어수단에 관한 최근 동향), 49-50면.
114) 河本一郎 外 3人, 「日本の會社法(新訂第 7 版)」(商事法務, 2005), 55頁.
115) 권종호, 전게논문(방어수단에 관한 최근 동향), 50-51면.

나. 종류주식

일본은 2001년 및 2002년 상법개정을 통하여 다양한 형태의 종류주식을 도입하였으며(개정전 일본상법 제222조 1항 1호 내지 6호), 신회사법에서는 i) 이익배당에 관한 종류주식, ii) 잔여재산분배에 관한 종류주식, iii) 의결권제한주식, iv) 양도제한주식, v) 취득청구권부주식, vi) 취득조항부주식, vii) 전부취득조항부종류주식, viii) 거부권부주식, ix) 종류주주총회에서의 이사·감사의 선임에 관하여 내용이 다른 수종의 주식을 발행할 수 있음을 규정하고 있다(신회사법 제108조 1항 1호 내지 9호). 이하에서는 이 중에서 M&A와 관련된 중요한 몇 가지를 검토하여 보도록 하겠다.

(1) 의결권제한주식

이는 주주총회에서 의결권을 행사할 수 있는 사항에 관해 내용이 다른 주식을 말한다(신회사법 제108조 1항 3호). 예를 들면 i) 어떤 종류의 주식은 주주총회 결의사항 전부에 관해 의결권을 갖지만(의결권 보통주식), ii) 어떤 종류의 주식은 모든 결의사항에 관해 의결권이 없거나(완전무의결권주식, 개정전 일본상법 제211조의 2 4항 참조), 특정사항에 관해서만 의결권이 없는 것으로 할 수 있다. ii)를 총칭하여 의결권제한주식이라 한다.[116)]

이 의결권제한주식은 자본다수결에 의하지 않는 형태로 경영권을 분배할 때(예를 들면 지분비율은 6 대 4이더라도 의결권비율은 1 대 1로 하는 경우) 매우 유용한 제도일 뿐만 아니라 적대적 M&A의 위협을 근원적으로 차단하면서 자금조달을 도모할 수 있다는 점에서도 효용이 크다.[117)]

(2) 취득조항부주식

取得條項附株式이란 회사가 일정한 사유가 발생한 것을 조건으로 주주 소유의 주식을 취득할 수 있는 권리가 부착된 주식을 뜻하며(신회사법 제2조 19호), 회사는 정관을 통해 발행주식의 전부 또는 일부를 취득

116) 江頭憲治郎, 「株式會社·有限會社法(第 4 版)」(有斐閣, 2005), 134頁.
117) 권종호, 전게논문(방어수단에 관한 최근 동향), 55면.

조항부주식으로 할 수 있다(신회사법 제107조 1항 3호, 제108조 1항 6호).

취득조항부주식의 경우에도 취득대가는 현금 이외에도 사채, 다른 종류의 주식, 신주예약권, 기타 재산으로 할 수 있다. 대가가 현금(배당가능이익)일 경우에는 취득조항부주식의 실질은 개정전 일본상법상의 임의상환주식에 해당하게 되고, 다른 종류의 주식일 경우에는 강제전환조항부주식이 되며, 사채를 대가로 할 경우에는 사채로의 전환권이 회사에 있는 주식이 된다. 이렇게 되면 회사로서는 취득조항부주식은 그 내용을 어떻게 설계하느냐에 따라 자금조달수단으로는 물론이고 방어수단으로서도 효용이 클 것이다.[118)]

(3) 전부취득조항부종류주식

全部取得條項附種類株式이란 당해 종류의 주식에 관하여 회사가 주주총회의 결의에 의하여 그 전부를 취득할 수 있는 주식을 말한다(신회사법 제108조 1항 7호). 전부취득조항부종류주식의 경우에는 주식의 취득은 주주총회의 결의로 한다는 점에서 정관에서 정한 일정한 사유의 발생을 주식취득의 조건으로 하는 취득조항부주식과는 다르다. 100% 감자를 목적으로 전부취득조항부종류주식을 회사가 취득할 경우에는 취득대가는 당연히 무상일 것이지만, 유상취득도 가능하며 이때에는 현금 이외에도 다른 종류의 주식, 사채, 신주예약권, 신주예약권사채 기타 재산을 대가로 할 수 있다(신회사법 제171조 1항 1호 イ 내지 ホ).

전부취득조항부종류주식의 경우에 있어서 취득대가로 다른 종류의 주식이나 사채 등을 교부할 수 있기 때문에 취득대가의 여하에 따라 특정종류주식 전부를 사채 등으로 바꿀 수 있다. 적대적 M&A에 대한 방어수단으로 동주식이 주목을 받는 이유이다.[119)]

(4) 거부권부주식

수종의 주식을 발행한 회사의 경우 법령 또는 정관에서 주주총회 또

118) 권종호, 전게논문(방어수단에 관한 최근 동향), 54면.
119) 권종호, 전게논문(방어수단에 관한 최근 동향), 55면.

는 이사회의 결의사항으로 정하고 있는 사항 중 정관으로 정한 사항 전부 또는 일부에 관해 주주총회나 이사회의 결의 외에 해당 종류주주총회의 결의를 요하는 것으로 정할 수 있다(신회사법 제108조 1항 8호). 이 제도에 의해 회사는 주주총회나 이사회의 결의사항에 관해 정관을 통해 특정종류의 주식에게 거부권(동의권)을 부여할 수 있게 되며, 이때의 특정종류의 주식은 주주총회나 이사회의 결의사항 중 정관에서 정한 사항에 관해 거부권이 있는 주식이므로 拒否權附株式이라고 한다.

이는 법정의 종류주주총회 결의사항 외에[120] 정관으로써 주주총회·이사회 결의사항 중 종류주주의 이익에 중요한 사항에 관해 종류주주총회의 결의를 요하는 것으로 정할 수 있도록 한 것이다. 그 결과 회사는 주주총회·이사회 결의사항 중 법정종류주주총회 결의사항을 제외하고는 아무런 제한 없이 정관으로써 종류주주총회의 결의사항(즉, 종류주주의 거부권의 대상)으로 할 수 있다.

따라서 이사회결의사항이지만 법정의 종류주주총회의 결의사항은 아닌, 예를 들면 대표이사의 선임에 관해 정관으로 종류주주총회의 결의사항으로 할 수 있으며, 이때에는 결국 대표이사의 선임에 관해 종류주주에게 거부권을 부여한 셈이 되는 것이다.[121]

(5) 종류주주총회에서 이사·감사를 선임할 수 있는 주식

이는 개정전 일본상법에서 주식양도제한회사에 대해서만 인정되던 제도이나 신회사법하에서는 새로운 회사형태의 도입으로 인하여 위원회설치회사 및 공개회사를 제외한 회사에 한해 인정되는 제도로서(신회사법

120) 법정종류주주총회결의사항을 제외한 이유는 법률상 인정되는 종류주주총회결의사항은 해당종류주주의 이익보호를 위하여 해당종류주주만이 결의를 할 수 있도록 정한 것이므로 그 의사결정을 다른 종류주주총회가 뒤집는 것은 문제가 있기 때문이다[郡谷大輔, "平成13年改正商法(11月改正)の解說[Ⅶ]," 「商事法務」 第1660號(2003), 38면; 권종호, "자금조달수단의 다양화와 일본의 주식법제의 개선," 「증권예탁」(증권예탁결제원), 제52호(2004), 14면에서 재인용] [이하 권종호, 일본의 주식법제의 개선].

121) 권종호, 전게논문(일본의 주식법제의 개선), 14면.

제108조 1항 단서) 종류주주총회에서 선임할 수 있는 이사 및 감사의 수에 있어서 내용이 다른 주식을 말한다. 이 주식이 발행되면 이사 및 감사의 선임은 각 종류주주총회 단위로 행하여지며, 전체 주주총회는 개최되지 않는다.[122]

2. 기업가치보고서

가. 배 경

2004년 9월 16일 경제산업성의 주도로 발족한 기업가치위원회는 i) 글로벌 스탠다드, ii) 국내외 무차별, iii) 일본에만 존재하는 규제의 배제, iv) 경영자와 주주의 선택권확대라는 4가지 기본원칙에 입각하여 유럽의 각국 및 미국의 입법례와 판례, 기관투자자의 평가 등에 관하여 다양한 실증연구와 public comment과정을 거쳐 2005년 5월 27일에 기업가치보고서를 발표하였다.

이 보고서는 총 5장으로 구성되어 있으며, 각 장의 제목은 제 1 장 일본의 M&A시장의 전망과 과제, 제 2 장 적대적 M&A에 대한 방어수단의 유형과 경제적 효과, 제 3 장 유럽 및 미국의 적대적 M&A와 관련된 원칙,[123] 제 4 장 일본에서 확립하여야 할 기업가치향상을 위한 공정한 원칙, 제 5 장 일본기업사회의 인프라이다.

보고서는 일본의 경우에 유럽이나 미국과 같은 적대적 M&A에 관하여 사회적으로 공유하고 있는 규범이 확립되어 있지 않으며, 이러한 규범 부재상황이 방치되면 기습공격과 과잉방어가 반복되어 기업가치의 창출에 기여하여야 할 적대적 M&A가 오히려 기업의 활력을 저해하게 될 것이므로 이의 해결을 위해서는 방어수단에 관한 공정한 원칙의 확립이 필요하다고 보고 있다.

---

122) 권종호, 전게논문(방어수단에 관한 최근 동향), 57면.

123) 원문에는 ルール(Rule)이라 표현하고 있으나 이를 원칙으로 해석하여도 무리가 없다고 생각한다.

나. 주요내용[124)]

전술한 방어수단에 관한 공정한 원칙의 확립과 관련하여 동보고서는 다음과 같은 3가지 원칙을 제시하고 있다.

(1) 방어수단에 관한 공시제도의 강화

방어수단에 관한 개정된 일본의 신회사법상 신주예약권을 활용한 포이즌 필이나 종류주식제도를 활용한 황금주 및 복수의결권주의 도입이 가능하기 때문에 이러한 상황에서는 새로운 방어수단의 도입보다는 오히려 방어수단에 관한 공시제도의 정비의 필요성이 요구된다.

(2) 기업가치기준에 입각한 방어수단의 합리성에 대한 판단

이사회가 채택한 방어수단의 합리성에 관하여는 기업가치기준에 입각하여 판단하여야 하며, 다음과 같은 3가지 세부적인 기준을 거론할 수 있다.

첫 번째 기준은 방어수단의 행사시에 기업가치에 대한 위협이 존재한다고 믿기에 충분한 합리적인 근거가 있었는지의 여부이다(적대적 M&A가 회사에 가한 위협의 존재여부). 이때 위협이란 적대적 M&A에 의하여 발생할 수 있는 회사의 효율성 등에 대한 위협이나 주주의 적정한 판단에 대한 위협 등 기업가치에 대한 위협을 지칭한다.

두 번째 기준은 가해진 위협에 비추어 방어수단이 상당한 것이었는지의 여부이다(방어수단의 과잉성의 유무). 즉 방어수단은 가하여진 위협과의 관계에서 과잉이 아닐 것이 요구된다.

세 번째 기준은 방어수단을 채택 및 행사함에 있어서 이사회가 신중하고 적절하게 행동하였는지의 여부이다(신중하고 적절한 경영판단과정의 중시). 즉 이사회가 방어수단의 채택, 행사 및 철회에 관한 판단을 함에

---

124) 기업가치보고서의 내용에 관하여는「企業價値報告書~公正な企業社會のルール形成に向けた提案~」(企業價値研究會, 2005. 5. 27); 권종호, 전게논문(방어수단에 관한 지침); 권종호, 전게논문(방어수단에 관한 최근 동향); 정대, "적대적 M&A에 대한 대상회사의 방어행위의 적법성 판단기준에 관한 고찰,"「기업법연구」(한국기업법학회), 제20권 제 2 호(2006)을 참조하였다.

있어서 이사회의 지위보전의 목적이 아닌 기업가치를 제고하고자 하였다는 것을 증명하기 위해서는 방어수단의 채택, 행사 및 철회에 관하여 신중하고도 적절한 행동이 요구된다.

(3) 기업가치기준에 합치하는 방어수단

방어수단의 합리성을 제고하기 위해서는 방어수단의 채택으로부터 행사에 이르기 과정에 기업가치의 향상 나아가 주주 전체의 이익의 향상이 반영될 수 있어야 하며, 이렇게 방어수단을 설계하기 위해서는 다음과 같은 3가지 요건을 충족하여야 한다.

첫 번째 요건은 방어수단은 평상시(사전)에 채택하며, 경영진은 그 설계에 신중한 판단을 하고 그 내용을 공시하고 설명하여야 한다는 것이다.

두 번째 요건은 방어수단은 철회가 가능한 것으로 구성한다는 것이다. 즉 위임장경쟁에 의하여 이사를 교체하면 방어수단의 철회가 가능하게 하고, 방어수단을 채택할 경우에는 이사의 시차임기제조항을 도입하지 않으며, 매 1년의 주주총회에서 주주에게 직접 그 적법성을 판단하게 하는 기회가 필수적으로 제공되어야 한다.

세 번째 요건은 유사시에 경영진의 자의적 판단이 배제되도록 하여야 한다는 것이다. 유사시에서의 방어수단의 행사는 시간적 제약 등에 의하여 경영진이 할 수밖에 없는데, 그 판단은 주주 전체의 이익이나 기업가치의 향상을 위해서가 아니라 경영진의 지위보전을 위한 것이라는 의심이 생기기 때문에 이를 방지하기 위해서는 다음과 같은 3가지 방안들이 강구되어야 한다는 것이다.

i) 이사회의 결의에 의하여 채택된 방어수단과 관련하여 유사시에 그러한 방어수단의 행사 및 철회에 대한 독립성이 있는 사외이사나 사외감사 등의 판단을 중시하고, 이사회가 방어수단의 행사 및 철회를 결정하는

구조를 구축하는 방안이다(독립사외자에 의한 감독형).

ii) 유사시의 방어수단의 철회조건을 미리 객관적으로 설정하고 매수제안에 응할 것인지의 여부에 관한 판단은 최종적으로 공개매수에 의하여 주주에게 맡기거나, 기업가치를 제고할 가능성이 큰 매수제안에 대해서는 방어수단의 저항력을 약화시키는 구조를 구축하는 방안이다(객관적 해제요건설정형).

iii) 평상시 방어수단을 채택하는 시점에서는 주주총회의 승인을 얻도록 하고 유사시에 이사회가 방어수단을 행사 및 철회할 때에는 주주총회의 수권이 필요한 구조를 구축하는 방안이다.

3. 방어수단에 관한 지침

가. 배 경

전술한 기업가치보고서는 위와 같은 원칙을 제시하면서 정부로 하여금 방어수단에 관하여 일본기업사회가 준수하여야 할 규범의 제정을 제언하였고, 이에 따라 경제산업성과 법무성은 「기업가치·주주공동이익의 확보·향상을 위한 방어수단에 관한 지침」(企業價值·株主共同の利益の確保又は向上のための買受防禦策に關する指針)을 제정하기에 이른 것이다.

그런 의미에서 방어수단에 관한 지침은 기업가치보고서의 제언을 일본의 법체계로 구체화하는 시도이자 과잉방어의 배제 등 방어수단에 관한 공정한 룰의 확립을 위한 정부의 의지의 표현이라고 할 수 있다.[125)]

방어수단에 관한 지침은 전문(前文), Ⅰ 정의, Ⅱ 배경, Ⅲ 원칙, Ⅳ 취지, Ⅴ 구체적인 예, Ⅵ 해설의 총 7부분으로 구성되어 있는데, 이 중에서 방어수단에 관한 3가지 기본원칙을 제시하고 있는 Ⅲ원칙과 이러한 3가지 기본원칙의 취지를 설명하고 있는 Ⅳ취지를 중심으로 이하에서 검토하여 보기로 하겠다.

---

125) 권종호, 전게논문(방어수단에 관한 지침), 74면.

나. 주요내용[126)]

방어수단에 관한 지침은 방어수단의 기본원칙으로서 3가지를 제시하고 있는데, 이하에서 자세히 검토하여 보기로 하겠다.

(1) 기업가치[127)]·주주공동이익의 확보·향상의 원칙

이는 방어수단은 경영자의 지위유지를 목적으로 하여서는 아니 되고 어디까지나 기업가치와 주주공동이익의 확보·향상을 위한 것이어야 한다는 원칙이다. 방어수단에 관한 지침에서는 이러한 목적에 부합하는 방어수단의 전형으로 다음의 3가지 유형을 제시하고 있다. 첫 번째는 Greenmail이나 LBO 등을 이용한 파탄적 기업매수와 같은 기업가치나 주주공동이익을 명백히 침해하는 M&A에 대한 방어수단이며, 두 번째는 강압적인 2단계공개매수에 대한 방어수단이고, 세 번째는 주주의 현명한 판단을 보장하고 보다 나은 매수제안을 이끌어 내기 위한 방어수단이다.

(2) 사전공시·주주의사의 원칙

여기서 사전공시의 원칙이란 방어수단과 관련하여 주주나 투자자, 잠재적인 매수자의 예측가능성을 제고하기 위해서는 방어수단의 목적·구체적인 내용·효과 등을 공시할 필요성이 있다는 원칙이다. 그리고 주주의사의 원칙이란 방어수단은 주주의 합리적인 의사에 의하여 채택되어야 한다는 원칙인데, 방어수단이 주주총회의 승인을 얻어 채택되는 경우와 이사회의 결의에 의하여 채택되는 경우에 있어서 전자의 경우에는 주주의사의 원칙에 합치하나 후자의 경우에는 주주의 총체적 의사에 의하여 방어수단을 폐지할 수 있는 수단이 확보되어 있어야 주주의사의 원칙

---

126) 이러한 방어수단에 관한 지침의 내용에 관하여는 「企業價値·株主共同の利益の確保又は向上のための買受防禦策に關する指針」(經濟産業省·法務省, 2005. 5. 27); 권종호, 전게논문(방어수단에 관한 지침); 권종호, 전게논문(방어수단에 관한 최근 동향); 정대, 전게논문을 참조하였다.

127) 기업가치란 회사의 재산, 수익력, 안정성, 효율성, 성장력 등 주주의 이익에 기여하는 회사의 속성 또는 그 정도를 의미한다고 정의하고 있다 [「企業價値·株主共同の利益の確保は向上のための買受防禦策に關する指針」(經濟産業省·法務省, 2005. 5. 27), 1면].

에 부합한다고 할 수 있다.

(3) 필요성·상당성의 원칙

방어수단에서의 매수자의 차별적 취급은 주주평등의 원칙이나 재산권에 중대한 위협이 될 우려도 있으며, 방어수단이 주주공동의 이익을 위한 것이 아니라 경영자의 지위보전을 위하여 남용될 우려도 있다. 이와 같은 방어수단에 의한 폐해를 방지하는 것은 그 적법성 및 합리성을 확보하는 데 필수적이며, 이를 위하여 방어수단은 주주평등의 원칙, 재산권의 보호, 경영자의 지위보전과 관련된 남용방지 등을 고려하여 필요하고 상당한 방법에 의하여만 한다는 원칙이다. 이를 자세히 살펴보면 다음과 같다.

첫 번째로 방어수단은 그 성격상 매수자를 차별적으로 취급할 수밖에 없지만 이때에도 주주평등의 원칙과는 정합성을 유지하여야 한다. 방어수단에 관한 지침에서는 예를 들어 종류주식의 발행은 상법상 명문으로 규정하고 있는 주주평등의 원칙의 예외이므로 정관변경 등 상법이 정한 절차를 준수하는 한 적법하다는 견해를 밝히고 있다.

두 번째는 유리한 조건으로의 신주예약권의 발행과 같이 매수자의 재산권을 침해하는 방어수단의 경우에는 당해 법률이 정하고 있는 절차를 준수하면서 채택할 필요가 있다.

세 번째는 유사시에는 시간적인 제약으로 인하여 주주총회를 개최하는 것이 곤란하므로 방어수단의 행사 및 폐지여부에 관한 판단은 이사회가 하게 되는데, 이때 이사회는 기업가치·주주공동의 이익에 대하여 적대적 M&A에 가한 위협을 합리적으로 인식한 후 방어수단의 행사 및 폐지여부를 판단하여야 하며(방어수단행사의 필요성의 존재), 방어수단을 행사함에 있어서도 가해진 위협에 비추어 과잉이 되는 방어수단을 행사하여서는 아니 된다는 것이다(상당성의 확보).

제5절 한 국

Ⅰ. 개 관

우리나라의 경우 M&A는 상법·증권거래법·독점규제 및 공정거래에 관한 법률·세법·외국인투자촉진법 등 다양한 영역과 관련되어 있는데, 이 중에서 M&A와 관련된 중요한 법규는 상법과 증권거래법이라 할 수 있다. 영업의 양수(양도), 정관변경, 자본의 증감, 합병 및 분할 등에 관하여는 상법에서 다루어지고 있으며, 증권거래법에서는 공개시장에서의 주식매집, 위임장권유 및 공개매수 등에 관하여 상세한 규정을 마련하고 있다.

그런데 현행 증권거래법이 자본시장과 금융투자업에 관한 법률[128] (이하 자본시장통합법이라 함)이 2009년 2월 4일에 시행될 예정에 따라 그 효력을 잃게 될 것이기 때문에 본서에서는 증권거래법 및 자본시장통합법의 조문을 같이 열거하도록 하겠다.

이하에서는 M&A와 관련된 상법 및 증권거래법상의 주요내용을 중심으로 우리나라 M&A 법제에 관하여 간략하게 살펴보기로 하겠다.

Ⅱ. M&A 관련법규의 주요내용

1. 상 법

가. 회사의 합병제도

상법상 합병에 관하여는 회사법 통칙(제174조~175조)·합명회사(제230

128) 제정 2007. 8. 3 법률 제8635호, 일부개정 2008. 2. 29 법률 제8863호. 이는 증권거래법, 선물거래법, 간접투자자산운용업법, 신탁업법, 종합금융회사에 관한 법률 등 현행 자본시장 관련 금융법을 단일의 법률로 통합하여 자본시장에 대한 규율체제를 개편하고자 제정한 법률임(자본시장과 금융투자업에 관한 법률 입법예고 중 제정이유 참조).

조~240조)·합자회사(제269조)·주식회사(제522조~529조) 및 유한회사(제598조~603조)에서 각각 규정하고 있다. 상법상 회사는 어떤 종류의 회사와 자유로이 합병할 수 있는 것이 원칙이며(제174조 1항), 상법 및 특별법상 몇 가지 제한이 있다.

상법은 각종 회사에 관한 규정에서 합병절차를 자세히 규정하고 있다. 즉 합병을 위해서는 합병을 하고자 하는 회사간에 합병계약을 체결하고(제523조, 524조, 603조), 합병계약의 효력발생을 위하여 총사원의 동의(제230조, 269조) 또는 주주(사원)총회의 특별결의(제522조 3항, 598조)에 의한 승인을 필요로 한다.

합병승인을 위한 주주총회의 소집은 상당한 시간·노력·비용이 드는 절차이기 때문에 회사의 상황에 따라 이러한 부담 없이 합병이 가능하도록 할 필요가 있다. 이에 1995년 개정상법은 간이합병제도를 신설하였으며, 1998년 개정상법은 간이합병의 요건을 완화하였고 소규모 합병제도를 신설하여 합병절차를 매우 간소화하였다. 이 부분에 관하여 이하에서 자세히 검토하여 보겠다.

(1) 간이합병요건의 완화

이는 흡수합병의 경우에 소멸회사의 합병승인결의를 생략할 수 있는 경우인데, 소멸회사의 총주주의 동의가 있거나, 소멸회사의 발행주식총수의 100분의 90 이상을 이미 존속회사가 소유하고 있는 경우에는 소멸회사의 주주총회의 승인결의는 이사회의 승인결의로 갈음할 수 있다는 규정이다(상법 제527조의 2 1항).

이는 미국회사법에서 일반적으로 인정하고 있는 short form merger를 도입한 것으로 소멸회사 총주주의 동의가 있는 경우에 소멸회사 주주총회의 승인결의는 이사회의 승인결의로 갈음할 수 있으므로 비상장의 폐쇄회사를 흡수합병하는 경우에 합병절차를 간소화하는 방법이 될 수 있다. 또한 합병을 예정하고 존속회사가 사전에 소멸회사의 주식 100분의 90 이상을 취득함으로써 합병승인결의에 대하여 소멸회사 주주총회의 승

인결의에 갈음하여 이사회의 승인결의를 활용할 수 있다.[129)]

소멸회사의 총주주가 동의하는 경우에는 반대주주가 없으므로 주식매수청구의 문제가 생기지 않으나, 존속회사가 소멸회사의 주식의 100분의 90을 소유하는 것을 사유로 하는 간이합병의 경우에는 반대주주가 있을 수 있으므로 반대주주의 주식매수청구절차는 생략될 수 없다.

(2) 소규모합병제도의 신설

이는 흡수합병의 경우에 존속회사가 합병으로 발행하는 신주의 총수가 그 회사의 100분의 5를 초과하지 아니하는 때에는 존속회사의 주주총회의 승인결의는 이사회의 승인결의로 갈음할 수 있으며, 이 경우에는 반대주주의 주식매수청구권을 인정하지 않는다는 규정이다(상법 제527조의 3 1항 · 5항).

원래 합병시 주주총회의 결의를 요하게 하는 것은 회사의 예상치 못한 구조변동에 있어서 주주에게 의사결정의 기회를 주기 위한 것인데, 대규모 회사가 소규모 회사를 흡수합병하는 것은 존속회사의 구조에 별다른 영향이 없으므로 주주총회의 결의나 반대주주의 주식매수청구권을 인정할 필요가 없기 때문에 소규모 합병에 관한 특례규정이 신설된 것이다.[130)]

그러나 합병을 계기로 소멸회사의 모든 의무가 존속회사에 승계되는 바이므로 존속회사로서는 반드시 소멸회사의 규모만으로 사안의 경중을 판단할 수는 없으며, 특히 다른 회사의 영업을 양수하는 경우에는 규모에 불구하고 주주총회의 특별결의를 거쳐야 하는데(상법 제374조 1항 3호), 영업양수에 비해 훨씬 중대한 사안인 합병을 하면서 이사회의 결의로 족하게 함은 균형을 잃은 입법이라는 비판이 있다.[131)]

---

129) 이철송, 「회사법강의(제13판)」(서울: 박영사, 2006), 847면.
130) 임재연, 「증권거래법(改訂版)」(서울: 박영사, 2002), 641면.
131) 이철송, 전게서(회사법강의), 848-849면.

나. 회사의 분할제도

회사의 분할이란 1개의 회사가 2개 이상의 회사로 나누어져, 분할 전 회사(피분할회사)의 권리의무가 분할후 회사에 포괄승계되고 원칙적으로 분할 전 회사의 사원이 분할후 회사의 사원이 되는 회사법상의 법률요건을 말하며,[132] 1998년 개정상법에 의하여 도입된 제도이다.

이러한 회사분할제도에 관한 규정의 주요내용을 살펴보면 다음과 같다.[133]

i) 회사분할의 종류는 단순분할 및 분할합병을 인정하고 있다(상법 제530조의 2). ii) 회사분할의 범위는 원칙적으로 물적(재산)분할 및 인적분할을 포함하는데, 예외로 물적분할만의 경우도 인정하고 있다(상법 제530조의 12). iii) 분할절차에서는 분할계획서 내지 분할합병계획서를 작성하여 주주총회의 특별결의에 의한 승인을 받도록 하였다(상법 제530조의 3 1항·2항). iv) 절차의 간소화를 위하여 분할에 의하여 설립되는 회사(분할후 회사)가 분할전 회사의 출자만으로 설립되는 경우에도 분할전 회사의 주주에게 손해가 되지 않는 경우에는 검사인 등에 의한 조사를 생략하도록 하였다(상법 제530조의 4 2항). v) 분할 또는 분할합병에 따르는 법률관계를 명확히 하기 위하여 분할계획서 내지 분할합병계획서의 기재사항을 법정하였다(상법 제530조의 5 ~ 530조의 6). vi) 분할전 회사의 채권자를 보호하기 위하여 분할 또는 분할합병 후의 존속회사 또는 신설회사(분할후 회사)는 원칙적으로 분할 전 회사의 채무에 관하여 연대책임을 지도록 하면서(상법 제530조의 9 1항), 예외적으로 연대책임이 배제되는 경우에는(상법 제530조의 9 2항·3항) 분할전 회사의 채권자가 분할에 대하여 이의를 제기할 수 있도록 하였다(상법 제530조의 9 4항, 530조의 11 2항). vii) 분할전 회사의 주주를 보호하기 위하여 분할합병의 경우 분할전 회사의 주주에게 주식매수청구권을 인정하는 동시에(상법 제530조의 11 2항, 522조의 3), 분할 전 회사의 이사 등에게 분할대차대조표 등의 공시를 의무화하고 있다(상

132) 정찬형, 「회사법강의(제 3 판)」(서울: 박영사, 2003), 112-113면.

133) 정찬형, 전게서(회사법강의), 113면 각주 6.

법 제530조의 7).

다. 영업양수(양도)

상법은 양도인과 양수인의 두 당사자가 체결하는 채권계약인 영업양수(양도)에 관하여 별도의 제한은 두고 있지 않다. 다만 상법총칙에서 몇 가지 규정(제41조~45조)과 타회사의 영업전부를 양수하거나 회사의 영업전부 또는 중요한 일부를 양도하는 경우에는 합병의 경우와 동일하게 주주총회의 특별결의를 거치도록 하고 있다(제374조).

이때 영업용재산 또는 중요재산만을 양도하는 경우에 상법총칙상의 영업양도 및 제374조의 영업양도와의 관계와 결부되어 주주총회의 특별결의를 요하는지에 대하여 학설이 나누어져 있다. 즉 영업용재산 또는 중요재산만의 양도에는 그것이 영업양도에 해당하지 않는 한 주주총회의 특별결의를 요하지 않는다는 형식설(不要說)[134]과 영업용재산 또는 중요재산만의 양도에도 주주총회의 특별결의를 요한다는 실질설(必要說)[135]로 나누어져 있다.

판례[136]는 절충설의 입장에서 회사의 영업의 전부 또는 중요한 일부를 양도하거나 폐지하는 것과 같은 결과를 가져오는 영업용재산의 양도를 영업양도에 포함시켜 주주총회의 특별결의를 요한다고 보고 있다.

2. 증권거래법

가. 주식의 대량소유제한제도

1994년 1월 개정 이전의 증권거래법은 제200조에서 상장 당시를 기준으로 상장기업의 발행주식총수의 10%를 소유한 주주는 그 비율을, 그

134) 최기원, 「신회사법론(第11大訂版)」(서울: 박영사, 2001), 416면.

135) 정동윤, 「회사법(제 7 판)」(서울: 법문사, 2001), 313면; 채이식, 「상법강의(上)(改訂版)」(서울: 박영사, 1996), 491면; 권기범, 「현대회사법론」(서울: 삼지원, 2001), 142면.

136) 大判 1998. 3. 24, 95다6885(판례공보 1998, 1127); 同旨 정찬형, 전게서(회사법강의), 490-492면.

이외의 자는 발행주식총수의 10%를 초과하여 소유하지 못하도록 하는 주식의 대량소유를 제한하는 규정을 두고 있었으나, 1994년 1월 5일 개정(법률 제4701호) 증권거래법에 의하여 1997년 3월부터 이 규정이 폐지됨으로써 상장기업에 대한 적대적 M&A가 활성화될 수 있는 법적 환경이 조성되었다.

그러나 현행 증권거래법[2008년 3월 21일 개정(법률 제8985호)]에도 공공적 법인에 대하여는 금융위원회의 승인을 얻지 못하였다면 등록당시를 기준으로 공공적 법인의 발행주식총수의 10% 이상을 소유한 주주는 그 소유비율, 그 외의 자는 3% 이내에서 정관이 정하는 비율을 초과하여 소유하지 못하도록 금지하고 있는 규정(증권거래법 제200조 1항 ▸ 자본시장통합법 제167조[단 등록당시라는 내용이 상장된 당시로 변경되었음])은 존재하고 있다.

나. 의무공개매수제도

1997년 1월 13일 개정(법률 제5254호) 증권거래법은 제21조 제 2 항에서 상장기업의 발행주식총수의 25% 이상을 취득하고자 하는 자는 의무적으로 발행주식총수의 50%에 1주를 더한 주식수를 공개매수하도록 한 소위 25% 의무공개매수제도를 도입하였다. 이러한 25% 의무공개매수제도는 상장법인주식의 대량소유제한제도가 폐지됨에 따라 EU국가의 제도를 모델로 하여 공정한 인수·합병절차를 확립하고 경영권을 보호하며, 소액주주에게도 M&A에 수반되는 경영권프리미엄을 균점할 수 있는 기회를 주기 위하여 도입된 것이었다.

그러나 동제도가 우호적 M&A에도 적용됨으로써 증권시장의 M&A 기능을 위축시켜 기업구조조정의 활성화를 저해한다는 지적이 있어 왔고, IMF에서도 적대적 M&A 허용과 함께 25% 의무공개매수제도의 폐지를 요구하였으므로 1998년 2월 24일 개정(법률 제5521호) 증권거래법에서 기업의 구조조정을 지원하기 위하여 이러한 25% 의무공개매수제도는 폐지되었다.[137)]

137) 임재연, 전게서(증권거래법), 638면.

[M&A의 주요한 수단]

기업의 경영권을 획득하고자 하는 M&A의 수단에는 여러 가지가 있으나 일반적으로 합병, 자산인수(또는 영업양수), 공개시장에서의 주식매집, 위임장 대결, 공개매수의 5가지로 분류할 수 있다. 그런데 적대적 M&A의 경우에는 대상회사의 경영진의 협조를 받을 수가 없기 때문에 대상회사의 경영진의 동의가 필요한 합병 및 자산인수(또는 영업양수)의 방법은 채택하기 힘들다. 따라서 적대적 M&A의 경우에는 대상회사의 경영진의 동의가 필요하지 않은 공개시장에서의 주식매집, 위임장 대결, 공개매수의 방법을 사용할 수밖에 없다.[138)]

합병 및 자산인수와 같은 우호적 M&A와는 다르게 다각적인 면에서 문제가 발생할 여지가 많은 적대적 M&A의 주요한 수단인 공개시장에서의 주식매집, 위임장대결, 공개매수는 주로 현행 증권거래법상의 법규와 관련하여 문제가 되고 있는데, 2009년 2월 4일 자본시장통합법의 효력발생과 동시에 현행 증권거래법은 폐지가 예정되어 있기 때문에 이하에서는 증권거래법 및 자본시장통합법의 관련조문을 같이 다루어 보고자 한다.

---

138) 적대적 M&A의 수단을 주회사법의 통제를 받는 제정법상 인수(statutory acquisition)와 주회사법의 통제를 받지 아니하는 제정법 외의 인수(nonstatutory acquisition)로 나누어 설명하는 미국법상의 견해도 있으며 이하에서 참고삼아 서술하여 보도록 하겠다.

제정법상 인수에는 합병 및 회사 자산의 양도가 속할 수 있으며 제정법 외의 인수에는 위임장 대결, 공개매수, 공개시장에서의 주식매집이 속하게 된다. 이때 양자간의 차이점은 대상회사의 이사회의 승인 여부라 할 수 있으며 제정법상 인수방법의 승인에는 대상회사 이사회의 승인이 필요하나 제정법 외의 인수방법의 승인에는 그러하지 아니하다. 따라서 대상회사의 경영진이 인수회사의 M&A시도에 대하여 반대하는 입장인 적대적 M&A의 경우에 있어서 대상회사의 이사진의 승인을 요구하지 않는 제정법 외의 인수방법이 사용될 수밖에 없다고 할 수 있다.

즉 제정법 외의 인수방법인 위임장 대결, 공개매수, 공개시장에서의 주식매집은 인수회사로 하여금 대상회사의 주주와 접촉하여 위임장 및 주식을 취득하는 데 있어서 대상회사의 이사회의 승인이 필요하지 않다는 장점을 가지고 있다. 그러나 제정법 외의 인수의 경우에도 주회사법의 통제는 받지 않을지라도 연방 증권법과 같은 법률의 규율을 받게 된다 [Bainbridge, Mergers and Acquisitions, *supra*, at 6].

다. 주식대량보유보고제도

적대적 M&A의 수단 중 하나인 공개시장에서의 주식매집은 대상회사의 주식을 비공개적으로 장기간에 걸쳐 지속적으로 매수하여 목표지분을 확보해 나가는 방법이다. 이러한 주식매집은 공개매수의 전단계에서 이루어질 수도 있으며, 대상회사의 주가에 따라 상대적으로 낮은 가격대에서 주식을 매수할 수 있는 장점이 있다. 다만 주식매집에는 비교적으로 상당한 시간이 소요될 수 있으므로 만약에 대상회사가 주식을 매집당하고 있다는 사실을 알고 조기에 대응수단을 행사하게 되면 적대적 M&A가 어려워질 수 있다.139) 이 방법은 비공개적으로 이루어져서 대상회사의 경영권에 대하여 불공정한 침탈의 수단이 될 수 있기 때문에 각국은 주식대량보유보고제도를 두고 있다.

이러한 주식대량보유보고제도는 현행 2008년 3월 21일 개정(법률 8985호) 증권거래법 제188조 제 6 항에서 상장법인의 임원 또는 주요주주의 소유주식보고제도를 규정하고 있으나, 이러한 소유주식보고제도와는 별도로 유통시장에서의 공정공시를 목적으로 1991년 12월 31일 개정(법률 제4469호) 증권거래법에서 도입된 제도이다. 그 후 지속적인 보완과정을 겪은 후 현행 2008년 3월 21일 개정(법률 제8985호) 증권거래법 제200조의 2에서 주권상장법인 또는 코스닥상장법인의 주식 등을 5% 이상 보유하게 되거나, 그 후 보유주식비율이 1% 이상 변동된 경우에는 보유상황 및 보유목적 또는 변동내용을 그 날로부터 5일 이내에 금융감독위원회와 거래소에 보고하도록 규정하고 있다(자본시장통합법 제147조 [법조문에서는 코스닥상장법인이라는 용어를 삭제하고 주권상장법인이라는 용어만 사용하고 있는데, 이는 자본시장통합법상의 주권상장법인이란 유가증권시장 및 코스닥시장과 같은 증권시장에 상장된 주권을 발행한 법인이며 현행 증권거래법상의 주권상장법인 및 코스닥상장법인을 의미하기 때문이다]).

---

139) 김병연·권재열·안성포, 「적대적 M&A 방어수단 관련 현행법상 문제점과 개선방안」(서울: 전국경제인연합회, 2005), 17면 [이하 김병연·권재열·안성포, 현행법상 문제점과 개선방안].

이러한 주식의 대량보유상황과 보유목적 및 그 변동내용을 보고하지 아니하거나 중요한 사항을 허위보고하거나 기재를 누락한 경우에는 의결권 있는 발행주식총수의 100분의 5를 초과하는 부분 중 위반분에 대하여 의결권 행사가 금지되며 당해 주식의 처분명령이 내려질 수도 있다(증권거래법 제200조의 3 ▸ 자본시장통합법 제150조).

이 제도는 투자자에게 당해 주식의 시장가격에 커다란 영향을 줄 수 있는 주식의 집중에 관한 정보를 제공함으로써 주식가치의 판단에 도움을 주고(정보제공기능), 경영진에게는 방어의 시간을 부여하는 동시에, 잠재적인 인수회사에게는 인수에 나설 시간을 부여하는 의미가 있다(경쟁촉진기능).[140] 또한 일정비율 이상의 주식취득과 변동을 신속하게 공시함으로써 증권시장의 투명성과 공정성을 확보하고, 한편으로는 적대적 M&A를 목적으로 하는 음성적인 주식매집을 방지함으로써 경영권에 대한 불공정한 침탈을 방지하기 위한 장치로서 세계 각국이 도입하고 있는 제도이다.[141]

라. 위임장경쟁

전술한 바와 같이 적대적 M&A의 수단 중 하나인 위임장 경쟁(proxy contest)은 대상회사 주식의 소유권을 취득하지 아니하고 대상회사의 주주들로부터 의결권만을 위임받아[의결권 행사의 대리권을 증명하는 서면을 위임장(proxy)이라 한다] 주주총회에서 위임받은 의결권을 행사하여 인수회사측의 이사를 선임함으로써 대상회사의 지배권을 획득하는 방법이다. 이 위임장경쟁에 있어서는 대상회사의 경영진의 동의는 필요치 않기에 적대적 M&A의 수단으로 이용될 수 있으며, 성공할 경우에는 주식매수에 비해 적은 비용으로 기업을 매수할 수 있다는 장점이 있다.[142]

위임장 경쟁은 대주주가 보유한 주식의 지분율이 낮거나 분산이 양

140) 김건식, 「증권거래법(제 3 판)」(서울: 두성사, 2004), 188면.
141) 임재연, 전게서(증권거래법), 737면.
142) 정동윤·송종준·이문성, 「적대적 M&A와 법적대응」(서울: 전국경제인연합회, 1996), 80-81면.

호한 기업이나 지분분쟁이 진행중인 기업을 대상으로 할 경우 쉽게 성공할 수 있다. 특히 경영자가 무능하여 실적이 악화되어 주가가 낮거나 기타 시장에서의 경쟁에서 뒤진 경우에는 대상회사의 경영자에게 불만이 있는 주주로부터 협력을 유도하기가 쉽다. 그러나 위임장경쟁을 통해 경영권을 취득하기에는 시장매집이나 공개매수보다 상대적으로 장기간이 소요되며, 대상회사의 지배 및 소유구조에 대한 확실한 정보를 바탕으로 주주의 호응을 얻어낼 수 있는 전략을 제대로 갖추어야만 위임장경쟁에서 승리할 수 있다.[143)]

의결권의 대리행사를 허용하는 상법 제368조 3항에 근거하여 증권거래법 제199조에서 누구든지 대통령령이 정하는 바에 의하지 아니하고는 상장주식 또는 코스닥상장주식의 의결권행사를 자기 또는 타인에게 대리하게 할 것을 권유하지 못한다고 규정하여 의결권대리행사의 권유(proxy solicitation)을 제한하고 있는데, 이는 의결권대리행사의 권유 자체를 금지하려는 취지가 아니라 상법이 규정하는 의결권대리행사의 남용을 규제하려는 취지이다.[144)] 즉 증권거래법 제199조 및 증권거래법 시행령 제85조에 의하면 10명 이상에게 상장주식 또는 코스닥상장주식의 의결권행사를 자기 또는 타인에게 대리하게 할 것을 권유하고자 하는 자는 위임장용지와 참고서류를 제공할 의무를 부담하게 된다(자본시장통합법 제152조 및 자본시장통합법 시행령 제161조 [상장주식 또는 코스닥상장주식이라는 용어대신에 상장주권이라는 용어가 사용되었으며, 증권거래법 제199조에서 규정하고 있었던 의결권 대리행사의 권유에 해당하는 자기 또는 제삼자에게 의결권의 행사를 대리시키도록 권유하는 행위에 첨부하여 의결권의 행사 또는 불행사를 요구하거나 의결권 위임의 철회를 요구하는 행위 및 의결권의 확보 또는 그 취소 등을 목적으로 주주에게 위임장용지를 송부하거나 그 밖의 방법으로 의견을 제시하는 행위를 추가하였다. 또한 의결권권유자가 의결권피권유자에게 위임장 용지 및 참고서류를 보내는 방법으로 직접전달, 우편 또는 모사전송, 전자우편, 주주총회소집통지에 첨

143) 김병연·권재열·안성포, 전게서(현행법상 문제점과 개선방안), 21면.

144) 임재연, 전게서(증권거래법), 718면.

부 등을 규정하고 있다]).

마. 공개매수제도

적대적 M&A의 대표적인 수단인 주식의 공개매수라 함은 우리나라 증권거래법상에는 불특정다수인에 대하여 주식 등의 매수(다른 유가증권과의 교환 포함)의 청약을 하거나 매도(다른 유가증권과의 교환 포함)의 청약을 권유하고, 유가증권시장 및 코스닥시장 밖에서 당해 주식 등을 매수하는 것을 말한다고 규정되어 있다(증권거래법 제21조 3항 ▸ 자본시장통합법 제133조 1항 [유가증권시장 및 코스닥시장이라는 용어가 증권시장이라는 용어로 변경되었다]).

공개매수는 관련법령에 따라 대상회사의 주주를 상대로 매수기간, 매수가격, 매수량 등을 공시하고 장외에서 주식을 매수하는 절차를 밟기 때문에 취득하고자 하는 주식의 양을 비교적 짧은 기간에 취득할 수 있고 구체적인 매수대금을 예측할 수 있다는 이점이 있다.[145]

공개매수도 기본적으로는 주식의 매매에 불과한데, 특별한 규제가 필요한 이유는 단순히 주식의 매매에 그치는 것이 아니라 매매의 결과 회사의 지배권이 변동될 만큼의 지분이 매매되는 것이기 때문이다. 즉 공개매수자가 대상회사의 주주로부터 불공정하게 주식을 매수할 가능성이 있고, 대상회사의 경영진이 경영권방어를 위하여 부당한 방어책을 사용할 경우 주주들의 이익에 반하게 될 가능성이 있기 때문에, 이러한 상황에서 대상회사 주주들의 이익을 보호하기 위하여 공개매수에 대한 규제가 필요한 것이다.[146]

1997년 1월 13일 개정(법률 제5254호) 증권거래법에서는 공개매수제도를 전면적으로 개정하여 공개매수의 요건, 기간, 절차, 위반시의 제재조치 등에 관한 규정을 정비하였다. 그리고 2001년 3월 28일 개정(법률 제6423호) 증권거래법에서 공개매수의 사전신고제를 폐지하고 공개매수

145) 김병연·권재열·안성포, 전게서(현행법상 문제점과 개선방안), 19면.

146) 임재연, 전게서(증권거래법), 677-678면.

를 공고한 날에 공개매수신고서를 금융감독위원회에 제출하도록 하는 동시신고제로 전환하고, 대기기간(공개매수공고일로부터 일정기간 경과 후 공개매수를 시작할 수 있는데 이를 대기기간이라 한다)도 종전의 7일에서 3일로 단축하였으며, 반복공개매수의 제한기간도 1년에서 6개월로 단축하였다. 그 후 2005년 1월 17일 개정(법률 제7339호) 증권거래법에서는 3일의 대기기간과 6개월의 반복공개매수 제한기간을 폐지하였다.

현행 증권거래법은 공개매수의 대상, 절차 및 방법에 대하여 제21조 내지 제27조의 2에서 규정하고 있는데, 앞에서 살펴본 증권거래법 제21조 3항의 공개매수에 의하면 공개매수의 방법으로 현금매수(cash offer) 이외에도 유가증권과의 교환에 의한 교환매수(exchange offer)를 인정하고 있다. 이때 취득주식의 수량에 관한 기준은 정해져 있지 않으나 다만 적대적 M&A를 시행하고자 하는 자가 장외에서 6월간 10인 이상의 자로부터 주식 등을 취득한 후 본인과 특별관계자가 보유하게 되는 주식 등을 합산한 보유비율이 발행주식 등의 5% 이상이 되는 경우에는 공개매수가 강제된다는 규정(의무공개매수, 증권거래법 제21조 1항 ▸ 자본시장통합법 제133조 3항, 증권거래법 시행령 제10조의 2 ▸ 자본시장통합법 시행령 제140조)이 있다.

공개매수의 조건과 방법에 관해서는 중요한 몇 가지 규정이 있는데 첫 번째는 공개매수자가 공개매수신고서에 기재한 매수조건 및 방법에 따라 응모한 당해 주식의 전부를 공개매수기간이 종료하는 날의 다음 날 이후 지체없이 매수하여야 한다는 전부매수·즉시매수에 관한 규정(증권거래법 제25조의 2 1항 ▸ 자본시장통합법 제141조 1항)이다. 다만 예외적으로 대상회사의 발행주식 전부가 아닌 일부매수의 경우에는 공개매수자는 각각의 주주로부터 동등한 비율의 주식을 매수하여야 한다는 안분비례매수 원칙에 관한 규정(증권거래법 시행령 제13조의 2 ▸ 자본시장통합법 제141조 1항 2호)이 적용된다. 두 번째는 공개매수에 있어서 공개매수가격의 균일성이 요구된다는 규정(증권거래법 제25조의 2 2항 ▸ 자본시장통합법 제141조 2항)이며, 세 번째는 공개매수자는 공개매수를 할 수 있는 날로부터 그

매수기간이 종료하는 날까지 당해 주식을 공개매수에 의하지 아니하고는 매수를 하지 못한다는 별도매수의 금지에 관한 규정(증권거래법 제23조 2항 ▸ 자본시장통합법 제140조)이다.

바. 적대적 M&A에 대한 방어법제의 변천

1997년 1월 13일 개정(법률 제5254호) 증권거래법 제23조 4항 및 1997년 3월 22일 개정(대통령령 제15312호) 증권거래법 시행령 제12조의 5에서는 공개매수기간 중 대상회사의 의결권 있는 주식수의 변동을 초래할 수 있는 행위로서 의결권 있는 주식에 관계되는 유가증권의 발행과 그 발행에 관한 이사회 또는 주주총회의 결의를 금지시킨 바 있으나, 2005년 1월 17일 개정(법률 제7339호) 증권거래법에서는 이러한 공개매수기간 중에 금지되었던 신주발행 등의 방어행위에 대한 금지를 해제하였다.

또한 1994년 1월 5일 개정(법률 제4701호) 증권거래법에서의 주식의 대량소유제한제도 및 1998년 2월 24일 개정(법률 제5521호) 증권거래법에서의 25% 의무공개매수제도의 폐지 등으로 국내기업에 대한 외국인의 적대적 M&A가 활성화될 것이 예상됨에 따라 경영권방어수단을 제공하기 위하여 1998년 2월 24일 개정(대통령령 제15687호) 증권거래법 시행령에서 주권상장법인과 코스닥상장법인에게 자기주식취득한도를 발행주식총수의 3분의 1(개정 전까지는 100분의 10)로 상향조정하였으며, 1999년 5월 27일 개정(대통령령 제16367호) 증권거래법 시행령에서는 자기주식취득의 한도를 폐지하였다. 즉 현행 증권거래법은 상장기업에 대한 적대적 M&A로부터 경영권을 보호할 수 있는 종래의 법제도를 폐지함과 아울러 적대적 M&A에 대한 방어규제에 대하여도 개입하지 않는 방향으로 변천되어 왔다고 할 수 있다.[147]

147) 송종준, 전게서(M&A법제의 현황과 보완과제), 45면.

Ⅲ. 외국인의 M&A와 관련된 법제

1. 서 언

우리나라에 있어서 국내기업을 대상으로 한 외국인에 의한 M&A(이하 외국인의 M&A라고 하겠음)가 전체 기업결합[148]에서 차지하는 비중 및 건수는 2004년의 16.7%(125건), 2005년의 12.8%(84건), 2006년의 10.6%(79건), 2007년의 8.5%(73건)로 감소하였으며, 기업결합금액도 2004년의 6.3조원, 2005년의 5.5조원, 2006년의 2.1조원, 2007년의 1.9조원으로 전반적인 감소추세에 있다고 본다.[149]

이러한 외국인의 M&A중 적대적 M&A에 관한 특별한 규제의 필요성에 관하여 여러 가지 견해가 있으나, 그 중에서 외국인이든 내국인이든 기업의 전략과 자본시장의 법칙에 따라 적대적 M&A를 전개하는 데에 하등의 문제도 없다는 견해[150] 및 국내기업에 대한 M&A는 그 주체가 외국인이라거나 그 형태가 적대적이라 하여 달리 차별적인 규제를 해야 할 법적 정당성이 없다는 견해[151]가 타당하다고 본다.

따라서 외국인의 M&A에 대한 차별적 규제는 바람직하지 않으나, 외국인의 M&A 규제에 있어서 오히려 국내기업에 대한 역차별의 문제와 국가기간산업에 대한 배려가 문제가 된다고 생각한다. 이하에서는 외국인의 M&A에 있어서 국내기업에 대한 역차별의 제거 및 국가기간산업에 대한 고려라는 요소를 중점적으로 검토하여 보기로 하겠다.

---

148) 이는 독점규제 및 공정거래에 관한 법률이 M&A를 지칭하는 표현이다.

149) 자료는 공정거래위원회, 「2008년도 공정거래백서」(2008. 9); 「2007년도 공정거래백서」(2007. 7); 「2006년도 공정거래백서」(2006. 10) 참조.

150) 김화진, "외국인의 적대적 M&A를 특별히 규제해야 하는가?," 「상장협」(한국상장회사협의회), 제51호(2005), 161면.

151) 송종준, "M&A와 공정거래법상 문제," 「상장협」(한국상장회사협의회), 제50호(2004), 60-61면 [이하 송종준, 공정거래법상 문제].

2. 역차별의 문제

가. 외국인투자촉진법상의 문제

우리나라는 1997년 금융위기 당시 외국자본의 도입을 촉진시키기 위하여 1998년에 외국인투자촉진법[152]을 제정하였는데, 동법은 외국인 투자에 대하여 일정한 규제를 가함으로써 외국인의 M&A도 그에 따라 제한을 받게 된다고 할 수 있다. 즉 동법은 국가의 안전과 공공질서의 유지에 지장을 초래하는 경우나 국민의 보건위생 또는 환경보전에 해가 되거나 미풍양속에 현저히 반하는 경우 및 대한민국의 법령에 위반되는 경우(외국인투자촉진법 제 4 조 2항) 이외에는 외국인의 M&A를 포함한 외국인의 투자는 제한을 받지 아니하고 국내에서 외국인투자업무를 수행할 수 있다(외국인투자촉진법 제 4 조 1항)고 규정하고 있으며, 동법 제 4 조 3항에서 전술한 2항에 해당되어 외국인의 투자가 제한되는 업종과 제한의 내용은 대통령령으로 정하도록 규정하고 있다.

이에 따라 외국인투자촉진법 시행령[153]에서는 산업자원부장관이 주무부장관과 협의하여 경제협력개발기구에 관한 협약 중 대한민국에 대한 경제협력개발기구에 관한 협약가입초청협정부속서 1(자본이동자유화규약에 대한 유보)의 직접투자부문에서 비거주자에 의한 국내직접투자의 유보내용과 양자간 또는 다자간 투자에 관한 협약의 부속서에 규정하는 유보내용의 범위를 고려하여 투자금지 또는 제한업종, 업종별 투자허용비율, 투자당사자자격, 투자허용시기 등을 고시하도록 규정하고 있다(외국인투자촉진법 시행령 제 5 조 1항).

즉 외국인의 투자에 대한 특별한 제한을 가하기 위하여는 국내법률로 제한하기는 어렵고 경제협력개발기구에 관한 협약에 해당조항이 있어야 하는데, 현재는 관련규정이 없기에 현행법상 외국인 투자를 제한하는 법률은 없다고 할 수 있다.

---

152) 제정 1998. 9. 16 법률 제5559호, 일부개정 2008. 3. 28 법률 제9071호.

153) 제정 1998. 11. 14 대통령령 15931호, 일부개정 2008. 10. 29 대통령령 21098호.

반면에 외국인투자촉진법 시행규칙[154]에 의하면 외국인투자촉진법 제24조 3항의 규정에 의하여 외국인투자에 관한 자료·통계 등을 수집·작성하는 공무원은 외국인투자기업의 영업비밀과 관련된 중요한 사항으로서 지식경제부장관이 정하는 자료를 대외에 공개하여서는 아니된다(외국인투자촉진법 시행규칙 제21조 [외국인 투자에 관한 영업비밀 관련정보의 대외공개 금지])고 규정함으로써 우리나라 기업들에 대한 공시규정에 대한 특례를 인정하고 있어 국내기업들에 대한 역차별적인 요소들이 많다.[155]

나. 독점규제 및 공정거래에 관한 법률상의 문제

우리나라에서는 독점규제 및 공정거래에 관한 법률[156](이하 공정거래법이라 하겠음)상 경제력집중 억제와 기업결합에 대한 규제차원에서 출자총액제한기업집단과 상호출자제한기업집단, 금융계열사 등에 대하여 주식소유제한규정과 공시규정을 두고 있기에, 공정거래법상의 규제대상인 특정범위에 속한 대기업들의 입장에서는 M&A와 관련하여 국내법상의 주식소유에 관한 규제를 받게 된다. 그러나 우리나라에 법인을 설립하지 않은 외국자본들의 경우에는 규모와 관계없이 국내법의 적용을 받지 않아 주식소유규제를 받지 않기 때문에 이는 국내기업들에게는 역차별적인 상황이라 할 수 있다. 이하에서는 이러한 공정거래법상의 역차별적인 문제를 좀 더 자세히 검토하여 보기로 하겠다.

(1) 출자총액규제

출자총액제한제도는 출자총액제한기업집단에 속하는 계열회사가 순자산(자기자본)의 일정한 범위 이상으로는 다른 회사에 출자할 수 없게 하는 제도를 말하며, 이 제도를 마련한 이유는 출자총액기업집단이 계열회사를 설립하거나 계열회사의 지배주주가 되어 경영권을 장악하는 것을

---

154) 제정 1998. 11. 17 재정경제부령 50호, 일부개정 2008. 3. 3 지식경제부령 1호.

155) 전삼현, “M&A관련 역차별적인 법제의 개선방안,” 「상장협」(한국상장회사협의회), 제52호(2005), 113면·116면.

156) 제정 1980. 12. 31 법률 제3320호, 일부개정 2008. 2. 29 법률 제8863호.

막기 위한 것이다.[157)]

현행 공정거래법은 대기업집단이 순환출자방식으로 문어발식 기업 확장을 방지하고자 하는 차원에서 자산이 10조원 이상되는 출자총액기업집단에 속한 계열회사가 순자산(자기자본)의 40% 범위 이상으로 다른 회사에 출자할 수 없게 하였으며(독점규제법 제10조 1항, 동법 시행령 제17조 2항), 출자총액 제한규정을 위반한 경우에는 공정거래법 제16조(시장조치) 및 제17조(과징금)의 규정에 갈음하여 그 출자한도액을 초과하여 취득 또는 소유하고 있는 주식에 대하여 의결권 행사의 금지를 명할 수 있다(공정거래법 제17조의 2 1항).

즉 공정거래법상 출자총액제한기업집단에 속하는 계열회사들은 M&A와 관련하여 의결권행사가 금지되는 불이익을 받고 있다고 할 수 있으며, 우리나라에 법인을 설립하지 않은 외국자본들과의 관계에서 볼 때에는 M&A와 관련하여 역차별적인 지위에 있다고 할 수 있다.[158)]

(2) 상호출자규제

공정거래법은 자산이 5조원 이상되는 상호출자제한기업집단에 속하는 회사는 자기의 주식을 취득 또는 소유하고 있는 계열회사의 주식을 취득 또는 소유할 수 없도록 직접적 상호출자를 금지하는 규정을 두고 있으며(공정거래법 제 9 조 1항, 동법 시행령 제17조 1항), 상호출자금지규정을 위반하여 상호출자를 한 주식에 대하여는 그 시정조치의 명령을 받은 날로부터 법위반상태가 해소될 때까지 의결권을 행사할 수 없도록 규정하고 있다(공정거래법 제18조 2항).

공정거래법이 상호출자를 금지시킨 근본적인 이유는 계열사간 가공출자에 따른 부작용을 방지하는 데 있다. M&A와 관련하여 상호출자제한기업집단에 속하는 회사들은 회사지배권 확보와 관련한 의결권행사가 제한되어 제한집단에 속하지 않는 기업들보다 불리한 위치에 있다고 할

157) 권재열, 「경제법」(서울: 법원사, 2004), 160면.

158) 전삼현, 전게논문, 117면.

수 있으며, 더욱이 상호출자제한기업집단에 해당하는 기업보다 규모가 큰 외국계자본이 상호출자의 가능성을 갖고 있음에도 불구하고 의결권제한이라는 규제를 받지 않아 국내기업에 대한 경영권지배 목적을 가지고 적대적 M&A를 실행하고자 하는 경우 의결권의 제한을 받지 않기 때문에 이러한 상호출자금지 규정은 외국자본과의 관계에서 역차별적 요소가 되고 있다.[159)]

(3) 상호출자제한기업집단내 금융계열사의 의결권 제한

공정거래법은 상호출자제한기업집단(자산 5조원 이상)에 속하는 회사로서 금융업 또는 보험업을 영위하는 회사는 취득 또는 소유하고 있는 국내계열회사주식에 대하여 원칙적으로 의결권을 행사할 수 없으나, 예외적으로 금융업 또는 보험업을 영위하기 위하여 주식을 취득 또는 소유하는 경우나 보험자산의 효율적인 운용·관리를 위하여 보험업법 등에 의한 승인 등을 얻어 주식을 취득 또는 소유하는 경우 및 당해 국내 계열회사(상장법인에 한한다)의 주주총회에서 임원의 선임 또는 해임, 정관의 변경, 그 계열회사의 다른 회사로의 합병, 영업의 전부 또는 주요부분의 다른 회사로의 양도에 관한 사항을 결의하는 경우에는 예외적으로 15% 한도 내에서 의결권을 행사할 수 있다는 규정을 두고 있다(공정거래법 제11조). 이러한 금융계열사의 의결권 제한은 은행, 보험회사, 증권회사 등의 금융회사가 고객의 예탁금으로 계열회사를 지배하는 것을 방지하기 위한 것이다.[160)]

이와 같이 공정거래법이 금융보험회사의 국내계열사에 대한 의결권 행사를 금지하는 경우에는 국내계열회사에 대한 M&A의 상황에서는 국내기업간에는 순차별적 규제가 되고 외국인에 대한 관계에서는 역차별적인 규제가 될 수 있다.[161)]

---

159) 전삼현, 전계논문, 118-119면.
160) 이기수·유진희, 「경제법(제 5 판)」(서울: 세창출판사, 2003), 170면.
161) 송종준, 전계논문(공정거래법상 문제), 73면.

(4) 지분소유현황 공개

공정거래법은 상호출자제한기업집단, 출자총액제한기업집단 또는 채무보증제한기업집단에 속하는 회사는 대통령령이 정하는 바에 의하여 당해 회사의 주주의 주식소유현황·재무상황 및 다른 국내회사 주식의 소유현황을 공정거래위원회에 신고하여야 한다고 규정하고 있으며(공정거래법 제13조), 동법 시행령에서는 당해 신고의무자는 매년 4월말까지 당해 회사의 명칭·자본금 및 자산총액등 회사의 개요, 계열회사 및 특수관계인이 소유하고 있는 당해 회사의 주식수, 출자총액의 제한규정에 의한 당해 회사의 순자산액·출자한도액 및 출자총액, 당해 회사의 채무보증 금액을 기재한 신고서를 공정거래위원회에 제출하여야 한다고 규정하고 있다(공정거래법 시행령 제20조).

이러한 신고내용을 공정거래위원회가 공개하도록 하는 규정은 없으나, 공정거래위원회는 1986년 이후부터 계속 대기업집단 소속 특수관계인의 지분현황을 공개하다가 2004년 12월과 2005년 7월에는 상호출자제한기업집단 등에 속하는 기업의 총수와 그 친인척들의 소유지분구조현황을 촌수별로 구분하여 매트릭스형태로 이를 공개하고 있다. 이는 적대적 M&A를 시도하고자 하는 인수자에게는 최상의 정보가 될 수 있으며, M&A와 관련하여 국내기업들에 대한 역차별이라고 할 수 있다.[162)]

(5) 비상장사의 경영상 중요사항의 공시

공정거래위원회는 2005년 4월 1일부터 상호출자제한기업집단에 속하는 비상장사에게 경영상 중요사항을 공시하도록 하는 '비상장회사 등의 중요사항 공시에 관한 규정'을 제정·시행하여 i) 당해 회사의 소유지배구조와 관련된 사항, ii) 회사의 재무구조에 중요한 변동을 초래하는 사항, iii) 회사의 경영활동에 중요한 변동을 초래하는 사항을 금융감독원의 전자공시시스템(DART: Data Analysis, Retrieval and Transfer System)을 이용하여 공시하고 있다.

162) 전삼현, 전게논문, 120-121면.

이는 경쟁제한행위와 관계없는 국내 비상장기업의 경영상 중요사항을 공개함으로써 공정거래법의 적용을 받지 않는 외국자본이 적대적 M&A를 시도하는 데 유리하도록 국내기업에 대한 역차별을 가하는 것이라 할 수 있다.[163)]

(6) 사 견

생각건대 앞에서 살펴본 국내기업들에 대한 외국인투자촉진법이나 공정거래법에 의하여 외국기업들에게만 특혜를 인정한다던가 국내기업들만 규제하는 것과 같은 역차별적인 요소는 검토의 필요성이 있으며, 우리나라의 M&A 법제가 공격수단에 비하여 다양한 방어수단을 인정하고 있지 않는 상황에서 이러한 역차별적인 요소는 문제가 될 수 있다고 본다.

그러나 외국인투자촉진법과 공정거래법의 본래의 입법취지를 고려한다면 역차별적인 제한을 완화 내지는 폐지할 경우에 발생할 수 있는 부작용을 염두에 두어야 하며, 역차별적인 규정의 전면적인 개정 내지는 폐지보다는 우리나라의 기업환경을 고려한 점진적인 개선방안의 모색이 요청된다고 본다. 예를 들면 출자총액규제에 있어서 출자제한비율의 조정, 상호출자제한기업집단의 예외적인 의결권 행사비율의 조정, 출자제한기업집단 및 상호출자제한기업집단의 기준이 되는 자산액의 조정 등을 들 수 있겠다.

장기적인 관점에서는 현재 공정거래법의 기업집단에 의한 규제방식의 개선이 이루어져야 한다고 본다. 기업집단에 속한다는 이유만으로 당해 기업집단의 정당한 회사행위까지 획일적으로 규제한다는 것은 문제가 있다고 보며, 현행 공정거래법상 M&A와 관련된 기업집단에 대한 규제방식은 시장지배력의 남용을 가져오거나 실질적인 경쟁을 제한하는 결과를 가져오는 회사행위에 대하여만 적용되어야 한다는 견해[164)]가 타당하다고 생각한다. 이와 같이 M&A로 인한 기업결합이 기업집단규제방식이

---

163) 전삼현, 전게논문, 122면.

164) 송종준, 전게논문(공정거래법상 문제), 76면.

아닌 실질적인 경쟁제한행위라는 적정한 기준에 따라 규제가 된다면 국내기업에 대한 역차별 문제는 상당부분 해결될 수 있을 것이다.

3. 국가기간산업과 관련된 문제

외국인의 M&A에 관한 법제에 있어서 또 하나 고려해야 할 중요한 요소는 국가기간산업과 관련된 문제이며, 이는 외국인의 M&A의 경우에 국가기간산업과 관련된 부분에 합리적인 이유가 존재하는 경우에는 규제의 필요성이 있다는 것이다. 국가기간산업은 국가에 따라 약간씩은 차이가 있기는 하나 역사적인 배경과 세계적인 현황을 살펴보면 주로 방송·금융·정보통신·방위산업·에너지·해운·항공우주·광업 등의 산업으로 구성되어 있으며, 이러한 상업군에 속하는 기업에 대해서는 i) 각 산업을 규율하는 특별법 내의 규정을 통한 외국인 투자 규제와 ii) 특정기업이 가지고 있는 첨단기술이나 그 기업이 국가경제에서 차지하는 위치 등의 요인을 감안하여 개별적인 취급을 할 수 있는 외국인투자에 관한 포괄적인 법을 통한 외국인투자 규제의 2가지 방법이 활용되는 것이 세계적인 조류이다.[165)]

OECD의 회원국이 준수해야 하는 1961년 제정된 자본이동자유화규약(Code of Liberalisation of Capital Movement)에 따르면 OECD회원국은 외국인의 M&A를 원칙적으로 자유화하여 내외국인차별화를 금지하지만, 일정한 예외적 사유가 있는 때에는 내외국인의 차별을 허용하고 있다. 예외적 사유에는 공공질서(public order)의 유지, 국민의 건강·도덕 및 안전의 보호, 본질적인 안보이익(essential security interest)의 보호, 국제평화와 안보(international peace and security)에 관한 의무의 이행 등이 있다.[166)] 따라서 이러한 OECD 자본이동자유화규약에 비추어 보더라도 예외적 사유 중에서 가장 중요하다고 볼 수 있는 개념인 국가안보와 관련된 외국인의 M&A에 관련된 내외국인 차별화는 적법하다고 생각한다.

---

165) 김화진, 전게논문, 184면.

166) 송종준, 전게서(M&A법제의 현황과 보완과제), 37면.

그러므로 국가안보의 방위와 관련된 외국인의 M&A는 포괄적인 입법을 통하여 규제하며, 방송·금융·정보통신·에너지·해운·항공우주·광업 등의 분야에 있어서 외국인의 M&A는 개별입법을 통하여 규제하는 방식이 바람직하다는 견해[167]가 타당하다고 보며, 명확히 규정될 수 있는 개별적인 입법방식보다는 법적 논점의 여지가 많은 포괄적인 입법방식에는 미국의 엑슨 플로리오 수정법안(Exon-Florio Amendment)이 참고가 될 수 있다고 생각한다. 이하에서는 엑슨 플로리오 수정법안의 내용을 검토한 후 우리나라 외국인의 M&A 법제에 참고할 점을 모색하여 보기로 하겠다.

가. 엑슨 플로리오 수정법안(Exon-Florio Amendment)

1988년 8월에 美의회는 엑슨 플로리오 수정법안을 Omnibus Trade and Competitive Act of 1988의 제5021조[168]로 제정하여 Defense Production Act of 1950의 제721조[169]로 추가하였는데, 이 엑슨 플로리오 수정법안은 美대통령에게 국내기업이 외국인의 지배에 종속되는 결과를 초래할 수 있는 기업인수합병을 저지하거나 조사할 수 있는 광범위한 권한을 부여하고 있다.[170]

즉 엑슨 플로리오 수정법안은 美대통령 또는 그가 지명하는 자에게 州間通商에 있어서 국내기업이 외국인의 지배에 속하는 결과를 초래하는 외국인과의 기업인수합병이 국가안보(National Security)에 대하여 미치는 영향을 결정하기 위한 조사권을 부여하고,[171] 美대통령이 국가안보를

167) 송종준, 전게서(M&A법제의 현황과 보완과제), 144면 참조.

168) Pub. L. No. 100-418, 102 Stat. 1107 (1988), Exon-Florio라는 법률의 명칭은 2명의 주요한 지지자인 James Exon과 Jim Florio의 성명에서 유래한 것이다 [David A. Menard, *The Flexibility of Exon-Florio Amendment and the Expansion of Telecommunications into the Global Economy,* 31 Pub. Cont. L. J. 313, 314 (2002) n2].

169) 50 U.S.C. app. § 2170 (1988).

170) Marc Greidinger, *The Exon-Florio Amendment: A Solution in Search of a Problem,* 6 Am. U. J. Int'l L. Pol'y 111, 111 (1991).

171) 50 U.S.C. app. § 2170(a).

해한다는 명백한 증거(credible evidence) 및 엑슨 플로리오 수정법안이나 International Emergency Economic Powers Act 이외의 법률들이 국가안보의 보호에 적절하고 충분한(adequate and appropriate) 권한을 부여하지 못하였다는 증거를 확보하였다면[172] 美대통령에게 그러한 기업인수합병을 중지시키거나 저지할 수 있는 권한을 부여하고 있다.[173]

1975년 Gerald Ford 美대통령이 창설한 대미외국인투자위원회(Committee on Foreign Investment in the United States: CFIUS)는 미국에서의 외국인 투자의 감시 및 그러한 투자와 미국의 정책과의 조정을 목적으로 설립되었으며, 재무부·국방부·국무부·법무부·상공부·총무부·미무역대표부의 부장관급의 인사들로 구성된 기구였다. 1988년에 엑슨 플로리오 수정법안이 제정된 이후 Ronald Reagan 美대통령은 엑슨 플로리오 수정법안상의 대통령의 조사권한을 CFIUS에게 위임하게 되었고, 재무부장관을 CFIUS의 의장으로 임명하였으며, 재무부로 하여금 엑슨 플로리오 수정법안을 시행하기 위한 규칙(regulation)을 제정하게끔 하였다.[174]

이러한 엑슨 플로리오 수정법안의 문제점은 해석의 여지가 많은 용어의 사용이라 할 수 있는데, 우선 국가안보(national security)의 개념이 엑슨 플로리오 수정법안에서 정의되어 있지 않아 논란의 여지가 많다. 또한 어떤 점이 '명백한 증거(credible evidence)'이고, 어떠한 법률규정이 국가안보를 보호하는 데 '적절하고 충분한(adequate and appropriate)' 규정인지 여부에 대한 사법심사를 배제시키고 있다는 점도 문제가 되고 있다.[175]

나. 국가기간산업과 관련된 입법

전술한 바와 같이 외국인의 M&A가 국가안보의 방위와 관련된 부문에서는 포괄적인 입법을 통하여, 방송·금융·정보통신·에너지·해운·항

172) 50 U.S.C. app. § 2170(d).

173) 50 U.S.C. app. § 2170(c).

174) Gregory Turner, *Exon-Florio: the Little Statute that could become a Big Headache for Foreign Investors,* 4 Transnat'l Law. 701, 719-720 (1991).

175) Marc Greidinger, *supra*, at 119.

공우주·광업 등의 분야에 있어서는 각각의 분야의 특성에 적합한 개별 입법[176]을 통하여 규제하는 방식의 도입이 검토되어야 한다고 생각한다. 국가안보의 방위와 관련된 부문에서는 미국의 엑슨 플로리오 수정법안을 참고로 하여 국가안보에 해가 되는 외국인의 M&A에 대하여 외국인투자 촉진법상 관련조항을 수정 내지는 신설하여야 한다. 그리고 수정 내지는 신설한 포괄적인 규정에 따라 설립된 정부기구인 假稱 외국인투자위원회에서 그러한 국가안보에 해가 되는 외국인의 M&A를 사전에 심사한 후 대통령에게 그 심사결과를 보고하여 대통령이 최종적으로 그러한 외국인의 M&A에 대한 규제를 결정하는 방식이 무난하다고 본다. 다만 국가안보의 개념 및 규제요건에 대하여는 보다 구체적으로 규정하여 자의적인 해석의 여지를 줄여야 한다고 생각한다.

제6절 소 결

앞에서 살펴본 각국의 M&A 법제의 내용을 참조하여 우리나라 M&A 법제를 보완함에 있어서 원칙적인 의미에서 적대적 M&A를 제한 또는 금지하거나, 대상회사의 방어행위를 제한 또는 금지하는 태도는 바람직하지 않으며, 다만 방어권 행사의 남용을 규제하는 방향으로 입법의 틀이 명확하게 형성되어야 한다고 본다. 또한 우리의 M&A 법제가 만약 미국형을 따르고 있다 하여 유럽형을 배척하는 것도 바람직하지 않으며, 중요한 것은 M&A 법제의 기본 골격을 무시하고 경제, 사회적 필요에 따라 백화점식으로 특정한 법제도를 마구잡이로 도입하는 것은 경계하여야 한다는 점이다.[177]

우리나라의 M&A 법제와 관련하여 주요한 개정사항을 살펴본다면,

176) 각 산업에 있어서 외국인의 M&A 규제에 관한 개별입법의 자세한 내용 및 개선점은 송종준, 전게서(M&A법제의 현황과 보완과제), 147-150면 참조.

177) 송종준, 전게서(M&A법제의 현황과 보완과제), 5-6면 참조.

1997년 주식의 대량소유제도의 폐지 및 1998년 25% 의무공개매수제도의 폐지를 통하여 적대적 M&A가 활성화될 수 있는 법적 환경이 조성되었으며, 또한 1999년 자기주식취득한도의 폐지 및 2005년 공개매수기간 중 금지되었던 신주발행 등의 방어행위에 대한 금지 해제를 통하여 방어수단의 채택 및 행사여부를 대상회사에게 일임하였다고 볼 수 있다.

위와 같은 우리나라의 M&A 법제와 관련하여 보완할 점을 최근의 회사법개정 논의사항과 연계하여 이하에서 검토하여 보기로 하겠다. 2005년 7월부터 법무부 회사법개정 특별분과위원회에서는 이른바 '기업하기 좋은 법환경'을 조성하기 위하여 그동안 회사법상 문제로 지적되어 왔던 불필요한 법제도를 폐지하고, 불합리한 규정을 개선하며, 글로벌 스탠다드에 부합하는 새로운 제도를 도입하는 등 적지 않은 법개정 작업을 추진해 왔는데, 그 중에는 M&A와 관련된 제도도 일부 포함되어 있다.[178]

법무부는 그동안 3차례 회사법개정안을 입법예고하였는데,[179] 그 중 2008년 5월 7일에 입법예고한 회사법개정안은 2008년 10월 21일 국회에 제출되었다. 이러한 회사법개정안 중 M&A와 관련된 사항을 이하에서 검토하여 보기로 하겠다. 첫 번째는 합병의 대가로서 주식대신에 현금, 사채, 모회사주식 등을 교부하는 것을 허용하는 소위 현금지급합병에 관한 사항(개정안 제523조 4호, 제523조의 2)이다. 두 번째는 독일의 주식법을 참고로 95% 이상의 주식을 단독주주나 모자회사관계에 있는 회사가 공동으로 보유하고 있는 경우(개정안에서는 이러한 단독주주나 모자관계에 있는 회사를 '지배주주'라 한다)에 있어서 당해 지배주주에게는 소수주주의 주식을 강제로 매수할 수 있는 권리를 부여하는 한편(개정안 제360조의 24) 소수주주에게는 매수청구권을 인정하는 방안이다(개정안 제360조의

178) 송종준, "M&A법제를 둘러싼 최근의 쟁점과 과제," 「기업법연구」(한국기업법학회), 제20권 제 3 호(2006), 9면 [이하 송종준, 최근의 쟁점과 과제].

179) 이에는 첫 번째 회사법개정안(법무부 공고 제2006-106호, 2006년 10월 4일 입법예고), 두 번째 회사법개정안(법무부 공고 제2007-97호, 2007년 8월 27일 입법예고) 및 세 번째 회사법개정안(법무부 공고 제2008-47호, 2008년 5월 7일 입법예고)이 있다.

25), 세 번째는 현행 상법에서 인정되는 종류주식을 다양화하여 주주총회에서의 의결권행사에 관하여 내용이 다른 주식(의결권제한주식), 주식의 양도에 관하여 내용이 다른 주식(양도제한주식)을 추가하며 종래 종류주식에 포함되지 않았던 전환주식과 상환주식을 종류주식에 포함시키는 방안이다(개정안 제344조, 제344조의 3, 제344조의 4, 제345조, 제346조).180)

위와 같은 현금지급합병이나 소수주주가 보유한 주식에 대한 강제매수권에 관한 규정은 소수주주 퇴출의 허용이라는 문제와 밀접한 관련이 있기에, 매수법의 활성화에 기여할 것이라고 예측하게 되나, 다양한 종류주식 중에서 예를 들어 주주총회나 이사회결의사항 중 종류주주총회의 결의를 요하는 것에 내용이 다른 거부권부주식이나 종류주주총회에서 이사 또는 감사를 선임하는 것에 내용이 다른 임원임명권부주식과 같은 종류주식의 도입이 유보되었기 때문에 방어법의 영역은 그다지 큰 변화는 없다고 본다. 이러한 개정안의 내용이 확정된다면 우리나라 M&A 법제는 부분매수를 원칙으로 하고, 공개매수에 직면한 대상회사 경영진의 다양한 방어수단의 채택 및 행사도 자유롭게 허용하면서 현금지급합병을 인정하여 소수주주의 퇴출을 광범위하게 허용하는 체제인 미국형 법제에 보다 더 근접하게 된다고 생각한다.

그러나 법제상 근본적인 차이로 인하여 미국과 같이 유연한 회사법체계에서 사용가능한 방어수단이 우리나라 법제하에서는 채택되기가 어려운 문제점이 있게 되기 때문에 이러한 회사법개정안이 법제화된다면 인수자의 공격수단에 비하여 방어수단이 미비하다고 평가되는 우리나라 M&A 법제의 내용이 좀 더 공격수단 중심으로 편중되는 것이 아닐까 하는 우려가 든다.

이러한 문제점을 보완하기 위해서는 현금지급합병제도 및 소수주주가 보유한 주식에 대한 강제매수권과 관련하여 소수주주가 퇴출되는 경우에 있어서 소수주주를 퇴출시키는 목적 및 퇴출되는 소수주주에게 지

---

180) 권종호, “적대적 M&A와 회사법개정,” 「기업법연구」(한국기업법학회), 제20권 제3호(2006), 68·74·78면 [이하 권종호, 회사법개정].

급되는 대가의 공정성이라는 실질적 요건과 퇴출절차의 공정성이라는 절차적 요건을 고려하여 입법화하여야 한다고 보며,[181] 소수주주의 보호의 관점에서 소수주주에게 주식매수청구권을 인정한 개정안의 내용은 바람직하다고 생각한다.

또한 인수자와 방어자간의 공정성을 도모하기 위하여 공격수단에 비하여 미비한 방어수단의 채택 및 행사에 관한 법제정비의 필요성이 요구되기는 하나, 이러한 방어수단에 관한 법제도의 무조건적인 도입은 지양하면서 1차적으로는 현행 M&A 법제의 체계 안에서 개선점을 모색하되 필요한 분야에 있어서만 특정한 법제도의 도입을 신중하게 검토하여야 할 것이다. 또한 특정한 법제도의 입법화 과정에는 현행 M&A 법제의 체계에 외국인의 M&A에 관한 문제를 포함시켜 고려하는 것이 바람직하다고 생각한다.

181) 송종준, 전게논문(최근의 쟁점과 과제), 16면 참조.

참고문헌

Ⅰ. 국내문헌

권기범, 「현대회사법론」, 서울: 삼지원, 2001.

김건식, 「증권거래법(제 3 판)」, 서울: 두성사, 2004.

이기수·유진희, 「경제법(제 5 판)」, 서울: 세창출판사, 2003.

이철송, 「회사법강의(제13판)」, 서울: 박영사, 2006.

임재연, 「증권거래법(改訂版)」, 서울: 박영사, 2002.

정동윤, 「회사법(제 7 판)」, 서울: 법문사, 2001.

정찬형, 「회사법강의(제 3 판)」, 서울: 박영사, 2003.

채이식, 「상법강의(上)(改訂版)」, 서울: 박영사, 1996.

최기원, 「신회사법론(第11大訂版)」, 서울: 박영사, 2001.

김병연·권재열·안성포, 「적대적 M&A 방어수단 관련 현행법상 문제점과 개선 방안」, 서울: 전국경제인연합회, 2005.

송종준, 「M&A법제의 현황과 보완과제」, 서울: 한국상장회사협의회, 2005.

정동윤·송종준·이문성, 「적대적 M&A와 법적대응」, 서울: 전국경제인연합회, 1996.

강희갑, "기업의 매수·합병(M&A)과 지배주식의 양도," 「상사법연구」(한국 상사법학회), 제 9 집(1991).

권종호, "적대적 M&A와 회사법개정," 「기업법연구」(한국기업법학회), 제20권 제 3 호(2006).

———, "일본의 적대적 M&A현황과 방어수단에 관한 최근 동향," 「상장협」(한국상장회사협의회), 제52호(2005).

———, "일본 경제산업성·법무성의 기업가치·주주공동이익 확보를 위한 적대적 M&A 방어수단에 관한 지침," 「상장」(한국상장회사 협의회), 8월호 (2005).

———, "자금조달수단의 다양화와 일본의 주식법제의 개선," 「증권예탁」(증권

예탁결제원), 제52호(2004).

김택주, "기업매수의 방어에 관한 연구 —미국법상의 논의를 중심으로—," 「법학박사학위 논문」(부산대학교), 1994. 2.

김화진, "외국인의 적대적 M&A를 특별히 규제해야 하는가?," 「상장협」(한국상장회사협의회), 제51호(2005).

송종준, "M&A법제를 둘러싼 최근의 쟁점과 과제," 「기업법연구」(한국기업법학회), 제20권 제 3 호(2006).

———, "M&A와 공정거래법상 문제," 「상장협」(한국상장회사협의회), 제50호(2004).

유영일, "주식공개매수에 관한 연구 —방어행위의 적법성에 관한 미국회사법상의 논의를 중심으로—," 「법학박사학위 논문」(서울대학교), 1994. 2.

유진희, "유럽연합의 기업인수 규제 —공개매수 지침을 중심으로," 「기업법연구」(한국기업법학회), 제19권 제 3 호(2005).

———, "독일법상 기업인수의 규제," 「서강법학」(서강대학교 법학연구소), 제 6 권(2004).

전삼현, "M&A관련 역차별적인 법제의 개선방안," 「상장협」(한국상장회사협의회), 제52호(2005).

정 대, "적대적 M&A에 대한 대상회사의 방어행위의 적법성 판단기준에 관한 고찰," 「기업법연구」(한국기업법학회), 제20권 제 2 호(2006).

최병규, "독일의 Sqeeze-Out제도에 관한 연구," 「한독법학」(한독법률학회), 제14집(2003), 492면 이하.

Ⅱ. 국외문헌

江頭憲治郎, 「株式會社·有限會社法(第 4 版)」, 有斐閣, 2005.

河本一郎 外 3人, 「日本の會社法(新訂第 7 版)」, 商事法務, 2005.

郡谷大輔, "平成13年改正商法(11月改正)の解説[VII]," 「商事法務」, 第1660號(2003).

經濟産業省·法務省, 「企業價値·株主共同の利益の確保又は向上のための買受防禦策に關する指針」(2005. 5. 27).

企業價値研究會, 「企業價値報告書~公正な企業社會のルール形成に向けた提案~」(2005. 5. 27).

James D. Cox & Thomas Lee Hazen, Corporation 2nd Ed., New York: Aspen, 2003.

Jeffrey D. Bauman, Corporations and Other Business Associations Statutes, Rules and Forms 2006 Edition, Minnesota: West, 2006.

Jesse H. Choper, John C. Coffee, Jr. & Ronald J. Gilson, Cases and Materials on Corporations 6th Ed., New York: Aspen, 2004.

Robert Clark, Corporate Law, New York: Aspen, 1986.

Ronald J. Gilson & Bernard S. Black, The Law and Finance of Corporate Acquisitions 2nd Ed., Foundation Press, 1995.

Stephen M. Bainbridge, Mergers and Acquisitions, New York: Foundation Press, 2003.

David A. Menard, *The Flexibility of Exon-Florio Amendment and the Expansion of Telecommunications into the Global Economy,* 31 Pub. Cont. L. J. 313 (2002).

Freshfields Bruckhaus Deringer, *The City Code on Takeovers and Merger,* (2006 Summer).

———, *Update on the UK implementation of the EU takeover Directive,* (2005 November).

———, *UK implementation of the EU takeover Directive,* (2005 January).

———, *The Takeover Directive: implementation in Germany,* (2006 July).

Gregory Turner, *Exon-Florio: the Little Statute that could become a Big Headache for Foreign Investors,* 4 Transnat'l Law. 701 (1991).

Joachim J. Modlich & Patrick Sinewe, *The New German Acquisition of Securities and Takeover Act,* Mayer Brown Rowe & Maw (May 2004).

Marc Greidinger, *The Exon-Florio Amendment: A Solution in Search of a Problem,* 6 Am. U. J. Int'l L. Pol'y 111 (1991).

Mayer Brown Rowe & Maw, *Takeover changes in the UK,* (May 2006).

제 3 장

적대적 M&A에 대한 방어행위의 정당성과 적법성

제 1 절 총 설

제 2 절 방어행위의 정당성

제 3 절 방어행위의 적법성

제 3 장 적대적 M&A에 대한 방어행위의 정당성과 적법성

제 1 절 총　　설

대상회사의 지배권 취득을 위한 적대적 M&A의 경우 대상회사의 경영진은 자신의 지위보전과 관련하여 대상회사 및 그 주주들과 이해충돌의 관계에 직면할 수 있다. 이때 직접적인 거래 당사자가 아닌 대상회사의 경영진에게 경영권 방어를 위하여 적극적으로 방어행위를 할 권한이나 의무가 존재하는지의 문제가 발생하게 되는데, 이를 방어행위의 정당성의 문제로 검토하여 보겠다. 그리고 대상회사 경영진에게 방어권이나 방어의무가 인정되는 경우에 있어서 경영진의 방어행위의 적법성의 기준과 남용된 방어행위에 대한 경영진의 책임에 대하여는 방어행위의 적법성의 문제로 다루어 보기로 하겠다. 이하에서는 먼저 방어행위의 정당성의 문제와 관련하여 미국의 경우 및 우리나라의 경우를 살펴보기로 하겠다.

제2절 방어행위의 정당성

Ⅰ. 미국의 학설 및 미국법률협회의 입장

1. 주의의무/충실의무와 경영판단의 원칙과의 관계

가. 주의의무와 경영판단의 원칙과의 관계

영미법상 경영진은 회사와의 관계에 있어서 수탁자의 지위에 있는 것으로 파악되므로 이에 따라 경영진, 즉 이사[1]는 信認義務(fiduciary duty)를 부담하게 되며, 이러한 신인의무의 내용에는 주의의무(duty of care)와 충실의무(duty of loyalty)가 있다.

미국법률협회(American Law Institute: 이하에서는 ALI라 하겠다)의 '기업지배구조원칙: 분석과 권고'(Principles of Corporate Governance: Analysis and Recommendations, 이하에서는 PCG라 하겠다)에 의하면 주의의무는 이사에 의한 의사결정의 질(quality of decision making)과 연관되며, 충실의무는 특정거래의 적정성(propriety of specific transaction)의 평가와 관련된다.[2]

주의의무를 다한 이사에게는 경영판단의 원칙(The Business Judgment Rule)이 적용되어 합리적 경영판단에 기한 이사의 행위는 사법적 보호를 받게 된다. 즉 주의의무는 이사의 행위의 기준이며 경영판단의 원칙은 사법적 판단의 기준이라 할 수 있다. 이러한 주의의무와 경영판단의 원칙은 대표적으로 PCG 제4.01조나 미국법조협회(American Bar Association)이 만든 모범사업회사법(Model Business Corporation Act, 이하에서는 MBCA라 하겠다) 제8.31조에 잘 나타나 있다.

---

1) 엄밀히 말하자면 회사의 경영진은 이사회(Board of Directors)이며 이사는 이사회의 구성원에 지나지 않으나, 여기서는 이사가 실질적인 회사의 업무집행을 한다는 의미에서 이사와 경영진이라는 표현을 혼용하도록 하겠다.

2) Robert W. Hamilton, The Law of Corporation 5th Ed. (Minnesota: West Group, 2000) at 444.

[ALI, Principles of Corporate Governance §4.01]

(Duty of care of Directors and Officers; the Business Judgment Rule) (1994)

(a) A director or officer has a duty to the corporation to perform the director's or officer's functions in good faith, in a manner that he or she reasonably believes to be in the best interests of the corporation, and with the care that an ordinarily prudent person would reasonably be expected to exercise in a like position and under similar circumstances. …

(b) …

(c) A director or officer who makes a business judgment in good faith fulfills the duty under this section if the director or officer:

(1) is not interested in the subject of the business judgment;

(2) is informed with respect to the subject of the business judgment to the extent the director or officer reasonably believes to be appropriate under the circumstances; and

(3) rationally believes the business judgment is the best interests of thecorporation.

(d) A person challenging the conduct of a director or officer under this Section has the burden of proving a breach of duty of care, ….

PCG 제4.01조 (c)항에 의하면 이사나 임원이 善意로 경영상의 판단을 한 경우, i) 경영상의 판단의 대상에 대하여 개인적인 이해관계가 없어야 하며, ii) 경영상의 판단을 해야 하는 상황에서 적합하다고 확신할 수 있을 정도의 정보에 기하여야 하며, iii) 경영상의 판단이 회사에 대하여 최선의 이익이라고 합리적으로 신뢰한 경우에는 제4.01조 (a)항에 언급한 주의의무(duty of care)에 위반하지 않은 것으로 간주되고, 제4.01조 (d)항에 의하여 이사나 임원의 경영상의 판단에 대하여 이의를 제기하고자 하는 자는 이사나 임원이 경영상의 판단을 함에 있어서 주의의무를 위반하였다는 사실에 관하여 증명책임을 지게 된다. MBCA에서는 'Business Judgment Rule'이라는 제목의 규정은 없지만,[3] 제8.31조에서 PCG 제4.01조와 유사하게 규정하고 있다.

[Model Business Corporation Act §8.31]

(Standards of Liability for Directors)(2003)

(a) A director shall not be liable to the corporation or its shareholders for any decision to take or not to take action, or any failure to take any action, as adirector, unless the party asserting liability in a proceeding establishes that:
  (1) any provision …
  (2) the challenged conduct consisted or was the result of:
    (i) action not in good faith; or
    (ii) a decision
      (A) which the director did not reasonably believe to be in the best interests of the corporations, or
      (B) as to which the director was not informed to an extent the director reasonably believed appropriate in the circumstances; or ….

즉 PCG 제4.01조에서의 경영판단의 원칙이란 이사가 내린 경영상의 판단이 善意이고 회사의 이익이 된다고 판단하여 내려진 경우라면 그 경영상의 판단에 기하여 손해가 발생하더라도 회사나 주주들에 대하여 책

---

3) Model Business Corporation Act 제8.31조는 경영판단의 원칙을 총체적으로 성문화한 것이 아니며 실질적인 내용은 경영판단의 원칙을 기술하였으나 법조문에 경영판단의 원칙이라는 제목이 존재하지 않는 이유는 이 경영판단의 원칙의 요소 및 상황에 따른 적용은 판례를 통하여 발전하는 것이기 때문에 오히려 이 원칙을 법조문에 정형적으로 기술하는 것은 바람직하지 않기 때문이라고 한다 [Charles R. O'Kelly & Robert B. Thompson, Corporation and other business associations; Selected statutes, Rules, and Forms, (New York: Aspen, 1999), at 70].

임을 면제받는다는 규정인데, 이사가 이해관계 없는 독립적인 지위에서 내린 공정한 판단에 대해서는 법원이 이사의 판단을 존중해야 한다는 의미가 담겨 있다고 할 수 있다.

나. 충실의무와 경영판단의 원칙과의 관계

이사 및 임원(어떤 상황에 있어서는 지배주주를 포함한다)은 회사(어떤 경우에는 주주 및 투자가를 포함한다)에 대하여 충실의무를 부담하는데, 이는 이사가 회사의 이익과 자신의 이익이 충돌하는 경우에 있어서 사기적 방법이나 불공정한 거래에 의하여 회사의 이익을 희생하여 자신의 이익을 추구하여서는 안 된다는 내용이라 할 수 있다.[4)]

미국법률협회의 '기업지배구조원칙: 분석과 권고'에 의하면 이러한 충실의무를 공정거래의무(duty of fair dealing)로 보고 있는데,[5)] 즉 회사와 이사간의 이익이 상반되는(conflict of interest) 거래에 있어서 이사는 자신의 이익을 추구하여서는 안 되는 충실의무를 부담하는데, 이러한 충실의무를 위반한 이사의 행위는 경영판단의 원칙의 보호를 받을 수가 없게 되며 본질적 공정성기준(intrinsic fairness test) 또는 전체적 공정성기준(entire fairness test)의 적용을 받게 된다.

[전체적 공정성기준(Entire Fairness Test)]

이는 Weinberger v. UOP, Inc., 457 A. 2d 701(Del. 1983)사건에서 법원에 의하여 자세히 설시되고 있다. Weinberger사건은 모회사인 Signal사와 모회사가 부분적으로 소유한 자회사인 UOP사와의 현금지급합병에 있어서 축출대상인 UOP의 소수주주들이 합병의 공정성에 의의를 제기한

---

4) Robert Clark, Corporate Law (New York: Aspen, 1986), at 141 [hereinafter Clark, Corporate Law].

5) James D. Cox & Thomas Lee Hazen, Corporation 2nd Ed. (New York: Aspen, 2003), at 204 [hereinafter Cox & Hazen, Corporation].

소송이었다. 법원은 모회사와 자회사간의 합병이 경영진의 본질적인 이해관계의 충돌과 관련이 되는 경우에는 합병의 양 당사자측을 대표하는 경영진은 합병거래의 전체적인 공정성(Entire Fairness)에 대한 증명책임을 부담하게 된다고 하였다.

그리고 법원은 합병거래의 공정성을 판단하는 데에는 i) 공정거래(fair dealing)요건[공정한 거래의 성사여부] 및 ii) 공정가격(fair price)요건[소수주주에 대한 공정한 가격의 지급여부]의 2가지 요건이 충족되어야 한다고 하였다.

다. 방어행위와 경영판단의 원칙과의 관계

적대적 M&A에 직면하여 대상회사 경영진이 방어행위를 하는 경우에 있어서 그 방어행위에는 경영판단의 법칙의 적용을 긍정하는 경영판단적인 요소와 그 적용을 배척하는 회사와 경영진간의 이익상반적인 요소가 공존하기 때문에 방어행위가 어떠한 의무위반에 해당하는지를 명확하게 구분하기는 쉽지는 않다. 즉 주의의무와 충실의무위반의 구분은 쉽지 않으며, 법원이 兩者간의 구분을 명확히 하지 않는 경우도 빈번하다.[6)]

그러므로 대상회사의 경영진에게 방어행위를 할 수 있는 권한이나 의무가 있는지 여부는 대상회사의 경영진이 적대적 M&A에 직면하여 행한 방어행위에 회사와 관련된 이익상반적인 요소가 존재치 않으며 경영진의 경영판단에 해당하여 법원의 사법적 보호를 받을 수 있느냐의 문제로 연결된다. 이에 관하여 미국의 학설은 크게 3가지로 나누어 볼 수 있는데 이하에서 먼저 자세히 검토하여 보기로 하겠으며, 다음으로 미국법률협회가 '기업지배구조원칙: 분석과 권고'를 통하여 제시한 적대적 공개매수에서의 이사의 역할에 관한 규정들을 살펴보기로 하겠다.

---

6) Cox & Hazen, Corporation, *supra*, at 203.

2. 경영진의 방어행위에 관한 미국의 학설

가. 경영자수동행위이론(Theory of Managerial Passivity)

이는 대상회사 경영진의 방어행위는 경영진 자신의 지위보전이라는 개인적인 이익에 의한 것이므로 이는 회사 및 주주의 이익과는 이익상반적인 요소에 해당되기 때문에 경영판단의 법칙의 적용을 부정하며 나아가 대상회사의 경영진에게는 방어행위를 할 수 있는 권한이나 의무도 없다는 이론이다.

이 이론의 지지자인 Easterbrook과 Fishel 교수에 의하면 공개매수에 대한 선택권은 대상회사의 주주에게 있으며, 대상회사의 경영진에게는 공개매수에 대한 의견제시 이외의 적극적인 방어행위는 허용되지 않는다고 하며, 그 이유에 대하여는 다음과 같이 설명하고 있다.[7)]

i) 공개매수에 대한 대상회사 경영진의 방어행위는 대상회사 주주의 부를 감소시킨다. 만약 대상회사가 방어수단을 채택하여 공개매수를 저지하는 데 성공하였다면, 대상회사의 주주들은 인수회사가 제시한 프리미엄은 물론 그러한 방어행위가 없었더라면 얻을 수 있었던 프리미엄을 상실하게 되며, 상실된 프리미엄은 공개매수의 성공 후 교체된 효율적인 경영진이 대상회사 자산을 운용함으로써 얻을 수 있었던 장래의 사회적 이익을 반영하고 있는 것이다. 또한 대상회사의 주주가 얻게 되는 프리미엄은 인수회사가 지급한, 즉 인수회사의 주주의 손실에 의한 것이며 주주 전체의 이익으로 본다면 인수회사의 주주로부터 대상회사의 주주로의 단순한 부의 이선일 뿐이며 이익의 증가는 없게 되는 것이나, 방어행위로 인하여 인수회사가 사용한 비용 및 인수 경쟁회사들이 사용한 비용의 합계로 인하여 주주들은 전체적으로는 손실을 입게 된다고 할 수 있는 것이다.[8)]

7) Frank H. Easterbrook & Daniel R. Fishel, *The Proper Role of a Target's Management in Responding to a Tender Offer,* 94 Harv. L. Rev. 1161 (1981) [hereinafter Easterbrook & Fishel, *The Proper Role*].

8) Easterbrook & Fishel, *The Proper Role*, *supra*, at 1174-1175.

ii) 대상회사의 경영진은 대상회사의 주주와는 상반된 이해관계를 가지고 있다. 즉 경영진은 회사의 독립을 유지하여 자신의 지위와 봉급을 유지하는 데 실질적인 이해관계가 있으며, 이는 경영진이 비효율적일수록 그 이해관계는 크다고 할 수 있다. 경영진은 실질적으로 자신의 이익을 위한 것이지만 표면적으로는 주주나 회사를 위하여 보다 나은 조건을 제시한 공개매수자를 찾는 것처럼 행동할 수도 있으나 문제점은 이를 구별하기가 어렵다는 데 있다.[9]

iii) 공개매수 개시후 대상회사의 경영진이 방어수단으로서 다른 인수희망회사에게 회사의 정보를 제공한 경우 최초의 인수희망회사를 제외한 나머지 인수희망회사는 정보조사비용에 있어서 무임승차(free ride)를 하게 되기에 최초의 인수희망회사가 되기를 꺼리게 된다는 문제가 발생한다.[10]

iv) 인수회사가 높은 프리미엄을 부담하게 되는 것은 결국 대상회사 주식가치의 하락을 가져오게 된다. 왜냐하면 높은 프리미엄을 부담하여야 하는 인수회사는 이로 인하여 공개매수의 대상이 될 수 있는 다른 대상회사의 감독(monitoring)을 소홀히 하게 되고 이는 시장에서의 전반적인 공개매수의 감소로 이어지게 된다. 그리고 감독기능의 감소로 인한 대상회사에서의 대리인 비용(agency cost)[11]의 상승을 초래하게 되어 결과적으로는 대상회사의 주가를 하락시키게 되는 것이다.[12]

---

9) Easterbrook & Fishel, *The Proper Role, supra*, at 1175.

10) Easterbrook & Fishel, *The Proper Role*, *supra*, at 1178-1179.

11) 용어의 출처는 Michael C. Jensen & William H. Meckling, *Theory of the Firm: Managerial Behavior, Agency Costs and Ownership Structure*, 3 J. Fin. Econ. 305 (1976); 대리인 비용이란 본인이 대리인의 행위를 감독하는 데 드는 감독비용(monitoring cost), 대리인이 본인의 이익을 위하여 행동하겠다는 보증을 하는 데 드는 보증비용(bonding cost), 감독과 보증노력을 하고 나서도 남는 비효율을 의미하는 잔여손실비용(residual loss)의 합이라 할 수 있다 [Stephen M. Bainbridge, Mergers and Acquisitions (New York: Foundation Press, 2003), at 36 [hereinafter Bainbridge, Mergers and Acquisitions].

12) Easterbrook & Fishel, *The Proper Role*, *supra*, at 1179.

또한 Easterbrook과 Fishel 교수는 대상회사의 경영진이 방어행위를 하지 않거나 다른 매수자를 물색하지 않는다면 투자자와 사회 전체의 부(wealth)를 동시에 증가시킨다고 주장하며 다음과 같은 논거를 제시하고 있다.[13)]

대부분의 적대적 공개매수는 회사를 비효율적으로 운영하거나 합병할 수 있는 유리한 기회를 물색하지 않은 경영진의 실패에 대한 일종의 반응이기 때문에 주주들은 공개매수를 통하여 대상회사의 경영진에 대한 평가 및 교체를 할 수 있는 기회를 가질 수 있는 것이다. 또한 인수회사 측으로서는 대상회사의 경영진을 감독하며 비효율적인 대상회사의 경영진에 대한 반응을 살필 수 있는 것이다.

그리고 공개매수가 대상회사의 주식가치를 상회하는 프리미엄이 부가된 가격으로 발생한다는 것은 대상회사의 기업구조가 재편성되었거나 현경영진이 사회적 이익(social gain, 전술한 wealth와 일맥상통하는 의미임)을 창출하였다는 점을 보여주는데, 이때 공개매수에 대한 방어행위가 성공할 경우에는 이러한 이익의 성취를 저지하게 되는 것이다. 즉 방어행위는 경영진의 비효율적 경영(mismanagement)이나 자기지위의 보전(manager's self-protection)을 반영하게 되는 것이라 본다.[14)]

나. 경영판단의 원칙(The Business Judgment Rule) 적용설

이는 대상회사 경영진의 방어행위는 경영판단의 범주에 속하며 적대적 M&A에 직면하여 경영진은 적극적으로 방어행위를 하여야 한다는 이론이다. 이 이론의 지지자인 Martin Lipton은 대상회사의 경영진은 수동적인 역할에서 벗어나서 적대적 공개매수와 같은 상황에서의 방어행위의 채택과 같은 적극적인 역할, 즉 守門將(gatekeeper)으로서의 역할을 하여야 한다고 주장하고 있으며,[15)] 구체적인 내용은 다음과 같다.

---

13) Frank H. Easterbrook & Daniel R. Fishel, *Auctions and Sunk Costs in Tender Offers*, 35 Stan. L. Rev. 1 (1982) [hereinafter Easterbrook & Fischel, *Auctions and Sunk Costs*].

14) Easterbrook & Fischel, *Auctions and Sunk Costs*, *supra,* at 1.

15) Martin Lipton, *Twenty-five years after Takeover Bids in the Target's Boardroom:*

만일 공개매수에 대한 결정을 주주들의 판단에 맡긴다면 대상회사 주주들은 대부분 공개매수를 받아들이게 될 것이며, 대상회사의 경영진은 다음과 같은 이유에서 주주들이 공개매수에 응하지 않도록 확신을 주지 못할 것이다. i) 대부분의 주주들은 공개매수에 응하지 않는다면 소수주주로 남아서 축출될 수도 있다는 결과를 고려하여 공개매수를 받아들여야 한다고 현실적으로 판단하게 되며, ii) 회사 지분의 소유권이 상당부분 개인으로부터 투자전문가(professional investment manager)로 이전하였다는 점이다.16)

따라서 경영진은 중요한 경영상의 판단을 내리는 수문장의 역할을 하여야 하며, 그러한 경영상의 판단을 내릴 때에는 신인의무(fiduciary duty)을 고려하여야 하고, 모든 상황에 있어서 회사와 주주에 대하여 최선의 이익이 되도록 할 의무가 있다고 본다.17)

또한 경영진은 공개매수가 고가의 프리미엄이 있다는 이유만으로 그 공개매수를 수락하여서는 안 되며, 주주의 이익·제시된 공개매수가 장기적인 회사의 수익에 미칠 영향·회사의 고용인·지역사회·고객·관련회사 등을 모두 고려하여야 한다.18)

다. 경영자경매인이론(Managerial Auctioneer Thesis)

이는 원칙적으로 대상회사의 경영진은 방어행위를 할 수는 없으나 한정된 범위 내에서는 가능하다는 이론이며 이 이론의 지지자로는 Bebchuk 교수를 들 수 있다. Bebchuk 교수는 M&A에 따르는 프리미엄을 증가시키고자 高價의 경쟁매수(competing tender offer)를 유도할 목적으로 행하여지는 방어행위는 허용된다고 하며 다음과 같은 논거를 제시하고

Old Battles, New attacks and the Continuing War, 60 Bus. Law. 1369, 1369 (2005) [hereinafter Martin Lipton, *Twenty-five years after Takeover*].

16) Martin Lipton, *Takeover Bids in the Target's Boardroom*, 35 Bus. Law 104, 113-114 (1979).

17) Martin Lipton, *Twenty-five years after Takeover*, *supra,* at 1370.

18) Martin Lipton, *Twenty-five years after Takeover*, *supra,* at 1370-1371.

있다.[19]

경쟁매수의 유도는 대상회사의 주주 및 사회적 부의 증진에 바람직하며, 이러한 경쟁매수를 유도하는 것을 이른바 競賣의 規則(rule of auctioneering)이라 한다. 이러한 경매의 규칙은 대상회사가 합병이나 공개매수에 의하여 인수합병된 경우에 있어서 대상회사의 주주들이 받을 수 있는 프리미엄을 증가시킴으로써 주주에게 이익을 주며, 대상회사의 자원이 활용되는 데 있어서 여러 가지 방법으로 효율성을 증가시킴으로써 사회적 부를 증가시키게 된다.[20]

먼저 주주의 프리미엄을 증가시키는 경우를 검토하여 본다면 다음과 같다. 경매의 규칙은 경영진이 주주의 이익을 고려하는지의 여부와는 상관없이 적대적 공개매수/우호적 공개매수 및 합병/공개매수에 있어서 주주의 프리미엄을 증가시키는 작용을 하게 된다. 적대적 공개매수[21]에 있어서 대상회사의 주식 소유가 고루 분산된 경우에 있어서 경쟁매수만이 대상회사의 주주들이 2단계 공개매수에서 제시되는 1단계 매수가격과 2단계 매수가격간의 실제적인 차익을 얻을 수 있도록 해주며, 실질적인 경쟁매수자가 없는 상황일지라도 최초의 인수희망회사는 경쟁매수의 위협을 제거 혹은 감소시키기 위하여 더 높은 프리미엄을 제시하게 되기에 대상회사 주주의 프리미엄을 증가시키게 된다고 본다.[22]

만약 다른 경쟁매수자가 없는 우호적 공개매수의 경우에 있어서 경매의 규칙이 적용되지 않는다면 우호적 공개매수는 대부분 저가의 프리

19) Lucian A. Bebchuk, *The Case for Facilitating Competing Tender Offers*, 95 Harv. L. Rev. 1028 (1982).

20) Bebchuk, *supra,* at 1050.

21) Bebchuk 교수는 Unsolicited Takeover라는 표현을 사용하고 있는데 이는 대상회사 경영진의 동의 없이 대상회사의 지배권 취득을 목적으로 대상회사의 주식을 취득하고자 하는 공개매수를 의미하기에 적대적 공개매수라 보아도 무방하다고 생각한다. 이러한 Unsolicited Takeover의 의미에 대하여는 ALI, Principles of Corporate Governance, § 1.39 (1994)를 참조.

22) Bebchuk, *supra,* at 1040-1041.

미엄이 부가된 적대적 공개매수로 전환될 수 있으며, 우호적인 공개매수에서 발생되는 프리미엄은 경매의 규칙이 적용되는 경우보다 실질적으로 하락하게 될 것이다. 왜냐하면 우호적 공개매수에 있어서의 프리미엄은 인수회사나 다른 경쟁자들에 의한 적대적 공개매수가 발생할 가능성에 의하여 결정되기 때문에 경매의 규칙의 적용을 받게 되는 것이다. 따라서 우호적 공개매수에 있어서 대상회사의 경영진이 프리미엄 증가를 위하여 경쟁매수를 유도하겠다고 위협함으로써 최초의 인수희망회사는 경쟁매수의 위협을 제거 혹은 감소시키기 위하여 더 높은 프리미엄을 제시하게 될 것이다.[23]

다음으로 경쟁매수의 유도가 사회적 부를 증가시키는 경우를 살펴보기로 하겠다. 경매의 규칙은 대상회사의 자산 가치를 가장 높이 평가하는 회사에 의하여 대상회사가 인수될 가능성을 증가시키며, 잠재적인 대상회사에 대하여 사회적으로 바람직한 투자를 장려하게 할 것이다. 또한 대상회사 경영진으로 하여금 적절한 인수회사를 검색하게끔 하며, 인수결정의 기초를 이루는 정보를 향상시켜 이익의 창출이 없거나 손실이 발생하게 될 인수 가능성을 감소시킴으로써 사회적 부를 증진시키게 되는 것이다.[24]

경영진이 공개매수에 직면하여 방어행위를 하는 것은 금지되어 있으나 인수희망회사가 경쟁매수결정을 내리는 데에 도움이 되는 대상회사에 관한 정보를 제공하는 것은 허용된다. 이때 경영진은 경매의 권한(power to auctioneer)을 경쟁매수를 유도하는 데에 사용하거나 우호적 공개매수에 있어서 프리미엄 증가를 협상하기 위하여 경쟁매수를 유도하는 수단을 사용하겠다고 위협하는 경우에 있어서 사용될 수 있다. 그러나 이는 경영진이 이러한 권한을 임의로 선택할 수 있다는 의미는 아니며, 경영진의 개인적 이익은 이러한 경매의 권한의 사용에 2가지 측면에서 영향을 미치게 된다.

23) Bebchuk, *supra,* at 1043-1045.

24) Bebchuk, *supra,* at 1048-1050.

첫째 경영진은 우호적 제 3 자(white knight)[25]를 선정하여 그 우호적 제 3 자로 하여금 경쟁매수를 하게끔 할 수 있다. 경영진이 우호적 제 3 자를 선정한 동기가 자신의 지위보전이나 개인적 이익에 기인한 것이라도 우호적 제 3 자의 선정이 경쟁매수를 유도하는 결과가 되는 한 바람직한 역할을 하게 된다. 즉 경영진이 다른 방어수단을 채택할 수 없는 한 우호적 제 3 자는 고가의 프리미엄을 지급하여야 대상회사의 매수에 성공할 수 있기 때문에 이러한 경우는 경영진의 동기와는 상관없이 바람직하다고 할 수 있는 것이다.[26]

둘째는 대상회사의 경영진이 자신의 개인적인 이익을 도모하기 위하여 다른 경쟁매수자를 배제하고 대상회사의 인수에 관하여 인수희망회사와 직접 교섭하는 MBO(경영진에 의한 차입매수)와 같은 경우이다. 이 경우에 개인적 이익을 도모하는 경영자는 반드시 수동적이어야 하는데, 경영진의 수동적 역할은 대상회사 주주의 이익감소 및 대상회사 자산의 비효율적인 분배 방지에 기여하게 될 것이다.[27]

3. 미국법률협회의 입장

미국법률협회(ALI)는 ‘기업지배구조원칙: 분석과 권고’(PCG) 제 6 부에서 지배권 거래 및 공개매수에서의 이사와 주주의 역할을 표명하고자 하였다. 즉 PCG 제6.01조는 합병에 있어서 이사 및 주주의 역할에 관하여 규정하고 있으며, 제6.02조는 적대적 공개매수에 있어서 이사의 방어행위에 관하여 언급하고 있다. 이때 본문에서는 합병이나 적대적 공개매

25) 적대적 M&A에 직면하여 대상회사의 경영진이 방어수단으로서 우호적인 공개매수자를 물색할 수 있는데, 이를 White Knight라 부르며, White Knight 중에서 공개매수자의 대상회사 지배권의 안정적인 취득이나 대상회사에 대한 축출합병(Squeeze-out Merger)의 시행을 무산시킬 수 있는 양의 지분(Blocking Position)을 보유하는 기관투자가(Institutional Investor)를 White Squire라 부른다 [John C. Coffee, Jr. & Joel Seligman, Securities Regulation Cases and Materials 9th Ed. (New York: Foundation Press, 2003) at 742, (hereinafter Coffee & Seligman, Securities Regulation)].

26) Bebchuk, *supra,* at 1055.

27) Bebchuk, *supra,* at 1055.

수라는 표현대신에 지배권 거래(Transaction in Control)[28]와 비권유 공개매수(Unsolicited Tender Offer)[29]라고 언급하고 있는데 이하에서는 적대적 공개매수에 있어서 이사의 방어행위에 관하여 언급하고 있는 PCG 제6.02조에 대하여 자세히 살펴보기로 하겠다.

[Principles of Corporate Governance 제6.02조]

적대적 공개매수의 저지에 관한 예견가능한 효과를 가지는 이사의 행위

(Action of Directors that has the Foreseeable Effect of Blocking Unsolicited Tender Offers)

(a) 이사회는 그 행위가 공개매수에 대하여 합리적인 대응(reasonable response)인 경우에는 적대적 공개매수의 저지에 관하여 예견가능한 효과를 가지는 행위를 할 수 있다.

(b) 이사회의 행위가 공개매수에 대하여 합리적인 대응인지의 여부를 검토할 경우에는 다음과 같은 요소를 고려할 수 있다.

(1) 행위의 적법성의 문제 및 그 공개매수가 성공할 경우에 회사의 본질적인 경제적 전망에 위협을 미치게 되는지의 여부를 포함하여 회사 및 주주의 최선의 이익에 관한 모든 요소.

(2) 제6.02조 (b)항 (1)호에 첨부하여 주주의 장기적인 이익에 상당한 불이익을 주지 않는 한, 회사가 합법적인 관계를 가지는 (주주 이

28) ALI, Principles of Corporate Governance § 1.38(1994)에 의하면 지배권 거래란 흡수합병, 신설합병, 다른 회사자산의 인수를 초래하는 의결권 있는 주식의 발행, 다른 회사의 의결권 있는 주식의 과반수 이상과 교환될 의결권 있는 주식의 발행, 그 회사에 중요한 영업에 관한 자산 양도 및 회사지배의 변경을 초래하는 주식의 발행을 통하여 이루어지는 기업결합을 의미하기 때문에 이를 일반적 용어로 합병이라고 하여도 무방하다고 생각한다.

29) ALI, Principles of Corporate Governance § 1.39(1994)에 의하면 비권유 공개매수란 현금, 증권, 기타의 대가 또는 이들의 조합으로 소지인의 증권을 매수함으로써 회사지배권의 변경을 초래하기 위하여 이사회의 승인 없이 행하여지는 의결권 있는 증권의 소지인에 대한 매수의 청약 또는 청약의 권유를 의미하기 때문에 이를 적대적 공개매수로 보아도 무리가 없다고 생각한다.

외의) 이익 또는 집단
(c) 이사회의 행위가 (a)항의 기준을 충족하지 못하였다는 이유로 이사의 행위에 대하여 이의를 제기하는 자는 이사회의 행위가 공개매수에 대하여 비합리적인 대응이었다는 사실에 대한 증명책임을 부담한다.
(d) (a)항의 기준을 충족하지 못한 이사회의 행위는 留止될 수 있으나, 당해 행위를 승인한 이사는 그 행위가 경영판단원칙의 기준을 충족하는 경우에는 손해배상책임을 부담하지 않는다.

이러한 PCG 제6.02조의 내용을 자세히 검토하여 보겠다. i) 제6.02조 (a)항에 의하여 이사는 적대적 공개매수에 대한 방어행위가 합리적이라면 원칙적으로 방어행위를 할 수 있다고 본다. 즉 대상회사의 이사는 적대적 M&A에 대한 합리적인 대응으로서의 방어행위를 할 수 있는 권한이 있다고 보았다. ii) 방어행위의 합리성의 기준으로 제6.02조 (b)항 (1)에서 원칙적인 판단기준으로 회사와 주주의 최선의 이익[30]을 들고 있으며,[31] 덧붙여 제6.02조 (b)항 (2)에서 방어행위의 적법성, 회사의 경제적인 전망 및 주주의 장기적인 이익을 침해하지 않는 범위에서의 회사와 합법적인 관계를 가지는 주주 이외의 이해관계자 등의 요소를 고려할 수 있다고 규정하고 있다. iii) 대상회사 이사의 방어행위에 이의를 제기하는 자는 이사의 방어행위의 비합리성에 대한 증명책임을 부담하게 된다. iv) 이사의 방어행위에 대한 留止請求의 경우에는 원고가 이사의 방어행위의 비합리성을 증명하면 되나, 이때에도 이사의 방어행위가 경영판단원칙의 요건을 충족하는 경우에는 손해배상책임은 부담하지 않는다고 규정

30) Comment에서는 최선의 이익에 관하여 시장가격을 초과하는 프리미엄의 제공여부를 중요한 기준으로 파악하는 견해를 부정하고, 회사 및 주주의 장기적 이익의 고려가 적절한 기준이여야 한다는 입장을 밝히고 있다 [ALI, Principles of Corporate Governance § 6.02 Comment c (2)(1994)].

31) Comment에서는 이사의 방어행위의 합리성 판단을 위하여 회사 및 주주의 최선의 이익을 고려하는 경우에 있어서 공개매수의 성격, 시기, 공개매수 가격의 적절성, 공개매수의 성사여부에 대한 위험성 등의 요소를 고려할 수 있다고 한다 [ALI, Principles of Corporate Governance § 6.02 Comment c (2)(1994)].

하여 留止請求와 손해배상청구의 판단기준을 구별하고 있다.

즉 ALI의 PCG 제6.02조는 적대적 M&A에 직면한 이사의 방어행위에 대한 정당성에 관련된 내용뿐만 아니라 앞으로 검토할 방어행위의 적법성의 기준까지 제시하고 있다고 볼 수 있다.

Ⅱ. 상법상 방어행위의 정당성에 관한 논의

위에서 살펴본 미국의 학설은 적대적 M&A에 직면하여 대상회사의 경영진에게 방어행위를 할 수 있는 권한이나 의무가 있는지의 문제에 대하여 회사 및 주주와 관련된 이익상반적인 요소가 존재치 않으며 경영진의 경영판단에 해당하여 법원의 사법적 보호를 받을 수 있느냐의 문제로 연결시켜 각기 다른 견해를 표명하였으며, 미국법률협회도 이사의 방어행위의 정당성과 적법성에 대한 자체적인 입장을 밝히고 있다.

위와 같은 점을 우리나라 법제에 적용하여 생각해 볼 때 M&A와 관련된 이사의 방어수단의 채택에 관하여 우리나라는 관련법규정을 두고 있지 않기에 이는 해석론상으로 논의가 될 수밖에 없다. 이하에서는 방어행위의 정당성에 관한 우리나라에서의 논의를 자세히 검토하여 보기로 하겠다.

1. 긍 정 론

이는 적대적 M&A에 직면하여 대상회사의 경영진은 방어행위를 할 수 있다고 보는 견해이며 우리나라의 다수설[32]이라 할 수 있다. 이에는 적대적 M&A에 대한 방어조치의 결정여부는 이사의 경영판단사항의 하나라고 보며, 이사는 전체 주주의 공동자산인 회사의 운명이 걸려 있는

32) 유영일, "주식공개매수에 관한 연구-방어행위의 적법성에 관한 미국회사법상의 논의를 중심으로," 「법학박사학위 논문」, 서울대학교, 1994. 2, 247-248면; 송종준, "경영권 방어수단 도입의 전제조건," 「기업법연구」(한국기업법학회), 제19권 제 4 호(2005), 203-204면 [이하 송종준, 방어수단 도입의 전제조건]; 양만식, "적대적 M&A에 있어서의 이사의 역할(이사의 행동기준)," 「기업법연구」(한국기업법학회), 제14집(2003), 44-45면; 박준 · 허영만, "적대적 M&A의 방어와 관련한 법적 규제," 「인권과 정의」(대한변호사협회), 제252호(1997), 79-80면.

적대적 M&A의 국면에서 단기적인 관점에서 회사의 지배권 수호 또는 매각가격의 극대화뿐만이 아니라 장기적인 견지에서 회사가 갖고 있는 경영전략적 이익의 확보 또는 유지라는 개념을 모두 종합적으로 고려하여 회사에 관련된 집단적 이익을 보호하기 위하여 유연하고도 합리적인 적절한 방어책을 행사할 권한과 의무가 있다는 견해[33] 등을 들 수 있다.

2. 부 정 론

대상회사의 경영진에게는 방어행위를 하는 것이 원칙적으로 허용되지 않는다는 견해이며, 이에는 대상회사 경영진의 방어권을 허용하는 경우에는 경쟁적 공개매수가 촉발될 수는 있으나 이를 허용하는 경우 대상회사의 경영진이 주주에게 이익이 되는 공개매수를 그 조건이 적절하지 않다는 핑계로 무산시킬 위험성, 즉 주주와 경영진의 이익상반 가능성이 매우 크며, 죄수의 딜레마 및 주주의 집단적 행동이라는 문제가 있다는 점 또한 부정할 수는 없지만 경영진이 주주의 중립적인 대표자로서 행동한다는 확실한 보장이 없는 한 경영진에게 방어권을 부여할 수는 없으며, 주주총회로 하여금 방어조치에 관하여 결정하도록 하여야 한다는 견해[34]를 들 수 있다.

3. 절 충 론

대상회사의 경영진은 방어행위를 원칙적으로는 할 수 없으나 예외적인 경우에 한하여 인정하는 견해들인데, 몇 가지 견해만 살펴본다면 다음과 같다.

첫 번째로 공개매수의 직접적인 당사자는 공개매수자와 대상회사의 주주이므로 주주들의 의사와 무관하게 이루어지는 경영진의 방어행위는 공격방어의 당사자가 아닌 자가 게임에 개입하여 공정한 게임을 그르칠

---

33) 송종준, 전게논문(방위수단 도입의 전제조건), 203-204면.

34) 유진희, “유럽연합의 기업인수 규제 —공개매수 지침을 중심으로—,” 「기업법연구」(한국기업법학회), 제19권 제 3 호(2005), 276면.

우려가 있다는 점에서 일정한 한도 내에서 제한되어야 한다는 견해[35]를 들 수 있다.

두 번째로는 우리나라의 기업현실은 소유와 경영이 분리된 경우가 많지 않고, 오히려 회사의 기존 지배주주와 경영진이 실질적으로 동일한 실체인 경우가 대부분이며, 또한 적대적 M&A과정에서 소수주주나 일반투자자들이 대주주나 경영진의 불합리한 방어행위를 견제할 수 있는 제도적 장치가 미흡한 상황 속에서 이사회가 경영판단을 객관적으로 행사하리라고 기대하기는 어렵기 때문에 우리나라에서는 이사회의 중립의무를 기본원칙으로 설정하고, M&A 방어는 객관적으로 정당성이 인정되는 상황에서 예외적으로 허용하여야 한다는 견해[36]를 거론할 수 있다.

4. 사 견

우리 상법상 대상회사의 지배권 취득을 위한 M&A에 직면하여 대상회사 경영진에게 경영권 방어를 위하여 적극적으로 방어행위를 할 권한이나 의무가 존재하는지의 여부는 이사회의 권한에 관한 문제가 될 것이다. 상법은 제361조에서 주주총회는 상법 또는 정관에 정하는 사항에 한하여 결의할 수 있다고 규정하고 있으며, 제393조 제 1 항에서는 중요한 자산의 처분 및 양도, 대규모 재산의 차입, 지배인의 선임 또는 해임과 지점의 설치·이전 또는 폐지 등 회사의 업무집행은 이사회의 결의로 한다고 규정하여 회사에 있어서 기관간의 권한분배에 관한 규정을 두고 있으나 M&A와 관련된 이사회의 방어수단의 채택이 어느 기관의 권한에 속하는지는 명백히 규정하고 있지는 않다.

이사회의 방어수단 채택에 관한 권한이 법령이나 정관에 규정된 경우라면 그 규정된 바에 의하면 될 것이나, 법령이나 정관에 규정되지 않

35) 이준섭, "공개매수법에 관한 고찰—개정 M&A법의 성찰," 「상사법연구」(한국상사법학회), 제18권 제 2 호(1999), 332면.

36) 김두식, "M&A 법제의 개선방안 연구," 「상장협」(한국상장회사협의회), 제50호(2004), 48면.

은 경우에는 이사회는 법령 또는 정관에 의하여 주주총회의 권한으로 되어 있는 사항을 제외하고는 회사의 모든 업무집행에 관하여 의사결정을 할 권한을 가진다고 볼 수 있으므로 주주총회의 권한 외의 회사의 업무집행의 범위 내에서는 방어수단을 채택할 수 있다고 할 수 있다. 이때 회사의 업무집행의 범위가 주주총회의 권한과 중첩되는 부분이 문제가 될 수 있는데 이하에서는 이를 자세히 검토하여 보기로 하겠다.

우선 상법상 주주총회의 권한은 기관구성과 관련한 권한, 회계와 관련한 권한, 업무감독과 관련한 권한, 기본기구의 변경과 관련한 권한으로 분류할 수 있겠는데,[37] 이 중 기본기구의 변경과 관련한 권한에는 영업의 전부 또는 중요한 일부의 양도(상법 제374조), 정관변경(상법 제433조 1항), 자본감소(상법 제438조), 합병(상법 제522조), 분할(상법 제530조의 2~제530조의 12), 계속(상법 제519조), 조직변경(상법 제604조 1항), 해산(상법 제518조) 등이 속한다고 하겠다.

M&A와 관련된 이사회의 방어수단의 채택은 위에서 분류한 주주총회의 권한 중에서 여러 가지 측면에서 관련이 되나 기본기구의 변경과 관련되는 경우가 대부분이다. 그 중에서 영업의 전부 또는 중요한 일부의 양도나 합병 및 조직변경 등의 기본기구변경의 원인이 되나 회사의 기본기구를 변경하는 행위 자체는 아닐 경우에는 회사의 업무집행에 관한 사항으로 보아 주주총회가 아닌 이사회의 권한사항으로 보아야 할 것이며, 물론 이 경우에도 이사회가 채택한 모든 방어수단이 적법하여 이사의 책임이 면제되는 것으로 되는 것은 아니며 방어수단이 적법성을 일탈한 경우에는 방어행위 남용의 문제로 다루어지게 될 것이다(적법성의 판단기준에 관하여는 이하에서 상세히 검토하여 보기로 하겠다).

그러나 M&A와 관련된 이사회가 채택한 방어수단이 영업의 전부 또는 중요한 일부의 양도, 합병 및 조직변경 등의 기본기구 변경행위 자체인 경우에는 이는 대상회사의 지배권이 변경되는 경우로서 상법상 주주

37) 정찬형, 「회사법강의(제 3 판)」(서울: 박영사, 2003), 455-456면.

총회의 권한사항으로 보아야 할 것이며, 이 경우에는 회사의 업무집행의 범주에 속하는 이사회의 권한사항이라 보기에는 무리가 있다고 하겠다.

그리고 이사회의 방어수단 채택에 관한 사항은 상법의 규정이 없는 경우이므로 회사의 정관에 의하여 이를 주주총회의 결의사항으로 할 수 있다고 생각하며, 상법에서 이사회의 권한으로 정하고 있는 사항을 정관에서 주주총회의 권한으로 규정할 수 있느냐에 관하여는 문제가 있다. 이때 주식회사의 본질이나 강행법규에 위반되지 않는 한 상법상 규정된 이사회 등의 권한을 정관에 의하여 주주총회의 권한으로 규정할 수 있다는 견해[38]가 있으나, 주식회사의 각 기관의 권한에 관한 상법의 규정은 입법정책의 문제로서 전부 강행규정으로 보아야 하므로 그 범위에서 자율성은 배제된다는 견해[39]에 따라 상법상 규정에 의하여 방어수단의 채택을 이사회의 권한으로 정하고 있는 경우에는 이를 회사의 정관에 의하여 주주총회의 결의사항으로 할 수는 없다고 본다.

생각건대 경영진 즉 이사회는 적대적 M&A의 국면에서 적절하게 방어수단을 채택할 권한과 의무가 있다고 본다. 그리고 이사회의 구성원이자 개별적으로 회사의 업무를 집행하는 각각의 이사는 회사에 대하여 상법상 선관주의의무와 충실의무를 부담하고 있기 때문에 회사의 이익을 위하여 자신에게 주어진 권한을 행사하고 그에 따른 의무를 부담하게 되고, 이에 따라 회사의 이익과 자신의 이익이 상충되는 적대적 M&A와 같은 상황에 직면한 경우에는 이사는 회사의 최대의 이익을 위하여 여러 가지 상황을 고려하여 최선의 판단을 하여야 할 권한과 의무가 있으며, 이러한 최선의 판단의 범주에는 상황에 따른 적절한 방어수단의 채택이 포함된다고 생각한다.

다만 이때에도 이사회가 채택하는 방어수단의 적법성의 기준을 설정

---

38) 정동윤, 「회사법(제 7 판)」(서울: 법문사, 2001), 315면.

39) 이철송,「회사법강의(제13판)」(서울: 박영사, 2006), 395면; 정찬형, 전게서(회사법강의), 457면.

하는 것이 중요한데 왜냐하면 적법성의 기준을 일탈한 방어수단은 위법한 것으로 되어 그 방어수단 자체의 효력이 없게 되며, 이러한 방어수단 채택에 찬성한 이사에게는 책임이 부과되기 때문이다. 적법성의 기준에 대하여는 아직 우리나라 판례나 학설상으로 명백한 일반적인 원칙은 확립되지 않았으며 그러한 기준을 확립하기도 쉬운 문제가 아니라고 할 수 있다. 이하에서는 방어행위의 적법성의 판단기준에 관한 각국 판례법상의 기준들을 검토한 후 상법상 방어행위의 적법성의 판단기준을 도출하여 보도록 하겠다.

제 3 절 방어행위의 적법성

Ⅰ. 방어행위의 적법성 판단기준에 관한 각국의 판례

1. 미 국

미국의 판례의 입장은 기본적으로 대상회사 경영진의 방어행위를 경영상의 판단으로 보고 경영판단의 원칙을 적용하였으며 M&A의 각 사례별 특성에 따라 판단기준을 발전시켜 왔다.

이하에서는 미국 판례상 제시된 방어행위에 대한 적법성의 판단기준에 관하여 검토하여 보기로 하겠다.

가. Cheff v. Mathes[40)]

[사건의 요지]

본 사건에서 Holland(대상회사)는 Maremont(인수회사)의 적대적 M&A에 대항하여 방어수단으로 회사자금을 이용하여 공개시장에서 자기

40) 41 Del. Ch. 494, 199 A. 2d 548 (Del. 1964).

주식을 매입하였다.[41] 그 후 Maremont는 당시 소유하고 있는 Holland의 주식을 그 당시의 시장가격을 상회하는 가격으로 Holland에게 매도하였다.[42] 이에 Holland의 주주는 Holland와 Maremont를 피고로 하여 Holland의 자기주식취득은 Holland 경영진의 자기지위를 영속화하기 위한 부당한 것이라고 주장하면서, Holland와 Maremont간의 체결한 주식매매계약의 해제 및 Holland 이사에 대한 손해배상을 청구하는 소송을 제기하였다.

(1) 사건의 개요

Maremont Automative Products, Inc., Motor Products Corporation, Allied Paper Corporation(이하 'Maremont'라 약칭함)은 New York 증권거래소의 상장회사이자 에어컨설비 및 가정용 난방기구를 제조하는 Holland Furnace Company(이하 'Holland'라 약칭함)의 주식을 미리 시장에서 매집 후 Maremont의 회장이자 의장인 Mr. Maremont는 자신이 Holland의 이사로 지명되기를 요구하였으나, Holland의 CEO이자 이사인 Mr. Cheff는 이를 거부하였다.

Holland의 이사회는 Holland를 지배하려는 Maremont의 합병위협에 대하여 대항하기 위하여 표면상으로는 주식매수선택권계획(Stock Option Plan)을 실행하는 형식으로, 실제적으로는 회사자금으로 시장에서 자기주식을 매입하는 결정을 하였다. 이러한 이사회 결정 이후 Holland의 상당량의 자사주식이 매입되었으며, Mr. Cheff는 개인적인 주식매입까지 하였다.

그 후 Maremont는 당시 소유하고 있는 Holland 주식을 1주당 $14.40

41) Holland가 채택한 이러한 방어수단을 주식시장에서의 자기주식취득(Open Market Repurchases)이라 하며, 이에 대하여 보다 자세한 내용은 본서 제 4 절 자본구조변경에 의한 방어수단 중 I. 자기주식의 취득을 참조하기 바람.

42) Holland가 채택한 이러한 방어수단을 공개매수자로부터의 자기주식의 취득(Greenmail)이라 하며, 이에 대하여 보다 자세한 내용은 본서 제 4 절 자본구조변경에 의한 방어수단 중 I. 자기주식의 취득을 참조하기 바람.

에 155,000주를 팔기로 Holland와 합의를 하여 Holland의 주식을 매도하였으며, Maremont로부터 Holland가 매입한 자기주식의 가격은 그 당시의 시장가격을 상회하는 가격이었다.

이에 Holland의 주주가 Holland와 Maremont를 피고로 하여 Holland의 자기주식취득은 Holland 경영진의 자기지위를 영속화하기 위한 부당한 것이라고 주장하면서, Holland와 Maremont간의 주식매매계약의 해제 및 Holland 이사에 대한 손해배상을 청구하는 소송을 제기하였다.

(2) 판결의 요지

델라웨어주 법원은 델라웨어주 회사법(Delaware General Corporation Law §160)에 의하면 회사는 자기주식을 매매할 수 있는 권한을 가지며, 이사회가 유일하게(solely) 혹은 주로(primarily) 자기 지위의 영속화를 위한 목적으로 회사자금을 사용하여 자기주식을 취득하는 것은 부당하다고 하였다.[43)]

또한 회사의 지배권과 관련된 정책에 대한 위협을 제거하기 위하여 회사의 자금으로 자기주식을 취득하는 데에는 본질적인 위험이 뒤따르게 되며, 이사는 필연적으로 이익상반(conflict of interest)의 상황에 직면하기에 객관적인 결정이 어렵다고 할 수 있다. 따라서 이사는 자기주식의 취득이 주로 회사의 이익을 위한 것이었음을 정당화할 증명책임을 부담하게 되는 것이다고 판시하였다.[44)]

여기서 문제되는 바는 Holland의 이사가 Holland의 주식을 소유한 Maremont의 존재가 Holland의 정책 및 효율성(corporate policy and effectiveness)에 위협이 된다고 신뢰할 만한 합리적인 근거에 대한 증명책임을 부담하느냐의 문제이며, Holland의 이사는 성실함(good faith)과 합리적 조사

43) Bennett v. Propp, 41 Del. Ch. 14, 187 A. 2d 405 및 Yasik v. Wachtel, 25 Del. Ch. 247, 17 A. 2d 309의 판결 참조: 41 Del. Ch. 494, 199 A. 2d 548, 554 (Del. 1964)에서 재인용.

44) Bennett v. Propp, 41 Del. Ch. 14, 187 A. 2d 405, at 409: 41 Del. Ch. 494, 199 A. 2d 548, 554 (Del. 1964)에서 재인용.

(reasonable investigation)를 증명함으로써 그 증명책임을 충족시킬 수 있다고 보았다. 또한 이사는 결정이 있던 시점에서의 그 판단이 합리적이었다면 그 판단에 대한 善意의 잘못(honest mistake of judgment)에 대하여는 제재를 받지 않는다고 하였다.[45)]

결론적으로 법원은 직접적인 조사, 전문가로부터의 의견수렴 및 Maremont의 회사목적에 대한 설명 등에 기초하여, Maremont의 Holland 주식에 대한 지속적인 소유는 Holland에 대하여 합리적인 위협이 된다는 점을 Holland의 이사회가 정당하게 신뢰하였다고 판시하였다.

(3) 판결의 의의

델라웨어주 법원은 대상회사 이사의 방어행위에 대한 판단기준으로 경영판단의 원칙을 적용하여 오다가 본 사건에 이르러 그 적용에 중대한 수정을 가하였다. 원래 이사에 대하여 경영판단원칙을 적용할 때에는 이사의 경영상의 판단에 대하여 이의를 제기하고자 하는 자가 이사가 주의의무를 위반하였다는 사실에 관하여 증명책임을 부담하게 된다. 본 판결에서는 이사가 경영판단의 원칙의 적용을 받기 위해서는 회사의 정책과 효율성에 대한 위협이 존재한다고 신뢰한 사실의 합리적 근거에 대한 증명책임을 이사에게 부과하여 전통적인 법리에 수정을 가하였으며, 이때 이사는 방어행위의 주요목적이 회사의 정책유지에 있으며, 성실함과 합리적 조사를 증명함으로써 그 증명책임을 충족시킬 수 있다.

본 판결에서 법원은 이익상반적인 상황에 직면한 이사는 단순한 자신의 지위보전의 목적이 아닌 합법적인 회사의 영업목적을 증명할 증명책임을 부담한다고 하였으며, 이러한 증명책임을 충족하기 위하여 이사는 회사에 손실을 입힐 수 있는 방향으로 회사의 정책을 전환시킬 매수자에게 지배권을 양도하는 것을 저지하기 위한다는 목적을 표명하여야 하기 때문에[46)] 이를 주요목적기준(Primary Purpose Test)이라 부른다.

---

45) Karasik v. Pacific Eastern Corp., 21 Del. Ch. 81, 180 A. 604의 판결 참조: 41 Del. Ch. 494, 199 A. 2d 548, 555 (Del. 1964)에서 재인용.

46) Clark, Corporate Law, *supra,* at 584.

나. Unocal Corp. v. Mesa Petroleum Co.[47]

[사건의 요지]

본 사건에서 Mesa Petroleum(인수회사)은 Unocal(대상회사)을 인수하고자 Unocal의 주식에 대해서 2단계 공개매수를 개시하였다. 이에 대하여 Unocal의 이사회는 Mesa의 2단계 공개매수에 대한 방어수단으로 Unocal 주식에 대해서, Mesa를 제외한 전주주를 상대로 자기공개매수(self-tender offer)[48]를 하기로 결정하였다. 이에 Mesa는 Unocal의 자기공개매수에서 Mesa가 제외된 것은 부당하다면서 이러한 Unocal의 자기공개매수금지를 구하는 소송을 제기하였다.

(1) 사건의 개요

Unocal Corp.(이하 Unocal로 약칭)의 주식 13%를 매집한 Mesa Petroleum Co.(이하 Mesa로 약칭)은 Unocal의 37%의 주식에 대해서 1주당 $54의 1단계 매수가격으로 2단계 공개매수를 개시하면서 잔여주식 1주당 $54에 해당하는 존속회사의 채무증서와 교환이라는 2단계 매수가격을 제시함으로써 잔여주주를 축출하는 방식의 2단계 공개매수임을 표명하였다.

이에 대하여 Unocal의 이사회는 합리적인 판단과 선의에 기초하여 Mesa의 2단계 공개매수가 강압적이고 부적절하다는 결론을 내렸으며 이에 대한 방어수단으로 Unocal 주식 49%에 대해서, Mesa를 제외한 전주주를 상대로 1주당 $72에 해당하는 채무증서(debt security)와 교환으로 자기공개매수(self-tender offer)를 하기로 결정하였다. 이에 Mesa가 Unocal의 자기공개매수에서 Mesa가 제외된 것은 부당하다면서 이러한 Unocal의 자기공개매수금지를 구하는 소송을 제기하였다.

---

47) 493 A. 2d 946 (Del. 1985).

48) Unocal이 채택한 방어수단인 자기공개매수에 관하여 보다 자세한 내용은 본서 제 4 절 자본구조변경에 의한 방어수단 중 I. 자기주식의 취득을 참조하기 바람.

(2) 판결의 요지

델라웨어주 법원은 이사회에 회사의 업무집행에 관한 권한을 부여하고 있는 델라웨어 회사법 141조 (a)항과, 회사에게 자사의 주식을 취급함에 있어 광범위한 재량권을 인정하고 있는 델라웨어 회사법 160조 (a)항에 의하여 이사들이 자신들의 이익 보호를 유일하거나 주된 목적으로 삼아 행동하지 않는다면 회사가 주주를 차별적으로 취급하는 것이 가능하다고 보았다.[49)]

그리고 이사는 합리적으로 인식된 해악(harm reasonably perceived)으로부터 주주와 회사를 보호할 근본적인 의무를 지니는데 이러한 의무로부터 이사의 권한도 도출된다고 하며, 이러한 이사의 권한은 회사의 근본구조의 변경을 포함하는 회사지배구조의 영역에 있어서 이사의 적극적인 역할을 조장한다고 하였다.[50)]

회사의 지배권과 관련된 정책에 대한 위협을 제거하기 위하여 회사의 자금으로 자기주식을 취득하는 데에는 본질적인 위험이 뒤따르게 되며, 이사는 필연적으로 이익상반(conflict of interest)적인 상황에 직면하기 때문에 이사는 경영판단의 원칙에 의하여 보호를 받기 이전에 법원의 사법적 심사를 받아야 하는 강화된 의무(enhanced duty)를 부담하게 되는 것이라고 하였다.[51)]

법원은 이러한 사법적 심사의 충족을 위하여 이사는 공개매수로 인하여 회사의 정책 및 효율성에 위협이 된다고 신뢰할 만한 합리적인 근거에 대한 증명책임을 부담한다고 하였으며, 이사는 성실함과 합리적 조사를 증명함으로써 그 증명책임을 충족시킬 수 있다고 하였다. 그리고 Unocal의 이사의 과반수가 독립적인 사외이사로 구성되어 있는 이사회에서 방어행위를 승인한 경우에는 이러한 이사의 증명책임은 상당히 완화

49) 493 A. 2d 946, 953-954 (Del. 1985).
50) 493 A. 2d 946, 954 (Del. 1985).
51) 493 A. 2d 946, 954 (Del. 1985).

된다고 하였다.[52]

또한 이사의 방어행위가 경영판단의 원칙의 범주에 포함되기 위해서는 방어행위가 제기된 위협과 관련하여 합리적이어야 하는데, 이 경우 이사는 공개매수의 성질과 회사에 대한 영향력을 분석하여야 하며, 법원은 그러한 합리성을 판단하기 위하여 고려되어야 할 사항으로 공개매수가격의 부적절성, 공개매수의 성질과 시기, 공개매수의 위법성, 주주 이외의 구성원(회사채권자·고객·근로자·지역사회 등)에 대한 영향, 공개매수의 실패위험, 교환공개매수에 제공된 증권의 가치 등을 제시하고 있다.[53]

법원은 결론적으로 Mesa의 2단계 공개매수가 강압적이며 그 가격이 부적절하다는 점, Mesa는 전국적으로 Greenmailer로서 평판이 있는 기업매수가인 점, Unocal의 선택적 교환공개매수에 Mesa의 참가를 허용한다면 방어행위의 효과가 상실된다는 점을 인정하고 Unocal의 선택적 교환공개매수는 제기된 위협과 합리적으로 관련되어 있다고 판시하였다.[54]

(3) 판결의 의의

본 판결에서 법원은 방어행위의 적법성의 판단기준을 2단계로 제시하였는데, 1단계 기준에서는 Cheff판결의 주요목적기준(Primary Purpose Test)과 같이 대상회사의 경영진에게 공개매수로 인하여 회사의 정책 및 효율성에 위협이 된다고 신뢰할 만한 합리적인 근거에 대한 증명책임을 부과하며, 경영진은 성실함과 합리적 조사를 증명함으로써 그 증명책임을 충족시킬 수 있다.

2단계 기준에서는 대상회사의 경영진의 방어행위가 제기된 위협과 관련하여 합리적이어야 함을 요구한다. 즉 법원으로 하여금 특정한 공개매수에 의한 위협과 그 위협에 대한 방어수단간의 균형(balance)을 요구한다고 할 수 있으며,[55] 이로 인하여 균형성기준(Proportionality Test)이라 부

52) 493 A. 2d 946, 955 (Del. 1985).
53) 493 A. 2d 946, 955 (Del. 1985).
54) 493 A. 2d 946, 956 (Del. 1985).
55) Cox & Hazen, Corporation, *supra*, at 650.

르기도 한다.

만약 경영진이 1단계 및 2단계 기준에서 요구되는 증명책임을 충족하였다면 경영진의 방어행위에는 당연히 경영판단의 원칙이 적용될 것이나, 1단계 기준에서 요구되는 증명책임을 충족하지 못한다면 이는 충실의무위반에 따르는 본질적 공정성기준이 적용이 될 것이기 때문에 이를 조건부 경영판단의 원칙(Conditional version of the Business Judgment Rule)이라 부르는 견해[56]도 있다.

다. Revlon v. MacAndrews & Forbes Holdings[57]

[사건의 요지]

본 사건에서 Pantry(인수회사)는 Revlon(대상회사)를 인수하고자 공개매수를 수차례 시도하였다. Pantry의 최초의 공개매수에 대하여 Revlon은 자기주식취득이라는 방어수단을 사용하였으며, Pantry가 공개매수가격을 변경한 차후의 공개매수에 대하여는 Revlon은 방어수단으로 Forstmann이라는 우호적 제 3 자에 의한 차입매수(LBO)[58]를 행하고자 하였다. 그 후 Pantry는 새로운 조건이 첨부된 공개매수를 제안하였으나, Revlon의 이사회는 Forstmann이 Revlon에 대하여 제안한 자산선매권, 권유금지조항 및 해약금 등의 조건이 첨부된 공개매수를 승인하게 되었다. 이에 Pantry는 Forstmann이 제안한 공개매수를 승인한 Revlon이사회 결정의 실행을 금지하는 소송을 제기하였다.

(1) 사건의 개요

Pantry Pride, Inc.(이하 Pantry라고 약칭함)가 Revlon, Inc.(이하 Revlon이

56) Bainbridge, Mergers and Acquisitions, *supra*, at 349-350.

57) 506 A. 2d 173 (Del. 1985).

58) Revlon이 채택한 방어수단인 차입매수(LBO)에 관하여 좀 더 자세한 내용은 본서 제 4 절 자본구조변경에 의한 방어수단 중 II. 차입매수 및 경영진에 의한 차입매수를 참조하기 바람.

라 약칭함)을 인수하고자 하였으나 Revlon은 제시된 가격이 부적절하다고 판단하여 협상을 진행시키지 않았으며 Revlon의 특별자문인 Martin Lipton의 권고에 따라 적대적 M&A에 대하여 2가지 방어수단을 채택하게 된다. 첫 번째는 사외주식 약 3,000만주 중에서 500만주를 매입하는 내용의 자기주식인수였고, 두 번째는 1주당 원금 $65, 이자 12%, 1년 만기의 채무증서로 교환할 수 있는 채무증서매수권(Note Purchase Right)을 주주에게 부여하는 채무증서매수권계획(Note Purchase Right Plan)의 채택이었다.

주주에게 부여된 이러한 채무증서매수권은 인수희망자가 Revlon의 주식의 20% 이상을 취득한 경우에 그 효력을 발생하고, 이 권리는 취득자에게는 효력이 없으며 인수희망자가 20%의 주식을 취득하기 전에는 Revlon은 언제든지 10센트를 지급하고 이 권리를 상환할 수 있으며, 인수희망자가 1주당 $65 이상의 현금으로 Revlon의 전주식을 취득하는 경우에는 효력을 발생하지 않는다는 내용을 가지고 있었다.

Pantry Pride는 보통주 1주당 $47.50달러, 우선주 1주당 $26.67의 가격으로 Revlon의 전주식에 대하여 최초의 공개매수를 발표하였으며, 이를 거절한 Revlon은 1,000만주까지 원금 $47.50, 이자 11.75%, 1995년 만기의 채무증서(note)와 교환하는 조건으로 자기주식을 매수하겠다고 발표하였다. Revlon 사외주식의 87%(약 3,300만주)가 이에 응하였으며, Revlon은 1,000만주를 주식수의 비율에 따라 매수하였다. 이때 발행된 채무증서에는 추가적인 채무의 부담, 자산의 양도 및 배당의 지급에는 Revlon의 독립이사의 승인이 요구된다는 특약이 명기되어 있었다.

그리고 Revlon은 Pantry의 1주당 $42의 새로운 공개매수를 거절하는 한편 우호적 제 3 자(white knight)인 Forstmann Little & Co.(이하 Forstmann 이라 약칭함)에 의한 차입매수(Leveraged Buyout: LBO)를 승인하였다. 이러한 차입매수의 내용에는 모든 주주는 1주당 56달러의 현금을 받게 되고, 경영진은 황금낙하산(golden parachutes)의 행사를 통하여 새로운 회사의 주식을 매입하게 된다는 조건이 담겨져 있었다. Forstmann은 채무증서

(Note)의 발행으로 인한 475만 달러의 Revlon의 채무를 인수하고, Revlon은 채무증서매수권부증서를 상환하며, 채무증서에 관한 특약(note covenant: 추가적인 채무증서발행 제한의 특약)을 파기하기로 하였다. 그런데 이러한 특약의 포기로 인하여 채무증서의 시장가격은 하락하기 시작하였으며 채무증서 소유자들의 불만도 높아지게 되었다.

Pantry는 채무증서매수권계획의 무효화, 채무증서에 관한 특약의 파기 및 Pantry측의 이사를 선임해줄 것을 조건으로, 매수가격을 1주당 56달러로 인상하는 새로운 제안을 하였다. 이에 Forstmann은 1주당 57.25달러에 다음과 같은 조건이 첨부된 공개매수를 발표하였으며, 이러한 조건에 대한 대가로서 Forstmann은 새로운 채무증서와 교환으로서 시장에서 하락하고 있는 채무증서의 가격을 액면가수준으로 유지시켜 주기로 하였다.

Fortsmann이 제시한 주요한 조건은 첫째 Revlon의 주식을 40% 취득하는 자가 있을 경우, 적정시장가격 이하인 $10억~$17억 5천만의 가격으로 Revlon의 2개의 생산라인을 얻을 수 있게 되는 자산선매권(Asset Lock-up Option)이며, 둘째 Revlon은 Forstmann 이외의 매수자와는 거래를 하여서는 안 된다는 권유금지조항(No-shop Provision)이고, 셋째 채무증서매수권부증서의 상환 및 채무증서에 관한 특약의 파기이며, 넷째 이 합의가 실현되지 않았거나 다른 제 3 자가 Revlon의 주식을 19.9% 이상 취득하게 되면 Revlon은 Forstmann에게 $2,500만의 해약금(cancellation fee)을 지급하라는 내용이었다.

Forstmann은 이상과 같은 청약조건을 즉시 승낙하지 않으면 청약을 철회하겠다고 밝혔고, 이에 Revlon이사회는 만장일치로 Forstmann의 제안을 승인하였다. 왜냐하면, i) Forstmann의 매수가격이 Pantry의 매수가격보다 높았으며, ii) 채무증서 소유자를 보호할 수 있고, iii) Forstmann의 재정상태가 안정적이라는 판단 때문이었다. 이사회는 또한 채무증서매수권부증서를 상환하고 채무증서에 관한 특약을 파기하기로 하였다. 이에 Pantry는 이러한 Revlon의 결정의 실행을 금지하는 소송을 제기하였다.

(2) 판결의 요지

법원은 Revlon의 이사회가 채택한 채무증서매수권계획은 Revlon의 이사회가 판단하기에 부적절한 가격인 1주당 $45인 Pantry의 적대적 공개매수를 저지하기 위한 수단이며, 이사회는 이러한 채무증서매수권계획을 채택하는 데 있어서 주주에게 최대의 이익이 될 수 있는 공개매수제안을 수락할 수 있는 여지를 남긴 채 회사의 본질적인 가치 이하의 매수가격을 표명하는 적대적 공개매수로부터 주주를 보호하여야 한다고 판시하였다.[59)]

이때 채무증서매수권계획은 Revlon의 이사들이 합리적인 조사에 기하여 성실하게 행위한 상황에 비추어 볼 때 그 계획의 채택은 제기된 위협에 비추어 적절하였다고 할 수 있으나, 채무증서매수권계획은 Revlon이 Forstmann과 합의조건에 따라 이를 상환함에 따라 그 유용성은 논의의 여지가 남게 되었다고 하였다.[60)]

또한 법원은 Revlon 이사회가 회사에 직면한 위협이 존재한다고 신뢰할 만한 합리적인 근거를 가지고 합리적인 조사에 의하여 Pantry가 제시한 최초의 공개매수가격인 1주당 $47.50이 현저하게 부적절한 것이라고 판단함에 따라 채택한 방어수단인 채무증서(note)교환을 통한 자기주식매수는 적절하였다고 보았다.[61)]

법원은 Revlon 이사회가 경영진이 제 3 자와 합병이나 차입매수를 협상할 수 있도록 허용한 점은 회사를 매각의 대상(For sale)이 되게끔 한다고 할 수 있으며, 이때 이사회의 의무는 회사조직의 유지에서 주주의 이익을 위한 기업가치의 극대화로 변경되는데, 이는 Unocal 기준에서의 이사회의 책임을 크게 변경한 것이라 할 수 있다. 즉 법원은 회사가 매각의 대상이 되는 경우에 있어서 이사회는 부적절한 인수시도로부터 발생하는 회사정책이나 효율성 또는 주주의 이익에 대한 위협에는 더 이상 직면하

59) 506 A. 2d 173, 180-181 (Del. 1985).
60) 506 A. 2d 173, 180-181 (Del. 1985).
61) 506 A. 2d 173, 181 (Del. 1985).

지 않게 되며, 이사의 역할은 회사라는 성채의 방어인으로부터 회사의 매각에 있어서 주주를 위하여 최고가격을 받아야 할 경매인(auctioneer)으로 바뀌게 된다고 보았다.[62)]

그리고, 이사회가 방어수단을 채택하는 경우에 주주 이외의 구성원의 이익에 대한 고려를 할 수는 있으나 이는 주주에게 귀속할 이익이 합리적으로 관련되는 것을 전제로 하기에, 여러 경쟁자 가운데 경매가 진행되고 있으며, 회사를 보호하거나 유지하는 것이 더 이상 목적이 아니고 최고가를 부르는 자에게 매도하려고 하는 경우에는 주주 이외의 구성원의 이익에 대한 고려는 부적절하다고 보았다.[63)]

법원은 자산선매권(Asset Lock-up Option)을 부여한 것 자체는 델라웨어법상 불법이 아니나, 공개매수경쟁자들을 경쟁시키는 자산선매권의 부여는 주주들에게 이익이 되지만, 경매를 중단시키고 더 이상의 경쟁을 하지 못하는 결과를 초래한다면 이는 주주에게 손실을 가져온다고 보았다. 또한 이미 유리한 위치에서 공개매수경쟁에 참여하고 있었던 Forstmann에 대한 자산선매권의 부여는 공개매수경쟁을 종결시키는 결과를 초래하게 되었다고 보았다. 즉 법원은 이사회가 가열되었던 공개매수경쟁을 비실질적인 이유로 종결시켜 버린 경우에는 이사는 Unocal기준에 의한 경영판단의 원칙의 적용을 받을 수 없게 된다고 판시하였다.[64)]

또한 권유금지규정(No-shop Provision)도 자산선매권과 같이 그 자체가 불법은 아니지만, 이사회의 주요한 의무가 회사를 최고가를 부르는 공개매수경쟁자에게 매도할 책임을 부담하는 경매인으로 변경된 경우에는 허용되지 않는다고 하였으며, 오로지 Forstmann과 협상할 것을 약속한 것은 공개매수경쟁에 있어서 이사회의 참여를 촉진한 것이 아니라 종결시킨 것이라고 보았다.

법원은 적대적 공개매수인을 철저히 배제하고 우호적 제 3 자(White

62) 506 A. 2d 173, 182 (Del. 1985).
63) 506 A. 2d 173, 182 (Del. 1985).
64) 506 A. 2d 173, 182-184 (Del. 1985).

Knight)를 보호하는 것은 적대적 공개매수인의 제시조건이 주주의 이익에 반할 때는 정당화될 수도 있으나, 공개매수경쟁자들이 상대적으로 비슷한 조건을 제시하거나 회사의 해산이 불가피한 상황일 때에는 이사들은 경쟁자들 중의 하나를 우대함으로써 Unocal 기준을 충족시킬 수가 없으며, 주주의 이익을 위하여 이사회의 의무충족에 있어서 협상의 자유가 필요하다고 판시하였다.[65]

(3) 판결의 의의

본 판결은 Unocal판결과는 달리 회사의 매각이 불가피한 상황에 있어서 이사의 역할이 주주의 이익을 극대화하기 위한 경매인으로 변경되게 된다는 점에서 기존의 Unocal기준에 추가하여 M&A에 직면한 이사의 방어수단의 채택에 관한 또 하나의 기준을 제시한 판결이다.

대상회사의 이사는 공개매수경쟁자들을 평등하게 취급함으로써 주주들이 최고가격을 받을 수 있도록 경매인의 역할에 노력하여야 하며, 이사들의 주관적인 판단이나 개인적인 책임을 회피하기 위하여 경쟁공개매수를 종료시킨 것은 경영판단의 원칙을 적용받을 수 없으며 이는 충실의무의 위반으로 보고 있기 때문에 이를 가치극대화기준(Value-maximization Test)이라고도 불리운다.

본 판결 이후 대상회사의 이사들이 경매인의 의무를 부담하게 되는 시점에 대하여 대상회사의 지배권의 변경(change of control)을 초래하는 거래라 보게 되었는데, 예를 들면 자본구조재편성(recapitalization)을 초래하는 상당한 양의 의결권의 양도나 지배주식의 양도 등의 경우에는 Revlon 판결에 기한 의무가 발생하는 것으로 보았으나 그렇지 아니한 경우에는 Unocal판결에 기한 기준에 종속되는 것으로 보았다.[66]

---

65) 506 A. 2d 173, 184 (Del. 1985).

66) Bainbridge, Mergers and Acquisitions, *supra,* at 351-352.

라. Paramount Communications, Inc. v. Time Inc.[67]

[사건의 요지]

본 사건에서 Time(대상회사)과 Warner는 합병계약을 체결하고자 하였으나, Paramount(인수회사)가 갑자기 Time 주식 전부에 대하여 현금공개매수를 발표하게 되었다. 이에 Time의 이사회는 공개매수가격의 부적절성과 같은 몇 가지 이유를 들어 Paramount의 공개매수에 응하지 않았으며, Time 및 Warner의 이사회는 Warner와의 합병 방식을 Warner에 대한 공개매수로 변경할 것을 결정하였다. 그 후 Paramount는 공개매수가격을 다시 상향 조정하였으나, Time의 경영진은 매수가격의 부적절성 및 Warner와의 합병이 가지는 장점 등의 이유로 Paramount의 공개매수에 불응하기로 결정하였다.

이에 Paramount 및 Time의 주주가 Time, Time의 이사, Warner를 피고로 하여 Unocal판결 및 Revlon판결에 기한 의무위반을 이유로 Time의 Warner에 대한 공개매수의 금지를 청구하는 소송을 제기하였다.

(1) 사건의 개요

Time Incorporated(이하 Time이라 약칭함)는 Delaware법에 의하여 설립된 회사로서 New York에 본사를 두고 있으며 잡지·서적의 출판업을 주로 영위하는 회사인데, 최근 들어 케이블 네트워크(HBO)을 통한 영상물 공급에 사업 범위를 확장하고자 하였다. 그러나 사업을 확장하는 방법론에 있어서 Time의 경영진은 다른 기업과의 합병에 의하더라도 그들 자신만의 고유한 企業文化(이를 'Time culture'라 지칭함)가 유지되어 독립적인 기업으로 남기를 원하였다.

Time은 Warner Communication, Inc.(이하 Warner라 약칭함)와 각자의 케이블 네트워크간의 합작회사의 설립안에 관하여 모임을 가진 후 Warner와의 합병가능성에 대하여 생각해보게 되었으며, 그 후 1988년 7

67) 571 A. 2d 1140 (Del. 1989).

월 21일 이사회에서 여러 다른 회사(Disney, MCA-Universal, Columbia, Twentieth Century Fox)와의 합병가능성에 대하여 논의를 한 끝에 Warner를 최종적인 합병대상회사로 결정하였으며, 이사회에서 Time의 경영진이 합병후 존속회사의 지배구조를 장악하는 것을 조건으로 합병계약의 협상을 승인하였다.

Time과 Warner간의 합병계약의 협상은 Time측이 경영권 장악을 통하여 그들의 기업문화인 'Time Culture'를 고수하고자 하는 주장 때문에 난항을 겪었는데, 그 후 1989년 1월 다시 재개된 협상에서 공동 CEO에서 단일 CEO로의 이행과정 및 주식교환(stock swap)에 관한 사항들이 논의되었다. 그 당시 주식시장에서 Time주식가치에 대한 Warner주식가치의 교환비율은 0.38이었는데 협상에 있어서 교환비율은 0.465로써 약 12%의 프리미엄이 포함된 가격이었다. 따라서 이러한 합병이 성사될 경우 Warner의 주주들은 합병후 존속회사인 Time-Warner에 대한 약 62%의 주식을 차지하게 되어 있었다(그러나 계약내용에 따라 존속회사의 이사회에 대한 지배권한은 Time이 가지게 된다).

그 후 양측 회사의 이사회는 주식교환에 의한 합병계약을 체결하기로 승인하였으며, 합병계약의 내용에 따르면 Warner는 Time이 모든 주식을 소유한 자회사이며 합병후 존속회사인 TW Sub와의 합병이 이루어지게 되고, Warner의 주식은 Time의 주식으로 앞서 약정한 비율에 따라 교환될 것이며, Time의 사명은 Time-Warner로 바뀌게 되어 있었다. Time의 이사회는 혹시 있을지 모르는 적대적 M&A에 대비하여 여러 가지 방어책을 채택하였는데, 이에는 Warner와의 자동적 주식교환계약(automatic share exchange agreement),[68] 은행으로부터의 Confidence Letter,[69] 권유금지

---

68) 각각의 상대방에게 주식교환 청구권을 행사할 수 있는 권한(option to trigger an exchange of shares)을 부여하였는데, 이 청구권이 행사된다면 Warner는 11.1%의 Time의 주식을, Time은 9.4%의 Warner의 주식을 상호보유하게 된다. 이 청구권에 관한 협정은 만약 합병이 실패할 경우에 서로가 상호 투자하고자 하는 목적을 지닌다고 할 수 있었다 [571 A. 2d 1140, 1146 (Del. 1989)].

69) Time이 거래은행으로부터 취득한 서면으로, 거래은행은 Time을 매수하려는 제 3

조항(No-Shop Provision) 등이 있었다.

원래 Time의 이사회는 Time-Warner합병에 관한 주주들의 승인을 얻고자 주주총회를 개최할 예정이었는데, 갑작스럽게 Paramount Communication, Inc.(이하 Paramount라 약칭함)가 Time의 주식 전부에 대하여 1주당 $175의 가격으로 공개매수(all-cash tender offer)하겠다고 발표하면서(공개매수청약 발표 직전에 Time주식의 시장가격은 $126정도였다), Time과 Warner간의 합병계약 및 주식교환협정의 무효, Paramount가 Time으로부터 케이블프랜차이즈를 취득할 수 있는 재량권을 가질 것, 법원에 의하여 Time과 Paramount간의 합병에 관하여 델라웨어주 회사법 제203조의 적용이 배제될 것 등의 조건을 내세웠다.

Time의 이사회는 Paramount의 공개매수에 대하여 1주당 $175의 공개매수가격은 만약 Time을 매도한다 하더라도 부적절한 가격이며, Paramount보다는 Warner가 좀 더 적절한 사업의 동반자라는 판단에 따라 Paramount와의 교섭을 개시하지 않았다.

Time은 주식의 상당부분을 보유한 기관투자가들이 Warner와의 합병에 의한 장기적인 이익을 이해하지 못하고 Paramount의 현금공개매수 프리미엄에 이끌릴 것을 우려하여, Warner의 주장에 따라 New York 증권거래소에 대하여 규칙을 변경하여 Time과 Warner와의 합병을 주주총회의 승인 없이 진행되도록 허가를 받기를 원하였으나 그러하지 못하였다. 그 후 Time의 이사회는 Paramount의 공개매수가 Time의 존속 및 Time Culture의 유지에 위협이 된다고 판단하여 정식으로 그 공개매수를 거부하는 결정을 내렸다.

또한 Time의 이사회는 Warner와의 합병을 Time에 의한 Warner에 대한 공개매수로 변경할 것을 결정하였으며 Warner도 이에 동의하였다. Time은 Warner 주식 51%에 대하여 합병발표 당시의 $45보다 56%의 프리미엄이 포함된 $70로 현금공개매수하고자 하였으며, 잔여주식 49%에

자에게 융자를 하지 않겠다고 약속한 내용을 담고 있다 [571 A. 2d 1140, 1146 (Del. 1989)].

대해서는 장래에 1주당 $70의 가치를 지니는 현금과 증권의 혼합을 대가로 매수하고자 하였다. 이로 인하여 Time은 현금매수에 따르는 자금을 마련하기 위하여 70억~100억의 부채를 지게 되었다.

그 후 Paramount측은 공개매수가격을 $200로 다시 상향 조정하였으나, Time의 경영진은 매수가격이 여전히 부적절하며 Warner와의 거래가 주주에 대하여 보다 큰 장기적 가치를 제공하는 동시에 Time의 존속과 Time Culture에 있어서 위협이 되지 않는다는 이유를 들어 Paramount의 공개매수에 불응하기로 결정하였다. 이에 Paramount 및 Time의 주주가 Time, Time의 이사, Warner를 피고로 하여 Unocal판결 및 Revlon판결에 기한 의무위반을 이유로 Time의 Warner에 대한 공개매수의 금지를 청구하는 소송을 제기하였다.

(2) 판결의 요지

원고는 Revlon판결에 기한 의무위반과 Unocal판결에 의한 의무위반을 주장하였는데, 먼저 Revlon판결과 관련된 주장을 살펴보면 다음과 같다. 법원은 종래에 Revlon판결에 기한 의무가 발생할 수 있는 상황으로 회사가 스스로 매각을 구하는 적극적인 매수절차(active bidding process)를 개시하는 경우와 회사의 명백한 해체를 수반하는 기업구조재편성(business reorganization)을 실시하는 경우가 있었으며, 대상회사가 공개매수자의 신청에 대응하여 그 장기적인 전략을 포기하고 회사의 해체를 수반하는 대체거래(alternative transaction)를 추구하는 경우에도 Revlon판결에 기한 의무가 발생한다고 보았다. 그러나 이사회의 적대적 공개매수에 대한 대응이 단순한 방어적 대응에 불과하고 회사의 계속적 존재의 포기가 아닌 경우에는 Revlon판결에 기한 의무는 발생되지 않는다고 하였다.[70]

원고는 원래의 Time과 Warner간의 합병계약은 객관적인 지배권의 변화로 볼 수는 없겠지만 그러한 합병은 Time의 매도를 불가피하게 만들었으며, Time이사회의 주관적 의도는 Warner와의 합병에 의하여 Time

---

70) 571 A. 2d 1140, 1150 (Del. 1989).

을 매각대상으로 인식하게 하는 데 있다고 주장하였으며, Time의 이사회가 채택한 방어수단으로 인하여 Time의 주주는 지배권 프리미엄(control premium)을 취득할 가능성으로부터 배제되었으며 이는 Time이사회가 Revlon판결의 의무를 위반한 것이라고 주장하였다.

법원은 원고의 주장은 Revlon판결의 의무를 초래하기에는 매우 불충분하다고 판결하였으며, 회사가 매각될 가능성이나 단순한 방어수단의 채택만으로는 Revlon판결의 의무를 적용할 수는 없고, Time이 Warner와의 합병을 주식교환의 방식에서 공개매수의 방식으로 변경한 것은 Time이 경영전략을 포기한 것이나 Time의 매도를 불가피하게 만든 것은 아니라고 판시하였다.[71)]

다음으로 원고는 Unocal판결에 기한 의무위반을 주장하였는데, 이에 대하여 법원은 다음과 같이 판시하였다. 즉 Unocal판결에서 법원은 회사의 경영진이 회사정책 및 효율성에 대한 위협이 존재한다고 믿을만한 합리적인 근거와 그 위협에 관련하여 채택된 방어전략의 합리성을 증명한다면 적대적 M&A에 대한 경영진의 방어책이 경영판단의 원칙에 해당한다고 하였다.

원고는 적대적 공개매수가 제기하는 위협에는 2가지가 있다고 주장하였는데, 첫째는 2단계 공개매수에 있어서 주식매도에 응하지 않는 주주에 대한 불평등한 취급인 강압적 위협(threat of coercion)이고, 둘째는 대상회사의 이사회가 주식의 현재가치라고 선의로 판단하는 가격보다 낮은 가격에 의한 주식 전부에 대한 현금공개매수로부터 발생하는 부적절한 대가의 위협(threat of inadequate value)이라고 하였다. 이때 Paramount의 공개매수는 전주식에 대한 현금공개매수이기 때문에 있을 수 있는 유일한 위협은 부적절한 대가의 위협이라고 주장하였는데, 법원은 그러한 원고의 주장은 Unocal 판결을 좁고 엄격하게 해석한 것으로 인용할 수 없다고 하였다.[72)]

71) 571 A. 2d 1140, 1151 (Del. 1989).

72) 571 A. 2d 1140, 1152-1153 (Del. 1989).

법원은 Paramount사의 매수신청에 대하여 Time의 주주들이 Warner와의 기업결합으로 인해 산출될 수 있는 전략적 이익(strategic benefit)을 무시 또는 오해하여 Paramount의 현금공개매수신청에 주식을 제공하는 선택을 할 수 있는 가능성이 위협을 구성한다고 Time의 이사회가 내린 결론에 대하여 Time의 이사회는 합리적인 조사를 하여 얻은 정보에 기초한 판단을 하였으며, Unocal판결의 제 1 단계 기준을 충족하고 있다고 판시하였다.[73)]

또한 법원은 이사의 신인의무에는 회사의 목표를 달성하기 위한 기간을 선택하는 사항이 포함되어 있고, 이사는 회사의 전략을 유지할 근거가 명백하게 없는 경우를 제외하고는 주주의 단기적 이익 때문에 신중하게 고려된 회사의 계획을 포기할 의무를 부담하지 않는다고 하였다. 그러므로 Paramount사의 공개매수에 대한 Time사의 대응은 변경된 형태로 기존의 거래를 추진하는 것이며, 경영진이 제시한 대안을 주주에게 강요하는 것은 아니기 때문에 그 대응은 위협과 관련되어 합리적이라는 점에서 Unocal판결의 제 2 단계 기준을 충족하고 있다고 판시하였다.[74)]

(3) 판결의 의의

본 판결에서는 Time의 Warner와의 기업결합이 산출할 수 있는 전략적 이익에 대한 위협이 존재하는 경우에도 이사회는 그 위협과 합리적으로 관련된 방어수단을 채택할 수 있다고 본 점이 주목할 만하다. 즉 본 판결 이전에는 위협이란 강압적 위협과 부적절한 대가의 위협의 2가지 유형의 위협만이 존재한다고 주주의 경제적인 관점에서만 좁게 해석하였으나, 본 판결에서는 위협의 개념을 확대하여 기업의 전략적 이익도 포괄하였으며, 본 판결이전의 엄격한 해석의 적용을 배척하고 유연한 개방적 해석(open ended analysis)이 필요하다고 표명하고 있다.

따라서 이전의 Unocal판결의 위협의 존재는 부적절한 대가의 강압적

73) 571 A. 2d 1140, 1153 (Del. 1989).

74) 571 A. 2d 1140, 1154-1155 (Del. 1989).

인 기업매수에 한정되었었지만 본 판결의 해석에 따르면 적절한 대가의 비강압적인 기업매수라도 위협의 개념을 구성할 수 있으며, 이에 대한 경영진의 방어수단의 채택은 적법한 것으로 되는 점에서 대상회사의 경영진의 재량권의 확대로 볼 수도 있는 것이다. 이때 본 판결을 통하여 Unocal 판결에서의 2단계 판단기준이 단순거부전략(Just say No)에 근접하였다고 법원이 해석한 것이라고 보는 견해도 있다.[75)]

본 판결에서는 Revlon판결에 기한 의무가 발생하는 요건에 관하여, 회사가 스스로 매수절차를 개시하는 경우 및 회사의 해체가 명백한 경우 등과 같이 과거의 판례에서 나타난 객관적 기준에 추가하여 회사가 장기적인 전략을 포기하고 회사의 해체를 수반하는 대체거래를 추구하는 경우와 같이 대상회사의 경영진의 주관적인 동기도 요건 중의 하나로 보고 있다.

마. 소 결

미국의 판례의 입장은 기본적으로 이사의 방어행위를 경영상의 판단으로 보아 경영판단의 원칙을 적용하였는데, 적대적 M&A에 직면한 이사의 방어행위에는 경영판단의 법칙의 적용을 긍정하는 경영판단적인 요소와 그 적용을 배척하는 회사와 이사간의 이익상반적인 요소가 공존하기 때문에 방어행위가 어떠한 의무위반에 해당하는지를 명확하게 구분하기는 쉽지는 않다.

그러므로 이사에게 방어행위를 할 수 있는 권한이나 의무가 있는지 여부는 이사가 적대적 M&A에 직면하여 행한 방어행위에 회사와 관련된 이익상반적인 요소가 존재치 않으며 이사의 경영판단에 해당하여 법원의 사법적 보호를 받을 수 있느냐의 문제로 연결된다.

이러한 문제와 관련하여 미국 회사법 판례에서 중요한 위치를 차지하는 델라웨어 법원은 대상회사 이사의 방어행위에 대한 판단기준으로 몇 가지 중요한 판결을 내렸다.

첫 번째는 종래의 경영판단의 원칙의 적용에 중대한 수정을 가한

75) Cox & Hazen, Corporation, *supra*, at 650.

Cheff판결로서, 본래는 이사의 경영상의 판단에 대하여 이의를 제기하고자 하는 자가 증명책임을 지게 되는데, 본판결에서는 회사정책 및 효율성에 대한 위협이 존재한다고 신뢰한 합리적 근거에 대한 증명책임을 이사에게 부과하여 전통적인 법리에 수정을 가하였으며, 이익상반적인 상황에 직면한 이사는 단순한 자신의 지위보전의 목적이 아닌 합법적인 회사의 영업목적을 표명하여야 하기에, 이를 주요목적기준(Primary Purpose Test)이라 지칭하고 있다.

두 번째는 Unocal판결인데, 여기서는 Cheff판결에서 이사에게 부과한 회사정책 및 효율성에 위협이 된다고 신뢰한 합리적인 근거에 대한 증명책임에 덧붙여, 제기된 위협과 관련하여 이사의 방어행위의 합리성에 대한 증명책임을 요구하였는데, 균형성기준(Proportionality Test)이라 부르기도 한다.

세 번째는 Revlon판결로서, 회사의 매각이 불가피한 상황에 있어서 이사는 회사조직의 유지를 위하여 방어수단을 행사하는 역할에서 주주의 이익을 극대화하기 위한 경매인으로 변경된다고 보았으며, 이를 가치극대화기준(Value-maximization Test)이라고 부른다.

네 번째는 Time판결로서, 여기서는 Unocal판결에서의 위협의 개념을 확대하여 기업의 전략적 이익도 포괄하였는데, 그러한 전략적 이익에 대한 위협이 존재하는 경우에도 이사회는 그 위협과 합리적으로 관련된 방어수단을 채택할 수 있다고 보았으며, Revlon판결에 기한 의무가 발생하는 요건에 회사가 장기적인 전략을 포기하고 회사의 해체를 수반하는 대체거래를 추구하는 경우와 같이 대상회사의 경영진의 주관적인 동기를 포함시키고자 하였다.

2. 일 본

일본의 법원은 신주 및 신주예약권의 제 3 자 배정과 관련된 일련의 판례를 통하여 적대적 M&A의 상황에서 대상회사 경영진이 채택 및 행사한 방어수단에 대한 적법성의 판단기준을 제시하여 왔다.

이하에서는 일본 판례상 제시된 방어행위의 적법성의 판단기준에 관하여 검토하여 보기로 하겠다.

가. 秀和 對 忠實屋·いなげや(이나게야) 사건[76)]

[사건의 요지]

본 사건에서 秀和(인수회사)는 忠實屋·이나게야·Life Store(대상회사측)와의 합병을 추진하고자 忠實屋과 이나게야의 주식을 비공개로 매집하였는데, 忠實屋과 이나게야는 이를 저지하기로 합의하여 각기 이사회를 열어 각자의 신주를 제3자배정의 방법으로 상대방에게 배정하여 상호보유하기로 결정하였다. 이에 秀和가 동경지방재판소에 신주발행금지가처분신청을 하였다.

(1) 사건의 개요[77)]

秀和(히데카츠)는 유통업을 영위하는 회사로서 일본 및 미국에 다수의 부동산을 소유하고 있으며 일본의 슈퍼마켓 중 상위 5개인 松板屋(마쓰사카야)·長崎屋(나가사키야)·忠實屋(츄지쓰야)·Life Store·いなげや(이나게야)에 대한 약 3,000억엔의 투자총액을 보유하고 있는 제1주주이다. 忠實屋은 125억엔의 자본금을 보유하고 있는 중간 규모의 슈퍼마켓이며 그 주식은 동경증시에 상장되어 있고 秀和가 총발행주식 중 22.4%를 보유하고 있다. 이나게야도 역시 중간 규모의 슈퍼마켓으로서 82억엔의 자본금을 가지고 있으며 그 주식은 동경증시에 상장되어 있고 秀和가 총발행주식 중 21.44%를 보유하고 있다.

사건의 발단은 秀和가 3개회사(忠實屋·이나게야·Life Store)의 합병을 추진한데서 시작되었다. 秀和가 1987년 가을부터 忠實屋과 이나게야의

76) 東京地決 1989. 7. 25, 判例時報 제1317호, 28면.

77) 김교창, “M&A에 관련된 최근 일본의 재판례,” 「상사법연구」(한국상사법학회), 9집(1991), 119-121면 참조.

주식을 비밀리에 사모으기 시작하여 1989년 7월 7일 명의개서를 거쳐서 전술한 바와 같이 제 1 주주로 부상하였다. 그 의도가 위 3개회사를 합병하여 대형 유통회사를 만들려는 것이라는 사실이 밝혀지자 忠實屋과 이나게야는 이를 저지하기로 합의하였다. 두 회사는 각기 7월 10일 이사회를 열어 신주를 제 3 자배정의 방법으로 상대방에게 배정하여 상호간에 제 3 자로서 이를 보유하기로 하였으며, 그 신주배정일은 7월 26일로 예정하였다.

이에 대응하여 秀和가 동경지방재판소에 1989년 7월 14일에 신주발행금지가처분신청을 하였고, 동경지방재판소는 1989년 7월 25일 秀和의 신청을 받아들여 신주발행을 금지하는 가처분결정을 내렸다.

(2) 판결의 요지[78)]

본 판결에서 동경지방재판소는 다음과 같은 이유를 들어 秀和가 신청한 忠實屋과 이나게야의 제 3 자배정으로 발행한 신주에 대한 발행금지가처분을 인용하는 결정을 하였다. 첫 번째 이유는 일본 상법상 제 3 자에게 특히 유리한 발행가액으로 발행하는 경우에는 주주총회의 특별결의를 요건으로 하는데(일본 상법 제280조의 2 2항), 본 사건에 있어서 忠實屋과 이나게야가 제 3 자배정의 방법으로 신주발행을 함에 있어서 이는 제 3 자에게 특히 유리한 발행가격이라 판단되기 때문에 주주총회의 특별결의를 필요로 하는데, 그러한 특별결의에 의한 승인이 없었다는 것이다.

두 번째 이유는 이와 같은 忠實屋과 이나게야의 신주발행이 秀和의 지분율을 하락시켜 현경영진의 지배권 유지를 하는 것을 주요한 목적으로 하고 있으며, 이처럼 다량의 신주발행을 정당화할 만한 합리적인 이유가 인정되지 않는다는 점이다.

(3) 판결의 의의

동경지방재판소는 본 판결에서 지배권 분쟁의 상황에 있어서 종래 주주의 지분율에 중대하게 영향을 미치는 수의 신주를 발행하여 제 3 자

78) 김교창, 전게논문, 119-121면 참조.

에게 배정한 경우에 그 신주발행이 특정 주주의 지분율을 저하시키고 현 경영진의 지배권을 유지시킬 것을 주요목적으로 하는 경우에는 그 신주발행은 불공정 발행에 해당한다고 판시하였다.

이는 종래 일본의 통설과 판례의 입장인 주요목적기준에 따른 결정이라 할 수 있으며, 주요목적기준이란 제 3 자 배정에 의한 증자의 불공정성을 판단함에 있어서 이사회가 신주발행을 자금조달 목적에서 행한 것인가 경영자의 지배권유지 목적에서 행한 것인가를 검토하고, 지배권유지 목적이 주요한 목적이라고 인정되는 경우에는 신주발행은 불공정하다고 보는 입장이다.[79]

또한 법원은 신주발행의 주요목적이 현 경영자의 지배권 유지가 아니더라도 그 신주발행에 의하여 특정주주의 지분율이 현저히 저하된다는 것을 인식하고서 신주를 발행한 경우에는 그 신주발행을 정당화하는 합리적인 이유가 없는 한 불공정 발행에 해당한다고 판시하고 있는데, 이는 종래의 주요목적기준에서의 불공정발행의 범위를 확장하는 판시를 하였다고 볼 수 있다.

나. 高橋産業 對 宮入밸브 사건[80]

[사건의 요지]

본 사건에서 宮入(미야이리)밸브는 거래관계에 있는 회사를 대상으로 하여 제 3 자배정의 방식으로 2차례의 신주발행을 시도하였다. 첫 번째 신주발행과 관련하여 宮入(미야이리)밸브의 대주주인 高橋(다카하시)産業은 지분율 하락을 염려하여 신주발행금지가처분신청을 하였으나 법원은 이를 기각하였다. 그 후 宮入밸브의 이사회는 제 3 자배정의 방식으로

79) 최문희, "신주(예약권)의 제 3 자 배정에 의한 경영권 방어의 적법성 —일본방송 사건에 비추어 본 일본 판례의 분석을 중심으로—," 「BFL(Business Finance Law)」(서울대학교 금융법센터), 제12호(2005), 30면 참조.

80) 東京地決 1989. 9. 5, 判例時報 제1323호, 48면.

두 번째 신주발행을 결의하였는데, 이에 高橋産業와 그 계열회사들은 또 다시 신주발행금지가처분신청을 동경지방재판소에 하였다.

(1) 사건의 개요[81)]

宮入(미야이리)밸브는 총발행주식 1,100만주인 동경증시 제 1 부에 상장된 회사이다. 高橋(다카하시)産業과 그 계열회사는 宮入밸브의 주식중 550만 8,000주를 보유하고 있으며 그 지분율은 50.1%였다. 그러나 宮入밸브가 그들과 거래관계에 있는 회사를 대상으로 하여 제 3 자배정의 방식으로 신주발행을 하게 되어 총발행주식수는 1,380만주로 증가하게 되어 高橋産業의 지분율은 50.1%에서 47.5%로 하락하게 되었다. 이에 高橋産業는 宮入밸브의 제 3 자배정방식으로 발행한 신주에 대한 발행금지가처분신청을 하였으나 법원은 이를 기각하였다.

그 후 宮入밸브의 이사회는 1989년 8월 21일 자신의 회사와 거래관계에 있는 회사에 대하여 다시 제 3 자배정의 방식으로 250만주에 대한 신주발행을 결의하였으며, 그 납입기일은 1989년 5월 6일이었다. 이와 같은 2차 증자가 이루어진다면 高橋産業가 가지는 지분비율은 40%까지 하락하게 되었다. 이에 高橋産業와 그 계열회사들은 또다시 宮入밸브의 제 3 자배정 방법으로 발행한 신주에 대한 발행금지가처분신청을 동경지방재판소에 하게 되었다. 高橋産業는 신청이유에서 宮入밸브의 신주발행이 일본상법 제280조의 2 2항의 특히 유리한 발행가액이라고 주장하였다.

(2) 판결의 요지[82)]

宮入밸브제작소의 신주발행에 대하여 高橋産業이 신청한 2번째 신주발행금지가처분신청에 대하여 동경지방재판소는 宮入밸브가 발행한

81) 김교창, 전게논문, 121-122면 참조.

82) 김교창, 전게논문, 121-122면; 민주홍, “적대적 기업매수의 방어책에 대한 연구,” 「법학석사학위논문」, 충남대학교, 1997, 47면 참조.

신주의 발행가액은 1989년 2월 20일부터 1989년 8월 18일까지의 終價의 평균가액에 0.9를 곱한 것으로 합리성이 있다고 판시하였으며, 宮入밸브는 신주발행을 통하여 조달한 자금에 관하여 경영상의 사용목적을 상세히 설명하고 있는 점 등을 평가하여 본 사건의 신주발행에 불공정은 없다고 판단하여 高橋産業가 신청한 발행금지가처분신청을 각하하였다.

(3) 판결의 의의

앞에서 살펴본 秀和 對 忠實屋·いなげや 事件(이하 忠實屋사건)과 본 사건은 약 2달 사이에 같은 법원인 동경지방재판소 민사 8 부에서 다루어졌으나 전술한 忠實屋사건에서는 법원은 신주발행금지가처분신청을 인용하였고, 본 사건에서는 기각을 하였다.

이는 忠實屋사건의 경우에는 忠實屋과 いなげや(이나게야)가 제 3 자 배정의 방법으로 신주발행을 함에 있어서 시장가격과 신주의 발행가액간의 차이가 많았던 점을 제 3 자에게 특히 유리한 발행가격이라 판단하였던 점에 비하여 본 사건에서는 宮入밸브제작소가 발행한 신주의 발행가액은 1989년 2월 20일부터 1989년 8월 18일까지의 終價의 평균가액의 90%에 해당하는 가액이기 때문에 합리성이 있다고 판시한 점이 신주발행금지에 대한 가처분을 인용하는 근거가 되었다고 본다. 즉 본 판결에서 법원은 신주발행의 적법성을 판단하는 데 있어서 발행가액의 합리성을 고려하였다고 볼 수 있다.

그리고 법원은 宮入밸브의 신주발행을 통한 자금조달은 업무상의 자금조달 목적에서 행하여졌다고 판시하였으며, 이 점은 전술한 秀和 對 忠實屋·いなげや 事件에서 忠實屋과 いなげや의 신주발행은 경영자의 지배권유지 목적에서 행한 불공정한 것이었다는 결과와 대조된다.

다. 일본방송 사건

[사건의 요지]

본 사건에서 후지TV는 일본방송(대상회사)의 경영권을 취득할 목적으로 일본방송 전 주식을 공개매수하기로 결정하였는데, 라이브도어(인수회사)가 후지TV의 공개매수기간중에 자회사인 라이브도어 파트너스를 통하여 일본방송주식을 일정부분 취득한 후 일본방송 주식을 취득한다고 공표하게 되었다.

그 후 후지TV는 라이브도어측의 주식매집에 대한 투쟁방침을 발표하고 일본방송 이사회는 후지TV에 신주예약권을 발행하기로 결의하였는데, 만약 후지TV에 대한 신주예약권이 모두 행사될 경우 후지TV의 지분율은 상승하게 되는 반면, 라이브도어측의 지분율은 대폭 하락하게 된다. 이에 라이브도어는 일본방송 이사회의 신주예약권의 발행을 유지할 것을 구하는 가처분신청을 하였다.

(1) 사건의 개요[83)]

후지TV는 이전부터 일본방송의 지분 12.4%를 보유하고 있었는데, 2005년 1월 17일에 일본방송의 경영권을 취득할 목적으로 일본방송의 전 주식을 공개매수하기로 결정하였으며, 공개매수 완료 후 일본방송을 완전자회사화한다는 계획을 가지고 있었다.

라이브도어는 일본방송 주식 5%를 기보유하고 있었는데, 후지TV의 공개매수기간중인 2005년 2월 8일에 자회사인 라이브도어 파트너스를 통하여 일본방송주식을 30% 취득하여 라이브도어측은 일본방송 주식의 총 35%를 보유하게 되었다. 같은 날 라이브도어의 호리에(堀江貴文) 사장은 일본방송 주주에 대해 모든 주식의 취득 및 후지산케이 그룹과의 업무제휴를 희망한다는 뜻을 공표하였다.

2005년 2월 9일에 후지TV는 라이브도어측의 주식매집에 대한 투쟁

83) 최문희, 전게논문, 20면 참조.

방침을 발표하였으며, 2005년 2월 23일에 일본방송 이사회는 후지TV에 신주예약권을 발행하기로 결의하였다.

그 후 후지TV의 공개매수는 2005년 3월 7일에 종료하였으며 후지TV는 일본방송 주식 약 37%를 보유하게 되었고, 라이브도어도 계속 시장에서 주식을 취득하여 2005년 3월 7일에 약 42%를 보유하게 되었다. 만약 후지TV에 대한 신주예약권이 모두 행사될 경우에는 후지TV는 총발행주식의 1.44배에 달하는 주식을 소유하게 되어 지분율은 60%에 이르게 되는 반면, 라이브도어측의 지분율은 42%에서 14.8%로 하락하는 결과가 초래될 것이다.

이에 라이브도어는 2005년 2월 24일에 신주예약권의 발행이 특히 유리한 조건의 발행인 때에는 주주총회의 특별결의를 거쳐야 함에도 불구하고 이를 거치지 않았으므로 법령에 위반하였다는 점과 현저히 불공정한 방법에 의한 발행에 해당한다는 점을 이유로 하여 신주예약권의 발행을 留止할 것을 구하는 가처분신청을 하였다.

(2) 판결의 요지

동경지방법원가처분결정,[84] 동경지방법원이의결정[85] 및 동경고등법원항고결정[86]은 일본방송이 후지TV에 제3자배정방식으로 발행한 신주예약권은 현저하게 불공정한 발행이라는 이유로 라이브도어가 신청한 신주예약권 발행금지가처분신청을 인용하였다.

법원은 회사에 현실적으로 경영권의 다툼이 발생한 경우에 경영권을 다투는 특정주주의 지주비율은 저하시키는 반면 현경영자 또는 현경영자를 지지하고 그에게 사실상 영향력을 미치는 특정주주의 지배권은 유지·확보할 목적으로 신주예약권이 발행된 경우에는 원칙적으로 불공정한 방법에 의한 발행에 해당하여 이러한 신주예약권의 발행은 허용되지 않지만, 예외적으로 회사 나아가 주주전체의 이익 보호의 관점에서 신주예약

84) 東京地決 平17·3·11 金融·商事判例 一二一三號 二頁.
85) 東京地決 平17·3·16 金融·商事判例 一二一三號 二一頁.
86) 東京地決 平17·3·23 金融·商事判例 一二一四號 六頁.

권의 발행을 정당화할 특단의 사정이 있으면 지배권의 유지·확보를 목적으로 하는 신주예약권의 발행도 가능하며 이 특단의 사정의 존재에 관해서는 일본방송측이 소명·입증책임을 부담한다고 판시하였다.[87)]

(3) 판결의 의의

본 판결은 지배권 분쟁의 상황에서 대상회사가 신주예약권의 발행을 통하여 적대적 인수자의 인수시도를 저지하려고 한 사건인데, 종래 일본에서는 제 3 자 배정에 의한 증자의 불공정성을 판단함에 있어서, 이사회가 신주발행을 자금조달목적으로 행한 것인가 아니면 경영자의 지배권유지 목적에서 행한 것인가를 검토하고, 지배권유지 목적이 주요한 목적이라고 인정되는 경우에는 신주발행은 불공정하다고 보는 것이 통설과 판례의 입장(주요목적기준)이었다.[88)]

일본방송사건에 대한 법원의 판단은 경영권의 충돌이 있는 상황에서 대상회사 경영진의 지배권유지의 목적으로 특정주주의 지분율을 저하시키는 신주예약권의 발행은 원칙적으로는 적법하지 않다고 주요목적기준을 따르고 있으나, 예외적으로 주주전체의 이익보호라는 관점에서 신주예약권의 발행을 정당화하는 특단의 사정이 있는 경우에는 지배권유지 목적이 있더라도 적법하다고 보고 있는 점에서 주목할 만하다고 할 수 있겠다.

또한 법원의 항고결정은 적대적 인수자에게 4가지 유형의 목적이 있는 경우를 특단의 사정이 있는 경우로 예시하고 있는데, 이에는 i) Greenmail의 목적이 있는 경우, ii) 초토화경영목적(지적재산권 등 중요한 경영자원의 취득)이 있는 경우, iii) LBO 등 자산유용목적이 있는 경우, iv) 중요자산의 매각후 단기차익취득목적이 있는 경우를 거론하고 있다. 이러한 4가지 사정이 있을 때에는 언제나 지배권유지 목적의 신주예약권의 발행이 허용되는 것은 아니며, 대항조치가 목적의 필요성과 수단의 상당

87) 최문희, 전게논문, 21면.

88) 太田 洋, "ニッポン放送新株豫約權發行差止假處分申立事件決定とその意義(下)," 商事法務 第1730號(2005. 4. 25), 9面: 최문희, 전게논문, 30면에서 재인용.

성이 있을 것을 요구하고 있다.[89)]

라. ニレコ(니레코) 사건

[사건의 요지]

본 사건에서 ニレコ(니레코)의 이사회는 적대적 M&A에 대한 사전의 방어수단으로서 신주예약권의 무상 발행을 결의하였다. 이에 니레코의 발행주식총수의 일정부분을 보유한 투자펀드인 The SFP Value Realization Master Fund Ltd는 신주예약권의 행사시 발행주식총수의 증가, 기존 주식가치의 희석, 주가하락의 위험성 등을 주장하면서 니레코의 신주예약권 발행이 상법상 기관권한분배질서위반, 이사의 선관주의의무위반, 충실의무위반 등 법령에 위반하였다는 점과 현저히 불공정한 방법에 의한 발행이라는 점을 이유로 신주예약권의 발행금지가처분신청을 하였다.

(1) 사건의 개요[90)]

JASDAQ(Japanese Association of Securities Dealers Automated Quotation System)의 상장기업인 ニレコ(니레코)는 2005년 3월 14일에 개최된 이사회에서 신주예약권의 무상 발행을 결의하고, 당일 이 사실을 공표하였다. 신주예약권은 적대적 M&A에 대한 사전의 방어수단으로서 도입된 것이고, 3월 31일의 주주명부상의 주주에 대해 1주당 2개의 비율로 배정하기로 하였다. 발행일은 2005년 6월 16일이고, 납입가액은 1엔, 행사기간은 2005년 6월 16일~2008년 6월 16일이며, 신주예약권 발행절차의 개시요건은 공개매수 등에 의하여 니레코의 의결권 있는 발행주식총수의 20% 이

89) 최문희, 전게논문, 36면.

90) 大塚和成, "買収防衛策と「企業價値」の意義 - ニッポン放送事件およびニレコ事件を題材にして," 「金融法務事情」 No. 1749 (2005. 9. 15), 80-81面: 정대, "적대적 M&A에 대한 대상회사의 방어행위의 적법성 판단기준에 관한 고찰," 「기업법연구」(한국기업법학회), 제20권 제2호(2006), 228-229면에서 재인용; 최문희, 전게논문, 28면 참조.

상을 보유한 자가 있다는 것을 니레코의 이사회가 인식한 경우이고, 행사기간의 만료일까지 위 요건이 충족되지 않는 경우에는 신주예약권은 소멸되도록 되어 있었다.

그리고 배당기준일인 3월 31일의 주주명부에 주주로서 기재되기 위해서는 3월 25일(권리부 최종일)까지 주식을 매수하지 않으면 안 되었기 때문에 다음 영업일인 3월 28일(월요일)이 권리락일이 되었다. 이러한 신주예약권이 행사되어 신주가 발행되는 경우에는 적대적 매수자가 출현하더라도 그 보유비율이 희석화되기 때문에 현경영진 내지 현경영진과 우호관계에 있는 특정주주의 경영지배권을 유지할 수가 있게 되는 것이다.

이에 니레코의 발행주식총수의 6.8%를 보유한 투자펀드인 The SFP Value Realization Master Fund Ltd는 신주예약권이 전부 행사되어 발행주식총수의 2배의 주식이 발행된다면 기존 주식의 가치는 3배로 희석되고, 주가하락의 위험이 있으므로 주주가 현저히 불이익을 받을 가능성이 있다고 주장하면서 니레코의 신주예약권 발행이 상법상 기관권한분배질서 위반, 이사의 선관주의의무위반, 충실의무위반 등 법령에 위반하였다는 점과 현저히 불공정한 방법에 의한 발행이라는 점을 이유로 5월 9일 동경지방법원에 신주예약권의 발행금지가처분신청을 하였다.

(2) 판결의 요지

동경지방법원가처분결정,[91] 동경지방법원이의결정[92] 및 동경고등법원항고결정[93]은 신주예약권발행에 의하여 적대적 기업매수자와 무관한 주주가 주식 희석, 주가하락에 따른 불측의 손해를 받을 우려가 있다는 점에서 불공정 발행에 해당하기에 신주예약권 발행금지 가처분신청을 인용하였다.

즉 니레코 이사회가 발행하기로 결의한 신주예약권은 수반성을 갖고 있지 않기 때문에 권리락일(3월 28일) 이후에 주식을 취득한 주주는 신주

91) 東京地決 平17·6·1 金融·商事判例 一二一八號 八頁.

92) 東京地決 平17·6·9 金融·商事判例 一二一九號 二六頁.

93) 東京地決 平17·6·15 金融·商事判例 一二一九號 八頁.

예약권이 행사된 신주가 발행되었을 때, 당해 주주가 남용적 매수자인지의 여부와 관계없이 희석화의 우려라고 하는 불안정 요인을 부담하게 되어 니레코의 주식은 투자대상으로서의 매력을 잃게 되어, 매수 의욕을 갖게 하지 못하는 주식이 되었고, 이러한 점은 신주예약권을 취득한 기존주주로서도 주가하락의 위험 이외에 장기에 걸쳐 자본이득을 획득할 기회를 상실하게 된다고 하는 위험을 부담하는 불이익을 입게 되는 것이다. 법원의 결정은 기존주주에게 주식의 투자대상으로서의 매력의 감소에 기인한 가치의 저하라는 손해가 발생할 우려가 있다는 점을 이유로 현저하게 불공정한 방법에 의한 것이라고 판시하며 신주예약권발행의 금지를 인정하였다.[94]

또한 법원은 항고결정에서 남용적 매수에 대한 방어행위로서 신주예약권을 발행하여 특정 주주의 지주비율을 저하시키는 것은, 그 시점에서 경영자 또는 이를 지지하는 특정 주주의 경영지배권을 유지·확보하는 것으로 되므로, 니레코의 기존 이사회 또는 니레코를 지지하는 주주의 경영권을 유지·확보하는 것도 중요한 목적이라는 점도 부정할 수 없다고 판시하였는데, 이는 방어행위로서의 신주예약권의 발행은 그 자체로서 경영진의 지배권유지의 목적이 인정된다고 본 것이라 할 수 있다.

(3) 판결의 의의

본 판결은 이른바 평상시 도입·유사시 발동형인 신주예약권을 이용한 Poison Pill의 적법성이 다투어진 일본 최초의 판결이며, 이러한 Poison Pill에 대한 법원의 판단은 기본적으로 사전예방형인 평상시 도입·유사시 발동형의 방어수단이더라도 매수자 이외의 주주에게 재산상의 피해를 주어서는 아니 된다는 점을 분명히 하였다고 볼 수 있다.[95]

---

94) 大塚和成, "買収防衛策と「企業價値」の意義 — ニッポン放送事件およびニレコ事件題材にして," 「金融法務事情」 No. 1749 (2005. 9. 15), 81面: 정대, 전게논문, 229면에서 재인용.

95) 권종호, "일본의 적대적 M&A현황과 방어수단에 관한 최근 동향," 「상장협」(한국상장회사협의회), 제52호(2005), 71면 [이하 권종호, 방어수단에 관한 최근 동향].

즉 니레코 사건에 대한 법원의 판단은 적대적 M&A에 대한 대상회사의 사전예방목적의 방어수단으로써의 신주예약권의 발행은 그 자체로 현경영진의 지배권유지 목적이 인정된다는 점과 당해 신주예약권의 발행으로 인하여 주가가 하락하여 투자자로서의 일반주주의 이익이 침해될 우려가 있다는 점 등의 이유로 그 발행의 불공정성을 긍정한 것이라 평가할 수 있다.[96)]

마. 소 결

앞에서 살펴본 秀和 對 忠實屋·いなげや(이나게야) 事件[이하 忠實屋 사건]과 高橋産業 對 宮入밸브 事件[이하 宮入밸브 사건]은 제 3 자배정에 의한 신주발행과 관련된 사건이며, 日本放送 事件과 ニレコ(니레코) 事件은 제 3 자배정에 의한 신주예약권의 발행과 관련된 사건이다. 일본법원은 이러한 일련의 판결을 통하여 적대적 M&A에 직면한 대상회사 경영진의 방어수단으로 채택된 제 3 자배정의 신주 및 신주예약권의 발행의 적법성의 판단기준에 대하여 판시하고 있다.

첫 번째는 종래 일본의 통설과 판례의 입장인 주요목적기준인데, 이는 제 3 자배정에 의한 증자의 불공정성을 판단함에 있어서 이사회가 신주발행을 자금조달 목적에서 행한 것인가 경영자의 지배권유지 목적에서 행한 것인가를 검토하고, 지배권유지 목적이 주요한 목적이라고 인정되는 경우에는 신주발행은 불공정하다고 보는 입장이다. 忠實屋 사건 및 宮入밸브 사건에서 법원이 채택한 기준도 이러한 주요목적기준이었으며, 宮入밸브 사건에서는 신주의 발행가액의 합리성 및 신주발행을 통한 자금조달의 목적 등을 고려하여 본 사건의 신주발행에 불공정은 없다고 판시하였으며, 忠實屋 사건에서는 신주발행의 주요목적이 현 경영자의 지배권 유지가 아니더라도 그 신주발행에 의하여 특정주주의 지분율이 현저히 저하된다는 것을 인식하고서 신주를 발행한 경우에는 그 신주발행을 정당화하는 합리적인 이유가 없는 한 불공정 발행에 해당한다고 종래

96) 정대, 전게논문, 231면.

의 주요목적기준에서의 불공정발행의 범위를 확장하는 판시를 하였다.

두 번째는 일본방송 사건에서 일본방송측이 주장한 기업가치기준인데, 이는 제 3 자 배정 증자에 의한 불공정성을 판단함에 있어서, 증자를 통해 경영권을 방어하는 때와 방어조치를 취하지 않는 때의 기업가치를 각각 비교하여 전자의 기업가치가 크다면 그러한 증자는 불공정하지 않다는 견해이다. 이에 대하여 법원은 기업가치 훼손여부는 사업경영의 當否의 문제이고, 주주와 주식거래시장의 사업경영상의 판단과 평가에 맡겨야 할 사항이며, 경영판단의 법리에 비추어 판단하여야 하기에, 그러한 사업판단적 요소를 법원이 판단하기에는 적당하지 않다고 부정적인 입장을 취하고 있다.

세 번째는 수정된 주요목적기준인데, 이는 경영진의 주요목적을 살피되 比較較量의 대상이 되는 정당한 목적을 자금조달목적에 한정하지 않는 견해이다. 일본방송 사건에서 법원은 경영권의 충돌이 있는 상황에서 대상회사 경영진의 지배권유지의 목적으로 특정주주의 지분율을 저하시키는 신주예약권의 발행은 원칙적으로는 적법하지 않다고 주요목적기준을 따르고 있으나, 예외적으로 주주전체의 이익보호라는 관점에서 신주예약권의 발행을 정당화하는 특단의 사정이 있는 경우에는 지배권유지 목적이 있더라도 적법하다고 보고 있는 점에서 수정된 주요목적기준을 채택한 것이라 할 수 있다.

또한 일본방송사건에서 법원은 적대적 인수자에게 4가지 유형의 목적이 있는 경우를 특단의 사정이 있는 경우로 예시하고 있는데, 이에는 i) Greenmail의 목적, ii) 초토화경영목적(지적재산권 등 중요한 경영자원의 취득), iii) LBO 등 자산유용목적, iv) 중요자산의 매각후 단기차익취득목적이 있는 경우를 거론하고 있다. 이러한 4가지 사정이 있을 때에는 언제나 지배권유지 목적의 신주예약권의 발행이 허용되는 것은 아니며, 대항조치가 목적의 필요성과 수단의 상당성이 있을 것을 요구하고 있다.

지배권분쟁의 상황이 아닌 평상시 도입·유사시 발동형인 신주예약권의 적법성이 다투어진 일본 최초의 판결인 니레코 사건에서도 법원은 기본적으로는 주요목적기준에 따라 판단하였으나, 적대적 M&A에 대한 대상회사의 사전예방목적의 방어수단으로써의 신주예약권의 발행은 그 자체로 현경영진의 지배권유지 목적이 인정된다고 판시하였다.

3. 한 국

우리나라 법원은 전환사채의 발행, 자기주식의 처분 및 신주의 제 3 자 배정과 관련된 일련의 판례를 통하여 적대적 M&A의 상황에서 대상회사 경영진이 채택 및 행사한 방어수단에 대한 적법성의 판단기준을 제시하여 왔는데, 이하에서는 우리나라 판례상 제시된 방어행위의 적법성의 판단기준에 관하여 검토하여 보기로 하겠다.

가. 한화종합금융 사건[97)]

[사건의 요지]

본 사건에서 한화그룹과 A一家가 공동창업한 삼희투자금융으로 시작한 한화종합금융은 증자를 거듭하면서 상대적으로 한화그룹의 지분이 확대되고 A는 자연스럽게 경영에서 소외되었는데, A는 우학그룹에 도움을 요청하여 A와 우학그룹(인수회사측)은 한화종금의 주식 40% 이상을 매입하여 임시주주총회의 소집을 요구하게 되었다.

이에 한화종합금융(대상회사)은 경영권 방어를 위하여 대규모 사모전환사채를 발행하여 제 3 자에게 배정하였는데, A측은 전환사채 발행무효소송 및 의결권행사금지 가처분신청을 법원에 제기하였다.

(1) 사건의 개요[98)]

한화그룹과 A一家가 공동창업한 삼희투자금융으로 시작한 한화종합

97) 서울지방법원 제50민사부 1997. 2. 6. 선고 97카합118 결정, 서울고등법원 1997. 5. 13. 선고 97라36 결정.

98) 손재호·이태훈·나종호, 「적대적 M&A」(서울: 매일경제신문사, 2006), 93-94면 참조.

금융(이하에서는 한화종금이라 함)은 증자를 거듭하면서 상대적으로 한화그룹의 지분이 확대되고 A는 자연스럽게 경영에서 소외되었으며, 한화종금의 경영에서 소외된 A는 평소 친분관계가 두터웠던 우학그룹에 도움을 요청하였고, 1996년 8월부터 주식매입을 시작한 A와 우학그룹은 한화종금의 주식 40% 이상을 매입하는 데 성공하여 임시주주총회의 소집을 요구하였다.

이에 한화종금측은 경영권 방어를 위하여 1997년 1월 발행주식총수 17.9%에 해당하는 대규모 사모전환사채를 발행하여 제 3 자에게 배정하였다. 한화종금측이 이 지분을 모두 확보한다면 약 46.6%에 달하게 되어 1대 주주의 지위를 지킬 수 있게 되며, A측은 오히려 지분율이 36%까지 희석되는 결과가 발생하게 되었다.

A측은 사모전환사채라는 방식의 채택은 자금조달목적이 아닌 경영권방어목적이라면서 1997년 1월 전환사채 발행무효소송 및 의결권행사금지 가처분신청을 법원에 제기하였다. 서울지방법원에서는 A측이 패소하였으나 서울고등법원에서는 사모전환사채의 불법성을 인정하여 A측이 승소하게 되었다.

(2) 판결의 요지

이는 지배권 분쟁의 상황에 직면하여 경영진이 방어수단으로 사모에 의한 전환사채를 발행한 경우에 있어서 그러한 전환사채의 적법성이 문제된 사건이었다. 서울지방법원과 서울고등법원은 전환사채발행의 무효에 대하여 서로 다른 논거를 제시하였다.

서울지방법원은 제 3 자에 대한 전환사채의 발행은 정관의 규정에 의하여 발행된 것이므로 주주의 신주인수권을 침해하였다고 볼 수 없고, 아울러 전환사채의 발행은 조직법상의 행위가 아니라 거래법상의 행위이고 전환사채는 유통성이 강한 유가증권이므로, 전환사채에 관한 문제에 있어서는 주주의 이익보호 이상으로 거래안전의 보호를 중시하여야 할 것이어서 그 발행의 무효사유는 엄격히 보아야 하고, 대외적인 업무집행행위로서 전환사채를 발행한 것을 무효라 볼 수 없다고 하였다.

서울고등법원은 사모에 의한 전환사채의 발행이 2가지 점에 있어서 무효라 보았는데, 첫째는 주주의 신주인수권을 침해하였으며, 둘째는 현저하게 불공정한 방법에 의한 발행이라 보았다.

즉 서울고등법원은 전환사채의 발행이 경영권 분쟁 상황하에서 열세에 처한 구지배세력이 지분 비율을 역전시켜 경영권을 방어하기 위하여 이사회를 장악하고 있음을 기화로 기존 주주를 완전히 배제한 채 제 3 자인 우호세력에게 집중적으로 신주를 배정하기 위한 하나의 방편으로 채택된 것이라면, 이는 전환사채 제도를 남용하여 전환사채라는 형식으로 사실상 신주를 발행한 것으로 보아야 하며, 그렇다면 그러한 전환사채의 발행은 주주의 신주인수권을 실질적으로 침해한 위법이 있어 신주발행을 그와 같은 방식으로 행한 경우와 마찬가지로 무효로 보아야 한다고 하였다.

그리고 서울고등법원은 그 전환사채 발행의 주된 목적이 경영권 분쟁 상황하에서 우호적인 제 3 자에게 신주를 배정하여 경영권을 방어하기 위한 것인 점, 경영권을 다투는 상대방인 감사에게는 이사회 참석 기회도 주지 않는 등 철저히 비밀리에 발행함으로써 발행유지가처분 등 사전 구제수단을 사용할 수 없도록 한 점, 발행된 전환사채의 물량은 지배 구조를 역전시키기에 충분한 것이었고, 전환기간에도 제한을 두지 않아 발행 즉시 주식으로 전환될 수 있도록 하였으며, 결과적으로 인수인들의 지분이 경영권 방어에 결정적인 역할을 한 점 등에 비추어, 그 전환사채의 발행은 현저하게 불공정한 방법에 의한 발행으로서 이 점에서도 무효라고 보아야 한다고 판시하였다.

(3) 판결의 의의

본 사건은 국내에서 경영권 방어목적으로 사모전환사채가 사용된 최초의 사례였으며, 서울고등법원은 본 판결을 통하여 대상회사 경영진이 채택한 방어수단의 적법성에 관한 판단기준으로 전환사채 발행의 주된 목적이 경영권 분쟁 상황하에서 우호적인 제 3 자에게 신주를 배정하여 경영권을 방어하는 데 주된 목적이 있는지의 여부를 거론하고 있다. 즉 서울고등법원은 제 3 자에 대한 신주배정의 주된 목적이 경영권방어에 있다면 현저하게 불공정한 발행으로 보아 적법성을 부정하고 있으나, 경영권방어 목적의 제 3 자에 대한 신주발행이 현저하게 불공정한 발행이 되는 구체적인 이유에 대해서는 밝히고 있지는 않다.

나. 현대엘리베이터 사건[99)]

[사건의 요지]

본 사건에서 현대엘리베이터(대상회사)는 외국계 펀드의 현대엘리베이터 주식 매입이 이루어지면서 경영권 방어가 위기에 처하자 경영권 방어 차원에서 금강고려화학(인수회사)에게 우호적 제 3 자(White Knight)로서 협조해줄 것을 요청하였으나, 우호적 제 3 자로 나섰던 금강고려화학은 태도를 돌변하여 사모펀드 및 계열사 등을 통하여 현대엘리베이터 지분을 상당부분 매집하게 되었다.

이에 현대엘리베이터는 경영권 방어수단으로서 국민주 공모를 통하여 국민기업화하겠다는 취지의 대규모 유상증자를 발표하였으며, KCC도 이러한 유상증자에 반발하여 법원에 신주발행금지가처분신청을 제출하였다.

(1) 사건의 개요[100)]

2003년 8월 4일 현대엘리베이터를 지주회사로 하여 운영되던 현대그룹의 정몽헌 회장이 타계한 후 미국계 GMO펀드 등 외국인의 현대엘리베이터에 대한 주식 매입이 이루어지면서 현대엘리베이터에 대한 경영권

99) 수원지방법원 여주지원 2003. 12. 12. 선고 2003카합369 결정.

100) 손재호·이태훈·나종호, 전게서, 93-94면; 윤종훈·이호준·법무법인 한결·화인 경영회계법인, 「M&A 전략과 실전사례」(서울: 매일경제신문사, 2003), 750-754면 참조.

방어가 위기에 처하자 경영권 방어 차원에서 현대엘리베이터는 정상영 금강고려화학 명예회장 등에게 협조를 요청했다.

그런데 외국계 펀드의 지분 매입에 맞서 우호적 제 3 자(White Knight)로 나섰던 금강고려화학(이하 KCC라고 한다)이 2003년 11월 14일에 갑자기 현대그룹 인수를 선언하면서, 현대엘리베이터의 지분을 BNP파리바투신운용 사모펀드를 통하여 12.82%, KCC의 계열사인 고려시리카가 2개의 별도 뮤추얼펀드를 통해 각각 4.95%·2.05%, KCC가 역시 뮤추얼펀드를 통해 0.82%를 취득하였으며, 이를 모두 합하여 249만주 44%의 현대엘리베이터 지분을 보유하게 되었다고 공시하였다.

이에 위기감을 느낀 현대엘리베이터는 경영권 방어수단으로 2003년 11월 17일에 국민주 공모를 통하여 국민기업화하겠다는 취지의 대규모 유상증자를 발표하였다. 그 내용은 1천만주를 주당 42,700원에 일반공모로 발행하되 1인당 청약한도를 200주로 제한하고 우리사주조합에 20%를 우선 배정하여 총 4,300억원의 자금을 조달하겠다는 것이었다.

또한 현대엘리베이터측은 2003년 11월 27일에 KCC 계열사인 금강종합건설이 매입한 현대엘리베이터 주식 8만주와 관련하여 주식처분금지가처분신청을 하였고, 2003년 12월 2일에 법원은 KCC측이 지난 8월 현대엘리베이터 보통주를 매입한 목적이 당초 내세운 경영권 방어가 아닌 경영권 행사를 위한 것이었다는 현대엘리베이터측 주장이 소명되었다며 KCC측이 제 3 자에게 처분할 가능성이 있어 처분의 긴급성이 인정된다고 현대엘리베이터의 주식처분금지가처분신청을 인용하였다.

KCC도 이러한 유상증자에 반발하여 2003년 11월 20일에 법원에 신주발행금지가처분신청을 제출하였고, 2003년 12월 12일에 법원은 현대엘리베이터 이사회의 신주발행계획은 경영권분쟁과정에서 회사 경영을 위한 자금조달 필요에 의한 것이 아니라 기존 대주주 및 현 이사회의 경영권 방어를 목적으로 이루어졌다는 KCC측의 소명자료가 충분히 인정된다면서 KCC의 신청을 받아들였다.

그렇지만 2004년 2월 11일에 증권선물위원회는 KCC측이 사모펀드를 통하여 취득한 148만주 21%에 대하여 5% Rule(주식대량보유보고제도)[101] 위반을 이유로 의결권을 제한하고 강제처분 명령을 내렸고, 이에 따라 KCC측은 148만주 모두를 3월 30일 주주총회 이전에 모두 매각하였다. 매각 후 KCC측의 보유지분은 115만주 16%로 감소하게 되었다.

법원은 주주총회 전날인 3월 29일에 KCC측이 2003년 11월 7일에 장내매수한 42만주와 이에 따른 무상증자분 12만주 등 총 54만주(7.53%)에 대해 KCC가 주식을 취득한 뒤 그 목적을 공지하면서 내용을 부실하게 기재하고, 보고의무 위반 사실을 알고 있었던 것으로 판단하여 6개월간 의결권을 제한한다고 판결하였다. 따라서 KCC측이 주주총회에서 의결권을 행사할 수 있는 주식은 61만주(9%)로 감소하게 되었다.

2004년 3월 30일 현대엘리베이터 주주총회에서 정몽헌 회장의 미망인인 현정은 회장의 신임이사 선임안을 놓고 표대결을 하였으나 압도적인 우위로 현회장이 이사에 선임됨으로써 현대엘리베이터측은 사실상 경영권 방어에 성공하게 되었고, KCC와 현대엘리베이터간의 경영권 다툼은 일단락되었다.

(2) 판결의 요지

KCC가 현대엘리베이터의 보통주 1천만주를 일반공모증자 방식으로 시가발행하겠다는 신주발행결의에 반발하여 2003년 11월 20일 법원에 신주발행금지가처분신청을 제출하였으며 이에 대하여 법원은 KCC측의 주장을 인용하였는데, 이하에서는 판결 내용에 관하여 자세히 검토하여 보기로 하겠다.

먼저 KCC는 현대엘리베이터의 신주발행결의가 정관 및 법령위반이며 현저하게 불공정한 발행이라는 주장을 하였는데, 이를 자세히 보면 다

101) 증권거래법 제200조의 2에 의하면 주권상장법인 또는 코스닥상장법인의 주식 등을 5% 이상 보유하게 되거나, 그 후 보유주식비율이 1% 이상 변동된 경우에는 보유상황 및 보유목적 또는 변동내용을 그 날로부터 5일 이내에 금융감독위원회와 거래소에 보고하도록 되어 있다.

음과 같다. 첫째는 현대엘리베이터의 신주발행은 상법 제418조 2항 단서 및 현대엘리베이터의 정관 제 9 조 2항이 규정하는 신기술의 도입, 재무구조의 개선 등 회사의 경영상의 목적 없이 기존의 주식소유구조를 변동시켜 KCC와 그 특별관계자들이 최대주주로서의 지위를 상실하게 되도록 하는 것을 주된 목적으로 하는 것이어서 상법 제418조 및 현대엘리베이터의 정관이 보장하고 있는 주주의 신주인수권을 위법하게 침해하는 것이라 볼 수 있다.

둘째는 현대엘리베이터의 신주발행결의는 형식적으로는 일반공모증자 방식을 취하고 있지만 실제로는 일반공모 부분의 대량 미인수 사태가 예상되는 상황에서 현대엘리베이터의 우리사주조합 등 기존 경영진에 우호적인 세력에 배정하여 일부 주주와 기존 경영진의 지배·경영권을 유지·강화하는 것을 주된 목적으로 한 것으로서 발행방법이 현저하게 불공정하다고 할 수 있다.

법원은 주주의 신주인수권 배제의 허용범위에 관하여 다음과 같이 판단하였다. 기업취득행위는 적대적인 경우라도 그로 인한 대상회사 및 주주의 이해가 항상 일치되는 것으로 보기 어려워 이를 일률적으로 위법하다거나 허용되지 않는 것이라고 단정할 수 없으므로 이에 대하여 기업취득 대상회사의 이사회가 취하는 일정한 경영권 방어행위 또한 일률적으로 그 허용여부를 말할 수는 없다.

대상회사의 이사회가 특정한 적대적 기업취득행위에 대항하여 취하는 경영권 방어행위에 대하여 직접 관련 법령이나 대상회사의 정관에 규정된 바가 있으면 우선적으로 그 법령과 정관 규정이 허용하는 범위 내인지 여부에 따라야 할 것이다.

그러한 직접적인 법령 또는 정관의 규제 규정이 없는 경우에는 구체적인 해당 경영권 방어행위의 동기나 목적, 방어 수단의 합리성 등을 종합하여 그 허용여부가 결정되어야 하고, 이러한 결정에는 그 방어행위로 추구하는 회사 또는 주주의 이익의 내용, 방어행위 실행의 결정과정이 적정한 절차를 거쳐 상당한 근거를 가지고 이루어졌는지 여부가 중요한 요소로 고려되어야 할 것이다. 그리고 이러한 법리는 구체적인 방어행위를 규제하는 법령 또는 정관의 규정을 해석하는 데도 참작되어야 한다.

이러한 논의를 기초로 보면 기업취득이 시도되는 상황에서 대상회사의 이사회가 경영권 방어행위로서 하는 주주의 신주인수권을 배제하는 대규모 신주 발행행위는 회사의 경영상 필요한 자금의 조달을 위한 경우에 해당한다고 볼 수 없다.

다만 그러한 신주발행의 주요목적이 기존 지배주주의 대상회사에 대한 지배권 및 현 이사회의 경영권 방어에 있고, 회사의 경영을 위한 기동성 있는 자금조달의 필요성 및 이를 위한 적합성을 인정하기 어려운 경우라도 적대적으로 기업취득을 시도하는 자본의 성격과 기업취득 의도, 기존 지배주주 및 현 경영진의 경영전략, 대상회사의 기업문화 및 종래의 대상회사의 사업내용이 사회경제적으로 차지하는 중요성과 기업취득으로 인한 종래의 사업의 지속 전망 등에 비추어 기존 지배주주의 지배권 또는 현 경영진의 경영권이 유지되는 것이 대상회사와 일반 주주에게 이익이 되거나 특별한 사회적 필요가 있다고 인정되고, 한편 이러한 신주발행행위가 그 결의 당시의 객관적 사정에 의하여 뒷받침되고, 그 결의에 이르기까지의 과정에 대상회사의 경영권 분쟁 당사자인 기존 지배주주가 아닌 일반 주주의 의견과 중립적인 전문가의 조언을 듣는 절차를 거치는 등 합리성이 있는 경우라면 상법 제418조 2항 및 이와 동일한 내용의 규정을 둔 대상회사의 정관규정이 정하는 회사의 경영상 목적을 달성하기 위하여 필요한 경우에 해당한다고 보아야 한다.

법원은 신주발행의 법령 및 정관 위반에 대하여 다음과 같이 판시하였다. 여러 가지 사실관계에 의하면 현대엘리베이터는 KCC측의 주식보유비율 증가 등으로 발생한 경영권 분쟁상황에서 회사의 경영을 위한 자금조달이 필요하다고 볼만한 사정이 없음에도 주로 현대엘리베이터의 기존 지배주주나 경영진의 지배권 유지 또는 경영권 방어의 목적으로 신주발행 결의를 하였다고 봄이 상당하며, 이 사건의 경우 기존 지배주주의 지배권 또는 현 경영진의 경영권이 유지되는 것이 현대엘리베이터나 일반 주주에게 이익이 되거나 사회적 필요가 있다는 등의 특별한 사정이 소명되지도 않기에 앞에서 본 법리에 비추어 이 사건 신주발행은 상법 및 현대엘리베이터 정관의 규정에 위배하여 KCC의 신주인수권을 위법하게 침해하는 것이라 할 수 있다.

(3) 판결의 의의

법원은 본 판결을 통하여 기존의 판결과는 달리 적대적 M&A에 직면한 경영진의 방어행위의 적법성에 관하여 '방어행위가 직접 법령 또는 정관에 규정되었는지 여부'라는 기준을 제시하였다. 즉 법원은 이러한 기준에 따라 방어행위가 직접 관련 법령이나 대상회사의 정관에 규정된 경우에는 우선적으로 그 법령과 정관 규정이 허용하는 범위 내인지 여부에 따라야 한다고 하였으며, 만약 방어행위가 직접적인 법령 또는 정관의 규제 규정에 해당되지 않는 경우에는 구체적인 해당 경영권 방어행위의 동기나 목적, 방어 수단의 합리성 등을 종합하여 그 허용여부가 결정되어야 한다고 하였다.

다만 예외적으로 방어행위의 목적이 경영권 방어에 있는 경우라도 적대적인수자의 성격과 기업취득 의도·경영진의 경영전략·대상회사의 사업내용의 사회경제적 중요성·대상회사 및 주주에 대한 경영진의 경영권유지의 필요성 등과 같은 요건이 인정되고, 방어행위에 대상회사의 경영권 분쟁 당사자인 기존 지배주주가 아닌 일반 주주의 의견과 중립적인 전문가의 조언을 듣는 등 절차에 합리성이 있는 경우라면 방어행위의 적법성이 인정될 수 있다고 보았다.

다. SK 사건[102)]

[사건의 요지]

본 사건에서 SK(대상회사)는 SK글로벌 분식회계사건 및 최태원 회장의 구속수감 여파로 인하여 주가가 폭락하였는데, 소버린(인수회사)은 이 기회를 이용하여 자회사를 통하여 SK의 지분을 상당부분 취득하게 되었다.

SK의 최대주주가 된 소버린은 SK의 지배구조개선을 위하여 SK글로벌지원의 반대 및 경영진교체의 요구 등의 행동을 보였으며, 보도자료를 통하여 최태원 회장의 임원자격을 문제삼으며 임시주주총회의 소집을 요구하기도 하였다. 그 후 SK는 경영권 방어를 위해 보유하던 자사주 매각을 결의하였는데, 이에 소버린은 SK의 자사주 매각은 정기주주총회에서의 이사선임권과 관련된 주주의결권을 침해하였다는 신청취지에 의하여 의결권침해금지가처분신청을 법원에 제출하였다.

(1) 사건의 개요[103)]

SK그룹내 자산총액 1조가 넘는 7개회사를 자회사 또는 손자회사로 보유하고 있는 실질적인 지주회사인 SK는 대주주의 지분구조가 매우 취약하여 SK C&C의 9%, SK케미컬과 SK건설의 5% 등 총 14%로 경영권을 유지하고 있었다.

2003년초 SK글로벌 분식회계사건과 최태원 회장의 구속수감 여파로 SK주가는 13,000원대에서 6,000원대로 폭락하여 적대적 M&A를 노리는 투자자들에게는 좋은 기회였다. 소버린[104)]은 이 기회를 이용하여 자회사인

102) 서울지방법원 제50민사부 2003. 12. 23. 선고 2003카합4154 결정.

103) 손재호·이태훈·나종호, 전게서, 34-41면.

104) 소버린은 뉴질랜드 태생의 챈들러 형제가 설립한 투자회사로 알려져 있는데, 소버린 그룹의 정점인 소버린 그룹홀딩스는 리처드 챈들러 대표가 맡고 있으며, 지주회사인 소버린에셋매니지먼트의 지분 100%를 보유하고 있고, 소버린에셋매니지먼트는 증권투자회사인 크레스트시큐리티즈의 지분을 100% 보유하고 있다[손재호·이태훈·나종호, 전게서, 36-37면].

크레스트증권(Crest Securities Limited)을 통하여 연속 13거래일(3월 24일~4월 9일) 동안 총 1,768억을 투입하여 평균매입단가 9,293원에 1,903만주 14.99%를 취득하였다.

SK의 최대주주가 된 소버린은 SK를 SK글로벌 사태와 방만한 투자로 인하여 저평가된 기업으로 단정하고 SK의 지배구조개선을 위하여 구체적으로 SK글로벌지원을 반대하고 경영진교체의 요구 등의 행동을 보이기 시작하였다. 이에 SK는 글로벌 스탠다드에 부합하는 지배구조를 확립하고 이사회 중심의 투명경영을 함으로써 주주이익 극대화를 위해 노력할 것이라고 약속하면서 지배구조 개선을 위하여 여러 가지 제도를 도입하였다.

대표적으로 이사회 내의 사외이사 비중을 70%로 확대하여 국내기업 중 사외이사 비중이 가장 높은 기업으로 만들었으며, 이사회 내에 투명경영위원회, 제도개선위원회 등 4개 전문위원회를 설치해 이사회 중심의 투명경영을 실천하겠다는 의지를 내보였다.

2004년 3월 12일 서울 워커힐호텔에서 개최된 SK 주주총회에서 표결에 붙여진 이사선임안에 관하여는 SK와 소버린이 6 대 4정도의 SK측의 우세로 모두 SK측이 추천한 인물이 이사로 선임되어 SK측이 경영권 방어에 성공하였다.

그 후 소버린은 보도자료를 통하여 최태원 회장의 임원자격을 문제삼으며 임시주주총회의 소집을 요구하였는데, SK이사회는 임시이사회에서 임시주주총회소집안을 부결시켰고 이에 소버린도 11월 9일 법원에 임시주총 소집허가 신청을 제출하였다. 법원은 소버린의 임시주주총회 신청이 권리남용은 아니지만 정기주주총회를 앞둔 상황에서 사안이 시급하지 않고 지배구조 개선에 대한 소버린의 설명이 없는 점 등을 감안하여 임시주주총회 소집허가 신청을 기각한다고 하였다.

2003년 12월 18일 SK는 경영권 방어를 위해 보유하던 자사주 매각을 결의하였는데, 이에 소버린은 SK의 자사주 매각은 정기주주총회에서의 이사선임권에 관하여 행사할 주주의결권을 침해하였다는 신청취지에 의하여 의결권침해금지가처분신청을 법원에 제출하였으나 법원은 이를 기각하였다.

2005년 3월 11일 서울 워커힐호텔에서 열린 정기주주총회에서 최태원 회장의 이사선임안에 대하여 SK측은 참가주식 1억 1,700만주의 60.6%의 찬성을 얻어 2004년에 이어 다시 한번 경영권을 방어하였다.

2005년 정기주주총회의 패배 후 소버린은 6월 20일 경영불참을 선언하였고 7월 18일 보유주식 전부를 시간외매매 방식을 통해 주당 49,011원씩 총 9,326억원에 매각하였다. 즉 1,903만주를 1,768억에 취득하여 9,326억원에 매각함으로써 2년만에 원금의 4.3배인 7,558억원의 차익을 거두었다. 여기에 그동안 받은 배당금 485억원과 환차익으로 얻은 1,316억원을 합산하면 전체수익은 9,359억원으로 늘어나게 된다.

이하에서는 SK의 자사주 매각에 관한 법원의 판단기준에 관하여 검토하여 보기로 하겠다.

(2) 판결의 요지

법원은 소버린이 SK가 우호관계자들에게 행한 자기주식매각에 관한 이사회결의가 정기주주총회에서 이사선임안건에 대한 주주의결권을 침해하였다고 신청한 의결권침해금지가처분에 대하여 이사회결의는 적법하다고 판시하며 소버린의 신청을 기각하였다.

즉 법원은 소버린 스스로 SK의 주식의 14.99%를 보유하게 됨으로써 SK의 최대주주가 되었다고 주장하면서 SK의 경영권까지 장악하고자 하는 의도를 명백히 밝히고 있는 이 사건에 있어서 비록 SK가 자기주식을 처분함으로 인하여 SK에 대한 소버린의 주식보유비율이 변경되고 지분율이 희석화된다 하더라도 다른 사정에 대한 소명도 없이 그와 같은 사유만으로 곧바로 그 자기주식 처분에 관한 이사회결의를 무효로 볼 수 없다고 밝히고 있다.

또한 법원은 SK의 자기주식 취득의 경위·목적·절차 등에 비추어 자기주식 취득 자체가 위법하다는 점에 관한 아무런 주장·소명이 없기에 본 사건에 있어서 자기주식의 처분행위만을 따로 떼어 위법하다고 볼 수 있을지가 의문이고, 더욱이 본 사건에 제출된 소명자료만으로는 SK의 현황에 비추어 지배주주 또는 경영진의 교체가 불가피하다거나, 자기주식의 처분에 있어 SK이사의 이익과 SK 또는 주주의 이익이 충돌한다고 단정하기 어렵기에 이러한 사정하에서는 달리 추가적인 주장·소명이 없는 이상 SK이사회 결의는 SK이사들이 소버린의 기업매수에 직면하여 이를 방어하기 위한 경영판단에 의한 것이기에 적법하다고 판시하였다.

(3) 판결의 의의

법원은 본 판결을 통하여 경영권분쟁 상황하에서 행한 대상회사의 자기주식처분이 현 경영진 또는 대주주의 지배권 유지에 주된 목적이 있는 것으로서 아무런 합리적인 이유도 없이 회사와 다른 주주들의 이익에 반하는 등 경영권의 적법한 방어행위로서의 한계를 벗어난다면 주식회사의 이사로서의 주의의무에 반하는 것으로서 위법하다고 볼 여지가 있다고 밝히고 있다.

즉 경영진의 방어행위 목적이 경영진이나 대주주의 지배권 유지에 있으며 회사 및 주주의 이익을 침해하였는지 여부를 방어행위의 판단기준으로 거론하고 있다고 볼 수 있다.

라. 유비케어 사건[105)]

[사건의 요지]

본 사건에서 '전자차트'로 불리우는 EMR 부문에서 시장점유율 2위인 포인트닉스의 모회사인 엠디하우스(인수회사)는 1위의 시장점유율을 기록하고 있었던 유비케어(대상회사)를 인수하고자 유비케어의 지분의 일정부분을 취득하게 되었다.

---

105) 서울남부지방법원 제14민사부 2004. 11. 25. 선고 2003가합16871 판결.

> 이러한 엠디하우스의 적대적 M&A에 대항하여 유비케어는 타법인 출자 및 제3자배정 유상증자 등을 통하여 우호지분을 확대하였는데, 이에 반발한 엠디하우스가 법원에 유비케어가 제3자배정으로 발행한 신주에 대하여 신주발행무효확인소송을 제기하게 되었다.

(1) 사건의 개요[106)]

유비케어(현 이수유비케어)는 창업자인 A가 메디슨으로부터 사내벤처 형태로 분사한 회사로, 2002년 1월 메디슨 부도 이후 사명을 메디다스에서 유비케어로 변경하였다. 유비케어는 '전자차트'로 불리우는 EMR 부문에서 1위의 시장점유율을 기록하고 있었는데, 시장 2위인 포인트닉스의 모회사인 엠디하우스가 2003년 5월 유비케어의 지분 19%를 취득하면서 적대적 M&A가 시작되었다. 엠디하우스는 M&A의 배경설명에서 유비케어의 병의원 네트워크를 활용하여 새로운 시장을 개척하고자 하며, 현 경영진이 경영을 잘못하여 2년 동안 600억에 이르는 적자를 냈기 때문에 경영진의 부실경영책임을 묻기 위해서 경영권을 인수하겠다고 밝혔다.

이러한 엠디하우스의 적대적 M&A에 대항하여 유비케어는 2003년 11월 24일 타법인 출자 및 제3자배정 유상증자 등을 통하여 우호지분을 확대하였는데, 이에 반발한 엠디하우스가 법원에 유비케어가 제3자배정으로 발행한 신주에 대하여 신주발행무효확인소송을 제기하였다.

법원은 후술하는 이유로 엠디하우스의 청구를 인용하였는데, 그 후 기업결합을 조건부로 승인한 공정거래위원회의 결정, 대표이사 직무대행을 선임한 법원의 결정, 엠디하우스의 주식취득과 관련된 증권선물위원회의 고발 등의 과정을 거쳐 1년 반의 경영권 분쟁은 엠디하우스가 보유한 유비케어의 주식 33%를 제3자인 이수화학에게 매도함으로써 종료되었다.

---

106) 손재호·이태훈·나종호, 전게서, 124-128면 참조.

(2) 판결의 요지

유비케어의 경영진은 엠디하우스와의 경영권 분쟁 상황하에서 경영권을 방어하기 위하여 우호세력인 다비드사모엠엔에이펀드에게 신주인수권을 매각하였으며, 우호적 제 3 자인 (주)바이오넷과 (주)엠지비엔도스코피에게 신주를 배정하였다.

법원은 다비드사모엠엔에이펀드에 대한 신주인수권 매도 직후에 한 이러한 신주발행으로 말미암아 다비드사모엠엔에이펀드가 언제든 신주인수권을 행사하기만 하면 유비케어 경영진이 그 특수관계인 및 우호세력과 함께 보유하게 될 주식 지분율은 기존의 지배구조를 역전시키기에 충분한 것이었다고 할 수 있으므로, 이러한 신주발행은 지배권의 변경을 초래하거나 이를 저지할 목적으로 신주를 발행하였음이 객관적으로 명백한 경우로서 현저하게 불공정하게 한 신주발행이므로 무효로 본다고 판시하였다.

(3) 판결의 의의

법원은 본 판결을 통하여 대상회사 경영진이 채택한 방어수단의 적법성에 관한 판단기준으로 지배권의 변경을 초래하거나 이를 저지할 목적이 있는지의 여부를 거론하고 있으나, 전술한 한화종금 판결에서 본 것과 같이 지배권의 변경을 초래하거나 이를 저지할 목적의 신주발행이 현저하게 불공정한 신주발행이 되는 구체적인 이유는 설시하고 있지 않다.

마. 소 결

앞에서 살펴본 한화종합금융 사건은 전환사채 발행을 통한 신주의 제 3 자배정에 관한 사건이고, SK 사건은 자기주식매각에 관련된 사건이며, 현대 엘리베이터 사건 및 유비케어 사건은 신주발행에 관련된 사건인데, 우리나라 법원은 대체적으로 경영권분쟁하의 대상회사 경영진의 방어수단의 채택 및 행사에 대한 적법성의 판단기준으로 그러한 방어수단의 목적이 경영권 방어에 있느냐의 여부를 중심으로 판단하여 방어수단의 주된 목적이 경영권 방어에 있는 경우에는 대체적으로 방어수단의 적법성을 부정하였으나 구체적인 적법성의 판단기준에 대하여는 언급하지 않고 있다. 그러나 최근 현대 엘리베이터 사건에서 법원이 체계적인 적법성의 판단기준을 제시하였다고 생각되는데, 이하에서는 일련의 판례에서 제시되었던 적법성의 판단기준에 대하여 검토하여 보기로 하겠다.

첫 번째로 한화종합금융 사건에서 법원은 대상회사 경영진이 채택한 방어수단의 적법성에 관한 판단기준으로 전환사채 발행의 주된 목적이 경영권 분쟁 상황하에서 우호적인 제3자에게 신주를 배정하여 경영권을 방어하는 데 주된 목적이 있는지의 여부를 거론하고 있다. 즉 법원은 제3자에 대한 신주배정의 주된 목적이 경영권방어에 있다면 현저하게 불공정한 발행으로 보아 적법성을 부정하고 있으나, 경영권방어 목적의 제3자에 대한 신주발행이 현저하게 불공정한 발행이 되는 이유에 대하여는 밝히고 있지는 않다.

두 번째로 SK 사건에서 법원은 경영권분쟁 상황하에서 행한 대상회사의 자기주식처분이 현 경영진 또는 대주주의 지배권 유지에 주된 목적이 있는 것으로서 아무런 합리적인 이유도 없이 회사와 다른 주주들의 이익에 반하는 등 경영권의 적법한 방어행위로서의 한계를 벗어난다면 주식회사의 이사로서의 주의의무에 반하는 것으로서 위법하다고 볼 여지가 있다고 밝히고 있다. 즉 경영진의 방어행위 목적이 경영진이나 대주주의 지배권 유지에 있으며 회사 및 주주의 이익을 침해하였는지 여부를 방어행위의 판단기준으로 거론하고 있다고 볼 수 있다.

세 번째로 유비케어 사건에서 법원은 방어수단의 적법성에 관한 판단기준으로 지배권의 변경을 초래하거나 이를 저지할 목적이 있는지의 여부를 거론하고 있으나, 전술한 한화종금 판결에서 본 것과 같이 지배권의 변경을 초래하거나 이를 저지할 목적의 신주발행이 현저하게 불공정한 신주발행이 되는 이유는 설시하고 있지 않다.

네 번째로 현대엘리베이터 사건에서 법원은 기존의 판결과는 달리 적대적 M&A에 직면한 경영진의 방어행위의 적법성에 관하여 '방어행위가 직접 법령 또는 정관에 규정되었는지 여부'라는 기준을 제시하였다. 즉 법원은 이러한 기준에 따라 방어행위가 직접 관련 법령이나 대상회사의 정관에 규정된 경우에는 우선적으로 그 법령과 정관 규정이 허용하는 범위 내인지 여부에 따라야 한다고 하였으며, 만약 방어행위가 직접적인 법령 또는 정관의 규제 규정에 해당되지 않는 경우에는 구체적인 해당 경영권 방어행위의 동기나 목적, 방어 수단의 합리성 등을 종합하여 그 허용여부가 결정되어야 한다고 하였다.

다만 예외적으로 방어행위의 목적이 경영권 방어에 있는 경우라도 적대적 인수자의 성격과 기업취득 의도·경영진의 경영전략·대상회사의 사업내용의 사회경제적 중요성·대상회사 및 주주에 대한 경영진의 경영권유지의 필요성 등과 같은 요건이 인정되고, 방어행위에 대상회사의 경영권 분쟁 당사자인 기존 지배주주가 아닌 일반 주주의 의견과 중립적인 전문가의 조언을 듣는 등 절차에 합리성이 있는 경우라면 방어행위의 적법성이 인정될 수 있다고 보았다.

Ⅱ. 방어행위의 적법성 판단기준에 관한 논의

적대적 M&A의 상황에서 대상회사의 경영진이 채택한 방어행위에 대한 적법성의 판단기준에 관하여 상법상 명백하게 관련되는 규정은 없으며, 이와 관련하여 학계에서는 방어행위의 적법성 판단기준에 대하여 다음과 같은 견해들을 제시하고 있다.

1. 제 1 설

현대엘리베이터 사건의 결정을 기초로 하여 방어행위의 적법성 또는 방어권 남용의 판단을 위한 일반원칙으로서 4가지 기준을 제시하고 있는 견해[107]가 있는데, 이 견해에 따르면 방어행위의 적법성의 기준은 다음과 같다.

107) 송종준, 전게논문(방어수단 도입의 전제조건), 209-212면.

첫째, 방어수단에 해당하는 행위에 대하여 직접 법령이나 대상회사의 정관에 규정된 바가 있으면 그 법령과 정관규정이 허용하는 범위 내인지 여부에 따라 그 적법성을 결정하여야 한다(제 1 기준). 이 기준은 적대적 M&A 또는 경영권 분쟁을 전제로 하여 법령 또는 정관에서 특정한 방어행위를 직접 금지 또는 제한하는 경우[108]에 적용되며 이 경우에는 해당 법령이나 정관 규정의 규범적 가치만에 의하여 방어행위의 위법성을 판단해야 할 것이며, 회사와 주주 이익의 보호, 회사의 장기적 경영방침 또는 문화의 유지·보전, 회사의 사회·경제적 중요성 등 경영권 방어를 불가피하게 허용해야 할 다른 사정과 같은 합목적적 가치는 고려할 필요가 없게 된다.

둘째, 방어행위에 대하여 직접 법령이나 대상회사의 정관에 규정이 없는 경우에는 구체적인 해당 경영권 방어행위의 동기나 목적, 방어수단의 합리성 등을 종합하여 그 허용여부가 결정되어야 할 것이다(제 2 기준). 이 기준은 법령 또는 정관에서 일정한 행위에 대한 요건 또는 절차에 관한 일반규정을 두고 있을 뿐, 적대적 M&A 또는 경영권 분쟁을 전제로 하여 특정한 행위를 금지하거나 제한하는 규정을 두고 있지 않는 경우에 적용된다.

셋째, 경영권 방어에 주된 목적을 가진 행위라도 일정한 실체적 요건과 절차적 요건을 갖추면 적법할 수 있다(제 3 기준). 이것은 제 2 기준을 적용함에 있어서 나타날 수 있는 문제를 극복하기 위한 기준이라고 할 수 있다. 즉 예를 들어 상법상 명시되어 있는 절차와 요건을 준수하면서 제 3 자에게 신주를 발행하여 대항하는 행위가 주로 경영권을 방어할 목적으로만 행하여지는 경우에 있어서 제 2 기준에 따르면 경영권 방어를

108) 예를 들면 유가증권의 발행 및 공시규정에서 경영권분쟁 중에 사모에 의한 제 3 자배정의 방법으로 전환사채 또는 신주인수권부사채의 발행을 금지하고 있는 경우(유가증권의 발행 및 공시 등에 관한 규정 제60조, 제63조)가 이에 해당된다 [송종준, 전게논문(방어수단 도입의 전제조건), 209면].

주된 목적으로 하여 방어행위를 하는 경우에는 현저히 불공정한 발행에 해당하여 이러한 방어행위는 항상 위법한 것으로 판단되는 것이 전통적인 법원칙이었으나 경영권 방어를 주된 목적으로 하여 방어행위를 하는 경우에도 그 법적 정당성을 용인해주어야 할 경우도 있을 수 있다. 이 기준은 바로 경영권을 보호해주어야 할 절박하고 특별한 사정이 있는 경우에 적용하기 위한 것이라 할 수 있다.

따라서 그 방어권 행사에는 그 남용을 방지하기 위하여 일정한 실체적 요건과 절차와 같은 엄격한 기준을 요구하는 것이 합리적일 것이다. 실체적 요건에서는 대상회사의 기존 지배주주 또는 현 경영진의 경영권이 유지되어야 할 합당한 근거를 충족시켜야 하며, 절차적 요건에서는 경영권방어행위를 실행하기 위한 결의에 객관성·합리성이 있어야 한다.

넷째, 대상회사가 현경영진에 의하여 경영권을 유지하는 것이 객관적으로 적정하지 않은 경우에 적용될 수 있는 특별한 기준이며, 이는 경영권을 보존하여야 할 실체적·절차적 요건이 충족되었더라도 위의 3가지 기준을 적용하는 것이 불합리하다고 볼 수 있는 경우이다(제 4 기준). 예를 들면 대상회사가 경쟁적 인수의 대상이 되거나, 해산 또는 처분될 수밖에 없는 불가피한 사정에 처한 경우, 회사의 경영구조상 경영진의 교체가 불가피한 경우를 들 수 있다. 이러한 경우에는 예외적으로 경영진에게 방어권 행사를 허용하는 것은 부당하고, 회사의 매각가격을 극대화하는 역할에 충실할 의무를 기대하는 것이 합리적이다.

2. 제 2 설

이는 방어수단의 적정성과 합리성은 적대적 M&A가 기업가치에 가한 위협을 기준으로 판단하는 이른바 기업가치기준에 기하여 판단하여야 한다고 보는 견해[109]인데, 주요한 내용은 다음과 같다.

방어수단의 적법성에 관해 우리나라 판례가 취한 기준의 하나가 주

109) 권종호, 전게논문(방어수단에 관한 최근 동향), 73-75면.

요목적기준인데, 이에 의하면 전환사채나 신주발행의 주된 목적이 자금조달 등 정당한 사업목적을 위한 것인 한 부분적으로 지배권유지의 목적이 개재되었다 하더라도 그 전환사채(신주)의 발행은 정당화된다는 것이다.

그런데 이러한 주요목적기준은 방어수단의 합리성(정당성)을 적대적 M&A의 실체와는 무관한 자금조달과 같은 정당한 사업목적의 유무로 판단하였고, 이에 따라 일반적으로 유해성이 인정되는 적대적 M&A(2단계 공개매수, 기업해체를 목적으로 한 LBO, 그린메일을 목적으로 주식매집 등)에 대한 방어수단이더라도 그 방어수단에 자금조달과 같은 정당한 사업목적이 존재하지 않는 한 그것은 부당한 방어수단으로서 적법성을 결하게 되는 모순이 발생하게 된다.

따라서 방어수단의 적법성은 주요목적기준이 아니라 적대적 M&A가 기업가치에 가한 위협을 기준으로 방어수단의 적정성과 합리성을 판단하는 이른바 기업가치기준에 기하여 판단하여야 할 것이며, 이 기준에 의하면 적대적 M&A의 유해성이 인정되고 그 유해성에 상응하는 적절한 방어수단이 취해진 경우라면 당해 방어수단은 오로지 지배권유지의 목적으로 취해진 경우라도 정당화될 수 있다. 이 기준은 이미 1985년 미국의 Unocal 사건에서 확립된 원칙이고, 일본에서는 기업가치연구회보고서 및 경제산업성·법무성의 지침에서 제시하는 기준이자 일본방송사건에서 법원이 일반론으로 수용한 기준이다.

3. 사 견

앞에서 살펴본 현대엘리베이터 사건은 그 결정에서 상법규정의 일반법리에 의하여 당해 신주발행의 위법성을 해결하는 것 이외에도, 경영권분쟁이라는 특수한 상황을 반영하여 독자적인 경영권 방어법리의 구성에 기여할 수 있는 일반원칙을 제시하고 있으며, 특히 경영권 방어행위의 허용여부는 일률적으로 말할 수는 없지만 경영권 방어에 주된 목적이 있는 경우조차도 적대적 기업취득자가 누구이냐에 따라 방어가 허용될 수도 있음을 설시한 것은 경영권 방어의 특수한 법적·사회 경제적 의미를 전혀 고려하지 않는 전통적인 회사법의 관점에서는 매우 획기적인 태도라고 보는 견해[110]에 동의하며, 현대엘리베이터 사건을 토대로 하는 제 1 설에 기본적으로 찬성한다.

여기에서는 제 1 설에서의 방어행위의 적법성의 4가지 판단기준 중 제 2 기준과 제 3 기준을 하나의 기준으로 통합하여 총 3가지의 판단기준으로 나누어 보기로 하겠다. 즉 방어행위의 적법성의 판단기준을 우선 법령과 정관에 있어서 방어행위에 관한 규정의 존부에 두어 방어행위가 법령과 정관에 규정된 경우와 규정되지 않은 경우로 분류하며, 예외적으로 대상회사가 현경영진에 의하여 경영권을 유지하는 것이 객관적으로 적정하지 않은 경우에 적용될 수 있는 기준을 두어 모두 3가지의 판단기준을 설정하고자 한다.

[M&A에 직면한 경영진의 방어행위의 적법성의 판단기준의 설정]

a) 방어행위가 법령이나 정관에 직접 규정되어 있는 경우
법령과 정관규정이 허용하는 범위 내인지 여부에 따라 그 적법성을 결정함.

b) 방어행위가 법령이나 정관에 직접 규정되지 않은 경우
경영권 방어의 동기(목적) 및 방어수단의 합리성이라는 실체적 요건과 경영권방어행위를 실행하기 위한 결의의 적정성이라는 절차적 요건을 충족하여야 함.

c) 대상회사가 현경영진에 의하여 경영권을 유지하는 것이 객관적으로 적정하지 않은 경우
경영진에게 방어권 행사보다는 주주이익극대화의무가 요구되는 예외적인 경우임.

110) 송종준, "경영권분쟁중 방어권남용의 판단기준 —현대 엘리베이터 사건을 중심으로—," 「인권과 정의」(대한변호사협회), 제351호(2005), 110면.

제 1 설에서는 방어행위에 대하여 직접 법령이나 대상회사의 정관에 규정이 없는 경우에는 구체적인 해당 경영권 방어행위의 동기나 목적, 방어수단의 합리성 등을 종합하여 그 허용여부가 결정되어야 할 것이며(제 2 기준), 경영권 방어에 주된 목적을 가진 행위라도 일정한 실체적 요건과 절차적 요건을 갖추면 적법할 수 있다(제 3 기준)고 한다. 그러나 이러한 2가지 기준을 방어행위가 법령이나 정관에 규정되지 않은 경우로 통합하여 그 기준으로는 경영권 방어의 동기(목적) 및 방어수단의 합리성이라는 실체적 요건과 경영권방어행위를 실행하기 위한 결의의 적정성이라는 절차적 요건을 둘 수 있다고 생각한다.

즉 법령이나 정관에 규정이 없는 방어행위가 적법성을 가지기 위해서는 회사의 기업가치[111]에 대한 위협으로부터 경영권보호를 위한 방어행위라는 요건 및 그러한 위협에 대하여 채택된 방어행위가 적절하였다는 실체적 요건을 충족하여야 하고, 그러한 경영권 방어행위를 채택한 이사회의 결의가 적정한 절차를 거쳤다는 절차적 요건을 충족하여야 한다고 본다.

[방어행위의 적법성 판단의 전제조건]

좀 더 자세히 언급한다면 특정한 방어행위가 실체적 요건 및 절차적 요건을 충족하느냐의 여부에 있어서, 이미 그러한 방어행위는 경영상의 판단에 해당한다는 점이 전제가 되어 있는 것이라고 볼 수 있다. 이 경우 방어행위가 경영상의 판단에 해당하는지 여부에 대한 기준은 미국의 ALI, Principle of Corporate Governance 제4.01조 및 Model Business Corporation Act 제8.31조의 요건을 참조하여도 무리가 없다고 생각한다.

즉 이사가 방어행위의 결정에 개인적인 이해관계가 없어야 하며, 적

111) 여기서 기업가치란 회사의 단기 및 장기의 전략적 가치를 포함하는 회사의 재산, 수익성, 안정성, 효율성, 성장력 등 주주의 이익에 기여하는 회사의 속성이라고 생각한다.

합하다고 확신할 수 있을 정도의 정보에 의하고, 회사에 대하여 최선의 이익이라고 합리적으로 신뢰하여 방어행위를 결정한 경우에 그러한 방어행위는 경영상의 판단으로 볼 수 있다. 따라서 엄밀히 말하자면 법령이나 정관에 규정이 없는 이사의 방어행위가 적법하기 위해서는 먼저 경영상의 판단에 해당되고, 또한 경영권 방어의 동기 및 방어수단의 합리성이라는 실체적 요건과 경영권 방어행위를 실행하기 위한 결의의 적정성이라는 절차적 요건을 충족하여야 한다고 볼 수 있다.

이때 대상회사가 현경영진에 의하여 경영권을 유지하는 것이 객관적으로 적정하지 않은 경우에 적용될 수 있는 기준은 경영진에게 방어권 행사보다는 주주이익극대화의무가 요구되는 예외적인 경우이기 때문에 여기에서는 검토하지 않겠다. 이하에서는 방어행위가 직접 법령과 정관에 규정된 경우와 규정되지 않은 경우에 있어서 방어행위의 적법성, 이사의 책임 및 증명책임에 관하여 자세히 검토하여 보겠다.

가. 방어행위가 직접 법령이나 정관에 규정된 경우

(1) 적 법 성

방어수단에 해당하는 행위에 대하여 직접 법령이나 대상회사의 정관에 규정된 바가 있으면 그 법령과 정관규정이 허용하는 범위 내인지 여부에 따라 그 적법성을 결정하여야 한다. 즉 방어행위가 법령이나 정관의 범위 내라면 적법하고, 그 범위를 일탈한 경우에는 적법하지 아니하며 이 경우 이사의 책임이 문제될 수 있다.

(2) 이사의 책임

상법은 제399조에서 이사가 법령 및 정관에 위반한 행위를 하거나 임무를 해태한 경우에 회사에 대하여 손해배상책임을 부담한다고 규정하고 있으며, 제401조에서 이사가 악의 또는 중대한 과실로 임무를 해태한 경우에 제 3 자에 대하여 손해배상책임을 부담하다고 규정하고 있다. 이때 제 3 자의 범위에 주주가 포함되는지에 대하여 학설의 대립이 있으나 여기서는 제 3 자의 범위에는 주주가 포함된다는 다수설[112]에 따르기로 하겠다.

따라서 방어행위가 법령과 정관의 범위를 일탈한 경우에는 상법 제 399조 1항·2항에 의하여 이사는 회사에 대하여 연대하여 손해를 배상할 책임이 있으며 이사의 행위가 이사회의 결의에 의한 것이라면 그 결의에 찬성한 이사도 연대책임을 지게 되며, 제 3 자(주주 포함)에 대하여는 그러한 이사의 방어행위가 악의 또는 중과실에 의한 임무해태행위에 해당하여야 책임을 부담하게 될 것이다.

대개 이러한 악의 또는 중과실에 의한 임무해태행위란 이사가 주식청약서·사채청약서·재무제표 등에 허위의 기재를 하거나 허위의 등기나 공고를 하여 제 3 자에게 손해를 입힌 경우나 이사가 회사의 자산·경영상태 등에 비추어 만기의 지급가능성이 없는 어음을 발행한 경우를 말하는데,[113] 이사 등의 경영상의 판단 자체에 과오가 있는 경우에는 이러한 임무해태행위로 보지 않는다.[114] 왜냐하면 업무집행의 적법성은 행위시에 판단되지만 효율성은 상당한 시간이 경과한 후에야 판단되는 경우가 많으며, 만약 이사가 내린 경영상의 판단이 사후에 비효율적이었다고 판단되는 경우에는 이 비효율성은 사후적이고 이사가 관리불가능한 변수에 의하여 결정되어지는 것이기 때문에 이러한 이사의 경영상의 판단을 임무해태라고 한다면 이사에게 관리불가능한 책임을 부여하는 문제가 있다.[115]

즉 이사가 경영상의 판단을 하는 데 있어서 사전의 판단과정에 과실

---

112) 정찬형, 전게서(회사법강의), 645-647면; 손주찬, 「상법(上)(第14訂版[全訂版])」(서울: 박영사, 2003), 810-811면; 이철송, 전게서(회사법강의), 614면; 채이식, 「상법강의(上)(改訂版)」(서울: 박영사, 1996), 631면; 이기수·유진희·이동승, 「회사법」(서울: 박영사, 2002), 631면.

113) 정찬형, 전게서(회사법강의), 642-644면.

114) 정찬형, 전게서(회사법강의), 633면.

115) 이철송, 전게서(회사법강의), 601-602면.

이 없는 한 이를 사후판단의 안목에서 논하여 임무해태로 볼 수는 없는 것이다. 따라서 이사가 법령과 정관에 규정된 범위를 일탈한 방어행위를 채택할 당시에 있어서 사전의 판단과정에 악의 또는 중과실이 존재하는 경우에 한하여 그러한 방어행위는 악의 또는 중과실에 의한 임무해태행위로 간주되어 이사는 제 3 자(주주 포함)에 대하여 책임을 부담하게 될 것이다.

(3) 증명책임

이사의 방어행위가 법령 또는 정관에 규정된 바를 위반한 경우에 있어서 이사의 회사에 대한 책임에 대하여 과실책임인지 무과실책임인지 대하여 학설이 나누어져 있다.[116)]

상법 제399조는 민법의 일반원칙의 특칙으로 볼 수 있는 점, 법상 명문의 규정이 없는 점으로 보아 과실책임으로 보는 것이 타당하나, 이사의 법령 또는 정관위반 자체가 과실의 존재를 추정시킨다고 할 것이므로 회사에 대한 책임의 면제를 주장하는 이사가 무과실의 증명책임을 진다고 보게 될 것이다.[117)]

그리고 이사의 제 3 자(주주 포함)에 대한 책임에 있어서는 이사의 방어행위가 악의 또는 중과실에 의한 임무해태행위에 해당된다고 주장하는 자가 증명책임을 부담하게 될 것이다.[118)]

2008년 5월 7일에 법무부가 입법예고한 회사법개정안(법무부 공고 제2008-47호)에서는 이사가 고의 또는 과실로 인하여 법령 또는 정관에 위반한 행위를 하거나 그 임무를 게을리한 경우에는 그 이사는 회사에 대하여 연대하여 손해를 배상할 책임이 있다고 규정하고 있는데(개정안 제399조 1항), 이는 그동안 학설상 논란이 있었던 이사의 행위가 법령 또는 정관에 위반한 경우에 있어서 회사에 대한 책임이 과실책임이라는 점을

116) 정찬형, 전게서(회사법강의), 631면 註 2, 3, 4 참조.

117) 정찬형, 전게서(회사법강의), 631 · 634면; 정동윤, 전게서(회사법), 448면; 이철송, 전게서(회사법강의), 600-601면.

118) 정동윤, 전게서(회사법), 452면; 이철송, 전게서(회사법강의), 613면.

명백히 선언한 규정이라 보며, 증명책임에 관한 부분은 기존의 해석론을 그대로 원용하면 된다고 생각한다.

나. 방어행위가 직접 법령이나 정관에 규정되지 않은 경우

(1) 적 법 성

방어행위가 직접 법령이나 정관에 규정되지 않은 경우에는 일정한 실체적 요건과 절차적 요건을 갖추면 적법할 수 있는데, 실체적 요건에는 경영권 방어의 동기(목적)의 합리성과 방어수단의 합리성을 들 수 있으며, 절차적 요건에는 경영권방어행위를 실행하기 위한 결의의 적정성을 들 수 있다.

즉 방어행위가 적법성을 가지기 위해서는 회사의 기업가치에 대한 위협으로부터 경영권보호를 위한 방어행위라는 요건 및 그러한 위협에 대하여 채택된 방어행위가 적절하였다는 실체적 요건을 충족하여야 하고, 그러한 경영권 방어행위를 채택한 이사회의 결의가 적정한 절차를 거쳤다는 절차적 요건을 충족하여야 한다.

(2) 이사의 책임

전술한 실체적·절차적 요건을 충족하지 못한 방어행위를 행한 이사가 회사에 대한 책임을 지기 위해서는 상법 제399조의 요건에 따라 방어수단의 채택이 임무해태에 해당하여야 한다. 즉 위에서 살펴본 바와 같이 이사의 경영상판단 자체가 아닌 그러한 경영상판단을 하기 위한 사전의 판단과정에 과실이 있는 경우에 한하여 임무해태로 본다면, 방어행위가 실체적·절차적 요건을 충족하지 못한 점을 이사의 과실로 간주하여도 무리가 없다고 생각한다. 따라서 실체적·절차적 요건을 충족하지 못한 방어행위를 임무해태행위로 보아 이사의 회사에 대한 책임을 인정할 수 있다고 본다.

그러나 제 3 자(주주 포함)에 대한 책임의 본질은 원래 이사와 아무런 법률관계도 없는 제 3 자를 보호하기 위하여 상법이 특별히 인정한 일종의 법정책임으로 보고 있기 때문에,[119] 전술한 회사에 대한 책임과 유사하게 실체적·절차적 요건의 불충족을 중과실로 간주하여 제 3 자에 대한 이사의 책임을 인정하기에는 방어행위를 한 이사에게 가혹한 결과를 초래할 수 있다. 따라서 이 경우에는 방어행위를 채택할 당시에 사전의 판단과정에 악의 또는 중과실이 존재하여 실체적·절차적 요건을 충족하지 못한 경우에만 상법 제401조의 악의 또는 중과실에 의한 임무해태행위로 간주하여야 한다고 본다.

(3) 증명책임

이사의 방어행위가 법령 또는 정관에 규정되지 않은 경우에 있어서 방어행위가 전술한 실체적·절차적 요건을 충족하지 못한 경우에는 회사 및 제 3 자(주주 포함)에 대한 이사의 책임을 주장하는 자가 책임의 성립요건에 대한 증명책임을 부담하는 것이 원칙이다.

즉 상법상 이사는 회사에 대하여 위임관계에 기한 선관주의의무를 부담하는 동시에 법령과 정관에 따라 회사를 위하여 그 직무를 충실하게 수행해야 할 충실의무를 부담한다. 따라서 법령 또는 정관에 규정되지 않은 방어행위가 실체적·절차적 요건을 충족하지 못한 경우 이사에 대하여 회사에 대한 책임을 주장하는 자는 이사의 선관주의의무와 충실의무 위반에 기한 임무해태를 주장할 것이다. 또한 제 3 자(주주 포함)에 대한 책임을 주장하는 자는 이사는 제 3 자(주주 포함)에 대하여는 선관주의의무나 충실의무를 진다는 명문의 규정은 없기에 악의 또는 중과실에 의한 임무해태행위를 주장하면서 이사의 악의나 중과실, 인과관계, 손해의 발생에 대한 증명책임을 지게 될 것이다.

그러나 통상적으로 적대적 M&A의 국면 또는 경영권분쟁 중인 상황

119) 이에는 일반법정책임설과 특수법정책임설이 있는데, 우리나라의 다수설은 일반법정책임설 [정찬형, 전게서(회사법강의), 645면; 정동윤, 전게서(회사법), 451-452면; 이철송, 전게서(회사법강의), 595면; 채이식, 전게서(상법강의), 567면 外]이며 어느 설에 의하더라도 그 결과에 있어서 실질적인 차이가 있는 것은 아니고 다만 책임의 본질에 관한 설명이 다를 뿐이라고 한다 [정찬형, 전게서(회사법강의), 645면].

에서 적대적 M&A에 의하여 경영권을 취득하는 경우에 대상회사의 경영진은 교체되는 것이 일반적이기에 경영권분쟁의 국면에서 이사의 방어행위는 자신의 경영권 교체를 저지하는 직접적인 영향을 주게 되며 이것은 주주와 회사의 이익, 나아가서는 회사의 집단적 공동이익을 해칠 수 있는 잠재적 위법성을 안고 있다. 그리하여 경영권분쟁 중 이사의 방어행위는 원칙적으로 자신의 경영권유지 또는 지배주주의 지배권 유지의 목적이 있어서 방어권 남용 또는 방어행위의 위법성이 일응 추정된다고 보는 것이 타당하므로 이사의 방어행위로 인한 회사와 경영진 또는 기존 지배주주간의 이해충돌적 상황에서는 이사 스스로 자신의 방어행위로 인하여 회사와 주주의 이익, 관련 이해관계자의 이익을 침해하지 않았다거나, 순수한 경영권유지 목적의 방어가 합당함을 반증하도록 경영권 방어자에게 증명책임을 전환되어야 한다.[120)]

앞서 살펴본 미국의 경우에 있어서도 이사회의 경영상의 판단이 법령과 정관의 규정에 규정되지 않은 경우에 있어서 적용되는 경영판단의 원칙에 대하여 미국법률협회의 회사지배구조원칙(Principles of Corporate Governance) § 4.01.(d)에서는 이사나 임원의 경영상의 판단에 대하여 이의를 제기하고자 하는 자가 이사나 임원이 경영상의 판단을 함에 있어서 주의의무를 위반하였다는 사실에 관하여 증명책임을 진다고 규정한 바 있다. 이러한 경영판단의 원칙을 델라웨어 법원은 대상회사 이사의 방어행위에 대한 판단기준으로 계속 적용하여 오다가 Cheff판결에 이르러 그 적용에 중대한 수정을 가하게 되었다.

Cheff판결에서는 경영판단의 원칙의 적용을 위하여 이사가 회사의 정책과 효율성에 대한 위협이 존재한다고 신뢰한 사실의 합리적 근거에 대한 증명책임을 이사에게 부과하여 전통적인 법리에 수정을 가하였으며, 이때 이사는 방어행위의 주요목적이 회사의 정책유지에 있으며, 성실함과 합리적 조사를 증명함으로써 그 증명책임을 충족시킬 수 있었다. 즉

120) 송종준, 전게논문(방어수단 도입의 전제조건), 212-213면.

Cheff판결에서 법원은 이익상반의 상황에 직면한 이사는 단순한 자신의 지위보전의 목적이 아닌 합법적인 회사의 영업목적을 증명할 증명책임을 부담한다고 하였으며, 이러한 증명책임을 충족하기 위하여 이사는 회사에 손실을 입힐 수 있는 방향으로 회사의 정책을 전환시킬 매수자에게 지배권을 양도하는 것을 저지하기 위한다는 목적을 표명하여야 한다고 판시하였다. 그 후 델라웨어 법원은 Unocal판결 및 Time판결을 통하여 증명책임의 전환을 계속 인정하고 있다.

따라서 회사에 대한 책임에 있어서 법령 또는 정관에 직접 규정되지 않은 방어행위를 채택한 이사가 방어행위를 채택하는 과정에 있어서 실체적·절차적 요건을 충족하였다는 점(예를 들면 방어행위 채택의 목적의 합리성, 위협과 관련된 방어행위의 적절성, 경영권 방어행위를 채택한 이사회의 결의의 적정성)에 대한 증명책임을 부담하여 방어행위가 임무해태행위가 아니라는 것을 증명하여야 한다고 본다.

그러나 제 3 자(주주 포함)에 대한 책임에 있어서는 위에서 살펴본 바와 같이 이사는 주주를 포함한 제 3 자에 대하여는 선관주의의무나 충실의무를 진다는 명문규정이 없기에 원칙적으로는 이사의 악의 또는 중과실에 의한 임무해태행위를 주장하는 자가 이사의 악의나 중과실, 인과관계, 손해의 발생에 대한 증명책임을 부담하여야 하나, 이사와 제 3 자(주주 포함)간의 이익상반적 상황이 명백한 경우에 한하여 증명책임의 전환요건이 적용될 필요가 있으며, 이익상반적 상황이라는 요건은 엄격하게 해석하여야 한다고 본다. 이때 이익상반적 상황이 명백하게 존재한다는 사실에 대한 증명책임은 일반원칙에 따라 그 사실을 주장하는 자가 부담하여야 한다고 보기 때문에, 이사의 방어행위가 악의 또는 중과실에 의한 임무해태행위라고 주장하는 자가 이사의 방어행위가 이익상반적 상황에서 행하여졌다는 사실을 입증한다면 이사에게 자신의 방어행위가 악의 또는 중과실에 의한 임무해태행위가 아니라는 점에 대한 증명책임이 전환된다고 생각한다.

전술한 경영진의 방어행위의 적법성의 판단기준을 예를 들어 정리하여 보겠다.

A. 법령이나 정관에 '이사회는 적대적 M&A에 직면하여 차입매수(LBO)에 관한 결의를 할 수 없다'라는 내용이 규정된 경우

ⓐ 이사회가 이 규정에 위반하는 결의를 하였다면 상법 제399조에 의하여 회사에 대한책임을 부담하게 되며, 이사의 법령 또는 정관위반 자체가 과실의 존재를 추정시킨다고 할 것이므로 회사에 대한 책임의 면제를 주장하는 이사가 무과실의 증명책임을 부담할 것이다.

ⓑ 이사회가 이 규정에 위반하는 결의를 하였다면, 그 결의를 하기 위한 판단과정에서 악의·중과실이 존재하는 경우에 이를 상법 제401조의 악의 또는 중과실에 의한 임무 해태행위로 보아 제 3 자(주주 포함)에 대한 책임을 부담하게 되며, 이사의 임무해태를 주장하는 자가 이사의 방어행위가 악의 또는 중과실에 의한 임무해태행위라는 점에 대한 증명책임을 부담하게 될 것이다.

B. 차입매수에 관한 내용이 법령이나 정관에 규정되어 있지 않은 경우

ⓐ 이사회가 차입매수에 관한 결의를 하였다면, 그 결의가 방어행위의 실체적·절차적요건을 충족하지 못한 경우에 이를 상법 제399조의 임무해태행위로 보아 회사에 대한 책임을 부담하게 되며, 이사가 방어행위를 채택하는 과정에서 실체적·절차적 요건을 충족하였으며 방어행위가 임무해태행위가 아니라는 점에 대한 증명책임을 부담할 것이다.

ⓑ 이사회가 차입매수에 관한 결의를 하였다면, 그 결의를 하기 위한 판단과정에서 악의·중과실이 존재하여 방어행위의 실체적·절차적 요건을 충족하지 못한 경우에 이를 상법 제401조의 악의 또는 중과실에 의한 임무해태행위로 보아 제 3 자(주주 포함)에 대한 책임을 부담하게 되며, 이사의 임무해태를 주장하는 자가 이사의 방어행위가 이익상반적 상황에서 행하여졌다는 사실을 입증한다면 이사에

게 자신의 방어행위가 악의 또는 중과실에 의한 임무해태행위가 아니라는 점에 대한 증명책임이 전환될 것이다.

Ⅲ. 방어권 인정규정의 도입

1. 필 요 성

1997년 1월 개정 증권거래법 제23조 4항 및 1997년 3월 개정 증권거래법 시행령 제12조의 5에서는 공개매수기간 중 대상회사의 의결권 있는 주식수의 변동을 초래할 수 있는 행위로서 의결권 있는 주식에 관계되는 유가증권의 발행과 그 발행에 관한 이사회 또는 주주총회의 결의를 금지시킨 바 있으나, 2005년 1월 개정 증권거래법에서는 이러한 공개매수기간 중에 금지되었던 신주발행 등의 방어행위에 대한 금지를 해제하였다. 이는 제 3 자배정의 형식의 신주발행이 우리나라에서 많이 활용되었던 방어수단이었던 점을 감안한다면 중요한 의미가 있다고 할 수 있다.

또한 증권거래법에서 주식의 대량소유제한제도 및 25% 의무공개매수제도의 폐지 등으로 국내기업에 대한 외국인의 적대적 M&A가 활성화될 것이 예상됨에 따라 경영권방어수단을 제공하기 위하여 1999년 5월 개정 증권거래법 시행령에서는 주권상장법인과 코스닥상장법인의 자기주식취득의 한도를 폐지하였다.

그러나 정작 상법이나 증권거래법에서는 적대적 M&A에 직면한 경영진의 방어행위에 관한 규정이 명시되어 있지 않아 해석론상으로 논의가 되고 있는데, 대체로 경영진은 적대적 M&A의 국면에서 적절하게 방어수단을 행사할 권한과 의무가 있다고 보는 것이 다수설이며, 판례의 입장은 아직은 일관적이지 못하다는 점은 앞에서 살펴본 바와 같다.

따라서 포괄적인 방어권 규정을 우리나라 법제에 도입하는 방안을 검토하는 편이 바람직하다고 생각하며 이하에서는 경영진의 방어행위에 관한 각국의 입법례를 간단하게 살펴본 후, 경영진의 방어권 규정의 도입시 문제될 수 있는 논점에 관하여 언급하여 보기로 하겠다.

2. 입 법 례

가. 유 럽

유럽연합의 공개매수에 관한 제13차 지침(Thirteen Directive of the European Union on Takeover Bids)에 의하면 대상회사의 경영진은 공개매수 기간 중에 공개매수를 무산시킬 수 있는 행위를 하기 전에 주주총회로부터 권한을 부여받아야 한다고 규정하고 있으며[13th Directive Article 9 (2)], 이를 대상회사 경영진의 중립원칙(Neutrality Rule)이라 한다. 즉 제13차 공개매수지침에 의하면 적대적 M&A에 직면한 대상회사의 경영진에게는 원칙적으로 방어권이 인정되지 않는다고 볼 수 있다.

영국의 경우에는 대상회사의 경영진은 공개매수 기간에는 선의의 공개매수청약에 직면한 경우에 대상회사의 경영진은 주주총회의 승인 없이는 공개매수를 무산시킬 수 있는 행위(신주의 발행, 미발행 주식에 대한 선택권의 부여, 대상회사 주식으로의 전환권이 부여된 증권의 발행, 실질적인 자산의 양도, 일반적인 업무 이외의 계약의 체결 등)를 하여서는 안 된다고 규정하고 있는데(City Code Rule 21.1), 이는 EU의 제13차 공개매수지침과 대체로 유사한 입장이라고 할 수 있다.

독일은 유가증권의 취득 및 기업인수에 관한 법률(WpÜG) 제33조에서 기업인수와 관련된 대상회사의 경영진의 방어행위에 관하여 규정하고 있는데, 먼저 (1)항에서는 기업인수제의가 공표되어 그 결과가 공표될 때까지 대상회사의 경영진은 통상적인 행위, 경쟁 매수자(competing offer)의 물색행위 및 대상회사의 감사회가 동의한 행위 외에 기업인수제의를 무산시킬 수 있는 행위는 할 수 없으나, (2)항에서는 만약 대상회사의 주주총회가 기업인수제의가 공표되기 전에 주주총회의 권한 내에서 기업인수제의를 무산시키기 위한 행위를 할 수 있도록 경영진에게 권한을 부여하였다면, 경영진은 그러한 주주총회의 수권에 의하여 특정된 방어행위를 감사회의 동의를 얻어 행할 수 있다고 규정하고 있다.

즉 WpÜG 제33조 (1)항에 의하면 대상회사의 경영진은 감사회의 승인만 있다면 주주총회의 승인 없이 방어행위를 할 수 있기 때문에 이는 경영진에게 방어행위에 대한 재량권을 부여하였다고 볼 수 있다.

나. 미 국

미국법률협회는 '기업지배구조원칙: 분석과 권고'(Principles of Corporate Governance: Analysis and Recommendations, 이하에서는 PCG라고 하겠다)에서 합병 및 적대적 공개매수에서의 이사와 주주의 역할을 밝히고 있다.

PCG 제6.02조 (a)항에서 이사회는 그 행위가 공개매수에 대하여 합리적인 대응인 경우 적대적 공개매수의 저지에 관하여 예견가능한 효과를 가지는 행위를 할 수 있으며, (b)항에서는 이사회의 행위가 공개매수에 대하여 합리적인 대응인지의 여부를 검토할 경우에 적법성의 문제 및 그 공개매수가 성공할 경우에 회사의 본질적인 경제적 전망에 위협을 미치게 되는지의 여부를 포함하여 회사 및 주주의 최선의 이익에 관한 모든 요소를 고려할 수 있으며, 또한 이사회는 주주의 장기적인 이익에 상당한 불이익을 주지 않는 한, 회사가 합법적인 관계를 가지는 (주주 이외의) 이익 또는 집단을 고려할 수 있다고 규정하고 있다.

그러므로 PCG 제6.02조 (a)항에 의하면 이사는 원칙적으로 적대적 M&A에 대하여 합리적인 대응으로서 회사 및 주주의 최선의 이익을 위하여 방어행위를 할 수 있다고 볼 수 있다.

3. 사 견

위에서 살펴본 유럽 및 미국의 법제 중 경영진의 포괄적인 방어권 규정을 두고 있는 측면을 참고하여 볼 때, 우리나라 회사법에도 이러한 포괄적인 방어권 인정규정을 두는 것이 회사법의 해석원리측면에도 무리는 아니라고 생각된다. 그러나 상법상 규정으로 전면적인 도입을 하기보다는 먼저 상장기업을 대상으로 포괄적인 방어권 규정을 증권거래법과 같은 특별법에 도입하는 방안을 검토하는 편이 바람직하다고 보며, 입법화 과정에서는 미국법률협회의 '기업지배구조원칙: 분석과 권고(PCG)' 제6.02조의 취지가 참고가 될 수 있다고 생각한다.

즉 상장회사의 이사회는 원칙적으로 적대적 M&A에 대하여 합리적인 대응으로서 회사 및 주주의 최선의 이익을 위하여 방어수단을 채택할 수 있으며, 회사와 합법적인 관계를 가지는 집단(이른바 이해관계자(Stakeholder)라 언급되는 피고용인, 회사채권자, 고객 및 지역사회)의 이익을 고려할 수 있다는 내용을 고려하여 방어권 인정규정의 도입을 검토할 수 있다고 생각한다.

참고문헌

Ⅰ. 국내문헌

손주찬, 「상법(上)(第14訂版[全訂版])」, 서울: 박영사, 2003.

손재호 · 이태훈 · 나종호, 「적대적 M&A」, 서울: 매일경제신문사, 2006.

이기수 · 유진희 · 이동승, 「회사법」, 서울: 박영사, 2002.

이철송, 「회사법강의(제13판)」, 서울: 박영사, 2006.

윤종훈 · 이호준 · 법무법인 한결 · 화인 경영회계법인, 「M&A 전략과 실전사례」, 서울: 매일경제신문사, 2003.

정동윤, 「회사법(제 7 판)」, 서울: 법문사, 2001.

정찬형, 「회사법강의(제 3 판)」, 서울: 박영사, 2003.

채이식, 「상법강의(上)(改訂版)」, 서울: 박영사, 1996.

권종호, "일본의 적대적 M&A현황과 방어수단에 관한 최근 동향," 「상장협」(한국상장회사협의회), 제52호(2005).

김교창, "M&A에 관련된 최근 일본의 재판례," 「상사법연구」(한국상사법학회), 9집(1991).

김두식, "M&A 법제의 개선방안 연구," 「상장협」(한국상장회사협의회), 제50호(2004).

민주홍, "적대적 기업매수의 방어책에 대한 연구," 「법학석사학위논문」, 충남대학교, 1997년.

박준 · 허영만, "적대적 M&A의 방어와 관련한 법적 규제," 「인권과 정의」(대한변호사협회), 제252호(1997).

송종준, "경영권 방위수단 도입의 전제조건," 「기업법연구」(한국기업법학회), 제19권 제 4 호(2005).

———, "경영권분쟁중 방어권남용의 판단기준 —현대 엘리베이터 사건을 중심으로—," 「인권과 정의」(대한변호사협회), 제351호(2005).

양만식, "적대적 M&A에 있어서의 이사의 역할(이사의 행동기준)," 「기업법연구」(한국기업법학회), 제14집(2003).

유영일, "주식공개매수에 관한 연구 —방어행위의 적법성에 관한 미국회사법상의논의를 중심으로—,” 「법학박사학위 논문」(서울대학교), 1994. 2.

유진희, “유럽연합의 기업인수 규제 —공개매수 지침을 중심으로,” 「기업법 연구」(한국기업법학회), 제19권 제 3 호(2005).

이준섭, “공개매수법에 관한 고찰 —개정 M&A법의 성찰,” 「상사법연구」(한국상사법학회), 제18권 제 2 호(1999).

정 대, “적대적 M&A에 대한 대상회사의 방어행위의 적법성 판단기준에 관한 고찰,” 「기업법연구」(한국기업법학회), 제20권 제 2 호(2006).

최문희, “신주(예약권)의 제 3 자 배정에 의한 경영권 방어의 적법성 —일본방송사건에 비추어 본 일본 판례의 분석을 중심으로—,” 「BFL(Business Finance Law)」(서울대학교 금융법센터), 제12호(2005).

Ⅱ. 국외문헌

太田洋, “ニッポン放送新株豫約權發行差止假處分申立事件決定とその意義(下),” 「商事法務」, 第1730號(2005. 4. 25).

大塚和成, “買收防衛策と「企業價値」の意義 - ニッポン放送事件およびニレコ事件を題材にして,” 「金融法務事情」, No. 1749(2005. 9. 15).

Charles R. O’Kelly & Robert B. Thompson, Corporation and Other Business Association 5th Ed., New York: Little, Brown and Company, 2006.

———, Corporation and other business associations; Selected Statutes, Rules, and Forms, New York: Aspen, 1999.

James D. Cox & Thomas Lee Hazen, Corporation 2nd Ed., New York: Aspen, 2003.

Jeffrey D. Bauman, Corporations and Other Business Associations Statutes, Rules and Forms 2006 Edition, Minnesota: West, 2006.

John C. Coffee, Jr. & Joel Seligman, Securities Regulation Cases and Materials 9th Ed., New York: Foundation Press, 2003.

Robert Clark, Corporate Law, New York: Aspen, 1986.

Robert W. Hamilton, The Law of Corporation 5th Ed., Minnesota: West Group, 2000.

Stephen M. Bainbridge, Mergers and Acquisitions, New York: Foundation

Press, 2003.

Frank H. Easterbrook & Daniel R. Fishel, *The Proper Role of a Target's Management in Responding to a Tender Offer,* 94 Harv. L. Rev. 1161 (1981).

———, *Auctions and Sunk Costs in Tender Offers,* 35 Stan. L. Rev.1 (1982).

Lucian A. Bebchuk, *The Case for Facilitating Competing Tender Offers,* 95 Harv. L. Rev. 1028 (1982).

Martin Lipton, *Twenty-five years after Takeover Bids in the Target's Boardroom: Old Battles, New attacks and the Continuing War,* 60 Bus. Law. 1369 (2005).

———, *Takeover Bids in the Target's Boardroom,* 35 Bus. Law 104 (1979).

Michael C. Jensen & William H. Meckling, *Theory of the Firm: Managerial Behavior, Agency Costs and Ownership Structure,* 3 J. Fin. Econ. 305 (1976).

제 4 장
적대적 M&A에 대한 방어수단

제 1 절 총 설

제 2 절 정관을 이용한 방어수단

제 3 절 계약에 의한 방어수단

제 4 절 자본구조변경에 의한 방어수단

제 4 장
적대적 M&A에 대한 방어수단

제 1 절 총 설

적대적 M&A에 대한 방어수단(Defensive Tactics)은 그 유형이 매우 다양하며 이러한 방어수단의 유형화도 분류기준에 따라 달라질 수밖에 없다. 이러한 분류기준에 관하여는 적대적 M&A의 발생시점을 기준으로 적대적 M&A가 사실상 표면화되기 이전에 사용하는 사전적 수단인 예방적 방어수단(preventive tactics)과 적대적 M&A 발생 이후에 사용하는 사후적 수단인 대응적 방어수단(responsive tactics)으로 분류하는 견해[1)]가 가장 일반적이다.

적대적 M&A의 분류에 관한 견해 중에는 적대적 M&A에 대한 방어방법을 대상회사가 적대적 M&A에 대비하여 사전에 준비해 두는 제도적·정태적인 것과 적대적 M&A에 직면한 대상회사의 이사회가 이것에 대처하기 위하여 이용하는 비제도적·동태적인 것으로 구분한 후, 다시 그 기법의 성질에 따라 적대적 M&A에서 필요로 하는 비용을 현저하게 증대시키거나 또는 적대적 매수를 사실상 저지할 수 있는 사유를 창출하는 방어선구축형과 일종의 안정주주 공작적인 기법에 의해 특정의 우호적인 주주로부터 현재 또는 장래에 대한 지원을 확보해 두어 적대적

1) James D. Cox & Thomas Lee Hazen, Corporation 2nd Ed. (New York: Aspen, 2003), at 647 [hereinafter Cox & Hazen, Corporation].

M&A의 가능성 자체를 사실상 봉쇄하는 동맹형으로 자세히 분류하는 견해[2)]도 있다.

그러나 예방적 방어수단의 대부분이 대응적 방어수단으로도 사용될 수 있으며, 방어수단을 자세히 유형화하였더라도 일목요연하게 분류하는 장점 이외의 실익은 그다지 없다고 생각한다. 왜냐하면 대상회사의 경영진은 여러 가지 방어수단을 동시에 또는 복합적으로 사용할 수 있기 때문이다. 따라서 방어수단의 활용성에 중점을 둔다면 방어수단의 채택방법을 기준으로 분류하는 것이 바람직하다고 생각한다.

방어수단의 채택방법을 기준으로 방어수단을 분류하는 견해에는 몇 가지가 있다. 참고적으로 살펴본다면 정관을 이용한 방어책·조직구조의 변경에 의한 방어책·자본구조의 변경을 통한 방어책·계약에 의한 방어책·기타의 방어책으로 분류하는 견해[3)]가 있으며, 소유구조의 개편에 의한 방어방법·재무구조의 개편에 의한 방어방법·자산의 구조조정을 통한 방어전략·정관규정의 이용을 통한 방어전략·공개매수에 대한 방어방법·기타 적대적 M&A에 대한 방어방법으로 분류하는 견해[4)] 등이 있다. 이하에서는 방어수단을 그 채택방법에 따라 정관을 이용한 방어수단, 계약에 의한 방어수단 및 자본구조변경에 의한 방어수단으로 나누어 검토하여 보기로 하겠다.

---

2) 太田洋, "米國におけるポイズン·ピル以外の企業買收防衛戰略と日本への示唆,"「企業買收防衛戰略」武井一浩 外 2人 編著(商事法務, 2004), 141-147頁 [권재열,「적대적 M&A의 방어방법에 관한 연구」(서울: 코스닥상장법인협의회, 2005), 56면에서 재인용].

3) 송종준, "적대적 M&A 방어를 위한 법적 과제,"「기업법연구」(한국기업법학회), 제18권 제 2 호(2004), 12면.

4) 권재열, 전게서(적대적 M&A의 방어방법에 관한 연구), 57-152면.

제 2 절 정관을 이용한 방어수단

Ⅰ. 인수자격퇴규정(Shark Repellent Amendment)

1. 개 념

이는 적대적 M&A를 시도하는 자를 '상어(shark)'라 보고 그러한 적대적 M&A의 시도를 저지(repellent)하는 방어수단을 은유적으로 나타낸 표현이다.[5] 즉 경영권의 변화를 수반하는 적대적 M&A로부터 주주를 보호하기 위하여 그러한 적대적 M&A의 시도를 감소시키고자 회사의 기본정관(article of incorporation: charter)이나 부속정관(bylaw)에 일련의 규정을 두는 것을 의미한다.[6] 이를 Shark Repellent Charter and Bylaw Provisions이라 지칭하든가[7] Shark Repellent Provision 내지는 Porcupine Provision이라고도 한다.[8]

이러한 引受者擊退規定의 주요한 목적은 다음과 같다. i) 대상회사의 경영진이 회사가 존속하는 것이 주주에게 최대이익이 된다고 판단하여 인수자격퇴규정을 채택함으로써 인수희망자에게 대상회사를 인수할 동기를 반감시키게 된다. ii) 인수자격퇴규정을 채택함으로 인하여 공개매수과정이 지체됨으로써 대상회사의 경영진이 공개매수자의 제안을 검토할 수 있는 시간을 가질 수 있게 되며, 이에 따라 공개매수자의 공개매수에 따른 비용을 증가시키게 된다. iii) 인수자격퇴규정을 채택한 대상회사의 이사회에게 공개매수자와 협상할 수 있는 수단을 제공하게 된다. iv) 공정가격조항이나 의무상환권조항과 같은 인수자격퇴규정을 채택함으로

---

5) Ellen S. Friedenberg, *Jaws III: The Impropriety of Shark Repellent Amendments as a Takeover Defense,* 7 Del. J. Corp. L. 32, 32 (1982).

6) Cox & Hazen, Corporation, *supra,* at 647.

7) David S. Freeman, *Shark Repellent Charter and Bylaw Provisions*, 16 J. Corp. L. 491 (1991).

8) Cox & Hazen, Corporation*, supra,* at 647.

써 대상회사의 주주들이 공정한 가격을 받을 수 있다.[9] 그리고 다른 방어수단과 비교하여 볼 때 특정한 적대적 M&A를 예상하지 않은 사전적 수단인 예방적 방어수단(preventive tactics)이라는 점[10]과 방어수단의 채택에 주주총회의 결의가 필요하기에 방어수단의 적법성의 문제가 제기되지 않는다는 특징을 가지고 있다.

2. 유　형

이러한 인수자격퇴규정에는 여러 가지 유형이 있으나 Gilson 교수의 견해[11]에 따라 3가지의 카테고리로 분류하여 검토하여 보기로 하겠다.

가. 시차이사임기조항(Staggered Board Provisions)

첫 번째 카테고리는 이사회에 대한 지배권이전을 저지하는 유형(impeding transfer of control of the board of directors)으로 時差理事任期條項을 들 수 있다. 이는 이사회를 3개 정도의 그룹으로 나누어 매년 1개의 그룹만이 이사로 선임되게 하여 각 이사의 임기에 시차를 두는 조항이다.

이사회가 3개의 그룹으로 나누어져서 시차이사임기조항이 채택되어 있는 경우에는 공개매수자는 대상회사의 주식을 과반수 이상 취득한 경우에도 한 해에 이사회 구성원의 1/3만을 교체할 수 있을 뿐이므로 이사회 장악에 필요한 수의 이사를 확보하는 데에는 2년 내지 3년이 걸리게 되어 이사회 장악이 지연되는 결과가 된다.

이러한 회사 지배권의 이전이 지체되는 경우에 이를 공개매수자가 시간을 두고 기다린다면 크게 문제될 바는 아니겠으나 대개 3가지 측면

---

9) Freeman, *supra*, at 494 n11.

10) 물론 적대적 M&A가 발생한 후에 사용할 수도 있겠으나 이러한 Shark Repellent Amendment를 채택하기 위해서는 주주총회의 결의를 필요로 하기 때문에 적대적 M&A가 발생한 후에는 사용하기가 쉽지 않으므로 대부분 예방적 방어수단으로 채택되게 된다.

11) Ronald J. Gilson, *The Case Against Shark Repellent Amendments: Structural Limitations on the Enabling Concept*, 34 Stan. L. Rev. 775 (1982).

에서 문제가 발생하게 된다. 첫째 비용의 감소를 통한 시너지 효과를 위하여 대상회사를 인수하고자 한 경우에는 그러한 시너지 효과가 도출되기까지 시간이 지연될 것이며, 둘째 비효율적인 경영진의 교체에 목적을 둔 인수였다면 인수자의 투자에 대한 예상이익 창출의 지체는 물론 비효율적인 현경영진으로 인한 손실발생의 가능성이 증가할 것이며, 셋째 인수자가 높은 이자비용을 지급하면서 인수를 시도한 경우에 지배권 이전의 지체는 인수비용의 증가를 초래하게 될 것이다.[12)]

또한 이러한 시차이사임기조항은 다른 규정들과 같이 정관이나 부속정관에 규정될 때 대상회사의 주식을 과반수 이상 취득하여 종래의 이사를 해임하고 자신의 인물로 교체하고자 하는 공개매수자에 대하여 보다 큰 영향력을 미친다. 이사회의 정원을 증원하기 위한 결의요건을 가중하거나, 이사회의 정원을 이미 지정하여 놓거나, 이사의 해임결의요건을 가중하거나, 정당한 이유(cause) 없이 이사를 해임할 수 없도록 하는 규정들이 그것이다.[13)]

시차이사임기조항은 공개매수를 저지하는 효과 이외에도 항상 과반수의 이사가 최소한 1년 이상의 업무경험을 가진 자로 구성되도록 한다는 점에서 이사회의 계속성과 안정성을 도모할 수 있도록 하는 기능을 하기도 한다.[14)]

나. 특별다수결조항(Supermajority Provision)

[2단계 공개매수(Front-end loaded, Two-tiered Tender Offer)]

2단계 공개매수란 1단계로 일정한 수량의 주식을 공개매수하여 대상회사의 경영권을 인수한 다음에 2단계로 공개매수 때보다 낮은 가격을 대상회사의 잔여주주에게 지급하면서 대상회사와의 합병을 실현하는 것이다.

---

12) Gilson, *supra*, at 782-783.

13) Freeman, *supra*, at 500-501.

14) Freeman, *supra*, at 499.

2단계 공개매수에 있어서는 1단계의 매수가격(front-end price)과 2단계의 합병대가(back-end price)가 공개매수 개시 이전에 동시에 공표된다. 2단계 공개매수의 경우에는 대상회사의 주주들이 1단계의 공개매수기간 내에 공표된 공개매수가격에 자신들의 보유 주식을 매도할 것인가 여부를 결정하여야 하기 때문에 매우 위협받는 처지에 놓이게 되는 것이다.15)

두 번째 카테고리는 2단계 공개매수 중 2단계에 있어서의 장애물(barriers to second-step transactions)로 작용하는 인수자격퇴규정인데, 이에는 2단계 공개매수에 있어서 1단계로 대상회사의 지배권을 취득한 후 2단계로 대상회사의 잔존주주를 축출하는 합병을 실시하게 되는 경우에 있어서 2단계의 합병요건을 어렵게 만드는 역할을 하는 特別多數決條項을 들 수 있다. 즉 대부분의 미국의 주회사법에서는 합병에 있어서 주주총회의 결의(대부분은 의결권 있는 발행주식총수의 과반수가 결의요건이며 소수의 주가 의결권 있는 발행주식총수의 2/3임16))를 요구하는데 위와 같은 축출합병의 경우에 있어서 특별다수결조항을 통하여 그러한 결의요건을 의결권 있는 발행주식총수의 2/3 이상 내지 최대 95%까지로 가중한다는 것이다.17)

이러한 특별다수결조항은 현경영진과 집행임원 및 회사 관계자들이 특별다수결요건의 채택을 배제할 수 있을 만큼의 주식을 보유하고 있는 경우에는 과반수의 주식을 취득한 공개매수자에 대하여 유효한 방어수단이 될 수 있다. 우호적 합병과 같은 경우에는 계속하여 업무를 수행중인 이사(continuing director)의 승인에 의하여 특별다수결조항이 적용되는 것을 배제할 수 있는 경우도 있다.18)

그러나 특별다수결조항의 방어효과에는 다음과 같은 한계가 있다. i) 특별다수결조항은 2단계 공개매수를 전제로 하므로, 처음부터 2단계 거

15) 정동윤, 「회사법(제 7 판)」(서울: 법문사, 2001), 860면.

16) Cox & Hazen, Corporation, *supra*, at 609.

17) Gilson, *supra*, at 783-784.

18) Gilson, *supra*, at 785.

래를 예정하지 않고 지배권 취득에만 만족하는 공개매수자에 대해서는 방어효과가 없다. ii) 특별다수결 조항은 공개매수비용을 증가시키지만 비용증가를 감당할 수 있는 공개매수자의 공개매수는 방어할 수 없다. iii) 경영진이 2단계 거래를 저지하는 데 충분한 수의 주식을 보유하고 있는 경우에도 투자의 유동성이 박탈되기 때문에 절대적인 방어효과를 가지지 못한다고 한다.19)

다. 공정가격조항(Fair Price Provisions) 및 의무상환권조항(Compulsory Redemption Provision)

세 번째 카테고리는 公正價格條項과 義務償還權條項이다. 먼저 공정가격조항이란 2단계 공개매수의 2단계에서 잔존주주들에게 1단계 매수가격을 상회하는 특정가격이 지급되는 경우에 있어서는 특별다수결조항의 적용이 배제되는 경우이다.

이러한 공정가격조항은 2단계 거래를 저지시키기 위한 요건의 강화보다는 2단계 거래를 활성화할 수 있는 방안을 제공하였다고도 볼 수 있으나, 소수주주에 대한 공정성에 특별다수결요건을 적용시킴으로써 2단계 거래에 있어서 소수주주에 대한 잠재적인 위협에 적절하게 대응하는 방법이라고 할 수 있다.20)

공정가격조항은 특별다수결조항과 같이 우호적인 거래에 영향을 주지 않도록 이사회의 승인으로 그 적용이 배제되는 경우가 있으며, 대상회사 주식 전부를 대상으로 하는 공개매수에 대해서는 적용되지 않아 방어수단으로서 방어효과가 없기에 오히려 대상회사 주식 전부에 대한 공개매수를 촉진하는 효과를 가지게 된다.21)

---

19) 中東正文, 「アメリカにおける締出め合併しとテイクオーバー (二)」, 「法政論集(名古屋大學)」 138號(1991), 210面 [유영일, “정관규정에 의한 M&A 방어대책 —Shark Repellent를 중심으로—,” 「상사법연구」(한국상사법학회), 제14집 제 1 호(1995), 267-268면에서 재인용].

20) Gilson, *supra*, at 786-787.

21) Freeman, *supra*, at 506.

또한 공개매수자가 일정비율 이상의 대상회사의 주식을 취득한 경우에 대상회사로 하여금 잔여주식을 공개매수에서 지급된 금액 이상으로 상환할 것을 의무화한 조항도 있으며 이를 의무상환권조항이라고 한다. 이러한 상환권조항은 공개매수에 응하지 않은 소수주주의 지위에 중점을 둔 조항이며 공개매수가 대상회사의 주식 모두에 대하여 행하여지지 않은 경우에 있어서 공정가격조항보다 공개매수자에게 부담이 될 수도 있다.[22]

상환권조항이 최초로 사용된 Rubbermaid, Inc.의 위임장 설명서(proxy statement)에 의하면 상환권조항의 행사시 결정되는 상환가격은 i) 주식의 장부가격, ii) 18개월 이내에 공개매수자가 지급한 가장 높은 가격 및 iii) 18개월 이내에 대상회사의 주식이 거래된 가장 높은 가격을 비교하여 가장 높은 가격으로 정한다고 하고 있다.[23]

라. 잠금규정(Lock-up Amendment)

이는 전술한 3가지 유형의 인수자격퇴규정의 유형은 아니지만 인수자격퇴규정에 첨부되어 정관에 규정되는 형식으로 설정되는데, 대상회사가 될 가능성이 있는 회사가 적대적 M&A에 대항하기 위하여 채택하는 중요한 규정이다.[24]

그 개념 및 내용에 관하여 살펴본다면, 시차이사임기조항이나 특별다수결조항과 같은 인수자격퇴규정이 정관에 채택된 경우에 있어서, 공개매수자는 지배주식의 취득후 그러한 인수자격퇴규정을 통상의 정관변경에 필요한 결의(즉 일반다수결[majority])로서 폐지할 수 있다.[25] 이러한

22) Gilson, *supra*, at 789.

23) Proxy Statement of Rubbermaid, Inc. (Mars. 24, 1978) [Gilson, *supra*, at 788 n53에서 재인용].

24) Gilson, *supra*, at 790.

25) 미국의 대부분의 주에서는 정관변경은 의결권 있는 발행주식총수의 과반수(majority)에 의하며 (예를 들면 Delaware Code Ann. tit. 8 § 242(b)(1) (West 2008), New York Bus. Corp. Law § 803(a) (McKinney 2008), 소수의 주에서 의결권 있는 발행주식총수의 2/3 이상을 요구하는 경우도 있다 (예를 들면 Mass. Ann. Law ch.

단점을 보완하기 위하여 일반다수결요건(majority)에 의하여 채택된 인수자격퇴규정의 변경 및 폐지를 위해서는 특별다수결요건(supermajority)이 요구된다는 내용을 가진 조항이 주주총회에서 일반다수결요건에 의하여 설정될 수 있는데 이를 잠금규정(Lock-up Amendment)이라 한다.[26)]

그러나 일반다수결요건에 의하여 설정된 잠금규정이 차후에 그러한 잠금규정 자체를 수정·폐기하기 위해서는 특별다수결요건이 필요하다고 하는 점은 사내(社內)민주주의(corporate democracy)의 기본원칙에 반한다는 비판을 받고 있다.[27)]

3. 인수자격퇴규정과 관련된 법적 논점

가. 미국법상 논점

경영권의 변화를 수반하는 적대적 M&A로부터 주주를 보호하며 적대적 M&A의 시도를 감소시키고자 회사의 기본정관이나 부속정관에 일련의 규정을 두는 인수자격퇴규정은 다른 방어수단과 비교하여 볼 때 특정한 적대적 M&A를 예상하지 않은 사전적 수단으로 대부분 채택이 되고 있다. 이러한 인수자격퇴규정의 채택에는 주주총회의 결의가 필요하기 때문에 전술한 잠금규정이 첨부된 경우를 제외하고는 미국법상 방어수단의 적법성의 문제가 제기되지 않는다는 특징을 가지고 있다.

나. 우리법상 논점

우리나라 상법규정에 의하여도 회사의 기본정관이나 부속정관의 변경을 통하여 일련의 규정을 두는 인수자격퇴규정은 도입 가능하다고 본다. 이때 상법상 정관의 변경은 주주총회의 특별결의요건인 출석한 주주의 의결권의 3분의 2 이상의 수와 발행주식총수의 3분의 1 이상의 수의 동의를 얻어야 하기에(상법 제434조) 적대적 M&A의 발생 후에는 채택하

156B § 71(Law. Co-op. 1996). (Cox & Hazen, Corporation, *supra*, at 699-700).

26) Gilson, *supra,* at 790.

27) *Id.*

기 쉽지 않다고 보며, 예방적 차원에서 미리 채택하여야 한다고 생각되며 구체적인 경우를 살펴보면 다음과 같다.

(1) 시차이사임기조항의 도입

먼저 이사회를 몇 개의 그룹으로 나누어 매년 1개의 그룹만이 이사로 선임되게 하여 각 이사의 임기에 시차를 두는 시차이사임기조항을 살펴보겠다.

상법은 이사의 임기는 3년을 초과하지 못하며(상법 제383조 2항), 정관으로 그 임기 중의 최종의 결산기에 관한 정기주주총회의 종결에 이르기까지 연장할 수 있다(상법 제383조 3항)는 규정만을 두고 있으며, 이사별로 임기를 다르게 하는 경우에 관하여는 아무런 언급이 없다. 따라서 이사회를 몇 개의 그룹으로 나누어 그룹별로 임기를 다르게 하여 매년 1개의 그룹만이 이사로 선임되게 하는 규정을 정관에 둘 수 있다고 할 것이다.

다만 이러한 규정과 더불어 이사의 정원이나 상한에 대한 규정도 정관에 두어야 인수회사가 대상회사의 주식을 2분의 1 이상 확보후 출석한 주주의 의결권의 과반수와 발행주식총수의 4분의 1로써 행하는 주주총회의 보통결의(상법 제368조 1항)에 의하여 이사회 정원의 확충 및 인수회사측 이사의 임명을 통하여 이사회의 과반수를 인수회사측 이사로 임명하는 것을 방지할 수 있을 것이다.

그러나 인수회사가 대상회사의 지분을 3분의 2 이상 확보후 해임이사에 대한 손해배상을 감수한다면 정당한 이유 없이도 주주총회의 특별결의에 의하여 대상회사측 이사를 해임하여(상법 제385조 1항[28]) 이사회의 지배권을 획득할 수 있으며, 인수회사가 인수비용증가 및 비효율적인 경영진의 교체 지연에 따른 손실을 감수하고 경영진의 교체를 시간을 두고 기다린다면 방어수단으로서의 기능이 반감되는 단점이 존재한다.

---

28) 상법 제385조 1항의 해석에 의한다면 이사에 대한 손해배상은 별론으로 하고 이사는 정당한 이유 없이도 언제든지 주주총회의 특별결의에 의하여 해임가능하다고 할 것이므로 정당한 이유 없이 이사를 해임할 수 없도록 하는 규정을 정관에 삽입하는 것은 불가하다고 생각한다.

(2) 특별다수결조항의 도입

다음으로 특정사항에 대한 주주총회의 의결정족수를 가중시키는 특별다수결조항에 관하여 살펴보겠는데, 원래 이 조항은 2단계 공개매수에 있어서 2단계의 합병요건에 대한 결의요건을 가중하는 역할을 수행하였으나 우리나라의 경우에 있어서는 이사회정원의 증원 및 이사의 선임·해임에 관한 결의요건을 가중하는 규정을 정관에 두는 방법으로 활용한다면 적대적 M&A에 대한 방어수단으로 채택가능하다고 본다.

이사회정원의 증원과 관련하여 상법은 이사는 3인 이상이어야 한다고만 규정하고 있기 때문에(상법 제383조 1항) 이는 주주총회의 보통결의요건에 속한다고 볼 수 있다. 그리고 이사는 출석한 주주의 의결권의 과반수와 발행주식총수의 4분의 1로써 행하는 주주총회의 보통결의에 의하여 선임되며(상법 제382조 1항, 제368조 1항), 출석한 주주의 의결권의 3분의 2 이상의 수와 발행주식총수의 3분의 1로써 행하는 주주총회의 특별결의에 의하여 해임된다(상법 제385조 1항, 434조).

따라서 이사회정원의 증원 및 이사의 선임의 경우에 있어서는, 보통결의요건은 정관의 규정에 의하여 출석정족수를 두거나 특별결의요건을 한도로 의결정족수를 가중할 수 있다는 견해[29]에 따라 이러한 의결정족수의 가중은 가능하다고 생각한다. 그리고 이사의 해임의 경우에 있어서는 특별결의요건의 가중에 관하여 학설의 대립이 있으나,[30] 상법의 특별

---

29) 정찬형,「회사법강의(제 3 판)」(서울: 박영사, 2003), 487면.

30) 肯定說: 정동윤, 「회사법(제 7 판)」(서울: 법문사, 2001), 354면; 이철송, 「회사법강의(제13판)」(서울: 박영사, 2006), 446-447면(다만 강화의 최대한도는 1995년 개정상법 이전의 특별결의요건과 같이 과반수 출석에 3분의 2 이상의 찬성이라고 한다); 채이식, 「상법강의(上)(改訂版)」(서울: 박영사, 1996), 482면.

否定說: 이병태,「全訂상법(上)」(서울: 법원사, 1988), 440면.

折衷說: 송종준, 「M&A법제의 현황과 보완과제」(서울: 한국상장회사협의회, 2005), 122-123면: 초다수결의요건의 허용여부는 입법정책적인 문제이기 때문에 보통결의에서와 같이 특별결의에서도 가중의 정책적 필요성은 인정된다고 하며, 결의요건의 무제한적인 가중을 허용하는 것보다는 합리적인 범위에서 그 허용한도를 입법으로 명시하는 것이 바람직하며 보통결의요건의 경우에는 찬성하는 의결권의 총수요건을 발행주식총수의 1/3 이상으로, 특별결의요건의 경우에는 찬성하는 의결권의 총

결의의 요건에 관한 규정이 강행법규라고는 볼 수 없으므로 정관의 규정에 의하여 의결정족수의 요건의 가중은 가능하다는 견해[31]에 따라 총주주의 동의 또는 총주주의 일치에 의한 총회 결의요건인 특수결의요건을 한도로 의결정족수를 가중할 수 있다고 본다.

이때 이사회 정원의 증원이나 이사의 선임·해임에 관한 의결정족수의 가중에 관한 규정이 정관에 삽입되었다 하더라도 인수회사가 대상회사의 정관변경에 필요한 의결정족수(출석한 주주의 의결권의 3분의 2 이상의 수와 발행주식총수의 3분의 1로써 행하는 주주총회의 특별결의)를 확보후 대상회사의 정관 변경을 통하여 이사회 정원의 증원이나 이사의 선임·해임에 관하여 가중된 의결정족수를 원래의 의결정족수로 변경 가능하다는 문제점이 있을 수 있다.[32]

그러므로 이사회 정원의 증원이나 이사의 선임·해임에 관한 의결정족수의 가중에 관한 규정이 정관에 규정된 경우에 이러한 조항의 변경에는 통상적인 정관변경에 필요한 의결정족수(특별결의요건)보다 강화된 요건(상법상 특수결의요건을 한도로 하는 특별결의요건과 특수결의요건 사이의 의결정족수)이 요구된다는 잠금규정(Lock-up Amendment)의 설정이 필요하다고 할 수도 있다.[33]

수요건을 발행주식총수의 1/2 이상으로 가중할 수 없도록 정관자치의 한계를 법정할 필요가 있다고 밝히고 있다.

31) 정찬형, 전게서(회사법강의), 488면.

32) 가중조항을 그보다 더 적은 수의 의결권을 가진 주주의 의사로 변경하는 것은 합리적이지 않다는 견해 [권기범, 「현대회사법론」(서울: 삼지원, 2001), 591면]가 있으나, 정관의 변경이 반사회적이거나 주식회사의 본질에 반하거나 주주의 고유권을 해하지 않는 한 원칙적으로는 어떠한 내용이라도 자유롭게 변경할 수 있다는 견해 [정찬형, 전게서(회사법강의), 747면]에 따라 가중요건에 관한 정관변경은 그것이 반사회적이거나 주식회사의 본질에 반하거나 주주의 고유권을 해하는 것에 해당되지 않는다고 생각하기에 가능하다고 본다.

33) 앞서 살펴본 바와 같이 대부분의 주에서 정관변경에 의결권 있는 주식총수의 과반수라는 일반다수결요건(majority)을 필요로 하는 미국의 경우와는 달리 우리나라의 경우에는 정관변경에 출석주주의 의결권의 2/3 이상의 수와 발행주식총수의 1/3 이라는 특별결의에 의하게 된다.

따라서 일반다수결요건에 의하여 채택된 인수자격퇴규정의 변경 및 폐지를 위해 그러나 이러한 잠금규정이 설정된다면 우리나라법상으로 명확한 법규정이나 판례가 있지 않기에 적대적 M&A의 상황에서는 적법성 여부가 논란의 여지가 될 가능성이 있다고 본다.

Ⅱ. 차등의결권주식(Dual Class Stock)

1. 개 념

모범사업회사법(Model Business Corporation Act)이나 델라웨어주 회사법에 의하면 회사의 정관으로 의결권의 내용이 다른 수종의 주식을 발행할 수 있다고 규정하고 있는데,[34] 이렇게 회사가 차별적인 의결권(disproportionate voting right)을 가지는 종류주식을 발행하는 경우를 차등의결권 자본구조(Dual Class Capital Structure)를 가지고 있다고 한다.

이때 폐쇄회사가 이러한 차등의결권자본구조를 가지는 공개회사로 전환되는 것을 차등의결권구조화(Dual Class Capitalization)라 하며, 공개회사가 하나의 종류만이 존재하였던 기존의 보통주를 주식에 따라 차등의결권을 가지는 종류주식으로 자본구조를 개편하는 것을 차등의결권구조재개편(Dual Class Recapitalization)이라 한다.[35]

기본적인 차등의결권구조재개편의 예를 든다면 다음과 같다. 먼저 주주총회의 결의를 통한 정관변경에 의하여 기존의 보통주 대신에 A種(Class A)과 B種(Class B)이라고 부르는 2가지 종류의 주식을 발행하게 된다. 이때 A종류주식은 1주당 1의결권을 가지는 기존의 보통주로서의 특징을 지니는 주식을 달리 부르는 것이며 기존의 보통주의 소유주주들에

서 특별다수결요건이 필요하다는 미국법상의 잠금규정을 우리나라법상 적용하여 본다면 특별결의요건에 의하여 채택된 인수자격퇴규정의 변경을 위해서는 특별결의요건을 강화한 요건(범위는 특수결의요건을 한도로 하여 특별결의요건과 특수결의요건사이가 될 것이다)이 필요하다는 내용이 될 것이라고 본다.

34) Model Business Corporation Act § 6.01(c)(1)(2003); Delaware General Corporation Law § 151(2003).

35) Douglas C. Ashton, *Revisiting Dual-Class stock*, 68 St. John's L. Rev. 863, 865-866 (1994).

게 보통주를 대신하여 발행되게 된다. B종류주식은 i) 양도가 제한되며, ii) A종류주식으로의 전환이 인정되며, iii) 1주당 다수(대부분 10개)의 의결권이 부여되는 점을 제외하고는 보통주로서의 특징을 지니게 되는데, 주식배당의 형태로서 A종류주식을 소유하고 있는 주주들에게 분배되거나, A종류주식의 소유자에게 B종류주식으로 교환할 수 있는 기회를 부여하는 교환청약을 통하여 A종류주식의 소유자에게 발행된다.

이러한 차등의결권구조재개편은 적대적 M&A에 대한 방어수단으로 활용될 수 있는데 그 효율성이 높다고 할 수 있다.[36]

2. 유 형

정관의 변경에 의하여 도입되는 차등의결권구조재개편은 몇 가지 방법에 의하여 시행되는데, 여기서는 Gordon 교수의 견해[37]에 따라 교환청약(Exchange Offer), 특별배당(Special Distribution), 의결권의 변경(Voting Right Alteration)의 3가지로 분류하여 검토하여 보기로 하겠다.

가. 교환청약(Exchange Offer)

이 방법에 의하면 먼저 주주들은 주주총회의 결의에 의하여 다수의 의결권(대개 1주당 10개의 의결권)이 부여된 새로운 종류주식(이하에서 B종류주식이라 함)과 1주당 1의결권을 가지는 종류주식(이하에서 A종류주식이라 함)의 발행을 인정하는 정관변경을 승인하여야 한다. 이러한 다수의 의결권이 부여된 주식인 B종류주식(super voting stock)은 대부분 A종류주식에 비하여 10% 정도 감소된 배당액을 받게 되며, 친족이나 신탁의 실질적인 소유자에 대한 양도를 제외하고는 양도가 제한된다. 이러한 양도제한주식인 B종류주식을 양도한다면 B종류주식은 자동적으로 A종류주식으로 전환되게 된다.

---

36) Stephen M. Bainbridge, Mergers and Acquisitions (New York: Foundation Press, 2003), at 325-326 [hereinafter Bainbridge, Mergers and Acquisitions].

37) Jeffrey N. Gordon, *Tie that Bond: Dual Class Common Stock and the Problem of Shareholder Choice*, 76 Cal. L. Rev. 1 (1988).

회사는 이러한 A종류주식 및 B종류주식이 발행된 후, 기존의 보통주의 소유자에게는 A종류주식을 보통주를 대신하여 발행하고 1 대 1의 비율로 A종류주식과 B종류주식을 교환할 수 있는 기회를 부여하는 청약(Exchange Offer)을 한차례 하게 되는데, A종류주식의 소유자들은 A종류주식에 배당에 관한 우선권이 있기 때문에 이러한 교환청약에 응하지 않는 경우가 대부분이다.[38] 이에 따라 경영진측이 교환청약에 응하여 B종류주식을 취득하였다면 이는 경영진에게 지배적인 의결권을 부여하게 되는 결과를 초래할 수 있는 것이다.[39]

따라서 적대적 M&A에 직면하여 경영진이 교환청약의 방법에 의하여 차등의결권주식을 발행한 경우에는, 다수의 의결권이 부여된 종류주식과의 교환청약에 응하지 않은 일반주주에 비하여 청약에 응한 경영진이 다수의 의결권이 부여된 종류주식을 다수 보유하게 된다면 유용한 방어수단으로서 활용할 수 있게 되는 것이다.

나. 특별배당(Special Distribution)

Exchange Offer의 방법과 마찬가지로 먼저 주주들은 주주총회의 결의에 의하여 다수의 의결권(대개 1주당 10개의 의결권)이 부여된 새로운 종류주식(이하에서 B종류주식이라 함)과 1주당 1의결권을 가지는 종류주식(이하에서 A종류주식이라 함)의 발행을 인정하는 정관변경을 승인하여야 한다. 다만 이러한 다수의 의결권이 부여된 B종류주식(super voting stock)은 친족이나 신탁의 실질적인 소유자에 대한 양도를 제외하고는 양도가 제한되며 이러한 양도제한주식은 양도로 인하여 A종류주식으로 자동 전환되는 점은 앞에서 살펴본 교환청약의 경우와 같으나, A종류주식에 비하여 감소된 배당액을 받지 않는다.

이러한 A종류주식 및 B종류주식이 발행된 후에 기존의 보통주의 소유자에게는 보통주에 대신하여 A종류주식을 발행하고, 회사는 A종류주

38) Gordon, *supra*, at 40.

39) Bainbridge, Mergers and Acquisitions, *supra*, at 326.

식의 소유자에 대하여 1 대 1의 비율로 주식배당의 형태에 의하여 B종류주식을 분배(distribution)하게 된다. 이러한 분배가 일반 주주나 경영진의 상대적인 의결권 행사에 영향을 미치지 않는 점이 배당에 우선권이 있는 A종류주식을 선호하는 주주로 인한 경영진에 대한 의결권의 집중이 발생하는 교환청약의 경우와 차이점이라 할 수 있다.40)

이때 다수의 의결권이 부여된 B종류주식은 양도가 제한되기에 B종류주식의 소유자는 이를 양도하기 위해서는 A종류주식으로 전환절차를 거쳐야 한다. 시간이 흐름에 따라 이러한 A종류주식으로의 전환은 계속 발생하고 B종류주식의 수는 감소하게 되는데, 이에 따라 경영권 유지를 위하여 B종류주식을 계속 보유하고자 하는 현 경영진에게 주식매입에 대한 추가자금의 투자 없이도 의결권이 집중하게 되는 결과가 발생하게 된다.41)

따라서 적대적 M&A에 대비하여 경영진이 특별배당의 방법에 의한 차등의결권주식을 분배하였고, 시간이 흐름에 따라 A종류주식으로 전환한 일반주주의 수가 증가하기 때문에, 다수의 의결권이 부여된 B종류주식을 지속적으로 보유하고 있는 경영진은 이를 방어수단으로 활용할 수 있게 되는 것이다.

다. 의결권의 변경(Voting Right Alteration)

이는 엄밀히 말하자면 자본구조 재편성에 의한 방법은 아니며, 먼저 주주들은 주주총회의 결의에 의하여 다수의 의결권(대개 1주당 10개의 의결권)을 장기주식(long term share)에게 부여하고 1주당 하나의 의결권을 단기주식(short-term share)에 대하여 부여하는 의결권변경을 인정하는 정관변경을 승인하여야 하는데, 장기주식은 정관변경일 전에 취득하여 그 후로 계속 보유하고 있는 주식이거나, 주식취득후 특정기간(대개 48개월) 동안 보유해야 하는 주식을 의미한다. 이때 장기주식 내지는 단기주식은 같은

---

40) Gordon, *supra*, at 41-42.

41) Bainbridge, Mergers and Acquisitions, *supra*, at 326.

종류의 주식이기 때문에 배당에 관한 권리는 동일하며, 양도에 대한 제한은 없으나 양도로 인하여 다수의 의결권은 배제되게 된다. 즉 장기주식을 양도하였다면 그 장기주식은 다수의 의결권이 부여되지 않은 단기주식으로 전환되는 것이다.[42)]

이는 정관변경 이후에 주식을 취득한 주주가 장기주식(다수의 의결권이 부여된 주식)을 소유하는 것이 배제되지 않는다는 점에서 특이하다고 할 수 있는데, 즉 장기주식의 소유를 원하는 주주는 단기주식의 취득 후 특정기간 보유요건만 충족하면 된다고 본다.

즉 적대적 기업인수자의 경우에 있어서 자신들이 취득한 단기주식이 장기주식으로 전환되기 위해서는 특정기간 동안 주식을 보유하여야 하기 때문에, 지배권획득을 위하여 필요한 충분한 양의 단기주식을 확보하거나 장기주식으로 전환되기 위한 특정기간 동안 단기주식을 보유한 채 기다릴 수밖에 없다. 이 방법은 적대적 M&A에 대한 방어수단으로서 앞에서 살펴본 교환청약이나 특별배당보다는 효율성이 떨어지나 장기주식으로의 전환을 위하여 적대적 M&A가 지연되는 자체가 주요한 방어효과라 볼 수 있다.[43)]

3. 차등의결권주식과 관련된 법적 논점

가. 미국법상 논점

1988년 미국 증권거래위원회(SEC)는 Rule 19c-4[44)]를 제정하여 이러한 차등의결권주식의 발행을 원칙적으로 금지하였는데, 그 규정은 NYSE(New York Stock Exchange), AMEX(American Stock Exchange) NASDAQ(National Association of Securities Dealers Automatic Quotation System)과 같은 증권거래소의 상장규정들이 기존주주의 의결권을 무효 내지는 제한하거나 차별적으로 감소시키는 주식을 발행하는 회사의 상장을 배제

---

42) Gordon, *supra*, at 42.

43) Ashton, *supra*, at 881-882.

44) Securities Exchange Act Release No. 34-25891 (July 7, 1988).

하도록 하는 내용을 가지고 있었다.

SEC Rule 19c-4는 모든 차등의결권주식을 금지하였던 것은 아니며, 기존의 주주의 의결권을 희석시키지 않는다면 회사가 무의결권주식이나 1주당 1 미만의 의결권을 가지는 의결권제한주식을 발행하는 것을 허용하였으며, 회사가 선의의 경영상의 목적으로 M&A를 행하는 경우에는 1주당 1 미만의 의결권을 가지는 의결권제한주식을 발행하도록 하였다.[45)]

이러한 SEC Rule 19c-4는 증권거래법(Security Exchange Act of 1934) 제19조(c)의 규정에 의하여 SEC에게 부여한 증권거래소에 관한 규칙제정권한의 범위를 초과하였다는 Business Roundtable[46)]의 제소를 받게 되었다. 법원은 Business Roundtable측의 주장을 받아들여 SEC Rule 19c-4를 무효라 판시하였다.[47)]

그러나 법원의 Rule 19c-4의 무효판결 이후에도 SEC는 미국내 주요한 증권거래소에 대하여 Rule 19c-4의 취지를 따르는 의결권에 관한 통일적인 규정을 채택할 것을 촉구하였으며 이는 SEC가 증권거래소의 규칙제정에 실질적이며 비공식적인 영향력을 미칠 수 있는 관계에 기인하는 것이며 'Raised Eyebrow Power'[48)]를 행사하였다고 볼 수 있다.

그 후 SEC와 협의를 거쳐 1994년에 NYSE, AMEX, NASDAQ은 1주 1의결권 원칙(One Share One Vote Rule)에 합의하였으며,[49)] 이 원칙은 이전의 규정에 의하여 차등의결권주식을 가지고 있는 상장회사의 경우에는

---

45) Ashton, *supra*, at 899.

46) 이는 미국 내에서 연간소득 4.5조 달러 이상과 천만명 이상의 근로자를 보유하며, 각 업종에서 선도적인 위치에 있는 회사들의 CEO(최고집행임원)를 회원으로 하는 단체이다. 자세한 내용은 www.businessroundtable.org 참조.

47) Business Roundtable v. SEC, 905 F.2d 406 (D.C.Cir. 1990).

48) Donald E. Schwartz, *Federalism and Corporate governance*, 45 Ohio St. L. J. 545, 571 (1984): 이는 SEC가 증권거래소에 미치는 실질적인 영향력을 화가 난 사람이 눈썹을 치켜 뜬 형상에 비유한 표현이라 생각한다.

49) Securities Exchange Act Release No. 35121 (December 19, 1994), 예를 들면 NYSE Listed Company Manual 313.00(A)를 들 수 있다.

그러한 원칙의 적용에서 배제시키며 이미 보유하는 주식과 동일한 종류의 차등의결권주식의 추가적인 발행도 가능하나, 주주의 의결권을 감소시키는 새로운 종류의 차등의결권주식의 발행은 배제된다는 내용을 가지고 있었다.[50]

나. 우리법상 논점

상법상 의결권은 주주평등의 원칙에 따라 1주마다 1개만이 주어지므로(상법 제369조 1항), 특정주식에 수개의 의결권을 인정하는 복수의결권은 허용될 수 없다. 이러한 1주 1의결권제도는 주주들의 위험부담과 회사에 대한 영향력행사간에 비례적 평등을 실현하고자 하는 배려에서 나온 것이며,[51] 1주 1의결권에 관한 상법규정은 강행규정으로 정관으로도 달리 정할 수 없다고 해석되고 있다.[52]

따라서 우리나라에서는 입법적 조치에 의하지 않고서는 차등의결권제도를 도입하기 어렵다고 보며, 이하에서는 차등의결권제도의 도입에 관한 몇 가지 견해를 검토하여 보겠다.

(1) 차등의결권제도의 도입에 관한 견해

첫 번째 견해[53]는 재벌기업의 소유집중과 불투명한 지배구조를 둘러싼 사회의 부정적 인식이 해소되지 않은 상태에서 상법상의 1주 1의결권원칙을 일률적으로 폐지하거나 완화하는 것은 현재로서는 어려우나, 지배구조에 대한 사회적 문제가 발생할 가능성이 적은 벤처기업이나 중소기업 등에 대하여 예외적으로 차등의결권주식의 발행을 허용해줄 필요성이 크다는 내용이다.

---

50) John C. Coffee, Jr. & Joel Seligman, Securities Regulation Cases and Materials 9th Ed. (New York: Foundation Press, 2003) at 817 (hereinafter Coffee & Seligman, Securities Regulation).

51) 이철송, 전게서(회사법강의), 417면.

52) 이철송, 전게서(회사법강의), 417면; 정찬형, 전게서(회사법강의), 471면.

53) 김두식, "M&A 법제의 개선방안 연구," 「상장협」(한국상장회사협의회), 제50호 (2004), 52-53면.

두 번째 견해[54]는 차등의결권제도는 대주주들이 과도하게 회사에 자본을 투자하거나 무리하게 경영권을 유지하려고 시도하는 것을 방지해주고 유상증자를 쉽게 해주며, 기존의 대기업들은 이 제도의 영향을 별로 받지 않겠으나 IPO(Initial Public Offering)을 통하여 새로 증권시장에 진출하는 기업들의 지배구조가 피라미드나 순환출자형으로 가는 것을 방지하는 효과도 기대할 수 있기에, 기업들이 필요에 따라 차등의결권제도를 선택할 수 있게 해주는 것이 좋을 것 같다는 내용이다.

세 번째 견해[55]에 따르면 상법이 1주 1의결권 원칙의 예외로서 무의결권우선주를 인정하고 있듯이 합리적인 이유가 존재한다면 그 예외를 추가적으로 인정할 수 있다고 보며, 이러한 관점에서 무조건적인 복수의결권은 금지하되 일정한 조건하에 복수의결권을 부여하는 방법을 모색할 수 있는데, 이러한 복수의결권주식과 같은 예외의 허용범위는 증권거래법에 근거규정을 두어야 하며, 상법상 기본원칙, 기업인수의 공정한 규칙 및 국제적인 자본거래의 원칙 등을 감안하여 매우 제한적 범위 내인 공공의 이익 내지 국가적 이익을 위해 필요한 분야에 한정되어야 한다고 본다.

(2) 차등의결권제도의 도입에 관한 사건

2006년 10월 4일에 법무부가 입법예고한 회사법개정안(법무부공고 제 2006-106호)에서는 현행 상법에서 인정되는 종류주식을 다양화를 통하여 새로운 주식제도를 도입하고자 하였는데, 상법상 1주 1의결권 원칙의 예외를 인정하는 차등의결권주식의 도입은 배제되었다. 그러나 주주총회에서의 의결권행사에 관하여 내용이 다른 주식(의결권제한주식), 주식의 양도에 관하여 내용이 다른 주식(양도제한주식), 주주총회나 이사회 결의사항 중 종류주주총회의 결의를 요하는 것에 내용이 다른 주식(거부권부주식), 종류주주총회에서 이사 또는 감사를 선임하는 것에 내용이 다른 주

54) 김화진, “M&A 시장의 최근 현황과 정책 및 법적과제,” 「BFL(Business Finance Law)」(서울대학교 금융법센터), 제 6 호(2004), 49면.

55) 최준선·김순석, 「회사법 개정방향에 관한 연구」(서울: 한국상장회사협의회, 2004), 123-124면.

식(임원임명권부주식)은 도입하기로 하였으며 종래 종류주식에 포함되지 않았던 전환주식과 상환주식을 종류주식에 포함시켰다(법무부 공고 제2006-10호 개정안 제344조, 제344조의 3, 제344조의 4, 제344조의 5, 제344조의 6, 제345조, 제346조).

이 중에서 특정종류주주에게 발행시 일종의 황금주로서 활용이 가능하다고 볼 수 있는 거부권부주식이나 임원임명권부주식을 도입하기 위해서는 원시정관에서의 규정이나 총주주의 동의에 의한 정관변경과 같은 일정한 요건이 요구되기 때문에(개정안 제344조의 4 2항, 제344조의 5 2항) 상장기업의 경우에는 이러한 거부권부주식이나 임원임명권부주식의 도입이 거의 불가능하다고 보았는데,[56] 2008년 5월 7일에 법무부가 입법예고하여 2008년 10월 21일에 국회에 제출한 회사법개정안(법무부 공고 제2008-47호)에서는 결국 거부권부주식과 임원임명권부주식의 도입이 배제되었다. 즉 현재의 회사법개정안에는 종류주식과 관련하여 의결권제한주식 및 양도제한주식이 새로운 형태의 종류주식으로 도입되었으며 종래에 종류주식이 아니었던 전환주식 및 상환주식이 종류주식에 포함되게 된 것이다.

그러므로 회사법개정안에서 도입이 배제된 차등의결권주식은 당분간 회사법에 편입되기가 힘들 것이라고 보나, M&A의 방어수단으로서의 효용성은 충분하다고 생각한다. 이러한 차등의결권주식의 도입의 필요성에 공감하면서 그 도입방식에 대해서는 지배주주의 충실의무 개념이 존재하지 않는 현행 회사법제하에서는 지배주주의 지배권을 고착화시킬 수 있는 차등의결권주식과 같은 방어수단을 도입하는 것은 불합리하며, 상법보다는 증권거래법, 벤처기업에 관한 특별조치법, 외국인투자촉진법, 기타 특별법에서 경영권의 위협이 큰 상장기업이 현실적으로 유용하게 방어수단으로 활용할 수 있는 방향에서 논의되어야 한다는 견해[57]가 타당하다고 본다.

56) 同旨: 권종호, "적대적 M&A와 회사법개정," 「기업법연구」(한국기업법학회), 제20권 제 3 호(2006), 73면 [이하 권종호, 회사법개정].

57) 송종준, "M&A법제를 둘러싼 최근의 쟁점과 과제," 「기업법연구」(한국기업법학회), 제20권 제 3 호(2006), 28면 [이하 송종준, 최근의 쟁점과 과제].

따라서 상법상 1주 1의결권 원칙을 입법론적으로 일률적으로 폐지하거나 완화할 필요는 없다고 보며, 적대적 M&A에 대한 방어수단으로서 차등의결권방식의 黃金株(Golden Share)[58]를 국방·통신 등 공공의 이익에 필요한 경우에 한하여 증권거래법과 같은 특별법상의 규정으로 도입하는 경우가 방어수단으로서의 효율성을 제고할 수 있는 방법이라고 생각한다. 이때 공공의 이익 내지는 국가적 이익을 위해 필요한 분야의 설정 및 그 분야에 해당하는 경우에 있어서 차등의결권제도를 적용할 수 있는 구체적인 적용요건 등을 증권거래법에 상세히 규정하는 편이 법적 안정성 확보에 기여할 것이라 본다.

제 3 절 계약에 의한 방어수단

Ⅰ. 황금낙하산(Golden Parachute)

1. 개 념

Golden Parachute[59]란 회사와 임원(executive)간에 체결되는 계약으로서 회사지배권의 변화와 같은 요건이 발생하면 임원은 금전적 보상을 받기로 약정하는 특수한 형태의 고용계약이라 할 수 있다.[60] 이러한 용어

58) 이는 국영회사를 민영화하는 과정에서 국가의 이익을 보호하기 위하여 정부가 보유하는 특별한 주식(Special Share)인데, 대개 i) 주식의 취득제한, ii) 이사의 임명, iii) 회사의 특정사안에 대한 거부, iv) 경영진으로서 외국인이사수의 제한에 관한 권리 등이 부여되어 있으며, 적대적 M&A에 대한 방어수단으로 활용되고 있다 [Christine O'Grady Putek, *Limited but not lost: A Comment on the ECJ's Golden Share Decision,* 72 Fordham L. Rev. 2219, 2222-2223 (2004)], 이러한 황금주제도는 i) 어느 주식에 대하여 다수의 의결권을 부여하는 방법(복수의결권방식)과, ii) 회사의 중요한 의사결정에 대하여 특정 주주에게 거부권을 부여하는 방법(거부권방식)으로 구분된다 [최준선·김순석, 전게서, 115-116면].

59) 황금낙하산 또는 퇴직금계약이라 호칭하는데, 여기에서는 原文 그대로 인용하기로 하겠다.

60) Henry F. Johnson, *Those "Golden Parachute" Agreements: The Taxman cuts the*

는 Golden Parachute가 임원들이 실질적인 보상을 받으면서 회사를 '탈출'하여 안정적인 착륙을 하도록 한다는 상징적인 표현이라 할 수 있다.[61] 이러한 Golden Parachute는 대개 3가지 조항들로 이루어지는데 이는 다음과 같다.

가. 지배권변동에 관한 조항(Change of Control Clause)

이는 Golden Parachute의 효력발생시기에 관한 규정인데 일반적으로 제 3 자가 대상회사의 주식을 일정비율 이상 취득하거나 이사회의 구성원에 변동사항이 발생할 때 Golden Parachute가 효력을 발생한다고 본다.[62]

이때 제 3 자가 어느 정도의 주식을 취득하여야 지배권의 변동으로 볼 것이냐의 문제는 논란의 여지가 있다. 즉 대부분의 Golden Parachute는 최소한 대상회사의 20% 이상의 주식취득이나 이사진의 대다수의 변동을 지배권의 변동으로 보고 있으며,[63] 연방증권법에서는 지배권의 변동의 발생여부를 결정하는 시작점을 20%의 대상회사의 주식취득으로 보고 있으나,[64] 각 회사마다 주주의 수와 경영참가의 여부가 다른 만큼 지배권의 변동을 초래하는 주식의 비율은 각 회사의 상황에 따라서 다르게 결정되어야 한다고 보는 견해[65]가 있다.

나. 계약종료에 관한 조항(Termination Clause)

이는 회사지배권의 변동이 생긴 경우에 임원이 고용계약을 종료시키

Ripcord, 10 Del. J. Corp. L. 45, 45 (1985) [hereinafter Johnson, *Golden Parachute*].

61) Henry F. Johnson, *Government Regulation of Business: Golden Parachutes Revisited,* 23 Wake Forest L. Rev. 121, 121-122 (1988) [hereinafter Johnson, *Golden Parachute Revisited*].

62) Kenneth C. Johnson, *Golden Parachutes and the Business Judgment Rule: Toward a Proper Standard of Review*, 94 Yale L. J. 909, 911 (1985) [hereinafter Kenneth Johnson, *Business Judgment*].

63) Kenneth Johnson, *Business Judgment, supra*, at 925.

64) Drew Harrison Campbell, *Golden Parachutes: Common Sense from the Common Law,* 51 Ohio St. L. J. 279, 280 (1990).

65) Campbell, *supra*, at 280-281.

고 Golden Parachute에서 미리 정하여 놓은 금액을 수령할 수 있는 시기에 관한 규정인데, 그 내용은 각 Golden Parachute에 따라 매우 다양하다고 할 수 있다. 예를 들면 임원이 해고된 날로 정하거나, 공개매수가 행하여진 후 임원에게 언제든지 고용계약을 종료시킬 수 있는 무조건적인 권리를 부여하는 경우도 있다.[66)]

이때 지배권의 변동이 생긴 이후 임원이 자신의 판단에 의하여 자신의 지위에 변동이 생겼다고 판단하여 적극적으로 고용계약을 종료시킨 경우에 있어서 임원의 지위의 변동은 전적으로 임원의 성실한 판단에 의존할 수밖에 없기에 소송적으로 가장 많이 문제가 되는 부분이라 할 수 있다.[67)]

다. 보상에 관한 조항(Compensation Clause)

이는 임원의 퇴직으로 인한 손실(displacement loss)을 보상하기 위하여 임원에게 일시금의 방법이나 일정기간 동안 기본급과 상여금을 지급하게 하는 규정이다.[68)] 즉 보상의 양과 형태에 관한 규정이며 보상에는 현금의 지급, 연금수령의 혜택, 주식매수선택권(stock option) 등이 포함되는데, 이러한 보상의 합리성(reasonableness)[69)]에 대하여 논의가 많이 있는 부분이다.[70)]

이에 美의회는 국내세법(Internal Revenue Code: IRC)을 개정하여[71)] 회사와 임원에 대한 세금 감면을 제한하게 되었는데, 먼저 회사에 대하여는

---

66) Kenneth Johnson, *Business Judgment, supra*, at 911-912.

67) Campbell, *supra*, at 281.

68) Kenneth Johnson, *Business Judgment*, *supra*, at 912.

69) Golden Parachute의 보수가 평균적인 액수에 비하여 과다한(excessive) 경우에는 Platinum Parachute라고도 부른다 [Susan L. Martin, *Platinum Parachute: Who's Protecting The Shareholder?*, 14 Hofstra L. Rev. 653, 653 n1 (1986).

70) Campbell, *supra,* at 281-282.

71) 280(G) section을 1984 Tax Reform Act의 26 U.S.C. § 67(a)의 형식으로 I.R.C.에 추가하였고 [I.R.C. § 280(G)(1986)], 4999 section을 1984 Tax Reform Act의 26 U.S.C. § 67(b)의 형식으로 I.R.C.에 추가하였다 [I.R.C. § 4999(1986)].

임원에게 Golden Parachute에 따라 지급한 액수 중 지난 5년간 회사로부터 지급받은 총임금의 연간 평균액(이를 base amount라 한다)의 3배를 넘는 부분은 회사의 비용으로 감면 처리되지 않으며,[72] 임원도 Golden Parachute에 따라 지급받은 액수 중 base amount를 넘는 부분에 대하여는 20%의 소비세(Excise Tax)를 납부해야 한다는 규정[73]이 그것이다.[74]

2. 유 형

가. Golden Parachute의 발생요건에 따른 유형

지배권의 변화(change of control)는 회사와 임원간에 체결한 Golden Parachute의 효력을 발생시키는(triggered) 요건이라 할 수 있는데 이에는 회사에 관한 지배권변동에 관한 조항과 임원의 지위의 변동에 관한 계약종료에 관한 조항이 있다. 회사에 관한 지배권의 변동이 발생하기만 하면 Golden Parachute의 효력이 발생하여, 임원에게 회사와의 고용계약을 종료시키고 막대한 일시금을 수령할 수 있는 일방적인(unilateral) 권리가 발생하는 경우를 Single Trigger Parachute라고 부른다. 그리고 회사에 관한 지배권의 변동뿐만 아니라 임원의 지위의 변동이 수반되어야 임원에게 고용계약을 종료시키고 막대한 일시금을 수령할 수 있는 권리가 발생하는 경우를 Double Trigger Parachute라고 한다.[75]

나. Golden Parachute의 대상에 따른 유형

Golden Parachute의 한 유형으로서 보상을 받는 대상이 임원이 아닌 대상회사의 근로자인 경우 이를 Tin Parachute 또는 Silver Parachute라 지칭하는데, 기본원리나 구조는 Golden Parachute와 거의 동일하나 보상을

72) I.R.C. § 280G(a).

73) I.R.C. § 4999(a).

74) Johnson, *Golden Parachute Revisited*, *supra*, at 122-123.

75) Ronald J. Gilson & Bernard S. Black, The Law and Finance of Corporate Acquisitions 2nd Ed. (New York: Foundation Press, 1995), at 768 [hereinafter Gilson & Black, Corporate Acquisitions].

받는 대상의 범위가 보다 확장되었다는 주요한 차이점이 있다.

Tin Parachute가 채택된 경우에는 적대적 공개매수가 성공한 후 대상회사의 근로자가 공개매수후 일정한 기간 내에 대상회사에서 해고, 사직 등의 이유로 인하여 대상회사를 떠날 때 공개매수자는 Tin Parachute에서 미리 정해놓은 일정한 금액을 근로자에게 지급하여야 한다. 그러한 일정한 금액은 각 근로자의 임금과 재직기간 등을 고려하여 산출되는데 대개 2년간의 임금에 해당하는 금액이다.[76)]

회사가 Tin Parachute를 채택하는 목적에는 다음의 3가지 정도를 거론할 수 있다. 첫째는 공개매수후 근로자에 대하여 보상할 금액이 공개매수자에게는 부담이 되기에 공개매수를 억제하는 효과를 가져올 수 있으며,[77)] 둘째는 만약 근로자들이 Tin Parachute 및 보상금액에 대하여 알고 있다면 대상회사에 잔류하여 보상을 받고자 할 것이라는 가정하에 공개매수기간 중에 회사의 생산성을 유지하고자 하는 시도가 될 수 있으며, 셋째는 이사에 대하여 공개매수과정의 부정적인 효과를 개선하고자 하는 기회가 될 수 있다.[78)]

3. 경제적 효용성

Golden Parachute에 관한 경제적 효용성을 몇 가지 거론하여 본다면 다음과 같다.

가. 유능한 임원의 확보효과

Golden Parachute는 유능한 임원을 확보하는 데 도움을 줄 수 있고 이러한 Golden Parachute를 통하여 임원의 안정성과 계속성이 보장될 수 있

---

76) Patrick J. Ryan, *Corporate Directors and the "Social Costs" of Takeovers — Reflections on the Tin Parachute,* 64 Tul. L. Rev. 3, 10-12 (1989).

77) 이때에는 회사의 규모, 즉 고용하고 있는 근로자의 수에 따라 지급될 보상금액이 달라지게 될 것이며 근로자 수가 많아짐에 따라 공개매수 비용도 증가할 것이며 억제효과도 커지게 될 것이다[Ryan, *supra*, at 19-21].

78) Ryan, *supra*, at 12.

으며, 특히 임원의 교체의 위험이 높은 기업(즉 공개매수의 발생빈도가 높아서 경영진의 교체가 빈번한 기업)에 있어서 임원에게 장기적인 인센티브를 제공하는 데 유용하게 사용될 수 있다.[79] 즉 Golden Parachute는 공개매수로 인하여 발생하는 위험(risk)을 임원으로부터 회사에게 이전(shifting)함으로써 회사가 유능한 임원을 확보하는 데 도움을 줄 수 있다.[80]

나. 대리인 비용의 감소효과

Golden Parachute는 임원에게 장기적인 보상을 보장하기에 이는 임원들의 객관성(objectivity)을 향상시키는 기능을 하게 되는데, 즉 임원들은 적대적 M&A에 직면하여 자신의 이익을 생각하기보다는 적대적 M&A의 장단점을 고려하여 외부의 압력을 배제한 채 주주의 이익을 위하여 행동하게 될 것이며, 또한 임원들은 Golden Parachute에 의하여 받을 보상이 정해져 있기 때문에 주주에게 이익이 될 수 있는 공개매수를 자의적으로 반대하지는 않게 될 것이다.[81] 따라서 이러한 Golden Parachute는 위험의 이전기능을 통하여 대리인 비용[82]을 감소시키는 데 유용한 수단이 될 수 있다.[83]

여기에는 Golden Parachute는 대리인 비용의 감소를 위한 임원의 객관성 확보에 그리 효과적이지 못하며, 오히려 과도한 보상의 제공으로 인하여 대리인 비용을 증가시켰다는 비판도 있다.[84]

또한 공개매수의 가능성은 주식의 가치를 최대화시켜 주주의 부를 증진시키고자 하는 동기가 된다는 견해에서는 Golden Parachute는 공개매수의 비용을 증가시키며 대상회사의 임원들을 보호하는 역할을 하게

79) Johnson, *Golden Parachute*, *supra*, at 48.
80) Kenneth Johnson, *Business Judgment*, *supra*, at 917-918.
81) Johnson, *Golden Parachute*, *supra*, at 49.
82) 임원에 대한 감독 및 억제비용 및 임원이 최대이익을 산출하는 데 실패한 경우에 있어서 이익의 상실 등을 들 수 있다: Kenneth Johnson, *Business Judgment*, *supra*, at 915.
83) Kenneth Johnson, *Business Judgment*, *supra*, at 917.
84) Lynn A. Grisham & Doug Rake, *Future Executive Bail Outs: Will Golden Parachutes fill the American Business Skies?,* 14 Tex. Tech. L. Rev. 615, 621 (1983).

되어 이러한 동기를 감소시키며 공개매수의 가능성을 낮추게 되고, 이에 따라 Golden Parachute는 대리인 비용의 감소를 가져오는 임원들에 대한 징계효과를 배제하게 되기에 실질적으로 대리인 비용의 증가를 가져오게 된다고 주장하고 있다.[85)]

다. 적대적 M&A에 대한 억제효과

Golden Parachute가 채택된 경우 Golden Parachute계약에 따른 보상금액은 결국 공개매수자가 지급하여야 할 금액의 일부가 되어 버리기 때문에 이에 따라 공개매수자가 공개매수를 포기할 수 있기 때문에 적대적 M&A를 억제하는 효과가 있다고 한다.[86)]

그러나 Golden Parachute가 채택된 경우에 있어서 잠재적인 인수비용을 증가시킴으로써 적대적 M&A를 억제하는 효과가 있다면 그러한 억제효과는 회사 임원들의 경쟁적인 효율성을 저해하고 주주의 부에 부정적인 영향을 미쳐 명백하게 바람직하지 않은 결과가 도출될 것이라고 보는 견해에서는 주주의 부에 미치는 잠재적이고 실질적인 억제효과 때문에 Golden Parachute의 채택을 반대하고 있다.[87)]

4. Golden Parachute와 관련된 법적 논점

가. 미국법상 논점

Golden Parachute계약 자체에 있어서 문제가 되는 법적 논점은 보상금액의 결정에 관한 부분이다. 즉 법원은 임원에 대한 보상금액을 결정하는 것은 경영상의 판단으로 보아 Golden Parachute의 적법성의 판단에 경영판단의 원칙을 적용하고 있다.[88)] 이때 경영진(이사회)이 임원의 보상에 대하

85) Joseph F. Haggerty, *Golden Parachutes: Cushioning Executive Bailouts in the wake of a Tender Offer*, 57 St. John's L. Rev. 516, 541-42 (1982-1983).

86) Johnson, *Golden Parachute*, *supra*, at 50.

87) Henry F. Johnson, *Anti-Takeover Actions and Defenses: Business Judgment or Breach of Duty?* 28 Vill. L. Rev. 51, 70-71 (1982).

88) Johnson, *Golden Parachute*, *supra*, at 47.

여 판단할 때 성실함에 기초하였는지는 그 보상이 임원에 의하여 제공되는 업무와 합리적인 관련성(reasonable relationship)이 있는가에 달려 있다고 하였다. 만약 임원의 업무가 보상과 무관한 경우에는 보상과 관련된 이사회의 결정은 회사 자원의 낭비(corporate waste)[89]로서 무효가 될 것이다.

이때 법원은 단지 보상금액이 많다는 이유만으로는 Golden Parachute에 포함된 보상규정 전체를 무효로 보지는 않을 것이나, 임원의 업무수행과 합리적으로 관련되지 않는 보상규정은 비판적 시각으로 보게 될 것이다. 즉 위험이전(risk-shifting)기능을 가지는 Golden Parachute의 경우에는 임원의 업무수행과 합리적으로 관련된다고 보기 때문에 위험이전기능을 수행하는 Golden Parachute는 경영판단의 원칙의 합리적인 관련성 기준을 충족하게 된다고 할 수 있다.[90]

나. 우리법상 논점

미국법상 Golden Parachute는 회사와 임원간의 계약을 통하여 성립하나, 현행 상법상 Golden Parachute를 도입하기 위해서는 정관의 변경이나 주주총회의 결의에 의하여 가능하다. 즉 이사의 보수는 이사의 직무집행에 대한 대가로서 지급되는 것으로 그 명칭을 불문하며, 봉급·각종의 수당·퇴직위로금 등을 포함한다고 보기 때문에,[91] Golden Parachute 규정에 의한 이사의 퇴직에 따른 일시금의 지급은 퇴직위로금의 일종으로 보아 보수에 해당한다고 본다. 이때 상법은 이사의 보수는 정관에 그 액을 정하지 아니한 때에는 주주총회의 결의로 정한다는 규정(상법 제388조)만을 두고 있다. 그러므로 구체적인 보상액이 확정된 경우와 구체적인 보상액이 아닌 보상의 총액 또는 한도액만이 확정된 경우에 따라서 필요한 요건이 다르게 된다.

---

89) Kerbs v. California Eastern Airways, 33 Del. Ch. 69, 90 A.2d 652, 656-58 (1952).

90) Kenneth Johnson, *Business Judgment*, *supra*, at 923-924.

91) 정찬형, 전게서, 544면.

(1) 구체적인 보상액이 확정된 경우

Golden Parachute 규정에 있어서 이사에 대한 구체적인 보상액이 확정된 경우에는 상법규정상 이사의 보수에 관한 규정은 정관에 의하기 때문에 정관변경을 통하여 도입 가능하다고 본다. 다만 상법상 정관의 변경은 주주총회의 특별결의요건인 출석한 주주의 의결권의 3분의 2 이상의 수와 발행주식총수의 3분의 1 이상의 수의 동의를 얻어야 하기에(상법 제434조) 적대적 M&A의 발생 후에는 채택하기 쉽지 않다고 보며, 예방적 차원에서 미리 채택하여야 한다고 생각한다.

(2) 구체적인 보상액이 확정되지 않은 경우

정관에 Golden Parachute 규정을 두었으나 보상액은 구체적으로 확정하지 않고 보상의 총액 또는 한도액만이 확정된 경우에는 상법규정의 이사의 보수가 정관에 그 액을 정하지 아니한 경우에 해당한다고 본다. 따라서 이 경우 구체적인 보상액은 주주총회의 보통결의에 의하여 정할 수 있다고 보며, 이 경우 구체적인 보상액에 대한 적절성의 판단기준으로 이사의 업무와의 합리적인 관련성을 거론할 수 있다고 생각한다.

물론 이러한 보상액이 적대적 M&A에 드는 비용과 비교하여 커다란 부분을 차지하지 않는다면 주주총회의 결의를 얻기는 쉽겠지만 적대적 M&A에 대한 방어수단으로서의 효과는 미미하다고 할 수 있다. 반면에 적대적 M&A를 저지하기 위한 방어수단으로서의 실효성을 위하여 보상액을 일반적인 기준에 비하여 높게 책정한 경우에는 대주주나 경영진이 회사자금을 횡령하는 수단으로 의심받을 우려가 있으므로, 주주총회 결의 전에 주주들에게 보상액의 적절성 및 이사의 업무와의 합리적 관련성에 대한 충분한 설명을 하여야 한다고 본다.[92)]

그러나 전술한 구체적인 보상액이 확정된 경우에 Golden Parachute의 도입을 위해서는 주주총회의 특별결의가 요구되는 점에 비하여 구체적인 보상액이 확정되지 않은 경우에는 주주총회의 보통결의만이 필요한

92) 同旨: 권재열, 전게서(적대적 M&A의 방법에 관한 연구), 128면.

점에서 도입이 좀 더 용이하다고는 할 수 있다.

(3) Golden Parachute 규정변경의 제한

Golden Parachute 규정을 정관에 두었다 하더라도 쉽게 그 규정을 변경하거나 배제할 수 있으면 실효를 거둘 수 없기 때문에, Golden Parachute 규정을 개정 또는 변경할 경우에 그 효력은 개정 또는 변경을 결의한 주주총회가 속하는 사업연도 종료 후에 발생한다는 식의 조문을 별도로 두는 것이 바람직하다는 견해[93]가 있으나, 이러한 내용의 조문은 구체적인 법률규정이나 판례가 존재하지 않기에 그 적법성이 문제될 수도 있다고 생각한다.

Ⅱ. 락업(Lock-Up)

1. 개 념

Lock-Up[94]이란 넓은 의미로는 대상회사의 경영진과 우호적인 공개매수자간에 다른 공개매수자와 비교하여 우호적인 공개매수자가 경쟁적 우위에 있을 수 있게 하는 계약을 의미한다.[95] Lock-Up계약은 적대적 M&A 및 우호적 M&A와 같은 다양한 상황에 있어서 체결되는데, 대상회사와 Lock-Up계약을 체결한 우호적 공개매수자는 대부분 우호적 제 3 자(White Knight)이다. 대상회사는 우호적 M&A의 상황에 있어서는 합병계

93) 권재열, 전게서(적대적 M&A의 방법에 관한 연구), 128-129면.

94) 'Lock-up'이라는 용어는 대상회사와 특정한 공개매수자간의 계약으로 인한 주식가치의 희석화 때문에 공개매수경쟁에 참여하는 것이 경제적으로 불가능하다는 것을 발견한 다른 공개매수자들을 Lock-out(배제)한다는 계약이라는 인식에서 도출되었다고 한다 [Ian Ayres, *Analyzing Stock Lock-ups: Do Target Treasury Sales Foreclose or Facilitate Takeover Auction?*, 90 Colm. L. Rev. 682, 683 (1990)], 여기서는 原文 그대로 인용하기로 하겠다.

95) Stephen M. Bainbridge, *Exclusive Merger Agreements and Lock-Ups in Negotiated Corporate Acquistions*, 75 Minn. L. Rev. 239, 250 (1990) [hereinafter Bainbridge, *Lock-Ups*], Lock-Up의 개념에 계약이라는 의미가 포함되어 있으나, 이하에서는 좀 더 명확한 의미전달을 위하여 Lock-Up에 갈음하여 Lock-Up계약이라는 용어를 사용하기로 하겠다.

약을 보호하기 위하여 합병계약의 일부로서 Lock-Up계약을 체결하기도 하며, 적대적 M&A의 상황에 있어서는 우호적 제 3 자를 공개매수 경쟁에 참여시켜 적대적 M&A를 방어하고자 우호적 제 3 자와 Lock-Up계약을 체결하게 되며 이로 인하여 우호적 제 3 자는 공개매수 경쟁에 있어서 유리한 위치에 있게 된다.

또한 대상회사는 Lock-Up계약과 더불어 권유금지조항(No-Shop Clause)이나 협상금지조항(No-Talk Clause)을 계약의 내용으로 부수적으로 체결할 수 있다. No-Shop Clause란 대상회사가 다른 공개매수자와 협상이나 정보를 제공할 수는 있으나 일정기간 제 3 자를 공개매수에 참여할 것을 적극적으로 권유하지 못한다는 내용이며, No-Talk Clause는 No- Shop Clause의 적용요건이 대상회사에게 좀 더 엄격하게 적용되는 유형으로 대상회사가 우호적 M&A나 적대적 M&A에 직면한 경우에 있어서 제 3 자와 일체의 협상을 금지한다는 내용을 가지고 있다.[96)]

대상회사와 우호적 공개매수자간에 이러한 Lock-Up계약을 체결할 때 자산선매권(Asset Lock-Up Option), 주식선매권(Stock Lock-Up Option), 위약비용(Topping Fee), 비용상환규정(Expense Reimbursement Provision), 해약금(Termination Fee or Break-up Fee) 등과 같은 규정을 그 내용으로 할 수 있는데 이를 넓은 의미의 Lock-Up이라 보며, Lock-Up계약의 범위를 한정적으로 본다면 자산선매권(Asset Lock-Up Option)과 주식선매권(Stock Lock-Up Option)만을 의미한다고 할 수 있다.[97)]

이러한 규정들이 Lock-Up계약의 내용으로 대개 하나 이상 포함되는데, Lock-Up계약의 양당사자들인 대상회사와 우호적 공개매수자간에 이와 같은 규정들이 포함된 Lock-Up계약을 서로 상호적으로 체결하는 경

96) Karl F. Balz, *No-Shop Clause*, 28 Del. J. Corp. L. 513, 514 (2003).

97) 권유금지규정(No-Shop Provision)을 Lock-Up계약의 내용의 하나로 보고 있는 견해도 있다 [Vincent F. Garrity, Jr. & Mark A. Morton, *Would the CSX/Conrail Express Have Derailed in Delaware? A Comparative Analysis of Lock-Up Provisions Under Delaware and Pennsylvania Law,* 51 U. Miami L. Rev. 677, 690 (1997)].

우도 있으며 이를 'Cross Lock-Up'이라 부르기도 한다.[98] 이하에서는 Lock-Up계약의 내용으로 단독 또는 복합적으로 채택할 수 있는 규정들에 관하여 검토하여 보기로 하겠다.

2. 유 형

가. 위약비용(Topping Fee)

이는 대상회사가 Lock-Up계약을 체결한 공개매수자 이외에 제 3 자의 공개매수에 응한 경우에 Lock-Up계약을 체결한 공개매수자에게 지급되는 비용이며, 이러한 비용은 제 3 자의 공개매수금액이 Lock-Up계약을 체결한 공개매수자의 공개매수금액을 초과한 금액에 대한 일정비율을 기초로 지급된다.[99]

나. 비용상환규정(Expense Reimbursement Provision)

이는 대상회사가 Lock-Up계약을 체결한 공개매수자 이외에 제 3 자의 공개매수에 응한 경우에 대상회사는 Lock-Up계약을 체결한 공개매수자에 대하여 공개매수에 관련하여 지출한 실제적인 모든 비용을 상환하여야 한다는 규정이다.[100]

다. 해약금(Termination Fee 혹은 Break-up Fee)

이는 대상회사와 Lock-Up계약을 체결한 공개매수자와의 거래가 성사되지 않은 경우에 있어서 대상회사는 Lock-Up계약을 체결한 공개매수자와의 거래액에 대한 일정비율의 금액(대개 3~4%)을 Lock-Up계약을 체결한 공개매수자에게 지급하여야 한다는 내용이다.[101]

---

98) John C. Coates IV & Guhan Subramanian, *A Buy-Side Model of M&A Lockups: Theory and Evidence,* 53 Stan. L. Rev. 307, 314 (2000).

99) Michael G. Hatch, *Clearly defining Preclusive corporate Lock-Ups: A Bright-Line Test for Lock-Up Provision in Delaware,* 75 Wash. L. Rev. 1267, 1274 (2000).

100) Hatch, supra, at 1275.

101) Hatch, *supra*, at 1275.

라. 자산선매권(Asset Lock-Up Option)

資産先買權이란 우호적 공개매수자가 대상회사의 중요한 자산을 실제거래가격보다 낮은 가격으로 매수할 수 있는 선매권을 의미한다. 이러한 자산선매권은 대부분 제 3 자가 대상회사 발행주식의 일정비율을 취득한 것과 같은 일정한 요건의 충족 후에 행사가능하게 된다.[102)]

대상회사는 자산선매권을 공개매수희망자를 유인하고자 사용할 수 있으며, 이를 대상회사에 대한 M&A와 관련된 방어수단으로 사용할 수도 있다.[103)] 이때 자산선매권의 대상인 자산은 왕관의 보석(crown jewel)[104)]이라고 하는데, 공개매수자가 가장 가치 있다고 평가한 것이거나 대상회사에 있어서 필수적인 것이어야 하며, 이러한 명칭에 따라 자산선매권은 Crown Jewel Option이라고도 불리운다.[105)]

자산선매권부 Lock-Up계약에 있어서 우호적 공개매수자가 자산선매권을 행사하는 경우에는 우리나라에 있어서 중요한 영업용 자산의 양도에 해당하게 될 것이다. 이러한 자산선매권은 그 행사로 인하여 Crown Jewel을 잃게 될지도 모른다는 사실만으로 그러한 Crown Jewel의 가치를 높게 평가하는 공개매수자에게는 공개매수경쟁을 포기하게끔 하는 효과를 가져올 수도 있다.[106)]

마. 주식선매권(Stock Lock-Up Option)

株式先買權이란 우호적 공개매수자가 대상회사의 수권주식 중 미

---

102) 예를 들면 Hanson Trust PLC v. ML SCM Acquisition, Inc., 781 F.2d 264, 270 (2d Cir. 1986)의 경우에 있어서 자산선매권(Asset Lock-Up Option)계약에서는 우호적 공개매수자의 공개매수가 실패한다면 대상회사의 중요한 부문(Crown Jewel)을 우호적 공개매수자가 취득할 수 있는 선매권을 부여하였다.

103) Bainbridge, *Lock-Ups, supra*, at 251.

104) 이러한 명칭은 왕관의 보석처럼 가장 가치 있는 자산이라는 은유적인 표현에서 유래한다 [L. Solomon, D. Schwartz & J. Bauman, Corporations Law and Policy: Material and Problems 2nd Ed. (Minnesota: West, 1988) at 1060-1061].

105) Bainbridge, *Lock-Ups, supra*, at 251.

106) Robert W. Rodriguez, *Hostile Takeover Contests: The Rise and Fall of Lock-Up Options,* 1987 Colm. Bus. L. Rev. 193, 202 (1987).

발행 주식이나 자기주식의 일정수(대개 10~20%)를 실제거래가격보다 낮은 가격으로 매수할 수 있는 선매권을 의미한다. 이러한 주식선매권은 전술한 자산선매권의 경우와 같이 대부분 제 3 자가 대상회사 발행주식의 일정비율을 취득한 것과 같은 일정한 요건의 충족 후에 행사가능하게 된다.[107)]

주식선매권부 Lock-Up계약에 있어서 우호적 공개매수자가 주식선매권을 행사할 경우 다른 공개매수자가 대상회사의 지배권을 인수하기 위하여 취득해야 하는 주식의 수가 증가되어[108)] 전체적인 공개매수 비용이 증가되기에 공개매수를 저지하는 효과가 있다. 만약 그러한 주식선매권이 공개매수를 저지하는 영향력을 가지지 못한 경우에도 우호적 공개매수자에게는 이익이 될 것이며, 우호적 공개매수자가 주식선매권을 합병안에 대한 주주총회 의결 전에 행사하였다면 그러한 합병안의 찬성결의에 자신이 취득한 주식의 의결권을 행사할 수 있을 것이다. 또한 다른 공개매수자가 대상회사에 대한 공개매수에 성공하였다면 우호적 공개매수자는 주식선매권을 행사하여 취득한 주식을 공개시장이나 성공한 공개매수자에게 매도함으로써 이미 투자된 비용의 전부 또는 일부를 회수할 수도 있다.[109)]

3. 경제적 효용성

Lock-Up계약의 경제적 효용성에 대하여 긍정론과 부정론이 대립하고 있는데, 이하에서 자세히 검토하여 보기로 하겠다.

가. 긍 정 론

첫째, Lock-Up계약은 대상회사에 있어서 경쟁에 참여하기를 주저하

107) Bainbridge, *Lock-Ups, supra*, at 250.

108) 대상회사의 발행주식총수가 증가하여 다른 공개매수자의 지분율의 저하가 발생하며(지분의 희석화), 대상회사의 지배권 확보를 위한 주식수가 증가하게 되고 이에 따른 비용 또한 증가하게 된다.

109) Bainbridge, *Lock-Ups, supra*, at 250-251.

는 공개매수자를 유인하여 회사 지배권획득을 위한 경쟁에 참여하게끔 하여 주주의 이익을 극대화시킬 수 있는 경쟁을 조장하게 된다.[110)]

둘째, Lock-Up계약을 통하여 대상회사는 공개매수자와 주식선매권을 비롯한 여러 가지 사항에 관하여 고려하고 있다는 점과 대상회사의 경영진이 공개매수에 대하여 심사숙고하고 있는 점 및 협상에 진지하게 임할 것이라는 점을 보여줄 수 있다.[111)]

셋째, Lock-Up계약은 대상회사와 Lock-Up계약을 체결한 우호적 공개매수자가 지급한 현금지급비용이나 기회비용을 보상하는 보험과 같은 기능을 하게 된다.[112)]

넷째, Lock-Up계약은 Lock-Up계약을 체결한 우호적 공개매수자 이외의 다른 공개매수자들이 대상회사를 인수하고자 하는 경우에는 대상회사의 인수대가 이외에 Lock-Up계약으로 인하여 추가로 발생한 비용 등을 부담하여야 하기 때문에 우호적 공개매수자 이외의 다른 공개매수자들에 의한 공개매수를 저지하는 효과가 있다.[113)]

나. 부 정 론

첫째, Lock-Up계약이 다른 공개매수자를 배제하여 대상회사에 대한 높은 가격의 공개매수를 저지하게 된다면 이는 대상회사의 주주에게는 해가 될 것이며,[114)] Lock-Up계약이 다른 공개매수자를 배제하지 않더라도 주주가 받을 이익에서 Lock-Up계약에 의하여 우호적 공개매수자가 취득하는 부분이 발생하므로 이는 주주가 얻을 가치가 감소됨을

---

110) Hatch, *supra*, at 1275-1276.

111) Thomas A. Swett, *Merger Terminations After Bell Atlantic: Applying A Liquidated Damages Analysis to Termination Fee Provisions,* 70 U. Colo. L. Rev. 341, 356 (1999).

112) David A. Skeel, Jr., *A Reliance Damages Approach to Corporate Lockups,* 90 Nw. U. L. Rev. 564, 568 (1996).

113) Hatch, *supra,* at 1276.

114) Paul Regan, *Great Expectations? A Contract Law Analysis For Preclusive Corporate Lock-Ups,* 21 Cardozo L. Rev. 1, 114 (1999).

의미한다.[115)]

둘째, 대상회사의 경영진이 주주의 부보다는 자신의 이익을 위하여 공개매수자와 Lock-Up계약을 체결할 수도 있는데, 이 경우에는 경영진은 주주의 비용으로 대상회사에 대한 경쟁을 조장하였다기보다는 대상회사의 가치를 감소시켰다고 할 수 있는 것이다.[116)]

셋째, 경영진의 부주의로 경쟁에 참여하기를 주저하는 공개매수자를 유인하고자 과도한 액수의 Lock-Up계약을 체결하기도 하는데, 이러한 과도한 Lock-Up계약은 다른 공개매수자를 배제시키며 결과적으로 대상회사의 주주들이 그들의 주식에 대하여 높은 가치를 받을 기회를 부정하게 될 것이다.[117)]

4. Lock-Up계약과 관련된 법적 논점

가. 미국법상 논점

(1) 학설상의 논의

Lock-Up계약의 적법성에 대하여 미국법상 학설상의 논의가 있는데, 이하에서 자세히 검토하여 보기로 하겠다.

① 전부부정설

대상회사의 경영진에게는 Lock-Up계약을 비롯한 어떠한 방어행위를 할 수 있는 권한이나 의무도 없다는 견해[118)]이며, 이 견해에 의하면 모든 Lock-Up계약은 궁극적으로 주주의 부를 감소시키므로 적법성을 부정하여야 한다고 보았다. 만약 대상회사가 Lock-Up과 같은 방어수단을 채택하여 공개매수를 저지하는 데 성공하였다면, 대상회사의 주주들은 인수회사가 제시한 프리미엄은 물론 그러한 방어행위가 없었더라면 얻을 수

---

115) Hatch, *supra*, at 1276.

116) Stephen Fraidin & Jon D. Hanson, *Toward Unlocking Lockups,* 103 Yale L. J. 1739, 1742-1743 (1994).

117) Skeel, *supra*, at 576-577.

118) Frank H. Easterbrook & Daniel R. Fishel, *The Proper Role of a Target's Management in Responding to a Tender Offer,* 94 Harv. L. Rev. 1161 (1981).

있었던 프리미엄을 상실하게 되며, 상실된 프리미엄은 공개매수의 성공 후 교체된 효율적인 경영진이 대상회사 자산을 운용함으로써 얻을 수 있었던 장래의 사회적 이익을 반영하고 있다고 하였다.

그리고 대상회사의 주주가 프리미엄을 얻게 된다면 이는 인수회사가 지급한, 즉 인수회사의 주주의 손실에 의한 것이며 주주 전체의 이익으로 본다면 인수회사의 주주로부터 대상회사의 주주로의 단순한 부의 이전일 뿐이며 이익의 증가는 없게 되는 것이라 하였다. 그러나 이때에는 방어행위로 인하여 인수회사가 사용한 비용 및 경쟁매수자들이 사용한 비용의 합을 고려한다면 오히려 주주들은 전체적으로는 손실을 입게 된다고 하였다.[119]

② **전부긍정설**

모든 Lock-Up계약은 적법하다고 보는 견해[120]이며, 이 견해에 의하면 Lock-Up계약을 체결한 대상회사의 경영진이 자신만의 이익을 위하여 행동하는 경우에도 가장 높은 가격을 제시하는 공개매수자에게 대상회사를 매도하고자 하는 동기에는 영향을 미치지 않는다고 보았다.[121]

따라서 높은 가격을 제시하는 공개매수자는 공개매수 경쟁에 참여하여 대상회사를 인수하거나, 만약에 Lock-Up계약이 다른 공개매수자를 배제하는(preclusive) 내용이라면 공개매수 경쟁에서 우위를 차지하여 대상회사를 인수한 자로부터 대상회사를 재인수하게 될 것이므로,[122] Lock-Up계약은 가장 높은 가격을 제시하는 공개매수자가 대상회사를 인수하는 것을 배제하지 않게 된다고 보았다. 그러므로 법원은 모든 Lock-Up계약의 적법성을 예외 없이 인정하여야 한다고 하였다.[123]

---

119) Easterbrook & Fishel, *supra*, at 1174-1175.

120) Fraidin & Hanson, *supra*, at 1834.

121) *Id.* at 1785.

122) *Id.* at 1788-1789.

123) *Id.* at 1784.

③ **절 충 설**

이 부류에는 몇 가지 견해[124]가 있는데, 그 중에서 대표적인 견해를 살펴보면 다음과 같다. Lock-Up계약의 가치의 합산이 Lock-Up계약을 체결한 우호적 공개매수자가 제시한 가격의 10% 이상에 해당하는 경우에만 Lock-Up계약의 적법성을 부정하는 견해[125]가 있다(이를 'Ten-Percent Rule'이라 부른다). 이 견해에 의하면 Lock-Up계약은 해약금, 주식선매권 및 자산선매권 규정을 모두 포함할 수 있다는 내용을 전제로 하고 있다. 이때 대상회사가 해약금 규정을 비롯한 하나 이상의 규정을 포함하는 Lock-Up계약을 우호적 공개매수자와 체결한 경우에 있어서, 법원은 Lock-Up계약의 적법성 판단을 하기 위해서는 Lock-Up계약에 포함된 규정들의 가치를 모두 합산하여 Lock-Up계약을 체결한 우호적 공개매수자가 제시한 가격의 10% 이상에 해당하는지 여부를 결정하여야 한다고 하였다.[126]

(2) Delaware법원의 입장

Lock-Up계약은 전술한 바와 같이 적대적 M&A 및 우호적 M&A와 같은 다양한 상황에 있어서 대상회사의 경영진과 우호적 공개매수자간에 체결되는데, 이러한 Lock-Up계약과 같은 방어행위에 대하여 Delaware법원은 기본적으로 경영상의 판단으로 보아 경영판단의 원칙을 적용하였는데, 적대적 M&A에 직면한 경영진의 방어행위에는 경영판단의 법칙의 적용을 긍정하는 경영판단적인 요소와 그 적용을 배척하는 회사와 경영진간의 이익상반적인 요소가 공존하기 때문에 방어행위가 어떠한 의무위

---

124) 좀 더 높은 가격을 제시하는 공개매수자가 대상회사를 인수하는 것을 배제하는 'Foreclosing' Lock-Up만의 적법성을 부정해야 한다는 견해가 있으며 [Ian Ayres, *supra*, at 704], 주식선매권부 Lock-Up계약의 가치는 대상회사의 총발행주식 가치의 15% 이내이어야 하며, 자산선매권부 Lock-Up계약의 가치도 대상회사의 자산가치의 15% 이내이어야 적법하다는 견해도 있다 [Johnson & Siegel, *Corporate Merger: Redefining the Role of Target Directors,* 136 U. Penn. L. Rev. 315, 409-410 (1987)].

125) Bainbridge, Lock-Ups, *supra*, at 324.

126) *Id.* at 324-326.

반에 해당하는지를 명확하게 구분하기는 쉽지는 않다.

그러므로 경영진에게 Lock-Up계약을 체결할 수 있는 권한이나 의무가 있는지 여부는 경영진이 체결한 Lock-Up계약에 회사와 관련된 이익상반적인 요소가 존재치 않으며 경영판단에 해당하여 법원의 사법적 보호를 받을 수 있느냐의 문제로 연결된다. 이러한 문제와 관련하여 미국 회사법 판례에서 중요한 위치를 차지하는 Delaware법원은 이러한 Lock-Up계약의 적법성을 판단하기 위하여 다른 공개매수자의 배제 및 지배권의 변경과의 관련여부에 따라 3가지 기준을 체계화하였다.[127)]

① 경영판단의 원칙이 적용되는 경우

Lock-Up계약이 다른 공개매수자를 배제하지(preclusive) 않았으며 Lock-Up계약과 관련된 거래가 지배권의 변경(change of control)과도 관련되지 않았다면 경영판단의 원칙(The Business Judgment Rule)이 적용되게 될 것이다.[128)] 즉 Lock-Up계약을 체결한 경영진이 경영판단의 대상에 대하여 개인적인 이해관계가 없으며, 적정하다고 믿을 수 있을 정도의 정보에 기하여, 회사의 이익에 최선의 이익이라고 이성적으로 신뢰하여 善意로 경영상의 판단을 한 경우, 경영진은 주의의무에 위반하지 않은 것으로 간주되며 경영진의 판단에 대하여 이의를 제기하고자 하는 자는 경영진이 판단을 함에 있어서 주의의무를 위반하였다는 사실에 관하여 증명책임을 지게 된다.[129)]

② Revlon기준이 적용되는 경우

만약 Lock-Up계약과 관련된 거래가 지배권의 변경과 관련되었다면 Revlon판결[130)]에서의 Revlon기준이 적용되게 될 것이며, 이에 따라 대상

127) Hatch, *supra*, at 1277.

128) 예를 들면 Aronson v. Lewis, 473 A. 2d 805, 812 (Del. 1984) 등과 같은 판결이 있다.

129) Hatch, *supra*, at 1277-1278.

130) Revlon v. MacAndrews & Forbes Holdings, 506 A. 2d 173 (Del. 1985). 본 판결 이후 대상회사의 이사들이 경매인의 의무를 부담하게 되는 시점에 대하여 대상회사의 지배권의 변경(change of control)을 초래하는 거래라 보게 되었는데, 예를 들면 자본구조재편성(recapitalization)을 초래하는 상당한 양의 의결권의 양도나 지배주

회사의 이사들은 대상회사의 지배권의 변경을 초래하는 거래에서 경매인의 의무를 부담하게 되므로 Lock-Up계약이 대상회사 주주가 최대한 이익을 받을 수 있도록 조장하였는지의 여부가 적법성의 기준이 될 것이다.[131] 즉 Lock-Up계약이 대상회사의 주주가 최대한 이익을 받을 수 있도록 조장하지 않았다면 그 계약은 다른 공개매수자를 배제한 것이며 적법성을 인정받지 못하였다.

그러나 Time사건[132]과 QVC사건[133]에서 대법원이 내린 결정 이후 합병의 대가가 현금이 아닌 주식으로 지급되었으며 합병후 존속회사의 주식을 불특정 다수인이 광범위하게 소유하게 되는 방식을 사용한 대부분의 전략적인 합병(Strategic Merger)의 경우에는 Revlon기준의 적용은 회피할 수 있었다. 이에 법원은 전략적 합병에서의 Lock-Up계약의 적법성 판단에 Unocal기준을 적용하기 시작하였다.[134]

③ Unocal기준이 적용되는 경우

만약 Lock-Up계약이 적대적 M&A에 대한 방어수단으로만 사용되어 다른 공개매수자를 배제하였고 Lock-Up계약과 관련된 거래도 지배권의 변경과 관련되지 않은 경우에는 Unocal판결[135]에서의 Unocal기준이 적용

식의 양도 등의 경우에는 Revlon판결에 기한 의무가 발생하는 것으로 보았으나 그렇지 아니한 경우에는 Unocal판결에 기한 기준에 종속되는 것으로 보았다 [Bainbridge, Mergers and Acquisitions, *supra*, at 351-352].

131) Revlon 판결에서 Delaware법원은 자산선매권(Asset Lock-up Option)을 부여한 것 자체는 델라웨어법상 불법이 아니나, 공개매수경쟁자들을 경쟁시키는 자산선매권의 부여는 주주들에게 이익이 되지만, 경매를 중단시키고 더 이상의 경쟁을 하지 못하는 결과를 초래한다면 이는 주주에게 손실을 가져온다고 보았다. 또한 이미 유리한 위치에서 공개매수경쟁에 참여하고 있었던 Forstmann에 대한 자산선매권의 부여는 공개매수경쟁을 종결시키는 결과를 초래하게 되었다고 보았다. 즉 법원은 이사회가 가열되었던 공개매수경쟁을 비실질적인 이유로 종결시켜 버린 경우에는 이사는 Unocal기준에 의한 경영판단의 원칙의 적용을 받을 수 없게 된다고 판시하였다 [506 A. 2d 173, 182-184 (Del. 1985)].

132) Paramount Communications, Inc. v. Time Inc., 571 A. 2d 1140 (Del. 1989).

133) Paramount Communications, Inc. v. QVC Network, Inc., 637 A. 2d 34 (Del. 1994).

134) Hatch, *supra*, at 1280.

135) Unocal Corp. v. Mesa Petroleum Co., 493 A. 2d 946 (Del. 1985).

되게 될 것이다. 즉 법원은 Lock-Up계약을 체결한 대상회사의 경영진에게 Unocal판결에서의 2단계 기준에 대한 증명책임(1단계는 회사의 정책 및 효율성에 위협이 된다고 신뢰할 만한 합리적인 근거에 대한 증명책임이며 2단계는 Lock-Up계약이 위협과 관련하여 합리적이라는 점에 대한 증명책임이다)을 부담시키게 되며 이러한 2단계 증명책임이 충족될 때 Lock-Up계약은 그 적법성을 인정받게 된다.

이때 경영진은 성실함과 합리적인 조사를 증명함으로써 1단계 증명책임을 충족시킬 수 있으며, Lock-Up계약이 다른 공개매수자를 배제하지 않아 주주들이 보다 좋은 조건의 청약을 받을 기회를 가지게 된다는 점을 증명함으로써 2단계 증명책임을 충족시킬 수 있다.[136)]

나. 우리법상 논점

전술한 바와 같이 미국법상에서 대상회사와 우호적 공개매수자간에 우호적 M&A 및 적대적 M&A의 상황에 적합하게 위약비용, 비용상환규정, 해약금, 자산선매권, 주식선매권 등에 관한 규정들을 포함하는 Lock-Up계약을 체결하고 있으며, Lock-Up계약 자체의 적법성에 관하여 학설과 판례의 입장이 나누어져 있다. 그런데 우리법상에서는 Lock-Up계약의 활용 빈도도 그다지 많지 않았으며, 적대적 M&A상황에 직면하여 대상회사가 우호적 공개매수자와 체결한 Lock-Up계약에 있어서 Lock-Up계약 자체의 적법성보다는 Lock-Up계약의 내용인 주식선매권이 행사되어 우호적 공개매수자에게 신주발행이 된 경우에 신주발행의 불공정성이나, 자산선매권이 행사되어 우호적 공개매수자에게 자산이 양도된 경우에 그 적법성을 중심으로 논의되어 왔다.

이하에서는 적대적 M&A상황에 있어서 방어수단으로서 대상회사의 경영진이 우호적 공개매수자와 자산선매권 및 주식선매권부 Lock-Up계약을 체결한 경우에 그러한 Lock-Up계약의 적법성을 본서 제 3 장에서 검토한 M&A에 직면한 경영진의 방어행위의 적법성의 판단기준에 따라

136) Hatch, *supra*, at 1280-1281.

검토하고자 한다.

[M&A에 직면한 경영진의 방어행위의 적법성의 판단기준]

a) 방어행위가 법령이나 정관에 직접 규정되어 있는 경우
법령과 정관규정이 허용하는 범위 내인지 여부에 따라 그 적법성을 결정함.
b) 방어행위가 법령이나 정관에 직접 규정되지 않은 경우
경영권 방어의 동기(목적) 및 방어수단의 합리성이라는 실체적 요건과 경영권방어행위를 실행하기 위한 결의의 적정성이라는 절차적 요건을 충족하여야 함.
c) 대상회사가 현경영진에 의하여 경영권을 유지하는 것이 객관적으로 적정하지 않은 경우
경영진에게 방어권 행사보다는 주주이익극대화의무가 요구되는 예외적인 경우임.

① 자산선매권부 Lock-Up계약

적대적 M&A의 방어수단으로서 우호적 공개매수자와 資産先買權附 Lock-Up契約을 체결한 경우에는 방어행위가 직접 법령이나 정관에 규정되지 않은 경우로서 전술한 방어행위의 적법성의 판단기준에 따라야 한다고 생각한다. 즉 경영권 방어의 동기(목적) 및 방어수단의 합리성이라는 실체적 요건과 경영권방어행위를 실행하기 위한 결의의 적정성이라는 절차적 요건이 충족되어야 한다.

이때 우호적 공개매수자에게 부여된 자산선매권 행사로 인한 자산의 양도는 영업용 재산의 양도에 해당되는데, 이러한 영업용 재산의 양도가 자산선매권부 Lock-Up계약에 대한 적법성의 판단요건 중에서 절차적 요건과 관련하여 문제가 된다. 이하에서는 이러한 자산선매권 행사로 인한 영업용 재산의 양도요건과 관련된 견해 및 법원의 입장을 검토하여 보기

로 하겠다.

a) **영업용재산의 양도에 관한 견해 및 판례** 우호적 공개매수자의 자산선매권 행사로 인한 자산의 양도는 영업용 재산의 양도에 해당되는데, 우리 상법은 영업의 전부 또는 중요한 일부의 영업의 양도에는 주주총회의 특별결의가 필요하다고 규정하고 있다(상법 제374조 1항). 즉 위와 같은 경우의 영업용 재산의 양도가 영업의 전부 또는 중요한 일부의 영업의 양도에 해당하여 주주총회의 특별결의가 필요한지가 문제가 된다.

이에 대해서는 학설의 대립이 있는데, 영업용재산 또는 중요재산만의 양도에는 그것이 영업양도에 해당하지 않는 한 주주총회의 특별결의를 요하지 않는다는 形式說(不要說),[137] 영업용재산 또는 중요재산만의 양도에도 주주총회의 특별결의를 요한다는 實質說(必要說)[138]로 나누어져 있으며, 판례[139]는 절충설의 입장에서 회사의 영업의 전부 또는 중요한 일부를 양도하거나 폐지하는 것과 같은 결과를 가져오는 영업용재산의 양도를 영업양도에 포함시켜 주주총회의 특별결의를 요한다고 보고 있다.

b) **자산선매권부 Lock-Up계약의 적법성** 적대적 M&A에 대한 방어수단으로 우호적 공개매수자에게 대상회사의 중요자산을 매수할 수 있는 선매권을 부여할 수 있는지의 문제에 대하여 상법에는 관련규정이 없으나 전술한 판례에서의 절충설의 관점을 기초로 생각하여 본다면 회사의 영업의 전부 또는 중요한 일부를 양도하거나 폐지하는 것과 같은 결과를 가져오는 영업용재산을 매수할 수 있는 선매권의 부여에 주주총회의 일반결의나 이사회의 결의로서 가능하다고 하는 것은 기존주주의 이

137) 최기원, 「신회사법론(第11大訂版)」(서울: 박영사, 2001), 416면.

138) 정동윤, 전게서(회사법), 313면; 채이식, 전게서(상법강의), 491면; 권기범, 전게서(현대회사법론), 142면.

139) 대법원 1998. 3. 24. 선고 95다6885 판결(판례공보 1998, 1127). 同旨: 정찬형, 전게서(회사법강의), 490-492면.

익을 심히 해하는 것이라 보며, 이에 절차적 요건으로서 주주총회의 특별결의가 필요하다고 생각한다.

따라서 우호적 공개매수자에게 영업의 전부 또는 중요한 일부를 양도하거나 폐지하는 것과 같은 결과를 가져오는 영업용재산에 대한 자산선매권을 부여하는 Lock-Up계약이 경영권 방어의 동기(목적) 및 방어수단의 합리성이라는 실체적 요건과 주주총회의 특별결의라는 절차적 요건을 충족하는 경우에는 그 적법성을 인정할 수 있다고 본다. 또한 권리의 행사시 주주총회의 특별결의가 필요한 중요한 자산에 대한 선매권을 우호적 공개매수자에게 부여하는 데 있어서 주주총회의 특별결의요건을 충족하였다면 그것으로써 권리행사시 필요한 결의요건을 대체할 수 있다고 생각한다.

다만 중요한 자산에 대한 선매권 부여에 주주총회의 특별결의가 필요하다면 신속을 요하는 방어수단으로서의 의미는 상실될 것이며 그 활용성 또한 크지 않을 것이고, 주주총회의 특별결의요건을 요하지 않는 중요성이 낮은 자산을 매각하는 것과 같은 제한적 범위에서만 이용될 수 있다고 본다. 즉 왕관의 보석(crown jewel)이라 지칭될 정도로 가치 있다고 평가되지 못하는 자산에 대한 선매권의 부여는 적대적 M&A에 대한 방어수단으로서의 효용성이 낮다고 생각한다.[140)]

② 주식선매권부 Lock-Up계약

적대적 M&A에 직면하여 우호적 공개매수자와 株式先買權附 Lock-Up契約을 체결하는 경우도 방어행위가 직접 법령이나 정관에 규정된 바가 없는 경우라 할 수 있기 때문에 전술한 방어행위의 적법성의 판단기준에 따라야 한다고 본다. 즉 경영권 방어의 동기(목적) 및 방어수단의 합리성이라는 실체적 요건과 경영권방어행위를 실행하기 위한 결의의 적정성이라는 절차적 요건이 충족되어야 한다.

140) 同旨: 이원근·이기수, "적대적 M&A 발전가능성과 방어전략에 관한 소고," 「사회과학연구」(대구대학교), 제 5 집 제 5 호(1998), 102면.

주식선매권부 Lock-Up계약은 대상회사의 신주나 자기주식을 그 대상으로 삼을 수 있다. 즉 우호적 공개매수자의 주식선매권의 대상이 신주인 경우에는 주식선매권의 행사에 따른 신주발행은 우리법상 신주의 제3자 배정증자의 형태가 되며,[141] 주식선매권의 대상이 자기주식인 경우에는 자기주식의 처분의 결과가 발생하게 된다.

이하에서는 각각의 경우에 있어서 적법성의 판단에 관하여 검토하여 보기로 하겠다.

a) 주식선매권부 Lock-Up계약의 대상이 신주인 경우 주식선매권부 Lock-Up계약의 대상이 신주인 경우에는 적법성의 판단기준 중 경영진 자신의 이익을 추구하고자 하는 목적이 아닌 기업가치에 대한 위협으로부터 경영권을 방어하고자 하는 목적이 존재하였느냐의 여부인 방어목적의 합리성 요건이 신기술의 도입, 재무구조의 개선 등 회사의 경영상 목적을 달성하기 위하여 필요한 경우에 한하여 정관에 정하는 바에 따라 제3자에 대하여 신주인수권을 부여할 수 있다는 상법 제418조 2항과 관련하여 문제가 된다.

이는 주식선매권 행사로 인한 신주발행의 불공정성을 중심으로 상법 제424조와 관련되어 주로 논의되어 왔으며, 이하에서는 이와 관련된 몇 가지 견해와 법원의 입장을 검토하여 보기로 하겠다.

---

141) 상법에서는 상법에 다른 규정이 있거나 정관으로 주주총회에서 결정하기로 정한 경우를 제외하고는 이사회가 신주발행에 대한 결정권을 가지며(상법 제416조), 이러한 신주발행에 따른 인수방법으로 주주배정, 제3자배정 및 모집의 3가지를 규정하고 있다. 주주배정의 방법은 주주에게 신주인수권이 인정된 경우로서 주주는 그가 가진 주식수에 따라서 신주의 배정을 받을 권리가 있다고 규정하고 있다(상법 제418조 1항). 제3자배정의 방법은 제3자에게 신주인수권이 인정된 경우이며, 신기술의 도입, 재무구조의 개선 등 회사의 경영상 목적을 달성하기 위하여 필요한 경우에 한하여 정관에 정하는 바에 따라 주주 외의 자에게 신주를 배정할 수 있다고 규정하고 있다(상법 제418조 2항). 모집의 방법은 누구에게도 신주인수권이 인정되지 않은 경우이며 상장회사의 경우 대부분 널리 일반으로부터 주주를 모집하는 공모에 의한다(상법 제418조 2항, 증권거래법 제189조의 3).

i) 신주의 제 3 자배정에 관한 견해 및 판례 　　첫 번째 견해[142)]에 의하면 현행 상법에서는 제 3 자에 대한 신주배정을 엄격하게 규제하고 있음은 물론이고 단순히 이사의 지위보전만을 위하여 경영권분쟁시에 사용할 수 있는 방어책으로 인정하지 않고 있다. 따라서 이사회가 제 3 자에 대한 신주배정을 실시하려는 동기가 자금조달의 목적보다도 오히려 이사의 지위유지에 있다면 이는 제 3 자배정의 객관성과 합리성을 결여한 것이므로 본래 이사회에 부여되었던 권한을 일탈하는 것으로 될 여지가 있다는 것이다.

두 번째 견해[143)]에 의하면 적대적 기업매수에 대한 방어수단으로 제 3 자 배정증자를 시행한 경우 불공정한 신주발행에 의하여 留止청구권을 인정할 것인가는 그것이 회사 및 주주의 이익보호를 위한 것인가를 판단의 기초로 하여야 한다. 그리고 그 보장을 위해서 그 절차과정에 대한 면밀한 심사를 행하여야 하며, 만일 공개매수가 회사 및 전주주에 대해서 이익이 되지 않는 점이 명백할 때는 회사방어를 위해서 필요한 한도에서 매수자의 지분율을 저하시키는 것을 목적으로 하는 제 3 자배정에 의한 신주발행이 가능하다고 보고 있다.

세 번째 견해[144)]는 상법 제424조의 현저하게 불공정한 방법에 의한 발행이라는 기준은 신주나 전환사채의 발행이 자금조달 목적으로 이루어진 경우에 적용되는 기준이지, 방어목적으로 이루어진 경우에 적용되는 기준이 아니기에 전환사채의 발행이 적대적 M&A에 대한 방어목적으로

---

142) 권재열, "적대적 M&A에 대한 방어방법의 현실적 평가,"「기업법연구」(한국기업법학회), 제19권 제 2 호(2005), 169면.

143) 김택주, "적대적 기업매수에 있어서 우호적 제 3 자(White Knight),"「동아법학」(동아대학교 법학연구소), 제21호(1996), 139면.

144) 유영일, "M&A에 대한 방어행위로써의 전환사채발행의 적법성,"「상사판례연구」(한국상사판례학회), 제 8 집(1997), 110, 113-114면, 전환사채발행의 경우를 다루기는 하였으나 제 3 자에 전환사채를 발행하는 것은 제 3 자에 대하여 신주를 배정하는 것과 동일한 효과를 초래하기에 여기에서 같이 다루어도 괜찮다고 생각하며, 유영일 교수도 114면 각주 48에서 방어목적의 증권발행이 무제한 허용되는 것은 아니고, 일정한 요건 즉, 부당한 M&A로부터 회사와 주주의 이익을 지키기 위한 경우로써 합리적인 이유가 있는 경우에 한하여 허용된다는 입장임을 밝히고 있다.

이루어진 경우에는 자금조달목적의 유무나 제 3 자배정의 합리성을 묻는 것은 옳지 않으며 이 경우에는 새로운 적법성의 기준이 필요하다고 본다. 이 견해에 의하면 전환사채의 발행의 주요목적이 적대적 M&A에 대한 방어에 있는 경우나 순수하게 적대적 M&A에 대한 방어목적만으로 발행이 이루어진 경우라 하더라도 방어에 합리적인 이유가 있는 경우에는 그 적법성을 인정하는 것이 옳다고 한다.

우리나라 법원은 대체적으로 경영권분쟁하의 대상회사 경영진이 우호적 제 3 자에게 신주인수권을 부여하는 Lock-Up계약을 하는 것과 같은 방어수단의 채택 및 행사에 대한 적법성의 판단기준으로 그러한 방어수단의 목적이 경영권 방어에 있느냐의 여부를 중심으로 판단하여 방어수단의 주된 목적이 경영권 방어에 있는 경우에는 전술한 한화종합금융사건이나 유비케어사건에서 판시한 바와 같이 대체적으로 방어수단의 적법성을 부정하였으나 구체적인 적법성의 판단기준에 대하여는 언급하지 않고 있다. 그러나 최근 현대 엘리베이터 사건[145]에서 법원은 기존의 판결과는 달리 적대적 M&A에 직면한 신주발행이라는 방어행위의 적법성에 관하여 '방어행위가 직접 법령 또는 정관에 규정되었는지 여부'라는 기준을 제시하였으며, 방어행위의 목적이 경영권 방어에 있는 경우라도 일정한 실체적·절차적 요건이 있는 경우라면 방어행위의 적법성이 인정될 수 있다고 보았다.

ii) 신주를 대상으로 하는 주식선매권부 Lock-Up계약의 적법성

생각건대, 적대적 M&A 상황에 직면하여 방어수단으로 우호적 공개매수자와 신주를 대상으로 하는 주식선매권부 Lock-Up계약을 체결하는 경우는 상법 제418조 2항 및 제424조가 예상하였던 바가 아니기 때문에 상법 제418조 2항 및 제424조의 요건을 원칙대로 해석하여 이러한 방어수단으로 우호적 공개매수자에게 부여된 신주인수권은 적법하지 않다는 결론은 불합리하다고 본다.

145) 수원지방법원 여주지원 2003. 12. 12. 선고 2003카합369 결정.

그렇다면 상법 제418조 2항의 경영상 목적에 경영권 방어목적이 포함된다고 해석하되, 제418조 2항을 주식선매권부 Lock-Up계약의 적법성의 판단기준의 하나인 회사의 기업가치에 대한 위협으로부터의 경영권보호를 위한 것인지의 여부인 방어목적의 합리성요건으로 보아 이를 충족할 필요가 있다고 본다.

이때 대상회사의 정관에 대략적인 범위가 정하여진 제 3 자에게 일정한 수의 주식을 이사회의 결의에 의하여 배정할 수 있다는 내용의 규정을 이미 존재한다면 문제가 되지 않겠지만, 그렇지 않은 경우에는 방어수단으로서 우호적 공개매수자에게 신주인수권을 부여하는 Lock-Up계약의 체결에 상법 제418조 2항의 신주의 제 3 자배정을 위해 정관의 변경 또는 주주총회의 특별결의[146]를 거쳐야 하기 때문에 시간적·비용적인 면에서 손실이 발생하며 방어수단으로서의 가치가 저해될 수 있다.

따라서 이미 살펴본 바와 같이 방어목적의 합리성요건과 그러한 위협에 대하여 체결된 Lock-Up계약의 내용이 적절하였다는 방어수단의 합리성요건을 구비하고 있다면 적정성을 구비한 이사회의 결의만으로 Lock-Up계약의 체결이 가능하다고 해석하는 것이 바람직하다고 본다.

그러나 가능하다면 원시정관이나 적대적 M&A의 발생 이전에 정관변경 등을 통하여 일정한 범위의 제 3 자에게 주식선매권을 부여할 수 있다는 내용의 규정을 두는 편이 적대적 M&A에 직면하여 우호적 공개매수자와 주식선매권부 Lock-Up계약을 체결하는 경우에 있어서 적법성 여부에 관한 논의를 발생시키지 않는 방법이라고 생각한다.

입법론적으로는 주주의 우선적 신주인수권을 배제하고 주주 또는 제 3 자 어느 쪽에 신주인수권을 부여할 것인가는 회사가 선택할 수 있도록 법제를 개편하거나, 현행과 같은 골격은 유지하면서 제 3 자배정에 의한

146) 정관의 규정이 없더라도 정관변경과 같은 요건인 주주총회의 특별결의에 의하여 제 3 자에게 신주인수권을 부여할 수 있다고 본다 [권기범, 전게서(현대회사법론), 791면; 이철송, 전게서(회사법강의), 692면; 정동윤, 전게서(회사법), 513면].

신주발행을 발행조건에 따라 차등화 할 수 있다는 견해[147]에 동의한다. 다만 주주의 우선적 신주인수권을 배제하고 주주 또는 제 3 자 어느 쪽에 신주인수권을 부여할 것인가는 경영권의 위협이 존재하는 상장기업이 선택할 수 있는 방향으로 증권거래법과 같은 특별법을 먼저 개정하는 것이 방어수단으로서 Lock-Up계약의 활용성을 제고하는 것이라고 생각한다.

그리고 법무부가 2008년 5월 7일에 입법예고한 회사법개정안(법무부 공고 제2008-47호)에 따르면 제 3 자배정으로 신주를 발행하는 경우에는 주금납입기일의 2주 전에 신주의 발행사항을 주주에게 통지하거나 공고하도록 하였다(개정안 제418조 4항). 이러한 사전공시제도가 도입된다면 우호적 M&A가 아닌 적대적 M&A의 상황에서는 적대적 인수자가 인지하기 전에 우호적 공개매수자에게 방어수단으로서 제 3 자배정 방법에 의한 신주발행을 하는 것은 쉽지 않을 것으로 보며, 방어수단으로서 우호적 공개매수자에 대한 주식선매권 부여가 활성화되는 데 장애물이 될 수도 있다고 생각한다.

b) 주식선매권부 Lock-Up계약의 대상이 자기주식인 경우 회사가 보유한 자기주식을 주식선매권부 Lock-Up계약의 대상으로 하는 경우에는 주식선매권 행사에 따른 자기주식의 처분의 본질은 신주발행이 아니므로 신주발행과 관련된 주주의 신주인수권의 침해 및 주주평등의 원칙의 위반 문제가 발생하지 않는다고 생각한다.

그런데 2006년 10월 4일에 법무부가 입법예고한 회사법개정안에서는 자기주식의 처분에 관하여 신주발행절차를 준용하도록 규정하고 있는데, 그 내용은 다음과 같다.[148] 자기주식을 처분하는 경우에 정관에 규정

147) 송종준, 전게서(M&A법제의 현황과 보완과제), 124-125면.

148) 법무부는 2008년 5월 7일에 입법예고하여 2008년 10월 21일에 국회에 제출한 회사법개정안(법무부 공고 제2008-47호) 제342조에서 자기주식의 처분에 있어서 상법상 신주발행절차를 준용하도록 한 기존의 회사법개정안 제342조 2항(법무부 공고 제2006-10호, 2006년 10월 4일 입법예고)의 내용을 삭제하는 것으로 수정하였는데, 이하에서 2006년 10월 4일 입법예고한 회사법개정안 제342조의 문제점을 논하

이 없으면 이사회가 처분할 주식의 종류와 수, 처분할 주식의 처분가액과 납입기일에 관한 사항을 결정하도록 규정하고 있으며(개정안 제342조 1항), 자기주식의 처분에는 상법상 신주발행절차를 준용하도록 하고 있다(개정안 제342조 2항). 이에 따라 주주에게 자기주식을 처분하는 경우에는 자기주식 양수권자의 기준일을 정하고 주주에게 최고하는 절차를 이행하여야 하며(상법 제418조 1항·3항, 제419조), 제 3 자에게 처분하기 위하여는 정관에 정한 바에 따르거나 주주총회의 특별결의를 거치고 신기술의 도입, 재무구조의 개선 등 회사의 경영상 목적을 달성하기 위하여 필요한 경우이어야 한다(상법 제418조 2항). 회사법개정안이 자기주식 처분에 신주발행절차를 준용하도록 한 것은 자기주식의 처분에 따라 기존주주의 회사에 대한 지배력의 균형에 변동이 생길 우려를 해소하고 궁극적으로 주주평등의 원칙을 실현하고자 하는 데에 그 취지가 있다고 보여진다.[149]

이와 같이 자기주식의 처분에 신주발행절차를 준용하는 것에 대하여, 자기주식의 취득의 경우에는 실질적으로 자본의 환급과 같은 것이기 때문에 자본거래로서 주주평등의 원칙이 적용되어야 할 단체법적인 요청이 있다고 보나, 자본거래가 아닌 손익거래로서의 자기주식의 처분의 경우에는 회사와 그 거래 상대방의 개인법적인 거래에 속하는 영역이어서 법률이 그 거래의 방법을 획일적으로 제한하는 데에는 신중을 기해야 한다는 견해[150]가 타당하다고 본다.

는 것이 자기주식 처분에 관련된 폭넓은 이해를 도모하는 것이라 생각되어 수록하게 되었다.

본문 중 자기주식을 대상으로 하는 주식선매권 행사에 따른 자기주식처분의 경우에 있어서 자기주식처분에 신주발행절차를 준용하는 것은 바람직하지 않다고 결론 부분에서 주장하였는데, 현재의 회사법개정안이 자기주식의 처분에 신주발행절차를 준용하지 않게 됨에 따라 결과적으로 결론 부분의 내용은 변동사항이 없다고 하겠다.

149) 송종준, "자기주식의 처분절차규제에 관한 소고," 「법률신문」(법률신문사), 제3504호(2006. 11. 9), 13면 [이하 송종준, 자기주식의 처분].

150) 송종준, 전게논문(자기주식의 처분), 13면: 본문에서 자본감소절차의 일환으로서 자기주식을 취득하여 소각하거나 회사합병으로 인하여 자기주식을 취득하여 처분

만약 자기주식의 처분이 개정안과 같이 신주발행절차를 준용하게 된다면 몇 가지 문제점을 고려하여야 한다. 즉 제 3 자에 대하여 자기주식처분시 정관에 관련 규정이 있는 경우에는 그 규정 또는 주주총회의 특별결의에 의하여야 하는데 정관에 일정한 범위의 제 3 자에 대한 자기주식처분의 요건을 미리 규정하여 놓은 경우는 그리 많지 않기 때문에 대부분 주주총회의 특별결의를 거쳐야 하는 경우라 볼 수 있으며 여기에는 시간적·비용적인 면에서 손실이 발생할 수 있다. 또한 제 3 자에 대한 처분요건은 신기술의 도입, 재무구조의 개선 등 회사의 경영상 목적을 달성하기 위하여 필요한 경우에만 한정되기 때문에 사실상 그 요건을 충족하기 쉽지 않으며 이에 따라 방어수단으로서의 가치를 저해할 가능성이 있다고 생각한다. 회사법 개정안 이전의 해석론으로도 회사가 취득한 자기주식을 처분하는 것은 신주발행이 아니므로 다른 주주의 자기주식인수권이 인정될 여지가 없다는 견해[151]를 참조하여 본다면 회사가 취득한 자기주식의 처분에 신주발행절차를 준용하는 것은 바람직하지 않다고 본다.

그러므로 자기주식을 대상으로 하는 주식선매권부 Lock-Up계약이 체결된 후 주식선매권 행사에 따른 자기주식처분의 경우에도 신주를 대상으로 하는 주식선매권부 Lock-Up계약과 같이 방어행위가 법령이나 정관에 직접 규정되지 않은 경우로서 전술한 방어행위의 적법성 판단기준에 의하여 검토하여야 한다고 생각한다. 즉 주식선매권부 Lock-Up계약의 목적이 회사의 기업가치에 대한 위협으로부터의 경영권보호를 위한 것인지의 여부인 방어목적의 합리성 요건 및 그러한 위협에 대하여 우호적 공개매수자에게 자기주식을 대상으로 하는 주식선매권을 부여하는 Lock-Up계약의 체결이 적절하였다는 방어수단의 합리성 요건이라는 실체적 요건

하는 것은 자본의 증감에 관련된 거래로서 자본의 환급 또는 납입의 성질을 가지므로 자본거래로 봄이 상당하지만 그 외의 자기주식의 취득과 처분은 순자산을 증감시키는 거래임에 틀림이 없고, 그것은 법인세 과세대상인 자산의 손익거래에 해당한다는 대법원 판례(대법원 1995. 4. 11. 선고 94누21583 판결)를 예로 들고 있다.

151) 정찬형, 전게서(회사법강의), 695면.

과, 자기주식을 대상으로 하는 주식선매권부 Lock-Up계약을 체결한 이사회 결의가 적정하였다는 절차적 요건을 충족한다면 그 적법성을 인정하여야 할 것이다.

제 4 절 자본구조변경에 의한 방어수단

Ⅰ. 자기주식의 취득

1. 개 념

자기주식의 취득에 관하여 모범사업회사법(Model Business Corporation Act: MBCA) 제6.31조 (a)에서는 "회사는 자기주식을 취득할 수 있고, 그 취득한 주식은 미발행의 수권주식을 구성한다"고 규정하고 있으며 대부분의 주에서도 자기주식의 취득을 허용하고 있다.[152)]

이러한 자기주식의 취득은 공개매수에 대하여 사전적·사후적 방어수단으로 사용될 수 있는데, 다음과 같은 전략적인 목적을 가질 수 있다. 첫째는 대상회사 경영진에 의한 자기주식의 취득은 공개매수에 반대하는 경영진측의 소유주식의 비율을 증가시켜 공개매수가 실패할 확률을 증가시키게 되며, 둘째는 자기주식의 취득이 대상회사의 주식의 가치를 공개매수가격 이상으로 상승시킴에 따라 공개매수자는 공개매수가격을 높이거나 포기해야 하는 고민에 빠지게 되며, 셋째는 대상회사 지배권의 인수를 포기하겠다는 조건부 매매로서 공개매수자와 합의하에 자기주식을 취득하는 이른바 Greenmail의 경우이다.[153)]

미국 증권거래위원회(SEC)는 이러한 자기주식의 취득이 공개매수와 관련된 경우에 대하여 2가지 유형으로 분류하여 규정하고 있는데, 첫째

152) 예를 들면 Del. Gen. Corp. Law § 160.(a)(2003), N.Y. Bus. Corp. Law § 513(a)(2003) 등이 있다.

153) Michael Bradley & Michael Rosenzweig, *Defensive Stock Repurchases,* 99 Harv. L. Rev. 1378, 1378-1379 (1986).

는 Rule 13e-1[154]의 제 3 자에 의한 공개매수기간 중 주식시장에서 시장가격에 의한 자기주식의 취득(Purchase of Securities by the Issuer During a Third-Party Tender Offer)이며, 둘째는 Rule 13e-4[155]의 현금공개매수의 방법에 의한 자기공개매수(Tender Offers by Issuers)이다.

이하에서는 자기주식의 취득이 공개매수에 대한 방어수단으로 사용되는 유형(Defensive Stock Repurchases)을 주식시장에서의 자기주식취득, 자기공개매수 및 공개매수자로부터의 자기주식취득(Greenmail) 등으로 분류하여 자세히 검토하여 보기로 하겠다.

2. 유 형

가. 주식시장에서의 자기주식취득(Open Market Repurchases)

윌리암스법의 일부로 채택된 1934년 증권거래법 13e(1)에 의하여 SEC는 자기주식취득의 규제에 관하여 광범위한 권한을 부여받았으며 이에 SEC는 Rule 13e-1를 제정하였는데, 이 규정은 주식시장에서 자기주식을 공개매수가 발생한 이후에 취득한 경우에만 적용되며 단지 정보공시규제에 그치고 있다. 즉 자기주식을 취득하고자 하는 대상회사는 SEC에게 특정한 정보[156]를 신고하여야 하며 그러하지 않은 경우에는, 공개매수가 발생한 이후 주식시장에서 자기주식을 취득할 수 없다고 규정하고 있다.

이때 문제점은 주식시장에서의 자기주식취득이 어떠한 경우에 자기공개매수에 해당하느냐의 여부인데 왜냐하면 후술하는 자기공개매수는 주식시장에서의 자기주식취득보다는 엄격한 요건이 적용되기 때문이다. 이에 대상회사의 경영진은 자기공개매수에 해당하지 않는 주식시장에서의 주식취득방법을 선호하는데 다음과 같은 장점이 있다.

첫째는 자기공개매수에 해당하지 않는 주식시장에서의 자기주식취

---

154) SEC Rule 13e-1, 17 C.F.R. § 240.13e-1 (1984).

155) SEC Rule 13e-4, 17 C.F.R. § 240.13e-4 (1984).

156) SEC Rule 13e-1(a)에 자세히 언급되어 있으며 i) 주식의 명칭과 매입할 주식수 ii) 매입대상자의 명칭 iii) 증권거래소의 명칭 iv) 매입의 목적 v) 매입후 주식의 처리방법 vi) 매입자금의 출처를 SEC에 제출하도록 규정되어 있다.

득방법은 자기공개매수에 적용되는 실질적인 규제규정 및 엄격한 공시규정의 적용을 회피할 수 있으며, 둘째는 주식시장에서의 주식취득방법은 자기공개매수에 적용되는 按分比例要件(Pro rata Basis: 대상회사가 매수하기로 할 주식의 수보다 많은 주식이 공개매수에 응하였을 경우 대상회사는 매수에 응한 모든 주식에 대하여 매수에 응한 주식의 비율에 따라 매수하여야 한다)의 적용을 피할 수 있기 때문에 대상회사의 주주들에게 이익이 되는 공개매수라 할지라도 응하지 않도록 압력을 가할 수 있다는 점이 그것이다.[157)]

나. 자기공개매수(Self-Tender Offer)

전술한 바와 같이 1934년 증권거래법 13e(1)에 의하여 SEC는 자기주식취득의 규제에 관하여 광범위한 권한을 부여받았으며 이에 SEC는 Rule 13e-4와 Schedule 13E-4를 제정하여 自己公開買受를 규제하고 있다. 이러한 규정에 의하여 자기공개매수에도 신고, 공시가 강제되며 전술한 주식시장에서의 자기주식취득에 적용되는 Rule 13e-1과는 달리 특정한 사기방지규정과 실질적인 규제요건을 포함하고 있다.

자기공개매수에 적용되는 요건은 일반공개매수에 적용되는 Regulation 14D의 체계를 일반적으로 따르고 있는데, 이 중 가장 중요한 규정은 공개매수자가 매수하고자 하는 주식수보다 많은 주식이 매수에 응하였을 경우 매수에 응한 주식을 안분비례에 따라 매수할 것을 정하고 있는 Rule 14d-8[158)]을 준용하고 있는 Rule 13e-4(f)(3)[159)]이다.

이와 같이 자기공개매수에 대한 규제는 주식시장에서의 자기주식취득에 대하여 적용되는 규제보다 자기주식매수자에게 부담이 되기에 자기주

157) Bradley & Rosenzweig, *supra*, at 1379-1380.

158) 17 C.F.R. § 240. 14d-8 (2002).

159) SEC는 이 규정은 모든 주주에게 공개매수에 참여하는 데 공정한 기회를 부여하기 위한 규정이라고 하였으며 [Securities Exchange Act Release No. 14, 234, (1977-1978 Transfer Binder) FED. SEC. L. REP. (CCH) 81, 380, at 88, 787 (Dec. 7, 1977], 또한 SEC는 안분비례요건은 주주에게 압력을 가하지 못하기 위함이라고 하였다 [Securities Exchange Act Release No. 16, 112, (1979 Transfer Binder) FED. SEC. L. REP. (CCH) 82, 182, at 82, 209 (Aug. 16, 1979)].

식을 취득하고자 하는 대상회사의 경영자는 Rule 13e-4의 적용을 받지 않는 주식시장에서의 자기주식취득방법을 선호하는 동기를 가질 수 있다.[160)]

적대적 M&A에 대한 방어수단으로 자기공개매수를 채택한 경우에 있어서 문제되는 점 중의 하나는 차별적인 자기공개매수(discriminatory self-tender offer)이다. 이러한 차별적 자기공개매수의 적법성 판단기준에 관하여 Delaware법원은 Unocal 판결을 통하여 자기공개매수와 같은 상황에서 경영진은 회사와 이익상반적인 상황에 직면하기에 경영판단의 원칙에 의하여 보호를 받기 이전에 법원의 사법적 심사를 받아야 하는 강화된 의무(Enhanced Duty)를 부담하게 된다고 하였다.

또한 이러한 사법적 심사의 충족을 위하여 경영진은 회사의 정책 및 효율성에 대한 위협 및 제기된 위협과 관련된 방어행위의 합리성에 대한 증명책임을 부담하게 된다고 하면서 Unocal사가 채택한 차별적인 자기공개매수의 적법성을 인정하였다.

그러나 SEC는 규칙개정을 통하여 일반공개매수의 경우에 있어서 모든 주식소유자를 대상으로 공개매수가 이루어져야 한다는 원칙(특정한 주주가 소유한 주식을 공개매수의 대상에서 제외하는 차별적 공개매수의 금지: All Holder Rule)과,[161)] 동일 종류의 주식을 가진 주주 전원에 대하여 공개매수기간 중에 지급된 최고가격을 지급하여야 한다(Best-Price Provision)[162)]는 원칙을 확립하였다. 이러한 SEC 규칙에 따르면 차별적 자기공개매수의 적법성은 부정된다고 할 수 있다.

다. 공개매수자로부터의 자기주식의 취득(Greenmail)

(1) 개 념

Greenmail[163)]이란 대상회사의 경영진이 공개매수자로부터 대상회사

160) Bradley & Rosenzweig, *supra*, at 1387.

161) SEC Rule 14d-10(a)(1); 13e-4(f)(8)(i).

162) SEC Rule 14d-10(a)(2); 13e-4(f)(8)(ii).

163) 그린메일 또는 녹색메일이라 호칭하는데, 여기에서는 原文 그대로 인용하기로 하겠다.

의 주식을 프리미엄이 부가된 가격으로 매수하는 것을 의미하는데, 이때 대상회사의 경영진은 자기주식의 매수금의 대가로서 공개매수자와 특정한 기간(대개 5~10년) 동안 대상회사의 주식을 매입하지 않을 것을 약정하는 계약(Standstill Agreement)을 체결하게 되며,[164] Negotiated Stock Repurchases, Targeted Stock Repurchases, Goodbye Kiss라고도 부른다.[165]

美 國內稅法(Internal Revenue Code: IRC)에 의하면 제5881조에서 Greenmail이란 2년 미만 주식을 보유한 주주가 위 기간 중에 회사주식에 대하여 공개매수를 하거나 공개매수를 하겠다고 위협하는 경우에 있어서 당해 주주의 주식을 취득하기 위하여 회사가 지급한 대가라고 정의하고 있다.[166]

공개매수자가 대상회사가 주식을 취득하지 않는다면 공개매수를 개시하거나 자신이 보유한 주식을 대상회사와 적대적 관계에 있는 제 3 자에게 처분하겠다고 협박을 하게 되는 행위가 Blackmail(공갈, 협박)과 유사하며 주식매매의 대가로 '녹색'의 지폐를 사용하였기에 Greenmail이라는 명칭이 붙게 되었으며,[167] Greenmail을 행한 공개매수자를 Greenmailer라고 부른다.

Greenmail의 사용의 주요한 증가요인은 공개매수자들이 윌리암스법의 엄격한 요건의 적용을 회피하기 위하여 증권시장이나 우호적인 교섭에 의하여 주식을 매집하고자 한 점에 있으며, 이러한 상당한 수량의 사전적인 주식매수는 '발판취득(toehold)' 또는 '교두보 확보(beachhead position)'라고 불리웠다. 이러한 상당수량의 사전적 주식매집은 공개매수자로 하여금 대상회사에 대하여 '주식을 매수하지 않으면 공개매수가 개시될 것(Buy me out or Face a takeover)'이라는 내용을 통지할 수 있는 전제조건이 되었다.[168]

---

164) Coffee & Seligman, Securities Regulation, *supra*, at 822.

165) Jonathan R. Macey & Fred S. McChesney, *A Theoretical Analysis of Corporate Greenmail,* 95 Yale L. J. 13, 13 (1985).

166) I.R.C. Ann. § 5881(b) (Mattew Bender & Company, 2006).

167) Daniel J. Hartnett, *Greenmail: Can the Abuses Be Stopped?,* 80 Nw. U. L. Rev. 1271, 1275 (1986).

168) Hartnett, *supra*, at 1275.

(2) 경제적 효용

Greenmail의 경제적 효용에 대하여는 긍정론과 부정론이 엇갈리고 있는데, 이하에서 자세히 검토하여 보겠다.

① 긍 정 론

Greenmail의 경제적 효용에 대하여 긍정적인 평가를 하는 주주의 부에 관한 이론(Shareholder-welfare Hypothesis)에 따르면 Greenmail은 대상회사의 주식에 대한 경쟁을 조장시켜 공개매수에서 대상회사의 주주가 받을 수 있는 주식가치를 상승시킨다고 주장하며, 또한 Greenmail은 대상회사 주식의 가치에 관하여 시장에 유용한 정보를 제공하는 자에 대한 효율적인 보상 수단이 될 수 있다고 한다.[169)]

그리고 Greenmail을 위험감소 수단의 하나로 보는 견해에 있어서는 기업인수자에게 있어서 Greenmail은 차선의 대안이 될 수 있다고 보고 있다. 이 견해에 의하면 기업인수자들은 시장에서 저평가되어 있는 회사를 찾기 위하여 시간과 노력 및 자금을 투자하여, 찾아낸 회사의 가치를 증진시키고자 하는데, 만약 찾아낸 회사의 가치가 회사의 해체나 자산의 매각 및 경영진의 교체를 통하여 증가된다면 기업인수자는 회사 지배권 시장의 감독역할에 있어서 중요한 역할을 하고 있다고 할 수 있다. 또한 Greenmail은 이러한 기업인수자에게 있어서 차선의 대안이지만 저평가된 회사탐색과 관련된 위험을 감소시킴으로써 회사지배권시장을 유지하는데 필요한 동기를 부여하고 있다고 할 수 있다.[170)]

따라서 이러한 Greenmail이 없다면 기업인수자는 쉽게 기업인수를 위한 탐색을 하지 못할 것이며 그에 따라 전체적인 공개매수의 비율은 낮아지게 되며 전체적인 부는 상실되게 될 것이며, Greenmail은 기업인수자들로 하여금 대상회사를 최후의 매수자(Buyer of Last resort)로 남겨놓을 수 있음에 따라 공개매수비용을 감소시키며, 공개매수를 조장하여 경제

169) Macey & McChesney, *supra*, at 15.

170) Hartnett, *supra*, at 1303-1304.

전체의 효율성 향상에 기여한다고 보고 있다.[171)]

또한 경영진은 Greenmail의 비용과 이익을 분석하는데 법원이나 의회 등 그 누구보다도 유리한 위치에 있기 때문에, 경영진은 신제품의 개발·자산의 특별한 가치 및 공개매수자의 실제적인 의도 등에 관하여 중요한 정보를 접할 수 있다. 이러한 정보에 의하여 경영진은 Greenmail에 따른 대금의 지급이 회사와 주주의 이익에 최대의 이익이 될 것이라고 결정을 내릴 수 있다고 본다.[172)]

② 부 정 론

Greenmail의 경제적 효용에 대하여 부정적인 견해에는 크게 2가지가 있는데, 첫 번째는 Greenmail은 Greenmail에 대한 대가의 지급으로부터 이득을 얻지 못하는 주주에 대하여 형평성이 부합하지 않기 때문에 규제하여야 한다는 견해(불공정성 기준: Unfairness Objection)이다.[173)] 이에 따르면 Greenmail은 기업인수자에게만 지배권 프리미엄을 분배하며 모든 주주에게 프리미엄을 분배하지 못하기에 불평등하다고 할 수 있다.[174)]

두 번째로는 경영진이 자신의 지위를 위협하는 회사 지배권의 이전을 막기 위하여 Greenmail에 대한 대가를 지급한다는 견해(대리인비용 기준: Agencycost Objection)이다. 이는 주주에게 이익이 되는 공개매수라 할지라도 경영진은 자신의 지위를 보전하기 위하여 회사의 자산을 사용하게 된다고 보고 있으며,[175)] 이를 경영자지위보전 이론(Management Entrenchment Hypothesis)이라고도 부른다.[176)] 이 견해에 따르면 경영진은 주주의 대리인으로서 회사의 자산을 기업의 가치 증진에 이용하여야 하나 실제로는 그 지위 보전에 관심 있는 경영진은 주주의 희생으로 자신의

171) Hartnett, *supra*, at 1305.
172) Hartnett, *supra*, at 1303-1304.
173) Macey & McChesney, *supra*, at 14.
174) Hartnett, *supra*, at 1307.
175) Macey & McChesney, *supra*, at 14-15.
176) Hartnett, *supra*, at 1305.

지위를 보전하려고 행동할 수 있으며, 경영진의 지위가 위태로운 상황에 있어서 경영진은 그 지위를 잃기보다는 회사자산에 대한 지배권에 직면한 위험을 제거하기 위하여 부당하게 활용할 것이라고 보고 있다.[177)]

3. 자기주식취득과 관련된 법적 논점

가. 미국법상 논점

(1) 주식시장에서의 자기주식취득 및 자기공개매수의 경우

자기주식의 취득에 관하여 모범사업회사법 및 대부분의 주에서는 자기주식의 취득을 인정하고 있다. 미국 증권거래위원회(SEC)는 전술한 바와 같이 이러한 자기주식취득이 공개매수와 관련된 경우에 관하여 2가지 유형으로 분류하여 규제하고 있다. 첫째는 제 3 자에 의한 공개매수기간 중 주식시장에서 시장가격에 의한 자기주식의 취득이며 SEC Rule 13e-1에 의하여 규제된다. 둘째는 현금공개매수의 방법에 의한 자기공개매수이며 SEC Rule 13e-4에 의하여 규제된다.

(2) 공개매수자로부터의 자기주식의 취득(Greenmail)의 경우

① 법원의 사법적 심사에 의한 규제

적대적 M&A의 방어수단으로 채택된 Greenmail의 적법성의 판단 기준에 대하여 법원은 초기에는 Cheff판결에서 판시한 주요목적기준에 따라 Greenmail을 방어수단으로 채택한 대상회사 경영진의 판단의 적법성을 결정하였는데, 경영진은 자기 주식의 취득이 단순한 자신의 지위보전의 목적이 아닌 합법적인 회사의 영업목적이었음을 증명할 책임을 부담한다고 판시하였다.

그러나 이러한 주요목적기준에 의하면 경영진은 단순히 공개매수자와 정책적 견해가 다르다는 점만 보여줌으로써 경영진이 信認義務에 위반하였다는 사실의 입증을 피할 수 있었기에, 자기주식의 취득과 관련된 사건은 경영진의 근거제시가 없는 경우에만 무효로 되기에 이르렀

---

177) Macey & McChesney, *supra*, at 39.

다.[178] 그 후 법원은 다른 방어수단과 마찬가지로 경영판단의 원칙에 기초하면서 이를 보다 강화한 기준을 적용하게 되었다.[179]

그리하여 법원은 Greenmail에 대한 대가를 지급한 경영진에게 Unocal판결에서의 2단계 기준에 대한 증명책임(회사의 정책 및 효율성에 대한 위협의 존재에 대한 합리성 및 위협과 관련된 방어행위의 합리성)을 부담시키며 이러한 요건이 충족된다면 Greenmail에 대한 대가지급을 유효한 방어수단으로 보고 있다. Polk판결[180]에서의 결과로 예측한다면 Greenmail에 대한 대가지급에 관하여 경영판단의 원칙 및 Unocal기준에 의한 증명책임의 요건이 충족되는 한 법원은 Greenmail에 대한 대가지급을 무효로 보기 어려울 것이라 본다.[181]

② 주회사법에 의한 규제

법원의 사법적 심사와는 별도로 美國의 州會社法에서는 Greenmail을 규제하는 법률을 가지고 있다. 이러한 법률에는 2가지 형태가 있는데, 첫째는 Greenmail의 대가를 지급하는 것을 금지하기 위하여 일정한 경우에 있어서 회사가 프리미엄이 부가된 가격으로 자기주식을 취득하는 것을 금지하는 Greenmail규제법(Anti-greenmail Statute)이다. 둘째는 Greenmail의 대가의 수령을 제한하기 위하여 일정한 경우에 있어서 Greenmail을 행한 공개매수자에 대하여 Greenmail로 인한 이익의 반환을 강제하는 형태의 이익반환법(Disgorgement Statute)이다.

Greenmail규제법은 대부분의 주회사법에서 채택하고 있는 형태이며, 이익반환법은 펜실바니아주[182]와 오하이오주[183]에서 채택하고 있는 새로

178) Macey & McChesney, *supra*, at 55-56.

179) Macey & McChesney, *supra*, at 16.

180) 이는 Greenmail에 대한 대가지급의 적법성 판단에 Unocal기준을 적용한 최초의 판결이다 [507 A. 2d 531 (Del. 1986)].

181) Eric Bielawski, *Selective Stock Repurchases after Grobow: The Validity of Greenmail under Delaware and Federal Securities Law,* 15 Del. J. Corp. L. 95, 132 (1990).

182) 주주가 지배주주가 되기 이전 24개월 이내 또는 지배주주가 된 이후 18개월 이내에 주식을 매수하였고 지배주주가 되고 나서 18개월 이내에 당해 주식을 처분한 경우에는 회사 또는 주주는 대표소송을 통하여 위 주주에 대해 주식처분으로 얻은

운 형태의 Greenmail에 관한 규제법률이다.

나. 우리법상 논점

(1) 주식시장에서의 자기주식취득 및 자기공개매수의 경우

상법상 회사의 자기주식취득은 실질적으로 출자를 환급하는 결과가 되어 자본충실(유지)의 원칙에 반하고, 또 회사는 기업위험을 부담하는 외에 주가변동에 따른 위험을 이중으로 부담하게 되며, 또 회사의 내부자(임원 등)에 의한 투기거래로 악용될 우려가 있는 등 여러 가지의 폐해가 있으므로 이는 원칙적으로 금지되며(상법 제341조),[184] 예외적으로 주식소각의 경우나 회사의 합병 또는 다른 회사의 영업전부의 양수로 인한 때, 회사의 권리를 실행함에 있어 그 목적을 달성하기 위하여 필요한 때, 단주의 처리를 위하여 필요한 때, 주주가 주식매수청구권을 행사한 때, 주식매수선택권부여목적 등이 있는 때에 자기주식취득을 인정하고 있다(상법 제341조, 제341조의 2).

그런데, 증권거래법은 상법과 달리 주권상장법인과 코스닥상장법인의 자기주식취득을 원칙적으로 허용하고 있다. 즉 주권상장법인 또는 코스닥상장법인이 자기주식을 취득 또는 처분하거나 신탁계약 등을 체결 또는 해지하고자 하는 경우에는 취득 또는 처분의 목적·금액·방법·주식의 종류 및 수 등에 대하여 이사회의 결의를 거쳐야 하며(증권거래법 시행령 제84조의 3 1항), 당해 법인의 명의와 계산으로 자기의 주식을 취득하는 경우에는 유가증권시장 또는 코스닥시장에서 취득하거나 공개매수의 방법에 의하여야 하고, 그 취득금액은 상법 제462조 1항의 규정에 의한

모든 이익을 회사에 반환을 청구할 수 있으며, 이때 지배주주란 전체 의결권의 20% 이상을 취득했거나 또는 지배권 취득의사를 공개적으로 표시하거나 또는 공시한 자를 의미한다 [15 Pa. Cons. Stat. Ann. §§ 2571-2576 (West 1999)].

183) 주주가 회사의 지배권취득을 시도하거나 취득의사를 공개적으로 공시한 후 18개월 이내에 당해 회사의 주식을 처분한 경우에는 회사 또는 주주는 대표소송을 통하여 위 주주에 대하여 주식처분으로 인한 이익을 회사에 대하여 반환할 것을 청구할 수 있다 [Ohio Rev. Code Ann. § 1707.043 (Anderson Supp. 1990)].

184) 정찬형, 전게서(회사법강의), 356면.

이익배당을 할 수 있는 한도이어야 한다고 규정하고 있다(증권거래법 제189조의 2[185]).

그리고 1998년 4월 1일부터 시행된 증권거래법 시행령(대통령령 제15687호)은 자기주식취득한도를 발행주식총수의 100분의 10에서 3분의 1로 확대하였으나, 1999년 5월 27일 시행령 개정시 취득주식수에 관한 제84조의 2 제 1 항이 폐지되어 현재에는 취득주식수한도에 대한 규제는 없다.

따라서 주권상장법인과 코스닥상장법인은 증권거래법 제189조의 2의 규정에 의하여 자기주식취득이 가능한데, 증권거래법 제189조의 2의 규정은 취득목적에 대한 제한을 하고 있지 않으므로 적대적 M&A에 대한 방어목적도 포함될 수 있다고 보며, 이에 따라 주권상장법인과 코스닥상장법인은 적대적 M&A에 대한 방어수단으로서 자기주식취득이 가능하다고 할 수 있다.

한편 현행 증권거래법상 주권상장법인과 코스닥상장법인은 이사회의 결의로써 자기주식을 취득할 수 있는데, 이에 대하여 자기주식취득이 이익처분적 성질임을 감안하여 정기주주총회의 보통결의에 의한 수권이 필요하다고 보는 견해가 있는데,[186] 적대적 M&A에 대한 방어수단으로서 자기주식취득만을 고려한다면 방어수단으로서의 신속성과 효율성을 저해할 가능성이 있다고 생각한다.

이와 같이 상법은 자기주식의 취득을 원칙적으로 금지하는 반면 증권거래법은 주권상장법인 및 코스닥상장법인에 대하여 이를 원칙적으로

185) 전술한 바와 같이 자본시장과 금융투자업에 관한 법률이 2009년 2월 4일에 효력이 발생함과 더불어 현행 증권거래법은 폐지될 예정이다. 그런데, 증권거래법 중 상장법인의 지배구조와 관련된 규정들은 2008년 5월 7일에 법무부가 입법예고한 상법개정안(법무부 공고 제2008-47호) 중 제13절의 상장회사에 관한 규정에 수록되었으며, 상장법인의 재무구조에 관한 규정들은 2008년 11월 12일에 국회에 제출된 자본시장과 금융투자업에 관한 법률 개정안(의안번호 1912)에 수록되었다. 이 중에서 상장법인의 자기주식취득에 관한 증권거래법 제189조의 2은 자본시장과 금융투자업에 관한 법률 개정안 제165조의 2로 규정되었다.

186) 최준선·김순석, 전게서(회사법 개정방향에 관한 연구), 144면.

허용하고 있어 자기주식취득에 관한 규제체계가 이원화되어 있다. 이러한 자기주식취득에 관한 이원적 규제체제에 관하여 상법에 자기주식취득에 관한 규제의 일반원칙을 규정함으로써 규제체제를 일원화하여야 한다는 견해가 있다.[187] 이러한 견해에 의하면 상법은 증권거래법상 자기주식 규제원칙을 수용하여 자기주식취득을 원칙적으로 허용하는 입장에서 규제대상·취득재원·취득한도·취득방법·취득주식의 처분 및 보유 등에 관한 사항을 새로이 규정하여야 하며, 증권거래법은 주권상장법인 등에 대하여 필요한 규제, 즉 자기주식취득에 관한 사전신고제·공시규제·취득절차 등에 관한 특례만을 규정하는 방향으로 관련규정을 정비하여야 한다고 보고 있다.

기본적으로 규제체제의 일원화의 필요성에 공감하며 입법론적으로 검토의 필요성이 있는 견해라고 생각하는데, 2008년 5월 7일에 법무부가 입법예고한 회사법개정안(법무부 공고 제2008-47호)에 따르면 상법상 자기주식취득에 관한 원칙적 금지에 관한 규정을 전면 개정하여 자기주식취득을 배당가능이익의 한도 내에서 전면적으로 허용하기로 한 점은 바람직하다고 본다(개정안 제341조).

(2) 자기주식처분과 관련된 문제

전술한 바와 같이 2006년 10월 4일에 법무부가 입법예고한 회사법개정안(법무부 공고 제2006-106호) 제342조 2항에서는 자기주식의 처분에 관하여 신주발행절차인 제418조 및 제419조를 준용하도록 규정하고 있었다. 그러나 2007년 8월 27일에 법무부가 입법예고한 회사법개정안(법무부 공고 제2007-97호) 제342조 2항에서는 제418조 및 제419조를 준용하지 않아도 되는 것으로 수정하였으며, 그 후 법무부가 2008년 5월 7일에 입법예고하여 2008년 10월 21일 국회에 제출한 회사법개정안(법무부 공고 제2008-47호)에서는 제342조 2항 전체를 삭제하여 버렸다. 즉 주주에게 자기주식을 처분하는 경우에는 자기주식 양수권자의 기준일을 정하고 주주에게 최고하는

187) 최준선·김순석, 전게서(회사법 개정방향에 관한 연구), 142-143면.

절차를 이행할 필요가(상법 제418조 1항·3항, 제419조) 없으며, 제 3 자에게 처분하는 경우에도 정관에 정한 바에 따르거나 주주총회의 특별결의를 거치고 신기술의 도입, 재무구조의 개선 등 회사의 경영상 목적을 달성하기 위한 경우이어야 할 필요가(상법 제418조 2항) 없다고 할 수 있다.

따라서 방어수단으로서 제 3 자에 대한 자기주식의 처분에 관한 문제는 방어행위가 법령이나 정관에 직접 규정되지 않은 경우로서 본서 제 3 장에서 검토한 방어행위의 적법성 판단기준에 의하여 검토하여야 한다고 생각한다. 즉 방어수단으로서의 제 3 자에 대한 자기주식의 처분이 경영권 방어의 동기(목적)의 합리성과 방어수단의 합리성(처분가격의 합리성 등)이라는 실체적 요건과, 자기주식처분행위를 실행하기 위한 이사회 결의의 적정성이라는 절차적 요건을 충족한다면 그 적법성을 인정하여야 할 것이다.

(3) 공개매수자로부터의 자기주식의 취득(Greenmail)의 경우

① Greenmail의 허용여부

증권거래법상 자기주식취득이 허용되는 주권상장법인 및 코스닥상장법인의 경우에 있어서 그 취득방법은 유가증권시장 또는 코스닥시장에서의 취득이나 공개매수의 방법에 의하여야만 하기 때문에, 매도인(Greenmailer)과 매수인(대상회사)간의 직접거래에 의하여 자기 주식을 프리미엄이 부가된 가격으로 매수하는 Greenmail은 증권거래법상 원칙적으로 자기주식취득방법으로 허용될 수 없다. 이렇게 특정인과의 거래에 의한 취득을 허용하지 않는 것은 이를 허용하면 상장법인이 자기주식의 취득상대방 및 취득가격을 임의적으로 선택 또는 결정할 수 있어 주주 평등의 원칙을 저해할 소지가 있고, 적대적 기업매수자의 기업매수 의도를 포기시키면서 그 대신 그가 이미 취득한 주식을 시장가격보다 높은 가격에 매수하는 Greenmail이 횡행할 우려가 있기 때문이다.[188)]

188) 임재연, 「증권거래법(改訂版)」(서울: 박영사, 2002), 474면.

② Greenmail의 도입가능성에 관한 논의

한편으로는 Greenmail의 도입가능성에 관한 긍정적인 견해가 있다. 첫 번째는 경영진이 회사와 주주의 이익을 위하여 Greenmail을 지급하고 부당한 M&A를 단념시키는 경우에는 경영진의 판단에 대한 적법성 여부는 별론으로 하고 적법한 방어행위로 인정될 수도 있는 만큼 Greenmail을 적대적 M&A에 대한 방어수단으로 활용할 수 있는 가능성이 있다는 견해이다.[189)]

두 번째는 주권상장법인과 코스닥상장법인의 경우에도 시장에서의 매입과 공개매수에 의하기 어려운 경우가 있을 수 있으므로 주주총회의 특별결의에 의하여 직접협상거래에 의하여 자기주식을 취득하게 할 필요성이 있다는 견해[190)]이다. 이와 같은 견해들을 참조하여 본다면 파탄적 M&A에 직면한 경우와 같이 기업가치나 주주공동이익을 명백히 침해하는 경우에는 주주총회의 보통결의[191)]와 같은 일정한 요건하에 방어수단으로서 Greenmail을 인정할 수도 있다고 생각한다.

그러나 주주총회의 보통결의요건이 결부된 Greenmail을 인정한다면 이로 인하여 방어수단으로서의 신속성이 떨어지는 단점이 있기 때문에 Greenmail을 적대적 M&A에 대한 방어수단으로 채택하기 위해서는 사전에 주주총회 보통결의에 의한 이사회에 대한 수권이 필요하다고 본다.

③ Greenmail에서의 우회취득에 관한 문제

대상회사가 Greenmailer로부터 자기주식을 취득할 수는 없으나, 대주주가 자기계산으로 Greenmailer로부터 자기회사의 주식을 매입하는 문제

189) 유영일, "그린메일(Greenmail)의 규제에 관한 연구," 「상사법연구」(한국상사법학회), 제20권 제 1 호(2001), 591면 [이하 유영일, 그린메일].

190) 최준선·김순석, 전게서(회사법 개정방향에 관한 연구), 144면.

191) 현행 증권거래법이 자기주식의 취득에 있어서 취득의 목적·금액·방법·주식의 종류 및 수 등에 관하여 이사회의 결의를 거치도록 하고 있는 점(증권거래법 시행령 제84조의 3 1항)을 참고한다면, 만약 특정인으로부터의 자기주식취득인 Greenmail을 허용하는 경우에는 엄격한 요건을 적용하여야 한다는 점을 고려하여 주주총회의 보통결의요건이 적절하다고 생각한다.

점이 있을 수 있다. 즉 대주주가 회사계산으로 자기회사의 주식을 매입하거나 회사가 이들에게 매입자금을 빌려주는 경우에는 자기주식 취득금지 위반이 되나(상법 제625조 2호 참조), 대주주가 자기계산으로 취득하였다면 자기주식 취득금지 위반문제는 발생하지 않으며, 이 경우에는 회사주식을 시가보다 비싸게 취득한 경우이므로 내부자거래 문제도 발생하지 않을 것이다.

이러한 경우에 있어서 대주주에 대한 규제가 어렵다면 이로 인하여 이익을 얻은 Greenmailer를 규제하는 편이 합리적이라 할 수 있으며 일정한 요건하에 Greenmailer가 Greenmail로 인하여 얻은 이익을 회사에 반환하도록 하는 이익반환법이 하나의 참고가 될 수 있다는 견해[192]가 타당하다고 생각한다.

Ⅱ. 차입매수 및 경영진에 의한 차입매수(Leveraged Buyout & Management Buyout)

1. 개 요

借入買受(Leveraged Buyout, 이하 LBO라 함)란 인수자가 대상회사를 인수하기 위하여 대상회사의 자산을 담보로 매수자금을 대출받아 대상회사를 매수하는 것을 의미한다.[193] 이러한 차입매수는 미국에서 1970년 중반부터 행하여지기 시작하여 정크본드 및 연금펀드의 유입 등과 같은 영향으로 1980년대에는 상당히 활성화되었으며 1990년대부터는 사모투자펀드(Private Equity Fund)가 LBO에 있어서 중요한 역할을 수행하고 있다.[194]

---

192) 유영일, 전게논문(그린메일), 591면.

193) Emily L. Sherwin, *Creditor's Rights Against Participants in a Leveraged Buyout,* 72 Minn. L. Rev. 449, 449 (1988).

194) 미국에서의 LBO에 관한 역사적 배경 및 실질적으로 LBO거래가 이루어지는 과정에 대하여 자세히 소개한 논문으로는 Tom Ablum & Mary Beth Burgis, *Leveraged Buyouts: The Ever Changing Landscape,* 13 Depaul Bus. L. J. 109 (2000/

이러한 LBO의 주요한 특징은 인수회사가 오로지 인수만을 위하여 새로이 설립된 명목회사[shell company, 특수목적회사(Special Purpose Company: SPC)라고도 한다]라는 점과, 명목회사가 대상회사를 인수하기 위한 매수자금을 대부분 대출받기 때문에 차입자본의 비율이 상승되는 데 있다.[195)]

LBO의 한 유형으로서 대상회사의 경영진이 인수자로 참가하여 대상회사 주식의 전체 또는 지배주식을 취득하는 거래를 경영진에 의한 차입매수(Management Buyout, 이하 MBO라고 함)이라 하는데,[196)] 대부분의 LBO는 MBO의 형태로 이루어지고 있다. MBO의 경우에는 대상회사의 경영진이 명목회사의 주식을 매입하게 되는데, 명목회사가 대상회사를 인수하기 위하여 대출받은 차입금은 명목회사의 주식을 매입하는 데 드는 비용을 감소시키는 효과가 있기 때문에 대상회사의 경영진이 한정된 자본으로도 명목회사 지분의 상당한 수를 매입할 수 있게 된다.[197)]

또한 대상회사가 독립된 회사가 아닌 대기업의 자회사(subsidiary)이거나 대기업의 사업부문(division)인 경우가 있는데, 이를 분할매수(Divisional Buyout)라고 한다. 분할매수의 경우에 모회사(parent company)는 거래의 성사를 조장하거나 매각할 사업부문에 대한 지분을 보유하기 위하여 명목회사에 대하여 대출을 하거나 명목회사의 주식을 보유하기도 한다.[198)]

LBO는 대개 우호적인 M&A에 있어서 채택되는데, 적대적 M&A의 방어수단으로서 사용되는 경우가 있다. 적대적 M&A의 방어수단으로 채택된 LBO의 경우에 대상회사의 경영진은 MBO를 주도적으로 제안하게 되며, MBO에 소요되는 자금을 확보하기 위하여 투자은행을 물색하게 된다.[199)]

2001)을 참조.

195) Gilson & Black, Corporate Acquisitions, *supra*, at 399.

196) Robert Clark, Corporate Law (New York: Aspen, 1986), at 500 [hereinafter Clark, Corporate Law].

197) Gilson & Black, *Corporate Acquisitions, supra*, at 399.

198) *Id.*

199) *Id.*

MBO가 이루어진 이후에 명목회사와 대상회사가 합병을 하여 발생한 존속회사가 상장폐지(going private)되어 폐쇄회사(private company)가 되는 경우가 있으며,200) 대부분의 대상회사의 경영진은 그러한 폐쇄회사의 지분을 소유함으로써 경제적 이익을 취득하게 된다.201)

전형적인 LBO거래는 다음과 같은 과정을 거치게 된다.202) 투자은행은 대상회사를 일정금액에 매수하기로 인수자와 약정한 후, 실질적인 인수회사기능을 할 명목회사를 설립하게 된다. 투자은행은 특정기업을 인수하기 위하여 명목회사의 설립 이전에 미리 조성한 사모펀드(Private Equity Fund)인 LBO펀드의 일부를 명목회사에 투자하여 대상회사의 인수자금으로 사용하게 되며, 명목회사는 나머지 인수자금을 은행 및 보험회사로부터의 대출과 대중들에 대한 회사채 발행으로 충당하게 된다.

이때 대출에 대하여 우선적인 상환권을 가지는 명목회사의 선순위채무(senior debt)203)의 대부분은 일반적으로 은행이 보유하게 된다. 그리고 명목회사의 후순위채무(subordinated debt)204)는 지급불능의 위험이 높아 고율의 이자율이 적용되는데, 이는 투자적격등급이 아닌 이른바 '정크본드(Junk Bond)'라 불리우는 투자부적격 채권인 경우가 대부분이다.

---

200) Clark, Corporate Law (1986), at 500; Coffee & Seligman, Securities Regulation, *supra*, at 854.

201) Dale Arther Oesterle & Jon R. Norberg, *Management Buyouts: Creating or Appropriating Shareholder Wealth?,* 41 Vand. L. Rev. 207, 210 (1988).

202) Gilson & Black, *Corporate Acquisitions, supra*, at 399-400.

203) LBO를 시도하는 주체인 투자은행이나 대상회사의 경영진이 자본 참여하는 경우인 자기자본출자(equity)를 1층 금융(ground floor financing)이라 부르는데 대하여, 선순위채무는 투자금융기관에 대상회사의 자산을 담보로 장단기 부채를 일으키는 경우이고 2층 금융(second floor financing)이라고 부르기도 하며 LBO의 자금구조상 위험도가 가장 낮은 채무를 말한다. 이 채무의 채권자는 회사청산시 자산의 일부 또는 전부(담보부거래의 경우) 또는 현금자산(무담보거래의 경우)에 대하여 1순위의 채권을 가지게 된다 [최성렬, "차입자금에 의한 기업매수(LBO)에 관한 고찰," 「상지전문대학논문집」(상지전문대학교), 제25집(1995), 8-9면].

204) LBO의 자금조달을 위하여 회사는 상환의 우선순위가 뒤로 밀리는 후순위채권이나 정크본드를 현행시장금리보다 높은 금리에 발행하는데, 이러한 후순위채무는 2층금융과 1층금융의 중간적 지위에 있기에 중간금융(mezzanine financing)이라고 부르기도 한다 [최성렬, 전게논문, 9면].

2. 유 형

LBO에 있어서 대상회사의 자산은 주식인수자금을 조달하는 데 담보로 제공되는데, 이에는 2가지 유형이 있다.

가. 대상회사의 주주가 주식매수자금을 조달하는 경우

대상회사의 주주가 인수회사의 회사채를 인수하여 주식매수자금의 대부분을 조달하는 경우이며, 이 경우에 인수자는 주식의 매수와 동시에 대상회사로 하여금 회사채에 배서하게 하거나 지급을 보증하게 하며, 대상회사의 주주에게 회사자산에 대한 담보권(security interest)을 인정한다. 이때 회사의 자산과 수익은 인수를 위하여 차입한 대금의 상환을 위한 담보가 되는 것이다.[205)]

나. 독립적인 기관이 주식매수자금을 조달하는 경우

대상회사의 주주가 아닌 독립적인 기관이 주식매수자금을 조달하는 경우인데, 이는 다시 2가지 유형으로 나누어진다.

(1) 첫 번째 유형에서는 대출기관이 인수자에게 인수에 필요한 자금을 선급하는데, 대부분의 인수자는 대출기관에게 무담보 회사채(unsecured note)를 교부하고, 인수자는 주식의 매수와 동시에 회사로 하여금 자신이 교부한 무담보 회사채에 대한 배서나 지급보증을 하게 하며, 회사자산에 대한 담보권을 설정하여 채무이행을 보장하게 한다.[206)]

(2) 두 번째 유형은 당사자간의 합의를 통하여 대출기관이 대상회사에 대하여 직접적으로 자금을 지급하는 경우이다. 이에는 다시 2가지 방법이 있는데, 첫 번째는 대상회사가 대출기관으로부터 자금을 대출받은 후 다시 인수자나 인수자가 설립한 모회사에게 무담보로 대부하는 방법이다. 두 번째는 인수자가 인수하고자 하는 대상회사의 주식을 매수하기

205) Sherwin, *supra*, at 449-450.

206) Sherwin, *supra*, at 450.

위하여 신설회사를 설립한 후, 신설회사는 대출기관으로부터 자금을 차입함과 동시에 대상회사 주식의 매수대금으로 대상회사에게 그 차입금을 지급하게 된다. 그리고 대상회사와 신설회사는 합병을 하게 되며, 합병으로 인하여 발생한 존속회사는 차입자금의 상환을 보장하기 위하여 대출기관이 존속회사의 자산에 대하여 담보권을 취득하는 것을 인정하는 방법이다.[207]

3. LBO/MBO와 관련된 법적 논점

가. 미국법상 논점

LBO/MBO와 관련된 미국법상의 문제점을 먼저 검토하고, LBO/MBO가 성사된 후 인수회사(명목회사)와 대상회사의 합병으로 인하여 소수주주가 축출되는 경우 및 경영진의 대상회사자산의 담보제공행위로 인한 회사채권자의 보호문제에 있어서 LBO/MBO의 적법성 판단기준에 대하여 살펴보기로 하겠다.

(1) LBO/MBO의 문제점

이사 및 임원(어떤 상황에 있어서는 지배주주를 포함한다)은 회사(어떤 경우에는 주주 및 채권자를 포함한다)에 대하여 충실의무를 부담하는데, 이는 이사가 회사의 이익과 자신의 이익이 충돌하는 경우에 있어서 사기적 방법이나 불공정한 거래에 의하여 회사의 이익을 희생하여 자신의 이익을 추구하여서는 안 된다는 내용이라 할 수 있다.[208] 그런데 LBO/MBO에 있어서는 그 거래의 본질상 이해관계의 충돌이 발생하게 된다.

특히 MBO의 경우에 경영진은 거래당사자인 인수자와 대상회사의 양쪽 모두를 대표하는 경우가 발생하므로 심각한 이해관계의 충돌이 발생하게 된다. 경영진은 인수자로서 대상회사의 주식을 낮은 가격에 매수해야 할 동기가 있으나, 대상회사 주주의 최대이익을 추구하여야 할 충실

207) Sherwin, *supra*, at 450-451.

208) Clark, Corporate Law, *supra*, at 141.

의무를 동시에 부담하고 있는 것이다.[209]

또한 경영진은 대상회사에 관하여 주주들이 가지고 있는 정보보다 훨씬 우월한 정보를 가지고 있기 때문에, 주주들은 자신들의 주식에 대하여 충분히 보상받지 못할 위험을 부담하게 된다. 즉 만약 경영진이 주식매수청약의 공정성을 판단할 수 있는 정보를 가지고 있다면, 경영진은 그러한 정보를 이용하여 주식을 낮은 가격에 취득할 수 있을 것이기 때문이다.[210]

MBO는 경영진이 회사내부의 정보에 기한 거래와 동일시되기 때문에 금지되어야 한다는 견해도 있다.[211] 즉 경영진이 대상회사에서 내부자라는 위치에 있음을 고려한다면 MBO의 경우에는 공시 이전에 예측정보(soft information)[212]에 기하여 대상회사 주식의 매수가 이루어진 내부자거래(insider trading)의 한 유형으로 파악될 수 있다는 것이다.[213]

그리고 경영진은 일반적으로 이사회의 구성원으로서 주식의 매수제안을 승인할 수 있는 결정권을 가지므로, 독립적인 사외이사들만이 이러한 제안을 승인할 수 있다 하더라도 사내이사와 사외이사간의 밀접한 관계는 사외이사들로 하여금 그 제안을 찬성하게끔 할 수 있을 것이라는 문제점도 있다.[214]

이러한 대상회사 경영진의 충실의무위반 문제, 정보의 불균형문제, 내부자거래의 문제, 독립이사 승인의 공정성 문제 등 LBO/MBO와 관련된 문제점들을 델라웨어주 법원과 미국 증권거래위원회 등은 어떻게 해

209) Bill Shaw, *Resolving the Conflict of Interest in Management Buyouts,* 19 Hofstra L. Rev. 143, 147 (1990).

210) Shaw, *supra*, at 148.

211) Richard A. Booth, *Management Buyouts, Shareholder Welfare, and the Limits of Fiduciary Duty,* 60 N.Y.U. L. Rev. 630, 633 (1985).

212) 이는 주관적인 분석이나 계획 및 예측과 같은 추정과 본질적으로 관련된 정보라 할 수 있다 [Coffee & Seligman, Securities Regulation, *supra*, at 231]; 예측정보란 과거 실적정보(Hard Information)와 대응하는 개념으로 아직 구체적으로 실현되지 아니한 기업관련 미래정보를 의미한다 [임재연, 전게서(증권거래법), 93-94면].

213) Shaw, *supra*, at 148-149.

214) *Id.* at 149.

결을 하려고 시도하였는지 이하에서 검토하여 보겠다.

(2) LBO/MBO에 있어서 적법성의 판단

① Delaware주 법원의 입장

전술한 LBO/MBO의 문제점과 관련하여 Delaware주 법원은 일련의 판례를 통하여 LBO/MBO 자체의 적법성을 판단하기보다는 일반적으로 문제가 되는 LBO/MBO에 있어서 인수회사(명목회사)와 대상회사의 합병으로 발생하는 소수주주 축출과 관련된 합병거래의 공정성과 경영진의 信認義務위반의 판단기준을 제시하였다.

법원은 먼저 Singer판결[215]을 통하여 소수주주를 축출할 목적을 가진 합병의 적법성 요건으로 경영진은 사업목적(corporate business purpose)에 대한 증명책임을 진다고 하였으며, 소수주주의 주식매수청구권은 배타적인 구제수단이 아니라고 판시하였다. 그 후 Tanzer판결[216]에서는 다수주주의 사업목적을 실현하기 위한 현금축출합병의 경우에 있어서 소수주주를 축출하려는 목적이 아닌 善意의 목적이 존재하고, 전체적인 거래과정이 소수주주에게 공정하였다면 그 현금축출합병은 적법하다고 판시하였다.[217]

그 후 법원은 Weinberger판결[218]을 통하여 信認義務 및 증명책임의 소재를 명백히 하였으며, 공정성의 판단기준에 대하여 설시하였다. 즉 사건과 같이 모회사인 Signal사와 모회사가 부분적으로 소유한 자회사인 UOP사와의 합병에 있어서 모회사 및 자회사의 이사를 겸하고 있는 경영진은 자회사의 소수주주에 대하여 신인의무를 부담하게 되며, 모회사와 자회사간의 합병이 경영진의 본질적인 이해관계의 충돌과 관련이 되는 경우에는 합병의 양 당사자측을 대표하는 경영진은 합병거래의 전체적인

215) Singer v. Magnavox Co., 380 A. 2d 969 (Del. 1977).

216) Tanzer v. International General Industries, Inc., 379 A. 2d 1121 (Del. 1977).

217) Clark, Corporate Law, *supra*, at 520-521.

218) Weinberger v. UOP, Inc., 457 A. 2d 701 (Del. 1983): 이는 모회사인 Signal사와 모회사가 부분적으로 소유한 자회사인 UOP사와의 현금지급합병에 있어서 축출대상인 UOP의 소수주주들이 합병의 공정성에 의의를 제기한 소송이다.

공정성(Entire Fairness)에 대한 증명책임을 부담하게 된다고 하였다.[219] 그러나 이때 소수주주도 그러한 합병거래가 소수주주에 대하여 불공정하였다는 것을 보여줄 수 있는 사기, 부실표시 및 불법행위와 같은 특정한 행위를 먼저 주장하여야 한다고 하였다.

또한 법원은 소수주주에게 합병거래에 관한 중요정보가 전달된 후 다수결에 의한 승인(informed vote of majority of minority)이 이루어졌다면 경영진으로부터 소수주주에게로 공정성에 대한 증명책임이 전환되나, 합병거래와 관련된 중요정보가 소수주주에게 공시되었는지 여부의 증명책임은 여전히 경영진에게 있다고 하였다.[220] 그리고 법원은 합병거래의 공정성의 판단기준에 있어서 Singer판결의 사업목적요건의 적용을 거부하고, 공정거래(fair dealing) 및 거래의 공정가격(fair price)기준을 제시하였다.[221]

즉 합병거래의 공정성을 판단하는 데에는 2가지 요건이 충족되어야 하는데, 첫 번째는 공정한 거래가 이루어졌는지의 여부인 공정거래요건이며, 두 번째는 공정한 가격이 소수주주에게 지급되었는지의 여부인 공정가격요건이다. 법원은 이러한 공정거래 및 공정가격요건은 분리된 개념이 아니며 공정성을 심사할 때에는 전체적으로 검토하여야 한다고 하였다.[222]

먼저 공정거래요건의 심사대상에는 거래가 언제 시작되었고, 어떻게 시작되었는지, 어떻게 사업이 계획되었으며, 어떻게 협의되었는지, 또한 경영진과 주주들에게 어떻게 공시되었고, 경영진과 주주의 승인이 어떻게 이루어졌는지 등이 모두 포함되며, 이 기준에서 가장 중요한 부분은 Lynch판결[223]을 통하여 확립된 완전정직의무(Duty of Complete Candor)의 충족여부라 할 수 있다. 이때 완전정직의무란 회사(또는 지배주주)는 합리

219) Clark, Corporate Law, *supra*, at 525.

220) Weinberger v. UOP, Inc., 457 A. 2d 701, 703 (Del. 1983).

221) Clark, Corporate Law, *supra*, at 525.

222) Weinberger v. UOP, Inc., 457 A. 2d 701, 711 (Del. 1983).

223) Lynch v. Vickers Energy Corp., 383 A. 2d 278 (Del. 1977).

적인 주주가 자신의 주식을 매각할 것인지 보유할 것인지를 결정하는 데 있어서 중요하다고 생각하는 합병과 밀접하게 관련된(germane) 정보를 공개하여야 하는 의무를 의미한다.224)

그리고 공정가격요건에 있어서 주식가치 산정방식은 기존의 델라웨어 가중평균방식(Delaware Bloc approach, Weighted average method)225)이 너무 획일적이기 때문에 자본시장에서 일반적으로 인정되거나 법원이 허용할 수 있는 것이라면 새로운 가치산정방식을 고려할 수 있으며, 이러한 방식에는 가치산정에 관련되는 모든 요소(all relevant factor)를 고려할 수 있다고 판시하였다.226) 따라서 공정가격요건의 심사대상에는 기존의 델라웨어 가중평균방식에서 고려하였던 순자산가액, 시장가치, 수익가치 이외에 미래기대수익 및 주식의 본질적 가치에 영향을 미치는 요소 등을 고려할 수 있다고 하였다.227)

② **미국증권거래위원회(Securities and Exchange Commission)의 입장**

미국증권거래위원회(Securities and Exchange Commission, 이하 SEC라 함)는 미국의 1934년 증권거래법(Securities Exchange Act of 1934)에 따라 제정된 Rule 13e-3에서 폐쇄기업화거래(Going private transaction)228)와 관련하여

224) 김재형, "M&A대가의 유연화와 현금지불합병," 「비교사법」(한국비교사법학회), 제10권 4호(통권 23호)(2003), 364면.

225) 이는 주식의 가치를 구성하는 요소를 정하고, 각 요소에 적절한 가중치를 주어서 주식의 가치를 평가하는 방식이며, 그러한 구성요소에는 일반적으로 시장가격(market price), 순자산가액(net asset value), 수익가치(earning value) 등을 고려한다. 여기서 시장가격이란 거래가 알려지기 직전에 주식시장에서 거래되던 가격을 말하며, 순자산가치란 회사가 해산하였을 때의 청산가치(liquidation value)를 의미하고, 수익가치란 거래가 있기 전 일정한 기간(통상 5년) 동안의 평균수익과 이러한 평균수익에 의하여 당해 연도의 수익을 예상하기 위한 승수(multiplier)에 의하여 산정되는 당해 연도의 수익가치를 말한다 [임재연, 전게서(증권거래법), 566-567면].

226) Weinberger v. UOP, Inc., 457 A. 2d 701, 713 (Del. 1983).

227) Weinberger v. UOP, Inc., 457 A. 2d 701, 711 (Del. 1983).

228) 폐쇄기업화거래란 공개회사의 주식을 모두 취득한 후 이를 거래소 시장에서 거래될 수 있는 자격을 상실시켜 상장 폐지되는 것을 의미하며, 폐쇄기업화거래의 방법에는 합병, 주식의 병합, 차입매수 등의 방법이 있다 (Cox & Hazen, Corporation, *supra*, at 644).

공정성을 확보하기 위한 일정한 정보공시의무를 규정하고 있다. 이에 의하면 먼저 LBO/MBO와 같은 폐쇄기업화거래에 관련된 발행회사 또는 지배관계자는 SEC에 Schedule 13E-3[229]가 정하는 바에 따라 거래설명서(Transaction statement)를 제출하여 그 거래내용을 신고하여야 하며(Rule 13e-3(d)), 신고시기는 거래유형에 따라 다르나 그 거래와 관련하여 요구되는 권유사항(solicitation material), 정보설명서(information material), 증권의 등록을 위하여 제출된 등록설명서(regislation statement)의 최초의 신고와 동시에, 또는 공개매수가 포함된 경우에는 주주에게 공개매수가 최초로 공표되는 날 행하여야 한다(Schedule 13E-3 General Instruction D 1-3). 그리고 LBO/MBO와 같은 폐쇄기업화거래에 관련된 발행회사 또는 지배관계자는 그 거래의 당사자인 주주에게 일정한 정보를 통지하여야 한다(Rule 13e-3(e)).

이러한 정보 중 Schedule 13E-3의 7·8·9 항목들은 공개서류에 있어서 특별한 항목(Special Factor)으로 분류되는데, 이는 7번 항목의 거래의 목적, 대안, 이유 및 영향(Purpose, Alternatives, Reasons and Effects),[230] 8번 항목의 거래의 공정성(Fairness of the Transaction),[231] 9번 항목의 보고서, 의견서, 평가서 및 협상안(Reports, Opinions, Appraisals and Negotiations)[232]을

229) Schedule 13E-3은 요약항목보고서(Summery term sheet), 대상회사에 관한 정보, 신고자의 인적사항, 거래의 조건, 거래의 목적, 거래의 선택시 고려한 다른 대안, 거래의 공정성 여부를 결정하는데 고려한 사항, 거래와 중요한 관련이 있는 각종 보고서 등 13개의 항목에 대하여 규정하고 있다.

230) 거래의 목적, 거래의 선택시 고려한 다른 대안, 그러한 거래를 시도한 이유, 거래가 대상회사에 미친 영향을 의미한다 [Regulation M-A Item 1013].

231) 거래가 소수주주에게 공정한지 여부를 결정하는데 고려한 여러 가지 사항들을 의미한다 [Regulation M-A Item 1014].

232) 거래와 중요한 관련이 있는 각종 보고서 및 의견서, 평가서를 의미한다 [Regulation M-A Item 1015], 이 중 가장 중요한 것은 투자은행으로부터의 공정성 의견서(Fairness Opinion)인데, 이는 소수주주에게 지급되는 가격이 공정하거나 적절한지 여부에 관한 투자은행의 견해를 담고 있다. 이러한 공정성보고서에는 작성 주체인 투자은행에 부여된 재량권과 경영진 및 투자은행간의 이해의 충돌이라는 문제점이 있다는 견해가 있다 [Lucian A. Bebchuk & Marcel Kahan, *Fairness Opinions: How far are they and what can be done about it?,* 1989 Duke L. J. 27,

말한다.

이 중에서 8번 항목은 LBO/MBO의 공정성 판단과 관련하여 중요하다고 보는데 이는 다음과 같다. 첫째, 폐쇄기업화거래가 소수주주의 다수결에 의한 승인[233]에 의하여 성립된 경우에는 이를 공시하여야 한다는 것이며(Regulation M-A Item 1014 (c)), 둘째, 폐쇄기업화를 시도하고자 하는 회사는 독립이사의 과반수가 소수주주를 위하여 협상할 소수주주의 대표(unaffiliated representative)를 선임하기로 하였는지 여부를 공시하여야 하고(Regulation M-A Item 1013 (d)), 셋째, 폐쇄기업화를 시도하는 회사는 독립이사의 과반수에 의하여[234] 그 거래가 승인된 사실을 공시하여야 한다(Regulation M-A Item 1013 (e)).

또한 SEC는 주식의 공정가격을 평가하기 위하여 8가지의 평가요소를 거론하고 있다. 이에는 현재의 시장가격·과거의 시장가격·순장부가치(Net book value)·계속기업가치(Going concern value)·청산가치(Liquidation value)·과거 2년간 발행기업 및 지배관계자에 의한 주식의 매입가격·발행기업이 거래의 공정성에 관하여 받은 각종 보고서, 의견서, 평가서·과거 2년간 합병 등의 기업인수를 위하여 한 확정계약조건 등이 그것이다(Regulation M-A Item 1014 Instruction 2).

29-30, 37 (1989)].

233) 이는 LBO/MBO와 같은 폐쇄기업화거래에 관한 결정권을 경영진으로부터 소수주주에게로 이전시킨다는 점에서 소수주주의 이익을 보호할 수 있으나 경영진이 제공한 정보에만 의존하여 자신의 주식을 매도할지 여부를 결정하여야 한다는 단점이 있다는 견해가 있다 [Nicholas R. Williams, *Procedural Safeguards to ensure Fairness in the Management Buyout: A Proposal,* 21 Colum. J. L. & Soc. Probs. 191, 209-210 (1988)].

234) 이해관계의 충돌을 감소시킬 목적으로 이사회는 경영진의 제안을 평가하기 위한 독립이사들로 구성된 특별위원회를 설치하는 경우도 있다. 경영판단의 원칙하에서 LBO/MBO거래를 심사하는 위원회의 다수가 독립이사로 구성되는 경우에는 성실성의 추정이 제고되나, 독립이사들은 경영진만큼 회사의 가치를 정확히 알지 못하며 독립이사가 경영진과 결탁하는 경우에는 주주들에 대한 그들의 의무를 소홀히 할 위험이 있다는 지적이 있다 [Williams, *supra*, at 206, 207-208].

즉 SEC는 LBO/MBO와 같은 폐쇄기업화거래의 공정성판단에 있어서 전술한 거래의 공정성 항목의 3가지 요건의 충족여부와 주식의 공정가격평가를 위한 8가지 요소와 관련하여 적절한 대가가 소수주주에게 지급되었는지를 고려하고 있다고 볼 수 있다.

③ 사기양도법(Fraudulent Conveyance Statute)

주식매수자금의 조달을 대상회사의 주주가 하는지 혹은 독립적인 기관이 하는지 여부에 상관없이 LBO는 대상회사의 자산이 담보로 제공되기 때문에 대상회사의 채권자에게는 담보자산의 가치가 감소하게 된다. 또한 LBO에서의 주식매입가격이 대상회사의 순자산가치에 근접하는 경우와 같이 차입금의 규모가 큰 LBO는 채권자의 추심권을 크게 위협하게 되는 결과를 가져오게 된다. 즉 회사가 LBO가 성립된 이후에 불충분한 자산상태가 되어 파산을 하는 경우에 변제를 받지 못한 채권자는 LBO의 거래당사자를 상대로 소송을 제기하게 되는데, 이때 원용되는 법리 중 가장 효과적인 것이 詐欺讓渡法(Fraudulent Conveyance Statute)이다.[235)]

이 법은 채권자에 대하여 사기적이라고 규정한 양도나 채무의 부담을 채권자가 무효화할 수 있도록 규정하고 있는데, 여기에 속하는 법령으로는 통일사기양도법(Uniform Fraudulent Transfer Act(UFTA))과 연방파산법상(Bankruptcy Code)의 사기양도규정을 들 수 있다.

통일사기양도법(UFTA)은 과거의 Uniform Fraudulent Conveyance Act(UFCA)를 개정한 법인데, 원래 UFCA는 채권자에 의하여 취소될 수 있는 의제사기(constructive fraud) 및 의도적인 사기(intentional fraud)에 대하여 규정하고 있었다. 그 중에서 의제사기가 LBO와 관련된 소송에 있어서 중요한 역할을 하였는데, 이는 행위자가 실제적으로 채권자를 사해하고자 하였는지의 여부와 상관없이 사기로 간주될 수 있는 상황에 직면한 행위를 의미하였다. 즉 양도시 정당한 대가(fair consideration)가 지급되지

---

235) Sherwin, *supra*, at 451-452.

않았으며, 양도자가 파산하였거나·양도 후 자산이 크게 감소되었거나·변제능력을 초과하는 채무가 발생한 경우에 그러한 양도는 사기라고 보았다.[236] 따라서 대상회사의 채권자는 이러한 법규정에 의하여 LBO방식에 있어서 경영진이 대상회사의 자산을 담보로 제공한 행위가 전술한 의제사기의 요건에 부합한다면 그러한 자산의 담보제공행위를 의제사기라고 주장할 수 있었다.

미국의 전국통일주법위원회(The National Conference of Commissioners on Uniform State Laws)는 이러한 UFCA를 개정하여 UFTA를 제정하였는데, UFCA를 개정함에 있어서 구조적으로 근본적인 변화를 주지는 않았다. 즉 하나의 의제사기의 유형이 추가되고 형식이 조금 변경되었을 뿐 UFCA의 의제사기 및 의도적인 사기의 분류구조는 그대로 유지되었다. 단 의제사기의 요건 중 정당한 대가에 관한 요건이 연방파산법의 영향을 받아 변경되었는데, 원래 UFCA상의 정당한 대가는 교환에 있어서 공정하고 동등한 가치(fair equivalent value)와 교환시 善意(good faith)의 2가지 요소로 구성되었는데, 이를 연방파산법상의 합리적인 동등한 가치(reasonably equivalent value)의 개념으로 대치하였으며, 善意라는 주관적 요소를 정당한 대가의 개념에서 삭제하였다.[237]

나. 우리법상 논점

(1) 회사자산의 담보제공행위의 허용여부 및 이사의 책임

대상회사를 인수하기 위하여 대상회사의 자산을 담보로 하여 매수자금을 대출받아 대상회사를 매수하는 LBO나 대상회사의 경영진이 인수자로 참가하는 MBO가 적대적 M&A에 대한 방어수단으로 사용되는 경우에 있어서 먼저 상법상 제 3 자(인수자)가 대상회사의 경영권을 인수하기 위하여 대상회사의 경영진이 회사의 자산을 담보로 제공하거나 회사가

236) UFCA 제 4 조에서 6조까지 의제사기의 3가지 유형에 대하여 규정하고 있다(§ 4. Conveyances By Insolvent, § 5. Conveyances By Persons In Business, § 6. Conveyances by A Person About To Incur Debts).

237) Sherwin, *supra*, at 470-471.

보증을 제공하는 행위가 허용될 수 있느냐가 문제될 수 있다.

정관의 목적에 의하여 회사의 권리능력이 제한되는지 여부에는 학설의 대립이 있으며, 크게 制限說(제한긍정설)과 無制限說(제한부정설)로 나누어져 있다. 전술한 경우와 같이 제 3 자 또는 경영진이 대상회사의 경영권을 인수하게 할 목적으로 대상회사의 자산을 담보로 제공하거나 보증을 제공하는 행위는 제한설에 따르면 회사 정관의 목적범위 내라고 하기 어렵기에 이와 같은 담보제공행위는 무효라고 할 수 있으며, 무제한설에 따르면 유효하다고 할 수 있다.

회사 정관의 목적에 의하여 권리능력을 제한하게 된다면 거래의 안전을 해치게 되고 정관의 목적범위에 속하는지 여부에 대한 판단이 어렵기 때문에 거래실정에도 맞지 않는다는 무제한설의 견해가 타당하다고 보며, 이는 LBO/MBO에 있어서 담보제공행위의 경우에도 적용된다고 본다. 다만 무제한설에 의하더라도 회사 정관의 목적은 회사기관의 권한을 내부적으로 제한하는 기능을 하는 것으로 해석할 수 있기 때문에 이사 등이 그러한 정관상 목적에 위반하여 행위를 한 경우에 주주 또는 회사는 그러한 행위자에 대하여 손해배상책임을 추궁할 수 있다.[238] 이때 손해배상책임은 상법 제399조 및 제401조를 원용하게 되는데 이 부분은 앞에서 방어행위의 적법성의 판단기준을 검토할 때 언급한 바 있으나 여기에서 다시 한번 자세히 살펴보도록 하겠다.

LBO/MBO에 의하여 회사자산의 담보제공행위가 회사 정관상 목적에 위배된 경우나 그러한 담보제공행위로 인하여 회사의 재무상태가 불건전하게 되어 주주 및 회사채권자의 이익이 침해당하였을 경우에 주주, 회사채권자 및 회사는 이사에 대하여 손해배상책임을 주장할 수 있다. 이하에서는 이러한 이사의 책임을 회사에 대한 책임 및 주주 및 회사채권자에 대한 책임으로 나누어 검토하겠다.

먼저 현행상법상 이사는 회사에 대하여 선관주의의무 및 충실의무를

238) 정찬형, 전게서(회사법강의), 77면.

부담하기에[239] 이사의 회사에 대한 책임은 그와 같은 의무위반에 따른 책임 및 이사의 회사자산의 담보제공행위가 상법 제399조의 법령 및 정관에 위반된 경우나 임무해태에 해당하는 경우를 거론할 수 있다. 이때 상법 제399조의 책임을 논하는 데 있어서 문제되는 바는 담보제공행위가 임무해태에 해당되는지 여부에 대한 판단이라고 할 수 있다. 임무해태란 이사가 직무수행과 관련하여 선량한 관리자로서의 주의의무를 게을리함으로써 회사에 손해를 가하거나 손해를 방지하지 못한 경우를 의미하는데,[240] 이사가 경영상의 판단으로서의 담보제공행위는 판단 자체에 과오가 있는 경우에는 임무해태로 보기 어렵다.[241]

왜냐하면 업무집행의 적법성은 행위시에 판단되지만 효율성은 상당한 시간이 경과한 후에야 판단되는 경우가 많으며, 만약 이사가 내린 경영상의 판단이 사후에 비효율적이었다고 판단되는 경우에는 이 비효율성은 사후적이고 이사가 관리불가능한 변수에 의하여 결정되어 지는 것이기 때문에 이러한 이사의 경영상의 판단을 임무해태라고 한다면 이사에게 관리불가능한 책임을 부여하는 문제가 있다. 즉 이사가 경영상의 판단을 하는 데 있어서 사전의 판단과정에 과실이 없는 한 이를 사후판단의 안목에서 논하여 임무해태로 볼 수는 없는 것이다.[242] 즉 이사가 담보제공행위를 결정하는 사전의 판단과정에 있어서 투자은행의 공정성의견서 및 전문가의 조언을 제대로 검토하지 않은 것과 같은 과실이 존재하는 경우를 임무해태로 보아야 한다고 생각한다.

현행 상법상 이사는 주주 및 회사채권자에 대하여 선관주의의무나 충실의무를 진다는 명문의 규정이 없으므로 주주 및 회사채권자에 대한 이사의 책임을 주장하는 자는 이사의 충실의무위반 등은 주장하기 어려

239) 선관주의의무와 충실의무와의 관계에 대해서는 여러 가지 학설이 있으나, 여기에서는 이를 별론으로 하겠다.
240) 이철송, 전게서(회사법강의), 600면.
241) 정찬형, 전게서(회사법강의), 642-644면.
242) 이철송, 전게서(회사법강의), 601-602면.

우며 이사의 담보제공행위가 상법 제401조의 제 3 자[243]의 손해배상책임의 요건인 악의 또는 중과실의 임무해태에 해당하여야 이사에 대한 손해배상책임을 주장할 수 있을 것이다. 이때 악의 또는 중과실의 임무해태도 전술한 바와 같이 LBO/MBO를 추진하는 과정에서 이사가 대상회사 자산을 담보로 제공하는 결정을 내리는 사전의 판단과정에서 악의 또는 중과실이 존재하는 경우를 의미하고 판단 자체에 과오가 있는 경우에는 해당되지 않는다고 생각한다.

이때 증명책임에 관하여 이사의 법령 및 정관위반, 임무해태 및 악의 또는 중과실의 임무해태 등을 주장하는 자가 증명책임을 부담하는 것이 원칙일 것이나, 이사의 담보제공행위로 인한 주주, 회사 채권자 및 회사와 이사간의 이해관계의 충돌이 실질적으로 발생하는 LBO/MBO의 경우에 한하여 증명책임의 전환요건이 적용될 필요가 있으며, 이해관계의 충돌이 발생하는 이익상반적 상황이라는 요건은 엄격하게 해석하여야 한다고 본다. 이때 이익상반적 상황이 존재한다는 사실에 대한 증명책임은 일반원칙에 따라 그 사실을 주장하는 자가 부담하여야 한다고 보기 때문에, 이사의 담보제공행위가 법령 및 정관위반, 임무해태 및 악의 또는 중과실의 임무해태라고 주장하는 자가 그러한 담보제공행위가 이익상반적인 상황에서 행하여졌다는 사실을 입증한다면, 이사가 자신의 담보제공행위로 인하여 주주, 회사채권자 및 회사의 이익이 침해되지 않았다는 점에 대한 증명책임을 부담하게 된다고 생각한다.

(2) 자기거래금지와 관련된 문제

상법상 이사가 자기 또는 제 3 자의 계산으로 회사와 거래하는 것을 원칙적으로 금지하고, 예외적으로 이를 하는 경우에는 이사회의 승인을 얻어야 하는 것으로 규정하고 있는데(상법 제398조), MBO의 경우에 있어

243) 여기에서는 제 3 자의 범위에 회사 채권자 및 주주가 포함된다는 다수설에 따르기로 하겠다.

서 대상회사와 MBO를 위하여 설립된 특수목적회사(Special Purpose Company, 이하 SPC라고 함) 사이에서 계약이 체결되거나 대상회사가 SPC를 위하여 담보를 제공할 수 있는데, 이때 이러한 거래가 상법상 이사의 자기거래에 해당하는지 여부가 문제될 수 있다.[244)]

대상회사의 경영진이 SPC의 대표이사를 겸직하는 경우에는 판례상 이사의 자기거래에 해당한다고 보고 있으나,[245)] 경영진이 단순히 일정지분만 보유하는 SPC와 대상회사가 계약을 체결하거나 그러한 SPC를 위하여 대상회사가 담보를 제공하는 경우에는 이사의 자기거래에 해당하는지의 여부에 논란이 있을 수 있다.[246)]

상법 제398조 규정은 해석상 이사가 자기 또는 제 3 자의 계산으로 회사와 하는 모든 거래가 해당되는 것이 아니라, 그 실질에 의하여 이사와 회사간의 이해충돌을 생기게 할 염려가 있는 모든 재산상의 행위가 해당된다고 보기 때문에,[247)] 자기거래금지에 해당하기 위해서는 이사와 회사간의 이해관계의 충돌이 있어야 하며, 회사자산의 담보제공으로 인하여 경영진에게만 유리하고 회사에게는 불리할 것을 요한다.

따라서 금지되는 자기거래에 해당되기 위해서는 거래의 형식이 중요한 것이 아니라 전체적인 LBO/MBO의 거래내용을 종합적으로 살펴 LBO/MBO가 회사에는 해를 끼치고, 경영진에게만 이익을 주는 것인지에 대한 판단에 따라 그 위법성을 결정하여야 한다는 견해[248)]에 원칙적으로는 동의한다. 즉 경영진과 회사가 상법상 이해충돌의 관계에 있는지의 여부를 LBO의 실질을 대상으로 판단하여 회사에 실질적인 피해가 발생하

---

244) 신희강 · 류경진, “LBO거래의 실행과 법적문제,” 「BFL(Business Finance Law)」(서울대학교 금융법센터), 제24호(2007), 31면.

245) 법원은 별개인 두 회사의 대표이사를 겸하고 있는 자가 두 회사 사이의 매매계약을 체결한 경우에 이사의 자기거래에 해당한다고 보았다(대법원 1996. 5. 28. 선고 95다12101 · 12118 판결).

246) 신희강 · 류경진, 전게논문, 31면.

247) 정동윤, 전게서(회사법), 439-440면; 정찬형, 전게서(회사법강의), 617면.

248) 송종준, “PEF와 M&A: LBO의 구조와 법적 문제,” 「금융법연구」(한국금융법학회), 제 2 권 제 1 호(2005), 74면 [이하 송종준, LBO의 구조와 법적 문제].

지 않았으며, 경영진에게만 이익이 되지 않는 경우에 한하여 그러한 LBO/MBO는 자기거래금지규정에 위배하지 않았다고 보는 것이 일률적으로 LBO/MBO의 경우에는 자기거래금지규정에 위배된다는 해석보다는 구체적 타당성을 가진다고 생각한다.

그러나 해당 LBO/MBO를 종합적으로 검토하여 회사에는 해를 끼치고, 경영진에게만 이익을 주는 것인지를 판단하는 이러한 견해는 그러한 판단을 이사의 주관적 해석에 맡길 위험성이 있기 때문에 대상회사가 MBO를 위하여 설립한 SPC와 계약을 체결하거나 SPC를 위하여 인수자금을 조달하고자 금융계약과 관련하여 인적·물적담보를 제공하는 경우에는 SPC의 계산으로(또는 궁극적으로 MBO에 참여한 이사들의 계산) 대상회사와 거래하는 것에 해당한다고 볼 수 있어 해당거래는 이사회의 승인이 필요하다는 견해[249]가 현실적으로 타당성을 가진다고 생각한다.

한편 증권거래법상 상장법인은 원칙적으로 당해 법인의 이사, 주요주주 등을 상대방으로 하거나 그를 위하여 담보를 제공하거나 채무의 이행을 보증하는 행위 등이 금지되며, 다만 i) 복리후생을 위한 이사 또는 감사에 대한 금전대여 등으로서 대통령령이 정하는 행위,[250] ii) 다른 금융관련법령에서 허용한 신용공여, iii) 금전대여 등 대통령령이 정하는 행위[251]는 예외적으로 허용하고 있다(증권거래법 제191조의 19 1항 ▸ 회사법 개정안[법무부 공고 제2008-47호] 제542조의 9[252]). 이 규정에 관하여 회사

249) 신희강·류경진, 전게논문, 32면.

250) 이는 학자금·주택자금 또는 의료비 등 복리후생을 위하여 그 법인이 정하는 바에 따라 5천만원의 범위 안에서 금전을 대여하는 행위를 말한다((증권거래법 시행령 제84조의 24 1항).

251) 이는 주권상장법인 또는 코스닥상장법인이 법인인 주요주주(그의 특수관계인을 포함한다)와 정상적인 경영활동을 수행하는 과정에서 필요한 행위를 말한다(증권거래법 시행령 제84조의 24 2항).

252) 자본시장과 금융투자업에 관한 법률이 2007년 8월 3일에 제정되면서 2009년 2월 4일에 폐지될 예정인 증권거래법의 상장법인의 지배구조에 관한 규정들이 회사법 개정안(법무부 공고 제2008-47호 2008년 5월 7일 입법예고)에 포함되었는데, 회사법개정안은 제542조의 9에서 주요주주 등 이해관계자와의 거래에 관하여 다음과 같이 규정하고 있다. 원칙적으로 상장법인은 당해 법인의 이사, 집행임원 및 주요

에 의한 담보의 제공 또는 채무의 보증으로 인하여 회사와 이사간의 이해관계의 충돌이 인정될 수 있는 경우를 전제로 하며, 형식상으로는 이해관계의 충돌이 있는 상황이라도 실질적인 견지에서 그와 같은 행위가 회사의 이익을 해치지 아니하고, 오히려 담보제공 등을 통한 기업인수로 회사의 재무구조가 개선되고 미래의 수익가치가 향상될 수 있는지의 여부를 종합적으로 판단하여 담보제공 또는 채무보증의 위법성을 결정하여야 한다는 견해[253]가 있으나 이러한 증권거래법상의 이해관계자와의 거래금지규정은 전술한 상법상의 자기거래금지규정과는 다르게 해석하여야 한다고 생각한다.

즉 증권거래법상 명시적으로 경영진에 대한 회사자산의 담보제공이 금지되기 때문에 대상회사의 담보제공이 대상회사가 법인인 주요주주와 정상적인 경영활동을 수행하는 과정에서 필요한 행위라는 예외규정에 해당하지 않는 이상 무리한 해석을 할 현실적인 필요성은 적다고 본다. 따라서 대상회사의 경영진 및 주요주주에 대한 담보제공은 대상회사가 주요주주에 해당하는 법인인 SPC와 정상적인 경영활동을 수행하는 과정에서 대상회사의 자산을 담보로 제공할 필요가 있었다고 인정되는 경우 이외에는 증권거래법상 이해관계자와의 자기거래금지규정에 저촉된다고 보나, LBO/MBO거래에서 SPC에 대한 담보제공행위는 정상적인 경영활동 수행과정에서 필요한 행위로 인정받기는 용이하지 않을 것이라고 생각한다.

주주 등을 상대방으로 하거나 그를 위하여 신용공여(금전 등 경제적 가치가 있는 재산의 대여, 채무이행의 보증, 자금 지원적 성격의 증권 매입, 그 밖에 거래상의 신용위험이 따르는 직접적·간접적 거래)행위가 금지되며, 다만 i) 복리후생을 위한 이사·집행임원 또는 감사에 대한 금전대여 등으로서 대통령령이 정하는 행위, ii) 다른 법령에서 허용한 신용공여, iii) 그 밖에 상장회사의 경영건전성을 해칠 우려가 없는 금전대여 등으로서 대통령령으로 정하는 신용공여는 예외적으로 허용하고 있다. 증권거래법상의 규정과 비교하여 본다면 담보제공행위가 명시적으로 규정되어 있지 않다는 점과 예외적인 허용행위의 요건이 아직 시행령이 정하여지지 않아 명확히 파악할 수 없다는 점을 거론할 수 있다.

253) 송종준, 전게논문(LBO의 구조와 법적 문제), 74-75면.

(3) 수시공시의무 및 내부자거래와 관련된 문제

LBO/MBO의 대상회사가 상장법인인 경우에는 법률에 규정된 공시사항에 해당하는 사실(법인의 경영·재산 등에 관하여 중대한 영향을 미칠 사항 등) 이 발생한 경우 그 사실 또는 이사회의 결의내용을 지체없이 금융위원회와 거래소에 신고하여야 하는데, 투자자의 투자판단에 중대한 영향을 미칠 사항을 신속하게 알릴 필요가 있는 경우에는 거래소의 공시규정에 따라 그 내용을 거래소에 신고하게 할 수 있다(증권거래법 제186조 제1항, 증권거래법 시행령 제83조 1항 ▸ 자본시장통합법 제391조, 제392조 [자본시장통합법에서는 상장법인의 수시공시의무에 관하여 증권거래법상의 내용과는 조금 상이하게 다음과 같이 규정하고 있다. 거래소는 상장법인의 기업내용 등의 신고·공시 및 관리를 위하여 공시규정을 정하여야 하며 이에는 상장법인이 신고하여야 하는 내용 및 상장법인에 관한 풍문이나 보도 등의 사실여부 및 그 법인이 발행한 증권의 가격이나 거래량의 현저한 변동원인 등에 대한 거래소의 신고 또는 확인요구에 관한 사항 등을 포함하여야 한다. 거래소는 전술한 신고사항에 대하여 투자자의 투자판단에 중대한 영향을 미칠 우려가 있어 그 내용을 신속하게 알릴 필요가 있는 경우에는 행정기관 그 밖의 관계기관에 대하여 필요한 정보의 제공 또는 교환을 요청할 수 있다. 거래소는 상장법인이 공시규정에 따라 신고를 한 경우에는 지체없이 금융위원회에 송부하여야 하며 금융위원회는 이를 인터넷 홈페이지 등을 이용하여 공시하여야 한다).

또한 증권거래법은 상장법인 등의 업무와 관련하여 일반인에게 공개되지 아니한 중요한 정보를 직무와 관련하여 알게 된 자와 이들로부터 당해 정보를 받은 자는 당해 법인이 발행한 유가증권의 매매 기타 거래와 관련하여 그 정보를 이용하거나 다른 사람으로 하여금 이를 이용하게 할 수 없음을 규정하고 있다(증권거래법 제188조의 2 1항 ▸ 자본시장통합법 제174조).

이때 대상회사의 경영진이 LBO/MBO를 실행하기 위하여 투자은행 등과 협상을 하고 있는 사실은 이러한 隨時公示義務의 대상이 되는지에 관련된 문제와 만약 대상회사의 경영진이 그러한 LBO/MBO를 위한 협의중에 대상회사의 주식을 취득하였다면 이는 내부자거래에 해당하는지의 문제가 제기될 수 있다.

이와 관련된 견해로는 2가지를 거론할 수 있다. 첫 번째 견해는 경영진이 MBO를 추진하기 위한 준비를 하고 있다는 사실은 계획단계에서 성사 여부가 너무나 불투명한 이벤트이기 때문에 증권거래법상 공시의 대상인 투자자의 투자판단에 중대한 영향을 미칠 정보라고 판단하기는 어려우며, 경영진이 MBO 추진준비사실을 공시하지 않은 채 대상회사의 주식을 매입하였다 하더라도 내부자거래로 보기는 어렵다고 한다.[254)]

두 번째 견해는 대상회사의 경영진이 LBO에 관하여 명목회사와 원칙에 있어서 합의하기 전에는 LBO가 교섭중인 사실을 이용하여 자기회사의 주식을 취득하는 경우라도 그 정보는 중요한 정보가 아니므로 내부자거래에 해당하지 않을 것이나, LBO에 관한 합의의 성립 후 그 사실이 공개되기 전에 행하여진 경영진의 주식취득은 내부자거래의 금지대상이 된다고 본다. 즉 경영진에 의한 LBO에는 공개매수가 수반되는 것이 보통인데, 명목회사와 경영진 사이에 MBO 실행원칙에 합의가 있는 이상 공개매수가 결정되기 전이라도 MBO의 실행계획은 중요한 정보이므로 이를 공시할 의무가 있다는 것이다.[255)]

생각건대 LBO/MBO를 시도하고자 하는 과정에서 LBO/MBO에 관한 실질적인 합의가 있었다면 설사 성사여부가 확실하지 않다고 하더라도 이를 공시를 요하는 중요한 정보로 보아야 한다고 생각한다. 즉 후에 LBO/MBO가 성사되지 않더라도 이는 별도의 문제이며 실질적인 합의가 존재하는 단계에 있어서는 이미 투자판단에 영향을 미치는 중요한 정보가 되기 때문에 이를 이용한 경영진의 주식취득은 내부자거래에 해당한

---

254) 김화진·송옥렬, “상장폐지와 차입매수(LBO) 개관,” 「CFO」(한국CFO협회), 가을호(2004), 35면 참조.

255) 송종준, 전게논문(LBO의 구조와 법적 문제), 82면.

다고 생각한다.

(4) 폐쇄기업화와 관련된 문제

공개회사의 주식을 모두 취득한 후, 이를 거래소 시장에서 거래될 수 있는 자격을 상실시켜 상장 폐지되는 것을 의미하는 폐쇄기업화거래[256]는 LBO/MBO를 통하여 달성될 수 있는데, 이에 따른 퇴출된 소수주주의 보호문제와 관련되어 논의되고 있다.

우리 상법상으로는 합병비율의 단수조정에 필요한 최소한도의 범위 내에서만 그것도 소멸회사의 최종영업연도의 이익배당금 내에서만 합병교부금이 지급될 수 있다는 견해가 정설이며, 미국 회사법에서와 같은 현금지급합병은 위법하여 허용되지 아니한다.[257]

그런데 2008년 5월 7일에 법무부가 입법예고한 회사법개정안(법무부 공고 제2008-47호)에 의하면 흡수합병시 존속회사는 합병의 대가로서 소멸회사의 주주에게 주식 대신에 현금, 사채, 모회사의 주식 등을 교부할 수 있다(상법 개정안 제523조 4호, 제523조의 2)고 규정하여 현금을 대가로 하는 합병인 교부금합병을 인정하고 있다.

교부금합병에 대해서는 이를 무제한 허용하게 된다면 다수주주가 소수주주를 강제로 축출하는 수단으로 악용될 수 있다는 견해가 적지 않았음에도 불구하고 개정시안이 교부금합병을 가능하도록 합병대가를 유연화한 이유는 합병대가의 유연화가 기업가치를 증대시킬 수 있는 기업행위의 기회를 확대한다고 보았기 때문이다.[258] 그러나 개정안에 교부금합병으로 인하여 축출될 수 있는 소수주주의 보호와 관련된 규정은 없으므로 입법이 요구되는 부분이기는 하나, 조급한 입법보다는 전술한 미국의 합병의 공정성의 판단에 관한 델라웨어주 법원의 입장이나 SEC의 공시규정을 참조하여 소수주주가 축출되는 LBO에 대한 적법성의 판단기준을

---

256) Cox & Hazen, Corporation, *supra*, at 644.

257) 송종준, 전게논문(LBO의 구조와 법적 문제), 79면.

258) 권종호, “2006년 회사법개정시안의 주요내용,” 「상사법연구」(한국상사법학회), 제25권 제 2 호(2006), 329면.

정립하여 나가는 방향이 우선이라고 본다. 그러한 LBO의 적법성의 판단 기준에는 구체적으로는 Weinberger판결에서의 공정성기준(공정거래요건 및 공정가격요건)과 SEC Rule 중 주주에 대한 정보통지의무에서의 거래의 공정성항목과 8가지 공정가격평가기준 등을 거론할 수 있는데, 이 부분은 결론부분에서 다시 한번 정리하여 제시하여 보기로 하겠다.

(5) 형법상 배임죄와 관련된 문제

회사의 이사가 임무에 위배되는 행위를 함으로써 재산상의 이익을 취득하거나 제 3 자로 하여금 이를 취득하게 하여 회사에 손해를 가한 때에는 형법상 업무상 배임죄(형법 제356조)가 성립할 수 있다. 따라서 LBO에 있어서 인수자가 대상회사의 경영권을 인수하기 위하여 대상회사의 자산을 담보로 제공하는 행위가 형법상 배임죄에 해당될 수 있느냐의 문제가 제기 될 수 있다. 이와 같은 문제가 실제로 LBO의 활성화에 가장 큰 장애물이 될 수도 있다고 보는데, 소위 S&K 사건[259]에서 서울고등법원과 대법원은 LBO거래가 배임죄에 해당하는지의 여부에 관하여 서로 다른 논거를 제시하였다.

서울고등법원은 판결이유에서 LBO 방식의 기업인수에 있어서 LBO 방식을 이용하였다는 이유만으로 피인수회사에 손해를 발생시키고 인수자가 그에 상응하는 이익을 얻은 것이라고는 볼 수 없다고 하였다. 그리고 LBO 방식에 의하여 피인수회사의 자산을 담보로 제공함으로써 피인수회사에 담보처분의 위험성을 초래하였다 하더라도 이를 통하여 피인수회사도 기존 채무의 소멸 등의 이익을 얻게 되는 이상 인수자가 피인수

259) 서울고등법원 제 6 형사부 2004. 10. 6. 선고 2003노3322 판결, 대법원 2006. 11. 9. 선고 2004도7027 판결: 본 사건에서 피고인(인수인)은 피인수기업(신한)을 인수함에 있어서 새로운 회사인 S&K를 설립한 후 피인수기업인 신한의 자산을 금융기관에 담보로 제공하여 S&K가 인수자금을 대출받아 신한의 주식을 취득하도록 하는 방법으로 신한을 인수한 후, 신한의 경영을 정상화시켜 얻은 이익금이나 신한의 자산을 매각하여 마련한 자금 등으로 대출금 채무를 변제하는 방법인 LBO방식을 활용하였다.

회사의 자산을 담보로 제공하였다는 점을 들어 곧바로 인수자에게 당시 배임의 범의가 있었다고 단정할 수는 없다고 하였다.

서울고등법원은 이러한 판결이유에 따라 피고인이 LBO 방식을 이용하여 신한을 인수하고 신한의 자산을 담보로 제공하게 된 과정과 기업인수 후에 드러난 여러 정황 등 제반 사정들을 종합적으로 고려하여 피고인에게 배임의 범의를 인정하지 않았다.

그러나 대법원은 판결이유에서 기업인수에 필요한 자금을 마련하기 위하여 LBO 방식을 사용하는 경우, 피인수회사로서는 주채무가 변제되지 아니할 경우에는 담보로 제공되는 자산을 잃게 되는 위험을 부담하게 되므로, 인수자가 피인수회사의 위와 같은 담보제공으로 인한 위험부담에 상응하는 대가를 지급하는 등의 반대급부를 제공하는 경우에 한하여 인수자를 위한 담보제공이 허용될 수 있다고 하였다. 만일 인수자가 피인수회사에 아무런 반대급부를 제공하지 않고 임의로 피인수회사의 자산을 담보로 제공하게 하였다면, 인수자 또는 제 3 자에게 담보가치에 상응한 재산상 이익을 취득하게 하고 피인수회사에게 그 재산상 손해를 가한 것이라고 보았다. 또한 피고인이 피해자 본인의 이익을 위한다는 의사를 가지고 있었다 하더라도 이는 부수적일 뿐이고 이득 또는 가해의 의사가 주된 것임이 판명되면 배임죄의 고의를 인정할 수 있다고 하였다.

대법원은 이러한 판결이유에 따라 피고인의 담보제공행위로 인하여 신한으로서는 주요자산의 대부분이 대출금채무를 위한 책임재산으로 제공되어 장차 대출금채무의 미변제시 환가처분될 수 있는 위험을 부담하게 되었으므로, 피고인은 그 임무에 위배하여 피고인 또는 제 3 자에게 재산상 이익을 취득하게 하고 신한에게 재산상 손해를 가하였다고 하였다. 그리고 피고인이 대출을 위하여 정당한 반대급부 등을 제공하지 아니하고 신한의 자산을 담보로 제공한 것은 실질적으로 피고인이 개인적인 이익을 위한 행위로 판단하였다. 즉 이 사건에서는 피고인에게 자신이나 S&K의 이익을 위하여 신한에게 손해를 입힌다는 배임의 고의가 있었다고 인정되며, 피고인이 담보제공후 신한의 경영정상화를 위하여 노력하였다는 사정은 위법하게 이루어진 담보제공에 관한 배임의 고의를 부정할 사유가 되지 못한다고 하였다.

생각건대 LBO 방식에 있어서 담보제공으로 인한 담보처분의 위험성 증가를 피인수회사에 대한 재산상 손해의 발생으로 보는 대법원의 논지보다는 담보제공으로 인한 대출금으로 피인수회사가 기존 채무의 소멸 등의 이익을 얻고 인수인이 개인적인 이득을 취하지 않은 경우에는 피인수회사에 재산상 손해가 발생하지 않았다고 보는 것이 합리적이다.

또한 인수자가 피인수회사의 이익을 위한다는 의사가 존재하여도 정당한 반대급부를 제공하지 않았다면 자신의 이득 또는 가해의 의사를 주된 것으로 파악하는 대법원의 논지는 타당하지 않다고 생각한다. 즉 인수자의 의사는 피인수회사를 위하는 의사와 개인의 이득을 위하는 의사 중 하나를 선택하는 것이나 어느 한쪽에 비중을 두는 것은 아니다. 왜냐하면 피인수회사의 경영정상화가 이루어지지 않으면 인수자 개인의 이익도 얻을 수 없기 때문에, 인수자는 자신과 피인수회사 모두에게 동시에 이익이 되고자 하는 의사를 가지고 있다고 보아야 하며, 이러한 의사가 존재하는 한 배임죄의 고의인 불법이득의사는 인정되지 않는다는 견해[260]가 타당하다고 생각하며, LBO/MBO의 전반적인 내용에 있어서 담보제공에 따른 피인수회사의 이익발생여부 및 인수자의 의사내용 등을 검토하여 인수자의 배임죄 해당여부를 판단하여야 한다고 본다.

그리고 LBO와 관련된 사례는 아니지만 대법원이 경영상의 판단과 관련하여 기업경영자에게 배임의 고의가 있었는지 여부를 판단한 사례[261]에서의 판례의 방향이 참고가 될 수 있다고 생각한다. 즉 사례에서 대법원은 기업의 경영에는 원천적으로 위험이 내재하여 있기 때문에 경

260) 이상돈, "차입매수와 배임죄,"「제125회 정기세미나 발표자료」(한국증권법학회, 2006. 12. 23), 9면 참조.

261) 대법원 2004. 7. 22. 선고 2002도4229 판결.

영자가 아무런 개인적인 이익을 취할 의도 없이 선의에 기하여 가능한 범위 내에서 수집된 정보를 바탕으로 기업의 이익에 합치된다는 믿음을 가지고 신중하게 결정을 내렸지만 그 예측이 빗나가 기업에 손해가 발생하는 경우가 있다고 하였으며, 그러한 경우에는 문제된 경영상의 판단에 이르게 된 경위와 동기, 판단대상인 사업의 내용, 기업이 처한 경제적 상황, 손실발생의 개연성과 이익획득의 개연성 등 제반 사정에 비추어 자기 또는 제 3 자가 재산상 이익을 취득한다는 인식과 본인에게 손해를 가한다는 인식(미필적 인식을 포함)하의 의도적 행위임이 인정되는 경우에 한하여 배임죄의 고의를 인정하는 엄격한 해석기준을 유지하여야 한다고 판시하였다.

(6) 소 결

전술한 바와 같이 대상회사의 경영진이 LBO/MBO를 추진하는 경우에 있어서 우리법상 여러 가지 문제점이 발생하게 된다. 이때 LBO/MBO를 시도하여 실행한 행위 자체의 적법성이 문제되는 경우보다는 LBO/MBO에서 비롯되는 합병과 관련된 소수주주의 축출 및 그에 따른 소수주주의 보호문제와 대상회사 경영진의 담보제공행위에 따른 회사자산상태의 악화로 인한 회사채권자의 보호문제가 가장 논쟁이 될 것이다.

여기에서는 LBO/MBO에 관한 사법심사를 하는 경우에 있어서 참고가 될 수 있는 가이드라인을 제시하여 보고자 한다. 먼저 미국 델라웨어주 법원이 Weinberger판결에서 LBO/MBO의 공정성 판단기준으로 제시한 공정거래요건과 공정가격요건 및 SEC의 공시규정을 기초로 하여 LBO/MBO의 적법성의 판단기준으로 공정거래요건과 공정가격요건을 제시하고자 하며, 공정거래요건에 다음과 같은 요건을 첨부하고자 한다. 즉 LBO/MBO의 공정성에 대한 규제를 기업내부규제와 기업외부규제로 분류하여 본다면 내부규제에는 공정성의견서·독립이사위원회·소수주주의 승인을, 외부규제에는 공시시스템을 거론할 수 있다고 보며, 이러한 4가지 요건이 공정거래요건의 구체적인 내용이 되어야 한다고 생각한다.

구체적으로는 첫 번째로 공정성의견서의 신뢰성을 제고하기 위해서 경영진과 공정성의견서를 작성하는 투자은행과의 관계가 공시되어야 하며, 가능하다면 2개 이상의 공정성의견서를 참고하도록 하는 방안을 고려해 볼 수 있다. 두 번째로 독립이사의 수가 과반수 이상인 독립이사위원회에서 LBO/MBO를 승인하는 절차가 필요하나 승인의 공정성을 좀 더 확보하기 위해서는 소수주주대표를 위원회에 포함시키는 방안도 고려해 볼 만하다. 세 번째는 대상회사의 축출대상인 소수주주들의 승인인데, 이는 어떻게 보면 LBO/MBO거래의 공정성을 확보할 수 있는 최선의 방안이나 소수주주들의 결정에 중대한 영향을 미칠 정보가 경영진으로부터 공시시스템에 의하여 소수주주의 결의 이전에 제공되어야 한다는 전제가 뒤따라야 한다. 네 번째로는 전술한 공정성의견서 요건, 독립이사위원회 요건 및 소수주주의 승인 요건의 구체적인 내용이 모두 외부의 공시시스템을 통하여 주주들에게 지체 없이 제공되어야 하는데, 공정성의견서 요건의 경우에는 공정성의견서의 작성주체, 내용, 대상회사 경영진과의 관계 등이 될 것이며, 독립이사위원회 요건의 경우에는 위원회의 구성, 소수주주대표의 포함여부 등이 해당될 것이고, 소수주주의 승인 요건의 경우에는 공정성의견서요건 및 독립이사위원회 요건의 내용이 소수주주의 결의 이전에 미리 제공되었는지의 여부, 소수주주의 승인결과 등이 될 것이다.

공정가격요건에는 시장가격, 순자산가액, 수익가치를 중심으로 하는 기존의 주식가치 산정방식인 델라웨어 가중평균방식보다는 자본시장에서 일반적으로 인정되거나 법원이 허용할 수 있는 것이라면 새로운 가치산정방식을 고려할 수 있다는 방향이 바람직하다고 생각한다. 물론 법원이 주식가치에 대하여 객관적으로 가치를 산정한다는 것은 용이하지는 않을 것이라 보지만 우리나라 경제실정에 적합한 시장에서 일반적으로 인정되는 주식가치 산정방식을 고려할 필요성은 충분히 있다고 생각한다.

덧붙여 향후 우리나라 법원이 LBO/MBO에 대한 사법심사를 하는 경우에 있어서 LBO/MBO가 이러한 공정거래요건 및 공정가격요건의 개별적인 요건들을 충족하고 있는지 여부를 검토한 후, 만약 전술한 요건 중 하나라도 충족하지 않는다면 그러한 LBO의 공정성을 전면적으로 부정할 것이 아니라 포괄적으로 다시 한번 검토하는 방향이 LBO/MBO의 공정성 판단을 위한 합리적인 기준이라고 사료된다. 그리고 회사자산의 담보제공행위로 인한 채권자 보호문제는 현행 상법상 이사에 대한 손해배상책임규정이나 합병에 있어서의 채권자 보호절차(상법 제527조의 5)로는 조금 미흡하다고 생각하고 좀 더 구체적인 입법이 요구된다고 보며, 구체적인 입법방향은 미국의 사기양도법규정이 기초가 되는 것이 바람직하다고 생각한다.

Ⅲ. 근로자지주제도(Employee Stock Ownership Plan)

1. 개 요

Employee Stock Ownership Plan(이하 ESOP라고 한다)[262)]이란 미국법상 근로자들이 퇴직이나 퇴사할 때까지 근로자들의 이익을 위하여 자신들의 회사의 주식을 소유하게 되는 퇴직급부제도(retirement benefit plan)를 의미하며,[263)] 우리나라의 경우에 있어서 우리사주조합제도를 통하여 구체화되는 근로자지주제도에 해당한다고 할 수 있다.

이러한 우리사주조합 및 ESOP에 있어서 근로자가 소유하고 있는 주식을 경영진에 우호적인 지분으로 활용하여 적대적 M&A에 대한 방어수단으로 활용할 수도 있는데, 이하에서는 우리사주조합 및 ESOP를 비교

262) ESOP은 Louis O. Kelso라는 변호사와 Russel B. Long 상원의원에 의하여 도입된 제도로서 근로자퇴직소득보장법(Employee Retirement Income Security Act of 1974: ERISA)에 의하여 규제된다 [Gina Marie Agresta & Richardson, *Employee Stock Ownership Plans: Uncertainties Plaguing the Duties of the ESOP Fiduciary with Respect to Voting and Defensive ESOPs,* 14 Akron Tax J. 91, 91 (1999)].

263) Eric Grannis, *A Problem of Mixed Motivies: Applying Unocal to Defensive ESOPS,* 92 Colm. L. Rev. 851, 861 (1992).

검토하여 적대적 M&A에 대한 방어수단으로 사용될 수 있는 방어적 ESOP(Defensive ESOP)을 중점적으로 검토하여 보기로 하겠다.

가. 우리사주조합제도

(1) 개 념

우리사주조합이란 주식회사의 근로자의 경제·사회적 지위향상과 노사협력증진을 도모함을 목적으로 당해 회사의 주식(자사주)을 취득·관리하기 위하여 일정한 법정요건을 갖추어 조직한 단체를 말한다(근로자복지기본법 제 2 조 4호 및 제27조 참조).

(2) 연 혁

우리사주조합제도는 1968년의 자본시장육성에 관한 법률에서 상장법인이 유상증자를 실시할 때 근로자에 대하여 신규발행 주식의 10%를 우선적으로 배정하는 특례조항을 마련하면서 시작되었다. 1997년에는 자본시장육성에 관한 법률이 폐지된 후 우리사주조합제도 관련규정들은 증권거래법에서 수용되었는데, 현재에는 증권거래법을 중심으로 운용해오던 우리사주조합제도를 제도적으로 정비하여 근로자복지기본법에 수용하여 근로자복지기본법[264]이 우리사주조합제도의 준거법으로 되고, 우리사주조합에 대하여 증권거래법에는 특례규정만 남게 되었다.[265]

(3) 기본구조

① 자사주의 취득

우리사주조합은 다양한 방법으로 자사주를 취득할 수 있다. 대표적인 방법으로는 회사·주주 등으로부터 자사주를 출연받는 방법과, 우리사

264) 제정 2001. 8. 14 법률 제6510호, 일부개정 2008. 3. 28 제9042호.

265) 정상근, "신 우리사주조합제도의 법적 쟁점과 개선방안," 「기업법연구」(한국기업법학회), 제15집(2003), 251면(특례규정으로 현행 증권거래법 제191조의 7(우리사주조합원에 대한 우선배정)을 들 수 있으며, 본 조문은 자본시장과 금융투자업에 관한 법률이 2009년 2월 4일에 시행될 예정에 따라 그 효력을 잃게 될 것이나, 2008년 11월 12일에 국회에 제출된 자본시장과 금융투자업에 관한 법률 개정안(의안번호 1912) 제165조의 7에 거의 유사한 내용으로 수록되었다).

주조합기금에 의하여 자사주를 취득하는 방법이 있는데, 우리사주조합기금은 회사·주주 등이 출연한 금품, 우리사주조합원이 출자한 금전, 금융기관으로부터의 차입금, 우리사주조합원에게 배정되지 아니한 우리사주조합 보유 자사주에 대한 배당금, 그 밖의 수입금으로 조성된다(근로자복지기본법 제33조 및 제35조 참조).

② 자사주의 배정

우리사주조합이 취득한 주식은 일률적으로 조합계정 혹은 조합원의 개인별계정에 배정이 되는 것이 아니라 일단 조합계정에 보유되었다가 취득재원에 따라 조합원들의 개인별 계정에 배정되게 된다. 예를 들면 회사·주주 등의 자사주의 무상출연이나 금품제공에 의한 자사주 취득의 경우, 우리사주조합원의 금전출연에 의한 자사주 취득의 경우 및 조합원 상환약정조건이 첨부된 차입금에 의한 자사주 취득의 경우에는 취득 즉시 조합원의 개인별 계정에 배정이 되나, 금융기관과 회사·주주간에 체결된 상환약정에 따른 차입금에 의하여 취득한 자사주는 일단 조합계정에 보유되었다가 차입금이 상환될 때 비로소 상환액에 상당하는 자사주가 개인별 계정에 배정되는 것이다(근로자복지기본법 제33조 및 근로자복지기본법 시행령 제19조). 우리사주조합이 조합원에게 주식을 배정함에 있어서는 저소득 금로자 및 장기근속 근로자를 우대하여야 한다는 규정(근로자복지기본법 시행령 제15조 2항)만 있을 뿐 우대의 구체적인 기준은 규정하고 있지 않다. 우리사주조합은 자사주의 배정시 대부분 근속연수, 직급 등의 여러 요소를 고려하여 주식을 배정하고 있으며, 그 내용은 조합의 규약에 정하도록 하고 있다.[266)]

③ 자사주의 예탁

자사주를 배정받은 우리사주조합원은 의무예탁기간 동안에 수탁기관[한국증권금융(주)]에 예탁을 하여야 하는데, 이 경우에도 취득재원에 따

---

266) 남상섭·안병룡, "우리사주제의 문제점과 활성화방안 연구," 「창업정보학회지」(창업정보학회), 제 7 권 제 3 호(2004. 9), 85면.

라 예탁기간에 차이가 있게 된다. 예를 들면 조합원이 출자한 금전으로 자사주를 취득한 경우, 조합원 상환조건의 차입금으로 자사주를 취득한 경우 및 회사·주주 상환조건의 차입금으로 자사주를 취득하여 개인별계정에 배정된 경우에는 1년이나, 회사·주주 등의 자사주의 무상출연이나 금품제공에 의한 자사주 취득의 경우에는 4년 이상 8년 이내의 기간에서 출연자와 협의하여 정한 기간이 의무예탁기간이 되는 것이다(근로자복지기본법 제34조 및 근로자복지기본법 시행령 제20조).

조합원은 개인별계정에 배정되어 한국증권금융에 예탁된 자사주를 의무예탁기간의 만료, 조합의 해산 및 조합원의 사망과 같은 경우에는 모두 인출할 수 있는데, 조합원이 퇴직하는 경우에는 퇴직사유에 따라 조금 상이하다. 즉 조합원이 장애·정년도달·구조조정 및 이에 준한다고 노동부장관이 인정하는 사유에 의하여 퇴직하는 경우에는 잔여의무예탁기간에 상관없이 인출가능하나, 그 외의 사유로 인하여 퇴직하는 경우에는 잔여의무예탁기간이 1년 이하인 자사주에 한하여 의무예탁기간 만료 전에 인출이 가능하다(근로자복지기본법 시행령 제21조).

나. 미국의 ESOP

(1) 개 념

미국법상의 Employee Stock Ownership Plan(이하 ESOP라고 한다)이란 근로자들이 퇴직이나 퇴사할 때까지 근로자들의 이익을 위하여 자신들의 회사의 주식을 소유하게 되는 퇴직급부제도(retirement benefit plan)를 의미한다.[267]

ESOP는 근로자들이 퇴직시 특정액수의 급부를 지급받는 확정급부제도(defined benefit plan)와 같은 방식이 아닌 근로자들이 자신들의 계좌에 대하여 회사 주식의 정기적인 출연을 보장받게 된다는 점에서 확정출연제도(defined contribution plan)의 일종이며, 퇴직금의 액수는 회사 주식가치에 따라 달라지게 된다. 따라서 ESOP의 구성원인 근로자들은 회사의 성

267) Grannis, *supra*, at 861.

공과 자신들의 금융적 이해관계가 깊은 관련성이 있게 되므로, ESOP는 근로자의 사기진작과 생산성 향상에 도움이 된다고 보고 있다.[268)]

(2) 연 혁

ESOP는 1970년대에 샌프란시스코의 투자은행가이자 변호사인 Louis O. Kelso와 미상원 재정위원장인 Russell B. Long의 협의하에 초기의 형태가 만들어졌으며 그 후 1974년에 근로자퇴직소득보장법(Employee Retirement Income Security Act of 1974: ERISA)의 제정으로 법적 규제를 받게 되었다.[269)] 그 후 미국 정부는 일반 민간기업의 ESOP의 활용을 위하여 직접적인 개입보다는 일련의 세제지원에 관련된 법제화를 통하여 이 제도를 간접적으로 지원하였다. 예를 들면 1980년 소기업 근로자소유법(Small Business Employee Ownership Act of 1980), 1980년 크라이슬러 대출보증법(Chrysler Loan Guarantee of 1980), 1983년 무역조정지원법(Trade Adjustment Assistance Act), 1984년 재정적자감축법(Deficit Reduction Act of 1984), 1986년 세제개혁법(Tax Reform Act of 1986) 등을 들 수 있다.[270)]

(3) 기본구조

① 자사주의 취득

ESOP을 설립하고자 하는 회사는 먼저 근로자주식소유신탁기금(Employee Stock Ownership Trust: ESOT)을 조성한 후 다음 중 하나의 방식을 선택하여 신탁기금에 출연하게 된다. 즉 i) 회사가 주식을 무상출연하거나, ii) 자사주를 취득할 수 있도록 현금을 무상출연하거나, iii) ESOP 신탁이 주식 매입을 위한 자금을 금융기관으로부터 차입하고 회사가 그 차입금을 상환하도록 약정하는 방법이 그것이다.

ESOP신탁은 조성된 자금으로 회사보유 주식이나 신주발행 주식 혹

268) Grannis, *supra*, at 861-862.

269) Agresta & Richardson, *supra*, at 91.

270) 신범철, “미국 ESOP의 고찰과 시사점,” 「임금연구」(한국경영자총협회 노동경제연구원), 겨울호(2004), 64면[이하 신범철, 미국 ESOP의 고찰].

은 기존주주 보유의 주식의 매입을 통하여 자사주를 취득하게 되는데, 근로자가 주식을 직접 취득하거나 보유하지는 않으며 ESOP수탁자가 근로자를 대신하여 ESOP신탁 명의로 주식을 매수하거나 보유하게 된다.

② 자사주의 배정

ESOP신탁이 취득한 자사주는 근로자들의 개인별 계정에 일정기간이 경과됨에 따라 배정되는데, 취득재원에 따라 기간 및 방식이 조금 상이하다. 먼저 기업주의 자사주나 무상출연이나 금전제공에 의한 자사주 취득의 경우에는 근로자의 급여수준이나 근속연수 등을 기준으로 각 근로자의 개인별 계정에 배정되며, 외부금융기관으로부터의 차입금에 의한 자사주 취득의 경우에는 자사주는 우선 假計定(suspense account)에 편입되어 있다가 차입금이 상환됨에 따라 자사주는 차입금의 상환비율에 따라 근로자들의 개인별 계정에 배정되게 된다.[271)]

이는 우리사주제도와 유사하나 ESOP의 경우에는 개인별 계정에 배정된 주식에 대하여 의무예탁기간 대신에 이하에서 서술할 수급권의 부여과정을 거치게 된다.

③ 수급권의 부여

개인별 계정에 배정된 자사주는 근로자에게 부여되는 수급권(vesting)의 대상이 되는데, 근로자들에게 수급권이 부여되는 기간 및 조건은 기업에 따라 조금씩 상이하다. 예를 들면 근로자는 5년 근속 후에 일시에 수급권을 받거나 3~7년 수급권부여 스케줄에 따라 단계적으로 수급권을 받을 수 있다. 근로자는 고용계약의 만료, 장애, 사망, 퇴직시에 이러한 수급권이 부여된 개인 계좌를 한 번에 또는 분할지급의 형태로 수령하게 된다. 상장기업의 경우에는 근로자가 수령한 계좌의 자사주를 주식시장에 매각할 수 있으며, 비상장기업의 경우에는 회사가 근로자에게 수급권이 부여된 계좌를 지급한 후 60일 동안에 근로자에게 풋옵션(put option)을 부여하여야 한다. 근로자가 그 기간 내에 매각하지 않기로 선택하였다면

271) 신범철, 전게논문(미국 ESOP의 고찰과 시사점), 65면.

회사는 수급권이 부여된 계좌의 지급일의 1년 후로부터 60일 동안 다시 한번 풋옵션을 부여하여야 하며 이 기간이 경과한 후에는 회사는 주식을 재매입할 의무를 더 이상 부담하지 않게 된다.272)

(4) 유 형

미국의 ESOP의 종류에는 비차입형 ESOP과 차입형 ESOP이 있는데, 이 중 대다수를 차지하고 있는 차입형 ESOP는 적대적 M&A에 대한 방어수단으로도 주목을 받고 있다. 이하에서는 먼저 비차입형 ESOP을 간단히 살펴본 뒤 차입형 ESOP을 살펴보기로 하겠다.

① 비차입형 ESOP(Unleveraged ESOP)

이는 회사가 ESOP를 위하여 신주 혹은 보유중인 주식을 출연하거나 기존의 주식의 소유자로부터 주식을 매입할 수 있도록 현금을 출연하는 방법에 따라 설립한 ESOP를 의미한다. 일반적으로 출연금은 참가자격이 있는 모든 종업원의 급여 총액의 15% 이내로 제한되어 있으며, 급여의 일정비율을 고용주가 매년 현금 혹은 주식으로 출연하는 금전구입연금제도(money purchase pension plan)가 ESOP와 결합되는 경우에는 출연금의 한도가 최고 25%로 확대된다.273)

② 차입형 ESOP(Leveraged ESOP)/방어적 ESOP(Defensive ESOP)

이는 ESOP이 금융기관이나 회사로부터 차입한274) 자금으로 상당한 수의 회사주식을 매입하는 경우를 의미하는데, 이렇게 매입한 주식은 근로자들의 개인별 계정에게 배정되기 전까지 假計定(suspense account)에 편입하게 된다. 그 후 회사가 정기적인 출연을 ESOP에 대하여 하게 되며, ESOP가 이러한 출연금으로 차입금을 상환함에 따라 가계정에 편입되었

272) 김규영, “선진국의 종업원지주제에 관한 고찰 —ESOP에 대한 제도적 분석을 중심으로—,” 「산업경제연구」(한국산업경제학회), 제18권 제 5 호(2005), 2439면.

273) 신범철, 전게논문(미국 ESOP의 고찰), 65면.

274) 금융기관은 회사에 대하여 직접 대출을 하는 편을 선호하기 때문에 회사가 먼저 금융기관으로부터 차입을 하고 회사가 이 차입금을 ESOP에 다시 대출하게 된다 [신범철, 전게논문(미국 ESOP의 고찰), 66면].

던 주식들은 근로자들의 개인별 계정에 배정되게 되는 것이다.[275] 그리고 전술한 바와 같이 근로자는 고용계약의 만료나 퇴직시에 수급권이 부여된 계정를 부여받게 된다. 이러한 차입형 ESOP는 차입금으로 상당한 수의 주식을 매입하여 처음에는 그 중 소수의 주식만이 근로자들에게 분배되는 구조를 가지고 있기 때문에 적대적 M&A에 대한 효과적인 방어수단으로 활용될 수도 있다. 차입형 ESOP이 방어수단으로 활용된 경우에 이를 방어적 ESOP(Defensive ESOP)이라 부른다.

2. 특 징

전술한 우리나라의 우리사주조합제도와 미국의 ESOP를 비교하여 우리나라의 우리사주조합제도의 특징을 간략하게 언급하면 다음과 같다. 즉 우리사주조합제도는 관리·운영의 주체가 미국의 ESOP와 같은 외부기관인 신탁형이 아닌 근로자가 구성한 우리사주조합이며, 미국의 ESOP의 방식인 연금형이 아닌 성과배분형으로 운영되고 있다는 점에[276] 그 특징이 있다고 할 수 있다. 이를 자세히 살펴보면 다음과 같다.

가. 조 합 형

우리사주제도는 첫 번째로 자사주나 기금의 관리·운영의 주체가 우리사주조합인지 아니면 외부기관인지에 따라 조합형과 신탁형으로 구분된다. 조합형은 근로자가 우리사주조합을 결성하여 조합에서 주식의 매입·분배·의결권 행사 등을 행하고 주식의 예탁 및 보관 등의 관리 업무를 외부기관에 위탁하는 방식으로 우리나라의 우리사주조합제도가 이에 해당된다. 신탁형은 기업이나 근로자는 출연만 하고 자사주의 매입, 관

---

275) Grannis, *supra*, at 861.

276) 엄밀히 말하면 미국의 ESOP는 연금형만이 아닌 연금형과 성과배분형의 혼합형태라고 할 수 있다. 미국의 ESOP는 연금형 ESOP뿐만 아니라 주식보너스제도와 이윤배분제도에 의한 주식소유제도가 공존하고 있다[신범철, “우리사주제도의 문제점과 정책과제,” 「창업정보학회지」 제 8 권 제 1 호(창업정보학회(2005. 3)), 115면 각주 12(이하 신범철, 우리사주제도의 문제점)].

리, 운영 등은 일괄적으로 외부기관에 위탁하는 방식으로 신탁제도가 잘 발달한 미국의 ESOP가 이에 해당한다.[277]

나. 성과배분형

두 번째로 우리사주제도는 근로자가 언제 자사주를 인출할 수 있는지에 따라 연금형과 성과배분형으로 나누어 볼 수 있다. 연금형은 근로자가 퇴직시에만 자사주를 인출할 수 있으며 미국의 ESOP가 이에 해당되며, 성과배분형은 근로자가 퇴직 이전이라도 자사주를 일정기간 보유한 후에 인출할 수 있고 우리나라의 우리사주조합이 이에 해당한다.

3. 운영현황

가. 우리사주조합

우리사주조합은 2007년 7월 기준으로 735개의 유가증권상장법인 중에서 648개, 991개의 코스닥상장법인 중에서 788개가 결성되어 있어 가입률은 유가증권상장법인의 경우에는 77.93%, 코스닥상장법인의 경우에는 66.92%로 비교적 높다고 할 수 있다.

(1) 우리사주 예탁현황

우리사주 예탁현황에 있어서는 조금 상황이 다르다. 유가증권상장법인 중에서 우리사주조합이 결성되어 자사주를 예탁한 조합은 185개 밖에 되지 않으며 그나마 예탁조합은 각 조합의 소속된 법인의 총발행주식수에 비하여 1.99%에 그치는 주식을 보유하고 있다. 코스닥상장법인의 경우에도 유사한 결과를 보여주는데, 코스닥상장법인 중에서 우리사주조합이 결성되어 자사주를 예탁한 조합은 265개이며, 예탁조합이 보유한 주식은 예탁조합이 소속된 법인의 총발행주식수의 1.34%이다.[278]

---

277) 권진호, "우리사주제도 운영현황 및 정책방향," 「임금연구」(한국경영자총협회 노동경제연구원), 겨울호(2004), 128면.

278) 한국증권금융(주)의 우리사주지원센터 뉴스레터 2008년 10월호 참조(www.ceso.or.kr/

즉 유가증권상장법인 및 코스닥상장법인 중 우리사주조합이 결성된 경우에 그 조합이 보유하고 있는 자사주의 비율은 조합이 소속된 법인의 발행주식총수에서 차지하는 비중이 그리 큰 편은 아니라고 볼 수 있다.

(2) 우리사주 재원별 취득현황

자사주를 취득하기 위한 재원을 살펴보면 유가증권상장법인의 경우에 조합원 출연의 경우가 87.51%로 제일 비중이 높았으며, 다음으로 회사출연의 경우가 10.89%, 대주주 등의 출연의 경우가 0.44%, 조합 차입의 경우가 0.54%를 차지하였다. 코스닥상장법인의 경우에도 유사한데 조합원 출연의 경우가 84.03%로 거의 대부분이었으며, 다음으로 회사출연의 경우가 8.85%, 대주주 등의 출연의 경우가 1.74%, 조합 차입의 경우가 0.57%를 차지하였다.

즉 유가증권상장법인 및 코스닥상장법인 중 우리사주조합이 결성된 경우에 있어서 우리사주조합의 조합원들이 금전을 출자하여 자사주를 취득한 경우가 대부분이었으며, 회사나 대주주 등의 출연에 의한 비중은 낮았으며 특히 외부 금융기관으로부터의 차입에 의한 자사주 취득의 경우는 극히 미미한 편이라 할 수 있다.[279)]

알림마당/News Letter).

우리사주 예탁현황 (2008년 10월) (단위: 명, 천주, %)

	유가증권상장법인	코스닥상장법인
예탁조합수	185	265
발행주식총수(A)*	13,253,329	4,413,981
예탁주식수(B)**	264,396	59,044
예탁지분율(B/A)	1.99	1.34

* 발행주식총수(A)는 예탁조합소속법인이 발행한 주식총수임.

** 물론 우리사주조합원들이 실제로 보유하고 있는 자사주는 의무예탁기간 동안 한국증권금융에 예탁하고 있는 것과 의무예탁기간이 만료한 후 개인이 보유하고 있는 것이 있겠지만 개인이 보유하고 있는 자사주는 파악하기 어려우므로, 예탁주식수는 한국증권금융에 예탁중인 주식을 기준으로 한 것이다.

279) 한국증권금융(주)의 우리사주지원센터 뉴스레터 2008년 10월호 참조(www.ceso.or.kr/알림마당/News Letter).

나. 미국의 ESOP

이에 반하여 미국의 ESOP의 경우를 살펴보면280) 먼저 ESOP가 결성된 기업의 수는 1974년의 200개로부터 1987년의 5,000개, 2000년의 11,500개, 2005년의 11,000개를 거쳐 2008년에도 11,500개 정도를 유지하고 있다. 이 중에서 330개 정도의 ESOP(약 3%)가 설립된 회사가 공개회사이며 전체 근로자수(약 1,000만명)의 50% 정도를 채용하고 있는 큰 규모의 기업들이다.

(1) 자사주 보유현황

우리나라의 우리사주조합과 큰 차이를 보이는 부분은 ESOP가 보유하고 있는 자사주의 비중인데, 11,500개의 ESOP가 결성된 기업중에서 약 7,000개의 ESOP가 보유한 주식수는 회사의 정책결정 및 기업문화에 커다란 영향을 미칠 정도의 규모이며, 4,000개의 ESOP는 그 ESOP가 속한 기업의 다수주주이며, 2,500개의 ESOP는 그 기업의 소유권을 보유하고 있다는 점이다.

(2) 자사주 재원별 취득현황

전술한 바와 같이 우리나라의 우리사주조합이 자사주를 취득하기 위

우리사주 재원별 취득현황 (2008년 10월) (단위: 천주, 백만원, %)

	유가증권상장법인		코스닥상장법인	
	주식수	취득금액	주식수	취득금액
조합원 출연	231,382(87.51)	2,670,738	49,620(84.03)	276,901
회사 출연	28,803(10.89)	830,480	5,229(8.85)	10,858
대주주등의 출연	1,178(0.44)	18,559	1,033(1.74)	3,406
조합 차입	1,450(0.54)	28,694	339(0.57)	10,412
제권리*	1,583(0.59)	24,554	2,823(4.78)	183
계	264,396	3,573,025	59,044	301,760

* 제권리는 무상증자, 주식배당 및 현금배당금으로 취득한 자사주임.

280) 미국의 ESOP에 관한 통계자료는 www.esopassociation.org/Media/Industry Statistics/ESOP Statistics 을 참조하였다. 이 웹사이트는 The ESOP Association의 홈페이지이며 본 단체는 1978년 설립되어 약 2,500개의 ESOP가 결성된 기업을 회원으로 하는 비영리단체이며, ESOP에 관한 법률의 정비 및 개선, 회원에 대하여 ESOP에 관한 전문적인 정보 및 조언제공 등을 주된 활동영역으로 하고 있다.

한 재원으로 조합원들의 출연이 가장 비중이 높았으나, ESOP의 경우에는 11,500개의 ESOP 중 75% 정도가 차입형 ESOP이라는 커다란 차이점이 있다. 즉 외부의 금융기관으로부터 차입금에 의하여 조성된 ESOP 신탁이 자사주를 매입하는 형태가 대부분이라고 할 수 있다.

4. 근로자지주제도와 관련된 법적 논점

가. 미국법상 논점

(1) 의결권 행사방법 및 수탁자의 의무

미국의 ESOP는 전술한 바와 같이 조성된 근로자신탁기금에 의하여 회사보유 주식이나 신주발행 주식 혹은 기존주주 보유의 주식의 매입을 통하여 자사주를 취득하게 되는데, ESOP수탁자가 근로자를 대신하여 ESOP신탁 명의로 주식을 매수하거나 보유하게 된다. ESOP신탁의 가계정 및 근로자의 개인별계정에 배정된 주식의 의결권 행사에 관하여 ESOP수탁자는 2가지 방식을 채택하여야 하는데, 하나는 ESOP참가자의 개인별 계정에 배정된 주식에 관한 의사표시에 따르는 방식(pass-through, directed voting)이며, 다른 하나는 아직 근로자의 계정에 배정되지 않은 주식이나 근로자 계정에 배정은 되었으나 의결권에 관한 의사표시가 없는 주식에 대한 의결권을 개인별 계정에 배정된 주식의 의사표시의 비율에 따라서 행사하는 방식(mirrored voting, proportional voting)이다.

ESOP수탁자는 ERISA §404(a)(1)[281]에 의하여 수탁자로서 일정한 의무를 부담하게 되는데, 이는 다음과 같다. 첫 번째는 신탁의 참여자 및 수익자의 이익을 위한다는 배타적인 목적을 가져야 하며, 두 번째로 분별있고 신중하게 행위하여야 하고, 세 번째는 큰 손실의 위험을 감소시키기 위하여 신탁의 투자를 다각화해야 하며, 네 번째로 신탁관련규정이 ERISA에 위배되지 않는 이상 그 규정에 따라야 한다.[282]

281) ERISA §404(a)(1)(A)-(D), 29 U.S.C. §1104(a)(1)(A)-(D)(1997).

282) Steven J. Arsenault, *Fiduciary Duties of ESOP Trustees Under ERISA in Tender Offers: The Impact of Herman v. Nations Bank Trust Company and A Proposal for Reform,* 3 U.Pa. Journal of Labor and Employment Law, 87, 89-90 (2000).

(2) 개인별 계정에 배정된 주식의 의결권행사와 관련된 수탁자의무

ERISA § 403(a)에 의하여 수탁자는 부여받은 권한에 따라 ESOP신탁에 대한 배타적인 권한을 부여받은 경우와 등재된 수탁자(named fiduciary)[283)]의 정당한 지시를 받는 directed trustee로 나누어지는데, 이는 차입형 ESOP의 개인별 계정에 배정된 주식의 의결권 행사와 관련이 된다.

먼저 근로자의 개인별 계정에 배정된 주식에 관하여 의사표시가 존재하는 경우[284)]에는 ESOP수탁자는 특정한 목적을 위하여 전술한 directed trustee의 의무를 부담하게 되며(즉 근로자는 이 경우에 한하여 등재된 수탁자로 간주된다[285)]), 이러한 근로자의 의사표시에 따르는 의결권 행사방식(pass-through 혹은 directed voting)은 만약 근로자의 의결권 행사가 ERISA나 ESOP관련규정에 위배되지 않았으며, 잘못된 판단을 유도할 수 있는 자료에 기하지 않았으며 판단할 충분한 시간이 있는 가이드라인에 따라 외부의 영향에 기하지 않고 독립적인 것이라면 허용된다고 보았다.[286)]

즉 근로자의 개인별 계정에 배정된 주식에 관한 의사표시가 있는 경우에 관련법규의 위배여부, 충분한 판단자료 및 판단기한을 포함한 가이드라인의 제공여부, 독립적인 판단여부 등의 요건을 충족한다면 ESOP수탁자는 그 의사표시에 따라야 하지만 그렇지 않다면 ESOP수탁자는 그 의사표시와는 다르게 의결권을 행사할 수 있다는 것이다.

(3) 미배정주식의 의결권행사와 관련된 수탁자의무

차입금으로 취득하여 아직 근로자의 계정에 배정되지 않은 주식이나

283) named fiduciary란 회사나 근로자단체 혹은 양자에 의하여 선임되어 ESOP신탁문서에 성명이 등재된 수탁자를 의미한다 [Steven J. Arsenault, *supra*, at 90].

284) 이 경우에 있어서 ESOP 수탁자의 의무에 관한 미국 노동부와 판례의 입장이 조금 다르기는 하나 판례가 일관되지 않는 관계로 여기서는 노동부의 견해에 따르기로 하겠다.

285) DOL *Opinion Letter on Tender Offers,* 16 Pens. Rep. (BNA) 390 (Feb. 23, 1989).

286) John S. Welsh, *Fiduciary Aspects of Employee Stock Ownership Plan Investment in Employer Securities,* 23 Real Prop. Prob. & TR. J. 575, 594-95 (1988); DOL information Letter, 22 Pen. & Ben. Rep. (BNA) 2249 (Sep. 28, 1995).

근로자 계정에 배정은 되었으나 의결권에 관한 의사표시가 없는 주식의 의결권 행사에 관하여는 대부분의 ESOP관련규정들은 mirrored voting방식을 채택하고 있다. 이러한 mirrored voting방식과 관련하여 특히 논란이 되는 부분은 수탁자가 부담하는 의무의 충돌이다. 왜냐하면 ESOP신탁의 수탁자는 대부분 회사의 이사나 집행임원인 경우가 대부분이기 때문에[287] 회사가 적대적 M&A의 방어수단으로 차입형 ESOP를 설립한 경우에는 수탁자로서 근로자의 이익을 우선하는 방향으로 의결권행사를 하여야하는 신인의무와 경영진으로서 적대적 M&A에 대한 방어수단으로 의결권행사를 하여야 하는 신인의무가 충돌하는 경우가 발생하게 되기 때문이다.[288]

① 미국 노동부의 입장

이러한 ESOP수탁자의 의무에 관하여 미국 노동부의 초기의 견해는 수탁자가 mirrored voting방식에 따라야 하는 상황에서 그러한 방식이 신중한 방법이라 판단되지 않는다면 독립적으로 의결권 행사를 하여야 할 의무가 있다고 하였다.[289] 그러나 이러한 초기의 견해는 변경되어 1989년에는 mirrored voting방식이 신탁의 참가자에게 최대의 이익이 되며 신중한 방법으로 채택되었다면 수탁자는 그러한 방식을 따를 수 있다고 하였으며,[290] 1995년에는 한걸음 더 나아가 신중한 판단에 의한 것이라면 mirrored voting방식을 채택한 신탁규정을 준수하여야 한다는 입장을 표명하였다.[291]

287) Laurence B. Wohl, *Fiduciary Duties Under ERISA: A Tale of Multiple Loyalties,* 20 U. Dayton L. Rev. 43, 47 (1994).

288) Agresta & Richardson, *supra*, at 119.

289) Agresta & Richardson, *supra*, at 112.

290) DOL *Opinion Letter on Tender Offers,* February 23, 1989, reprinted in, 16 Pens. Rep. (BNA) 390 (March 6, 1989).

291) DOL *Information Letter re: Pass-through Voting Provision in Collectively Bargained Employee Stock Ownership Plans, to Ian D. Lanoff on behalf of AFL-CIO,* (September 29, 1995).

② 법원의 입장

이에 반하여 mirrored voting방식이 ERISA의 수탁자의 의무에 위반되는지에 대한 판례의 입장은 일관적이지 않다. 먼저 Danaher Corp. v. Chicago Pneumatic Tool Co. 사건[292]에서 법원은 수탁자가 신탁 참가자의 의사표시에 따른다고 그 책임이 면제되지 않으며 또한 mirrored voting방식은 ERISA에 규정된 수탁자의 의무에 위배되는 것이라고 하였다.[293] 그러나 British Printing & Communication Corp. v. Harcourt Brace Jovanovich, Inc. 사건[294]에서는 수탁자가 신탁참가자의 최대의 이익을 위한 것이라고 판단하였다면 mirrored voting방식을 채택할 수 있다고 하였으나,[295] 그 후 Reich v. NationsBank of Georgia 사건[296]에서는 수탁자의 mirrored voting방식의 채택은 허용되지 않으며 ERISA에 규정된 수탁자의 의무위반이라고 하였다.[297]

그 후 Delaware 법원은 방어적 ESOP의 적법성에 관한 선도적인 판례인 Poraloid사건[298]에서 mirrored voting방식을 채택하여 Poraloid사가 설립한 차입형 ESOP의 유효성을 인정하였다. 본 사건에서 Shamrock사는 Poraloid사의 이사가 ESOP을 설립하는 데 있어서 신인의무를 위반하였으며, Unocal 판결의 기준을 충족하지 못하였다고 주장하였는데, Delaware 법원은 이러한 Shamrock사의 주장을 부인하고 ESOP의 전체적인 공정성을 언급하면서 ESOP의 유효성을 인정하였으며, Unocal 기준이 충족된다면 경영판단의 원칙이 적용될 수 있을 것이라 하였다.

법원은 다음과 같은 요건들이 Poraloid사의 ESOP의 공정성을 판단하

292) 635 F. Supp. 246 (S.D.N.Y. 1986).

293) Matthew M. O'Toole, *Comment: The Disproportionate Effects of an ESOP's Proportional Voting,* 85. Nw. U. L. Rev. 824, 841 (1991).

294) 664 F. Supp. 1519 (S.D.N.Y. 1987).

295) Agresta & Richardson, *supra*, at 114.

296) 19 E.B.C. (BNA) 1345, 1995 WL 316550 (N.D. Ga. 1995), amended 1995 WL 389614 (1995), *rev'd sub nom.*

297) Agresta & Richardson, *supra*, at 115.

298) Shamrock Holding, Inc. v. Polaroid Corp., 559 A. 2d 257 (Del. Ch. 1989).

는 데 중요한 요소라고 하였다. 첫 번째 요건은 주주에 대한 공평성(Shareholder Neutral)이며, 이는 ESOP에 대한 자금을 누가 조달하였느냐 하는 점인데, 본 사건에서는 전체적인 자금 중에서 부분적으로 근로자의 5% 임금삭감 등 주주에게는 비용부담이 되지 않는 방법을 통하여 자금이 공급되었다는 점을 고려하여 이는 주주에게 공평하였다고 보았다. 두 번째 요건은 ESOP가 근로자에게 자사주를 취득하게 함으로써 근로자의 생산성을 향상시키고자 설립된 경제적 목적이며, 본 사건에서는 생산성이 향상되었다고 보았다. 세 번째 요건은 적대적 M&A에 직면하여 회사의 지배권을 유지하고자 하는 방어수단으로서의 목적인데, 당해 ESOP이 mirrored voting규정을 채택한 점으로 보아 방어수단으로서의 목적이 존재한다고 보았다. 네 번째 요건은 주주 이익의 희석효과인데, 이는 본 사건에서는 증거가 불충분하여 확실하지 않다고 보았다.

법원은 근로자가 ESOP의 자금을 모두 조달하고 ESOP가 소유한 주식에 대한 독립적인 의결권을 보유하는 경우라면 대부분 공정하다고 볼 수 있다는 입장을 밝혔으며, ESOP의 설립시기, 규약, 경제적 목적 및 방어수단으로서의 목적, 희석효과 등의 요건도 필수적으로 고려되어야 한다고 하였다.[299)]

나. 우리법상의 논점

우리사주제도를 경제학점 관점에서 연구한다면 학자들에 따라 차이는 있겠지만 대부분 기업의 경영성과 개선(생산성 증대 효과), 노동시장의 유연성 확보(근로자의 경영참가에 따른 이직 감소, 고용안정효과 및 노사협력 제고), 기업의 재무구조 개선효과, 근로자의 재산증식 효과(기업가치 증진을 통한 주식가격상승으로 인한 자본이득 향유) 등을 언급하고 있는데,[300)]

---

299) Agresta & Richardson, *supra,* at 120-121.

300) 신범철, 전게논문(우리사주제도의 문제점), 112-113면; 안병룡, "우리사주제도의 현황과 개선방향," 「임금연구」(한국경영자총협회 노동경제연구원), 겨울호(2004), 11-16면 참조.

여기에서는 안정주주의 역할[301]에 주목하고자 한다. 즉 근래 들어 문제되고 있는 적대적 M&A에 직면하였을 때 방어수단으로서 우리사주조합의 우호적 제 3 자(White Knight)로서의 역할을 중점적으로 검토하여 보고자 한다.

우호적 제 3 자를 유인하기 위하여 가장 많이 사용되는 방법이 앞서 살펴본 Lock-Up계약인데, Lock-Up계약의 세부적인 내용은 상황에 따라 다양하겠지만 대개 우호적 제 3 자에게 자산선매권(Asset Lock-Up Option)이나 주식선매권(Stock Lock-Up Option)을 부여하는 것을 주된 내용으로 한다.

우리나라의 경우에는 그동안 Lock-Up계약의 활용빈도가 그다지 높지 않았으나 적대적 M&A의 상황에 직면한 대상회사들이 우호적 제 3 자와 대상회사의 신주나 자기주식을 대상으로 하는 주식선매권부 Lock-Up계약을 체결하여 주식선매권의 행사의 결과로 우호적 제 3 자에게 신주 및 대상회사 주식이 배정되는 경우가 있었다.

이러한 신주의 제 3 자 배정증자 및 자기주식의 처분과 관련된 여러 가지 법적 논점을 별도로 하더라도 이러한 Lock-Up계약은 우호적 제 3 자를 신뢰하여야 한다는 점을 전제로 하고 있다. 만약 대상회사가 부여한 여러 가지 혜택을 지닌 우호적 제 3 자가 변심하여 적대적 공개매수자가 된다면 대상회사로서는 치명적인 손해가 아닐 수 없다. 따라서 우리사주조합이 우호적 제 3 자로서 그 역할을 충실히 수행할 수 있다면 회사로서는 외부의 기업들을 우호적 제 3 자로 유인하는 것보다는 여러 가지 면에서 장점이 있게 된다. 이하에서는 우리사주조합의 우호적 제 3 자로서의 역할 수행과 관련된 점들을 검토하여 보기로 하겠다.

301) 회사가 증권거래소를 통하여 이익배당 한도액까지 자사주를 매입·보유하고(증권거래법 제189조의 2), 이를 우리사주조합원에게 제공한 때에는 상당한 규모의 주식을 보유하게 되어 효과적인 우호세력으로 활용할 수 있다는 견해도 있다[(정상근, "현행 종업원지주제의 쟁점과 문제점," 「경영법률」(한국경영법률학회), 제17권 1-1호(2006), 178면)].

(1) 차입형 우리사주제도의 활성화

① 현재상황

우리사주조합이 우호적 제 3 자의 역할을 수행하기 위해서는 몇 가지 해결해야 할 문제가 있다. 전술한 바와 같이 우리사주조합이 보유하는 자사주 비율은 유가증권상장법인의 경우에는 1.99%, 코스닥상장법인의 경우에는 1.34%이라는 그리 높지 않은 수치이다. 즉 의무예탁기간의 만료 후 조합원이 개인적으로 보유하는 자사주는 파악하기 힘든 점을 고려하더라도 2% 미만이라는 수치는 안정주주 및 우호적 제 3 자의 역할을 수행하기에는 무리가 있다.

이러한 우리사주조합의 자사주 보유비율을 증가시키기 위한 하나의 방법은 차입형 우리사주제도의 활성화이다. 현재에는 앞서 살펴본 바와 같이 자사주를 취득하기 위한 재원에 조합원 출연의 경우가 유가증권상장법인인 경우에는 87.51%와 코스닥상장법인의 경우에는 84.03%로 대부분을 차지하고 있다. 이러한 조합원 출연 및 회사·대주주의 일방적인 출연에 의하여 자사주를 취득하는 방법은 대규모의 자금을 조성하기에는 한계가 있기 때문에 외부 금융기관으로부터의 차입을 활용하여 자사주 취득의 재원으로 삼아야 한다고 본다.

② 차입형 우리사주조합의 구조에 관한 제언

우리사주조합이 금융기관과 차입금에 관한 약정 체결시 상환의 주체를 회사·주주가 할 것이지 조합원이 할 것인지를 미리 정하여야 하는데, 조합을 우호적 제 3 자로서 활용하기 위해서는 회사·주주 상환약정이 차입자금의 규모에 있어서 유리할 것이다. 왜냐하면 차입금은 차입기간(3년 이상 7년 이내)에 걸쳐 매년 직전 회계연도 말 차입금 잔액의 10% 이상을 상환해야 하기 때문에(근로자복지기본법 시행령 제17조의 3 2항 4호), 근로자 상환약정인 경우에 차입금의 규모가 크다면 근로자들에게는 무리가 될 것으로 본다. 이때 차입금의 총액 및 한 회계연도의 차입금의 규모에 한계가 존재하는데, 차입금의 총액은 직전 회계연도 기준으로 조합원의 급여총액 이내이어야 하며, 한 회계연도의 차입금은 직전 회계연도 기준으로 조합원 급여총액의 10%에 차입기간(3년 이상 7년 이내)을 곱한 금액 이내여야 한다(근로자복지기본법 시행령 제17조의 3 2항 2호). 이러한 규정들은 차입금 규모를 증가하는데 일종의 장애가 되는데 차입금의 총액은 그대로 유지하더라도 최소한 한 회계연도의 차입금의 규모라도 증가시킬 수 있도록 조합원 급여총액의 15%~20%에 차입기간을 곱한 금액으로 상향조정하거나, 차입금의 총액의 한도 내에서 자유롭게 차입할 수 있도록 개정이 필요하다고 생각한다.

또한 차입기간 및 차입금 상환에 관한 규정도 이러한 차입금에 관한 규정들과 조화를 이루기 위해서는 현재보다 장기(예를 들면 3년 이상 10년 이내)로 변경하며, 상환금의 규모도 하향조정(예를 들면 5% 이상)하여야 할 것이다. 물론 차입금의 규모가 커지는 만큼 차입금으로 취득한 자사주의 일정부분을 차입금의 융자기관에 의무적으로 담보로 제공하는 방안(현재에는 근로자복지기본법 제32조의 4 3항에서 선택사항으로 규정하고 있다)을 고려해볼 수도 있다고 본다.

그리고 이러한 차입형 우리사주조합이 활성화되기 위해서는 회사상환조건의 차입약정인 경우 회사의 경제적 부담을 감소시키기 위해서는 차입금에 대한 정부의 금융 및 세제 지원이 필요하다고 생각한다.

(2) 의결권 행사방법에 관한 논점

① 현행 의결권 행사방법

우리사주조합원총회에서 선출된 대표자는 주주총회 의안에 대하여 조합계정 및 조합원 개인별 계정에 배정된 주식의 의결권을 행사하게 되는데, 행사방법은 각 경우에 따라 조금씩 상이하다. 먼저 조합원 개인별 계정에 배정된 주식의 경우에는 7일 이상의 정해진 기간 내에 주주총회 의안에 대한 조합원의 의사표시를 수령하거나 혹은 조합원의 위임요청에 따라 조합의 대표자가 의결권을 행사하거나 조합원에게 의결권 행사를 위임하여 조합원이 의결권을 행사하게 된다. 이때 정해진 기간 내에 주주총회 의안에 대한 조합원의 의사표시나 위임요청이 없는 경우에는 조합의 대표자가 그림자투표(Shadow Voting)[302]을 하게 된다(근로자복지기본법 시행령 제17조 1항).

그리고 조합계정으로 보유하고 있는 주식의 경우에는 다음의 3가지 방법 중 조합과 회사가 협의하여 규약으로 정하는 방법에 따라 조합의 대표자가 행사하게 된다. 3가지 방법에는 첫째 개인별 계정에 배정된 주식에 대한 의사표시가 있는 경우 그 조합원의 의사표시와 동일한 비율로 행사할 것(이는 후술하는 미국의 차입형 ESOP에서 대부분 채택되는 Mirrored Voting[303]방식과 거의 유사하다), 둘째 조합원총회에서 정한 의사표시의 내용에 따라 행사할 것, 셋째 그림자투표(당해 주주총회의 참석 주식수에서 조합계정으로 보유하는 주식수를 뺀 주식수의 의결내용에 영향을 미치지 아니하도록 행사할 것)가 있다(근로자복지기본법 시행령 제17조 2항).

[Shadow Voting과 Mirrored Voting간의 차이점]

조합계정으로 보유하는 주식의 의결권을 행사하는 경우에 있어서 각 투표방식에 따른 행사비율의 기준이 상이하게 된다. Shadow Voting의 경우에는 주주총회에 참석한 주식 중에서 의사표시를 한 주식의 비율이 기준이 되며, Mirrored Voting의 경우에는 주주총회에는 참석하지는 않았으나 의사표시를 한 주식의 비율+주주총회에 참석하여 의사표시를 한 주식의 비율이 기준이 된다.

예를 든다면 다음과 같다. A회사의 총발행주식 1,000주 중 400주는 개인별 계정에 600주는 조합계정에 배정되어 있는 경우에, 개인별계정에

302) 이는 다른 주주의 찬반 의사에 비례하여 자기의 의결권을 분할하여 행사하는 것을 말한다. 근로자복지기본법 시행령 제17조에서는 당해 주주총회의 참석 주식수에서 의사표시가 없거나 위임의 요청이 없는 주식수를 뺀 주식수의 의결내용에 영향을 미치지 아니하도록 의결권을 행사하는 것이라고 규정되어 있다.

303) 이미 의안에 대한 의결권 행사가 존재하는 경우에 그 행사된 의사표시의 비율에 따라서 의결권을 행사하는 방식을 말하며 Proportional Voting이라고도 한다.

배정된 400주 중 350주는 의안에 찬성하였으나 그 중 150주만이 주주총회에 참석하였고, 50주는 의안에 반대하였으며 주주총회에 모두 참석한 경우에 각각의 투표방식에 따른 의결권 행사의 차이점을 검토하여 보기로 하겠다.

i) Shadow Voting에 의한다면 주주총회에 참석한 200주 중에서 찬성 및 반대의 비율인 150주 : 50주 즉 3 : 1의 비율을 기준으로 조합계정으로 보유한 600주의 찬성 및 반대의 비율을 정하게 된다. 이를 계산해 본다면 찬성 : 반대의 비율은 600주×(3/4)=450주 : 600주×(1/4)=150주가 된다. 따라서 전체적인 찬성 및 반대의 의사표시는 150+450=600주 : 50+150= 200주가 되는 것이다.

ii) Mirrored Voting에 의한다면 주주총회에 참석하지는 않았으나 찬성의 의사표시를 한 200주+주주총회에 참석하여 찬성의 의사표시를 한 150주 즉 350주가 찬성의 의사표시가 되며, 주주총회에 참석하여 반대의 의사표시를 한 50주가 반대의 의사표시이기에 350주 : 50주 즉 7 : 1의 비율이 찬성 및 반대의 의사표시의 비율이 된다. 이 비율을 기준으로 조합계정으로 보유한 600주의 찬성 및 반대의 비율을 정하게 되는 것이다. 이를 전술한 바와 같이 계산해 본다면 찬성 : 반대의 비율은 600주×(7/8)=525주 : 600주×(1/8)=75주가 되므로, 전체적인 찬성 및 반대의 의사표시는 350+525=875주 : 50+75=125주가 되는 것이다.

② 의결권 행사방법에 관한 제언

여기서 우리사주조합측이 회사와 협의하여 조합계정으로 보유하고 있는 주식의 의결권 행사방식으로 조합원 계정에 배정된 주식에 대한 의사표시와 동일한 비율로 행사하기로 미리 정해놓았다면 다음과 같은 결과가 예측된다. 즉 조합과 금융기관간에 회사상환약정조건인 차입계약을 체결한 경우에 있어서 차입금에 의하여 취득한 자사주는 일단 조합계정에 보유되었다가 차입금이 상환될 때 비로소 상환액에 상당하는 자사주가 개인별 계정에 배정되는 것이기 때문에 차입금에 의한 자사주의 취득

비율이 총발행주식에서 차지하는 바가 큰 경우에 차입기간이 많이 경과하지 않았다면 상당한 수의 자사주가 조합계정에 남아 있게 된다.

따라서 조합원들과 경영진간의 관계가 원만하여 대부분 조합원에게 분배된 주식은 경영진에게 우호적으로 의결권이 행사된다는 전제하에서, 차입금을 활용한 우리사주조합이 조합계정으로 보유하는 주식의 의결권 행사에 관하여 조합원 계정에 배정된 주식에 대한 의사표시 비율에 따른다는 방식을 채택한다면 이러한 우리사주조합은 우호적 제 3 자로서의 역할을 충분히 수행할 수 있다고 본다.

③ 의결권 행사방법의 개선방안

조합원들과 경영진이 우호적인 관계를 유지하고 있다면 대부분 조합원에게 배정된 주식은 경영진에게 유리하게 의결권이 행사될 것이나 그 반대의 경우는 문제가 될 것이다. 이러한 문제에 대한 해결책은 일단 2가지로 제시하고자 한다.

a) 의사표시의 수령방식의 개선방안 대부분 조합원은 경영진과의 관계는 별론으로 하더라도 M&A에 직면한 상황과 같이 회사의 존립이 문제시되는 상황이라면 합병후 주가의 상승과 같은 긍정적인 효과보다는 자신들의 직장을 잃을지도 모른다는 생각에 일단은 자신의 회사를 적대적 M&A로부터 방어하고자 하는 경영진의 의도에 동참하는 경우가 대부분이라 본다. 그렇기 때문에 조합원 계정에게 배정된 주식의 의사표시를 수령하는 방법을 현재보다 편리하고 간단한 방식으로 개선하여 경영진에 찬성하는 의사표시를 신속하게 수령하여 그에 따라 조합계정에 보유중인 주식의 의결권을 행사하는 방법이 있을 수 있다.

b) 조합대표자의 의결권행사방안 현재 근로자기본법 제28조 2항에서는 우리사주조합의 설립 및 운용에 있어서 근로자기본법 이외에 민법 중 사단법인에 관한 규정을 준용하도록 되어 있기 때문에, 조합원총회

에서 선출되는 조합의 대표자인 조합장은 민법 제61조에 의하여 그 직무 수행에 있어서 선량한 관리자의 주의의무를 부담하게 된다. 이에 따라 조합장은 회사상환조건의 차입형 우리사주조합 중 조합계정으로 보유 중인 자사주의 의결권에 대하여 전술한 근로자 복지기본법 시행령 제17조 2항에 규정된 3가지 방법 이외에 모든 조합원의 이익을 위하여 유익한 방향으로 의결권을 행사할 수 있다고 생각한다.

즉 조합원 개인은 취득할 수 있는 정보의 한계 등으로 인하여 M&A에 직면한 상황에서는 객관적인 판단을 하기가 쉽지 않으며, 잘못된 판단을 하여 손해가 발생할 우려가 있다. 그러한 상황에서 선관주의의무를 부담하는 조합장은 조합원의 총체적인 이익을 위하는 방향으로 의결권 행사를 하여야 한다고 본다. 이 경우에는 그러한 의결권 행사가 과연 선량한 관리자의 주의의무에 위반되었는지 여부가 법적 논점이 될 것이며, 전술한 바와 같이 유사한 문제가 미국의 ESOP의 경우에 있어서도 문제가 되었던 바 있다.

이하에서는 조합대표자의 독자적인 의결권 행사의 적법성과 관련된 요건을 전술한 미국 노동부 및 법원의 견해와 ERISA의 규정을 참조하여 검토하기로 하겠다. 원칙적으로 조합대표자는 조합권의 의결권 행사가 다음과 같은 요건을 충족한다면 그 의사표시에 따라야 한다고 본다. 이러한 요건에는 크게 조합원에게 제공되는 정보 및 조합원의 의사표시 결정에 관한 것 2가지가 있다. 먼저 조합원의 의결권 행사를 위하여 제공되는 정보에는 조합원의 적절한 판단을 위한 자료가 충분히 포함되어야 하며, 부적절한 판단을 유도하기 위한 자료는 배제되어야 한다. 그리고 이러한 정보제공에 따른 조합원의 의사표시 결정은 관련법규에 위배되지 않으며, 외부의 영향에 기하지 않고 객관적으로 행하여져야 한다. 그러나 조합원의 의결권 행사가 전술한 요건들을 충족하지 못한 경우에는 조합대표자는 조합원의 의사표시와는 다르게 의결권을 행사할 수 있다고 생각한다.

왜냐하면 우리나라 기업여건상 근로자인 조합원은 M&A와 같은 회사의 존립을 좌우할 문제에 직면하였을 때 그러한 M&A에 관한 실질적이며 구체적인 정보를 취득할 방법이 없기 때문에 M&A에 대한 객관적인 판단을 내리기가 용이하지 않기 때문이다. 그러므로 조합 대표자가 조합원의 총체적인 이익을 위하는 방향으로 조합원의 의사표시와는 다른 독자적인 판단을 하였다면 이는 민법상의 선량한 관리자의 주의의무에 위배되는 것은 아니라고 생각한다. 그러나 법의 보다 명확한 해석 및 적용을 위해서는 근로자복지기본법에 조합 대표자의 의무와 관련된 포괄적인 규정을 입법론적으로 도입하는 것이 바람직한 방향이라 보며, 그 구체적인 내용은 전술한 ESOP수탁자의 의무에 관한 ERISA § 404(a)(1)의 내용이 참고가 될 수 있다고 생각한다.

(3) 적법성의 판단

만약에 적대적 M&A의 상황이 발생하기 이전에 우리사주조합이 설립되었으며 관련 법규정에 따라 차입금을 조성하여 자사주를 보유하고 있던 중 적대적 M&A의 상황에 직면하여 조합계정으로 보유하고 있는 상당한 수의 자사주를 우호적 제 3 자로 활용한다면 전술한 조합의 대표자의 독립적인 의결권 행사의 문제만 제외한다면 법적으로 무리가 없을 것으로 본다.

그러나 만약 적대적 M&A가 발생한 직후에 방어수단으로서 회사상환약정조건의 우리사주조합을 설립한 후 금융기관으로부터의 차입금으로 우리사주조합기금을 조성하여 상당한 수의 자사주를 취득하고, 조합계정으로 보유하는 주식의 의결권 행사에 관하여 개인별계정에 배정된 주식에 대한 조합원의 의사표시 비율과 동일한 비율대로 행사한다는 방식을 채택하였거나 조합의 대표자가 독립적인 의결권 행사를 한 경우에 우리사주조합 설립 및 의결권 행사에 대한 적법성이 문제될 여지가 있다고 본다.

우리사주제도는 근로자의 경제·사회적 지위향상과 노사협력의 증진을 도모함을 목적으로 하며, 준거법을 증권거래법에서 근로자복지기본법으로 변경한 점을 고려하여 볼 때 차입형 우리사주제의 우호적 제 3 자로의 활용은 본래의 입법취지가 아님은 분명하다. 그러나 현재 상장법인에 대한 M&A의 가능성이 상시 존재하고 있는 상황을 고려한다면 차입형 우리사주제의 우호적 제 3 자로의 활용은 그 필요성이 있다고 보며 이와 관련된 현행법규 및 판례가 없기 때문에 이 경우에는 입법론적으로 보충하여야 한다고 생각한다.

여기에서 전술한 Poraloid사건과 같은 선례를 참조하여 차입형 우리사주제도의 적법성에 관한 몇 가지 판단기준을 제시하여 본다면 다음과 같다. 첫째는 우리사주조합의 설립시기이다. 즉 M&A가 발생하기 최소한 1년(확정적인 기간은 아니다) 이전에 우리사주조합이 설립되어 운영되고 있어야 한다고 본다. 둘째는 그렇게 설립된 우리사주조합이 조합원의 전체적인 이익을 위하여 운영되고 있었는지의 여부이다. 이는 전술한 근로자기본법상의 우리사주제도의 목적을 감안한 기준이라 할 수 있다. 셋째는 차입형 우리사주제도에 있어서 차입금조성과 관련하여 대상회사의 주주에게 손해를 가했는지의 여부이다. 즉 회사 및 주주의 자사주 및 현금의 무상출연의 경우와는 달리 금융기관으로부터의 차입금의 경우에는 상환의 주체가 주주가 아닌 이상 주주에게 손해를 가할 이유는 없다. 차입금으로 회사의 신규발행주식을 매입하였다면 주주 이익의 희석효과의 발생가능성이 있지만 이 또한 검증하기 용이한 것은 아니다. 넷째는 의결권 행사에 있어서 공정성 여부이다. 이를 위해서는 조합원 계정에 배정된 주식의 의결권 행사를 위하여 가능한 최선의 정보가 제공되어야 하며 그 의사표시의 수령방법이 공정하여야 한다. 그리고 조합 계정으로 보유 중인 주식의 의결권은 개인별 계정에 배정된 의사표시의 비율에 따르는 경우가 아닌 조합의 대표자가 조합원 전체의 이익을 위하여 독립적으로 행사를 한다면 조합원의 총체적인 이익을 위하여, 분별 있고 신중하게 관련법규에 위배되지 않게 행사하여야 한다고 본다.

이와 같은 4가지 요건에 차입형 우리사주조합이 부합한다면 그 적법성을 부인하는 것은 어렵다고 생각한다.

또한 우리사주조합과 경영진간의 관계가 우리사주조합을 우호적 제 3 자로 활용하는데 있어서 중요한 전제가 되기 때문에, 우리사주조합을 단순한 근로자단체가 아닌 M&A와 같은 상황에서 경영자측에 중요한 지원군으로 볼 수 있는 경영자측면에서의 인식과, 경영자는 근로자와 대립적 관계가 아닌 공동운명체라는 우리사주조합측면에서의 인식이 필요하다고 생각한다.

Ⅳ. 포이즌 필(Poison Pill)

1. 개 념

Poison Pill[304]은 하나의 통일적 개념이기보다는 유사한 방식으로 작용하는 방어수단의 총체를 의미하며, 대부분 이사회의 결의에 의한 Shareholder Rights Plan의 채택을 통하여 이루어진다. 이러한 Shareholder Rights Plan 또는 Share Purchase Rights Plan은 적대적 공개매수의 상황하에서 대상회사의 이사회의 결의로서 인수회사를 제외한 대상회사의 주주들에게 할인된 가격으로 대상회사나 인수회사의 주식을 매입할 수 있는 권리(Right)[305]를 부여하는 것이라 할 수 있다.[306]

Poison Pill은 공개매수 전이나 공개매수가 진행되고 있는 때라도 이사회의 결의만으로 채택되어, 주식이나 권리의 형식으로 주주들에게 주

---

304) 미국에서 1980년대 초반에 Wachtell, Lipton, Rosen and Katz라는 법률회사의 Martin Lipton이라는 변호사에 의하여 고안되었으며 [Addison D. Braendel, *Defeating Poison Pills Through Enactment of a State Shareholder Protection Statute,* 25 Del. J. Corp. L. 651, 656 (2000)], 우리나라에서는 독약계획, 환약계획, 독약조항 등의 표현을 사용하고 있으나 여기에서는 原文 그대로 인용하기로 하겠다.

305) Model Business Corporation Act 제6.24조에서는 회사는 회사주식 및 유가증권의 매입을 위한 Right, Option, Warrant에 관하여 이사회의 결의로서 발행 및 발행 조건을 결정할 수 있다고 규정하고 있다 [Jeffrey D. Bauman, Corporations and Other Business Associations Statutes, Rules and Forms 2006 Edition (Minnesota: West, 2006), at 47].

306) Julian Velasco, *Just do it: An antidote to the Poison Pill,* 52 Emory L. J. 849, 857 (2003).

식배당 또는 이익배당으로서 배정할 수 있으며, Poison Pill의 효력이 발생하는 일정한 發效要件(triggering event)[307]의 개시 전에는 이사회의 결의로서 명목적인 가격(대개 1센트 정도)으로 다시 상환될 수 있다. 이렇게 대상회사의 이사회의 결의로 채택할 수 있는 Poison Pill의 상환규정(redemption provision)은 대상회사가 인수회사와 협상을 함에 있어서 주요한 수단이 되며 인수회사의 매수제안을 거절할 수 있는 능력을 대상회사에 부여하기도 한다고 할 수 있다.[308]

따라서 인수회사로서는 대상회사가 채택한 Poison Pill규정을 무력화시키기 위해서는 몇 가지 방법을 생각해볼 수가 있다. 우선 대상회사의 이사진과의 협상을 통하여 Poison Pill의 상환 등을 내용으로 하는 우호적 M&A를 추진하는 방법을 들 수 있으며, Poison Pill을 채택한 이사회의 결의가 이사의 信認義務違反이라는 점을 이유로 하는 소송을 제기하여 법원의 판결을 기다리는 방법이나, 위임장경쟁을 통하여 대상회사의 지배권을 획득하여 새로이 교체된 이사진으로 하여금 이미 발행된 Poison Pill을 상환케 하는 방법 등을 들 수 있다.

2. 유 형

Poison Pill의 구체적인 내용은 발전과정에 따라 몇 가지 유형으로 나누어 볼 수 있다.[309] 먼저 M&A 상황에서 최초로 등장한 Poison Pill은 1983년에 Martin Lipton 변호사에 의하여 만들어진 전환권이 부여된 우선주 배당계획(Convertible Preferred Stock Divided Plan)이었다. 이것은 부분공

---

307) 실제적으로는 살펴본다면 발효요건에는 순서상 2가지로 분류할 수 있는데, 첫 번째는 인수회사가 대상회사 주식을 일정수준을 매수하겠다는 공개매수의 선언(announcement)이고, 두 번째는 인수회사가 실질적으로 대상회사의 주식을 매수하는 것이다. 이때 두 번째의 발효요건이 보다 중요하고 실질적인 의미를 가지기 때문에 발효요건이라 함은 대개 두 번째 요건을 의미한다 [Velasco, *supra*, at 857 n35].

308) Anthony Augliera, *Shareholder Right Plans: Saying No to Inadequate Tender Offer,* 57 Fordham L. Rev. 803, 810 (1989).

309) Peter V. Letsou, *Are Dead Hand(and No Hand) Poison Pill Really Dead?,* 68 U. Cin. L. Rev. 1101, 1101 (2000)

개매수나 2단계 공개매수를 저지하고자 대상회사의 주주에게 특별한 상환권과 전환권이 부여된 우선주를 배당의 형식으로 이사회의 결의에 의하여 발행되는 구조를 가지고 있었으나 그다지 많은 회사에 의하여 채택되지는 못하였다.

그 후 권리(Right)부여형식의 Poison Pill 중 Flip-over Shareholder Rights Plan이 출현하였으며, Flip-over Shareholder Rights Plan의 결점을 보완하여 Flip-In Shareholder Rights Plan으로 발전하게 되었다. 이러한 Flip-In Shareholder Rights Plan은 1980년대에 다수의 회사들이 채택하면서 다양한 조건의 규정을 포함하게 되었다.

Poison Pill을 분류하는 데 있어서 여러 가지 기준이 있을 수 있으나 여기서는 연혁적으로 가장 먼저 등장한 우선주배당형식의 Poison Pill을 검토한 후 권리(Right)부여형식의 Poison Pill에 관하여는 Velasco 교수의 견해[310)]에 따라서 4가지로 분류하여 보기로 하겠다.

가. 우선주배당형식의 Poison Pill

이는 대상회사의 이사회가 주식배당의 방법으로 우선주(preferred stock)를 주주에게 배정하되, 정관으로 정하여진 일정한 사유가 발생한 경우 인수회사의 주식을 제외한 일반주주가 소유한 주식에 전환권이나 상환권을 부여하는 방식에 의한 Poison Pill을 의미한다.

(1) 전환권이 부여된 우선주배당

이는 대상회사의 이사회가 우선주를 발행하여 이를 주식배당으로 대상회사의 주주에게 배정하되, 정관으로 일정한 전환사유(예를 들면 인수회사의 대상회사 주식에 대한 일정비율 이상의 취득 내지는 기업인수후 2단계 합병의 개시)가 발생한 경우에는 합병후 존속회사(인수회사)의 보통주로 전환할 수 있는 轉換權(conversion right)을 우선주에 부여하는 방법을 말한다.[311)]

---

310) Velasco, *supra*, at 856-869.

311) Clark, Corporate Law, *supra*, at 574.

전환권이 행사되는 경우에 전환권이 부여된 우선주가 보통주로 전환되는 전환비율(conversion ratio)에는 공개매수에서 제시된 최고매수가격이나 대상회사 주식의 현재시장가격이 반영되기 때문에 대부분 대상회사 또는 합병후 존속회사의 주식의 수가 큰 폭으로 증가하게 된다. 또한 그 전환된 주식을 인수하기 위하여 자금의 부담이 증가하게 되며 증가된 주식 수로 인한 주식가치의 희석 등의 결과가 발생하게 된다. 이러한 사유 등이 인수회사의 공개매수의 동기를 감소시키는 작용을 하게 된다.[312)]

(2) 상환권이 부여된 우선주배당

이는 대상회사의 이사회가 우선주를 발행하여 이를 주식배당으로 대상회사의 주주에게 배정하되, 정관으로 일정한 상환사유가 발생한 경우에는 인수회사의 최고매수가격에 우선주에 대하여 지급할 배당금을 가산할 금액을 기초로 하는 상환가액을 지급하도록 한 償還權(redemption right)을 우선주에 부여하는 방법을 말한다.

따라서 인수회사가 대상회사의 지배권을 취득하였거나 합병을 한 후에 위와 같은 상환권이 행사된다면 인수회사로서는 그 상환주식을 상환하기 위하여 막대한 자산을 소모해야 하기 때문에 이러한 상환권이 부여된 주식발행은 공개매수를 저지하는 효과를 가지게 되는 것이다. 특히 상환가액을 인수회사가 제시하는 공개매수가격보다 몇 배 이상으로 정하는 경우에는 현실적으로 공개매수의 성공가능성은 희박하다고 할 수 있다.[313)]

나. 권리(Right)부여형식의 Poison Pill

이는 대상회사의 주주들에게 우선주 대신에 이익배당으로서 권리를 부여하는 방법이라 할 수 있다. 이 권리는 각 주식과 결합된 형태로서 Poison Pill 규정에 따른 발효요건이 개시되기 전에는 독립적으로 양도될

312) 정동윤·송종준·이문성, 「적대적 M&A와 법적대응」(서울: 전국경제인연합회, 1996), 198면.

313) Clark, Corporate Law, *supra*, at 575.

수 없으나, 일단 특정한 발효요건이 개시된 후에는 결합되어 있었던 주식과 분리되어 자유롭게 양도가 가능하게 된다. 이러한 Poison Pill은 배당의 형식으로 주주에게 교부되기 때문에 특정주주에게만 Poison Pill을 교부할 수 없으며, 인수회사도 원칙적으로 Poison Pill을 교부받으나, 인수회사의 Poison Pill의 행사를 배제하기 위하여 일반적으로 "Poison Pill을 작동시킨 원인을 제공한 주주는 그 Poison Pill을 행사할 수 없다"는 조항을 Poison Pill의 내용에 포함시키게 된다.314)

따라서 Poison Pill의 발효요건이 개시된 후에는 위와 같은 행사제한에 관한 조항 때문에 인수회사가 소유한 주식에 결합된 권리는 행사가 제한되게 된다. 이러한 인수회사가 소유한 대상회사의 주식에 대한 차별이 Poison Pill에 있어서 중요한 내용이라 할 수 있다.

권리부여형식의 Poison Pill은 다음 중 하나 이상의 규정을 포함하고 있다고 할 수 있으며, 현재 가장 많은 회사에서 채택되는 보편화된 유형은 Flip-In Provision과 Flip-Over Provision을 동시에 채택한 Flip-In/Flip-Over Rights Plan이다.315)

(1) Flip-Over Provision

이 규정에 의하여 대상회사는 대상회사의 주주에게 합병후 존속회사(흡수합병인 경우에는 인수회사)의 주식을 시장가격보다 할인된 가격에 매수할 수 있는 조건적인 권리를 이익배당의 형식으로 배정하게 되며, 이러한 Flip-Over Provision을 채택한 Poison Pill이 Flip-Over Pill이라 한다.

이때 이 권리는 각 주식과 결합된 형태로서 Flip-Over Provision의 발효요건이 개시되기 전에는 독립적으로 양도될 수 없으나, 일단 특정한 발효요건이 개시된 후에는 결합되어 있었던 주식과 분리되어 자유롭게 양도가 가능하게 된다. 그 후 인수회사가 축출합병(squeeze-out merger) 및

314) 송옥렬, "포이즌필의 도입가능성 ―일본에서의 논의를 중심으로," 「BFL(Business Finance Law)」(서울대학교 금융법센터), 제12호(2005), 42면.

315) 김재형 · 최장현, "미국의 Poison Pill에 관한 동향," 「기업법연구」(한국기업법학회), 제20권 제 1 호(2006), 128면.

이와 유사한 형태의 합병을 시도하는 경우에 있어서만, 각 권리의 소유자인 주주가 권리의 행사가격(exercise price)[316]을 부담하여 합병후 존속회사(또는 인수회사)의 주식을 시장가격보다 할인된 가격(대부분 반값)에 매수할 수 있는 권리를 가지게 되는 것이다. 부언한다면 권리의 소유자는 행사가격을 지급하고 그 행사가격의 2배의 가치에 해당하는 금액만큼 합병후 존속회사(또는 인수회사)의 주식을 시장가격으로 매입할 수가 있는 것이다.[317]

이러한 Flip-Over Provision의 가장 주요한 효과는 공개매수를 시도하는 인수회사의 지배주주의 지위를 불안정하게 만들 수 있다는 점이다. 이는 Flip-Over Provision이 대상회사에 대한 인수회사의 경제적 이익은 희석시키지는 않으나 인수회사의 주주들의 경제적 이익을 희석시키기 때문이다. 이 점은 인수회사가 공개매수를 시도하는 데 있어서 장애적 요소로 작용하게 된다.[318]

이러한 Flip-Over Provision이 대상회사 및 인수회사에 미치는 경제적 효과를 다음의 가설적인 상황을 제시하여 자세히 검토하여 보기로 하겠다.[319]

인수회사 A는 대상회사 B를 기업인수하고자 한다. B회사에는 50개의 보통주가 있으며 각 주식의 가격은 $30이다. 그리고 대상회사인

316) 이는 보통 회사의 보통주의 10년 후에 도달할 장기적인 가치(long term value)를 반영하는데, 일반적으로 현재 그 보통주의 주식가치의 3배에서 5배 정도로 계산된다: William J. Carney & Leonard A. Silverstein, *The Illusory Protection of The Poison Pill,* 79 Notre Dame L. Rev. 179, 184 (2003).

317) 행사가격이 $120이고 인수회사의 주식의 한 주당 가격이 $30인 경우에 있어서, 행사가격 $120을 지급하였다면 $120의 2배인 $240의 가치만큼 인수회사 주식을 매입 가능하기 때문에 인수회사 주식 8주를 매입할 수 있으므로($240/$30=8주), 결국 1주당 실제매입가격은 $120/8주=$15이 되므로 半값에 매입한 결과가 되는 것이다.

318) Velasco, *supra*, at 860-861.

319) 이렇게 가설적인 상황을 제시하고 설명하는 방식은 Velasco, *supra* note 509, at 856-869를 참조하였다.

B의 주식시장에서의 공정가치는 $1500(50주 × $30)이다. B회사는 기업인수에 대비하여 Flip-in/Flip-Over Provision, Back-End Provision 및 Exchange Option을 포함한 Poison Pill을 이사회에서 채택하였으며, 20%에 해당하는 B회사 주식의 인수가 발효요건이며, 행사가격은 $120이다.

인수회사 A에는 한 주당 가격이 $30인 보통주가 총 100주가 있다고 가정할 때, 공개매수가 진행되어 Flip-Over Provision의 발효요건[320)]이 발생한 경우에 있어서, 대상회사 B의 주식 50주에서 인수회사 A가 소유한 10주의 주식을 제외한 40개의 주식에 대하여 Flip-Over Provision이 적용되어 40개의 권리가 존재하게 된다. 그 후 인수회사 A에 의한 합병절차가 진행되었다면 각 권리는 $120의 행사가격을 지급하고 합병후 존속회사(또는 인수회사)의 주식 8주를 매입할 수 있는 권리를 부여받게 된다.[321)] 총체적으로는 40개의 권리는 합병후 존속회사(또는 인수회사)의 주식 320주를 매입할 수 있게 되므로, 합병후 존속회사(또는 인수회사)의 총 주식수는 420주(기존의 100주+신규발행 320주)가 되고 1주당 가격은 $18.57이 되는 것이다.[322)]

즉 인수회사의 주식가치의 희석이 이루어졌을 뿐만 아니라($30 ▸ $18.57), 만약 인수회사 A의 지배주주인 X가 100개의 주를 모두 소유한 상황에서 Flip-Over Provision이 실행되었다면 X는 소주주로 전락하게 되는 것이다.[323)]

320) 인수회사 A에 의한 대상회사 B 주식의 20%의 소유, 즉 10주(50주×20%)의 주식소유를 의미한다.

321) 인수회사 A의 한 주당 가격은 $30이고 행사가격의 2배에 해당하는 금액($240)만큼 주식을 매입가능하기에 8주($240/$30)를 매입할 수 있다.

322) 인수회사 A의 시장가치는 기존의 가치인 $3000(기존의 100주×$30)과 증가한 가치인 $4800(권리 40개×행사가격($120)을 합산한 $7800이 되고, 이에 따라 1주당 가격은 $18.57($7800/420주)이 되는 것이다.

323) 420주 중에서 100주를 소유하였기에 전체적으로 주식소유 비율은 100%에서 23.8%로 급격히 감소하는 결과가 발생한다[(100주/420주)×100=23.8%].

단, Flip-Over Provision은 인수회사가 축출합병 및 그와 유사한 형태의 합병을 시도하는 경우에만 실효성이 있다는 단점이 있다. 즉 인수회사가 단지 대상회사를 부분적으로 소유하여 지배권만을 획득하고 합병의 단계는 원하지 않는다면 Flip-Over Pill는 공개매수의 방어책으로서 무용지물이 될 수도 있다.[324)]

(2) Back-End Provision

이 규정에 의하면 대상회사는 대상회사의 주주에게 자신의 주식을 사채나 현금으로 상환할 수 있는 조건적인 권리를 배당의 형식으로 배정하게 되며, Back-End Provision을 채택한 Poison Pill을 Back-End Pill이라 하는데, 전술한 상환권 부여형태의 Poison Pill과 유사하나 우선주가 아닌 배당의 형식을 이용하는 점이 큰 차이점이라 할 수 있다.

Back-End Pill은 상환가액에 따라 몇 가지로 분류되는데, 예를 들면 발효요건이 개시된 후 시장의 공정가격에 따라 상환되는 Put Pill과 공개매수가격을 반영하여 시장의 공정가격을 초과하는 가격으로 상환되는 Value Assurance Pill 등이 있다.[325)]

Back-End Pill에는 위와 같이 몇 가지 종류가 있으나, 그 효과는 대동소이하다고 할 수 있다. 즉 대상회사의 자산을 고갈시키고 인수회사가 아닌 대상회사의 주주들에게 그 자산을 분배하는 결과를 가져오게 된다. 또한 인수회사의 대상회사의 의결권 확보에는 영향을 미치지는 않으나 인수회사의 경제적 이익에 미치는 효과는 Flip-Over Pill이나 Flip-In Pill보다 강력하다고 할 수 있다.[326)]

이러한 Back-End Pill의 경제적 효과를 전술한 가설적 상황에 따라 검토하여 본다면 다음과 같다. 먼저 공개매수가 진행되어 Back-End Provision의 발효요건[327)]이 발생한 경우에 있어서, 대상회사 B의 주식 50

---

324) Velasco, *supra*, at 861.

325) Velasco, *supra*, at 862.

326) Velasco, *supra*, at 862.

327) 인수회사 A에 의한 대상회사 B 주식의 20%의 소유, 즉 10주(50주×20%)의 주식

주에서 인수회사 A가 소유한 10주의 주식을 제외한 40개의 주식에 대하여 시장가격보다 25%의 프리미엄이 부가된 Back-End Provision이 적용된다고 가정하여 보자.

이 경우 대상회사 B에 대하여 Back-End Provision이 포함된 Poison Pill을 부여받은 주주들이 그 권리를 행사하여 40주를 현금상환 청구하였다면, 대상회사 B는 40주를 상환하기 위하여 한 주당 $37.5의 상환가액($30×125%[328])을 지급하여야 한다. 즉 대상회사 B는 40주에 대하여 총 $1500(40주×$37.5)을 지급해야 하는데, 이는 대상회사 B의 원래의 주식시장에서의 총가치($30×50주=$1500)에 해당하는 금액이기에, 결과적으로는 대상회사 B의 자산이 고갈되는 효과 및 그 자산이 Back-End Provision을 행사한 주주들에게 분배되는 효과가 발생하게 되는 것이다.

(3) Flip-In Provision

이 규정은 앞에서 살펴본 Flip-Over Provision의 경우와 비교하여 몇 가지 차이점을 제외하고는 매우 유사하다고 할 수 있다. 우선 Flip-In Provision에서의 권리의 매수 대상은 합병후 존속회사(또는 인수회사)의 주식이 아닌 대상회사의 주식이며, 이 권리는 각 주식과 결합된 형태로서 Flip-In Provision의 특정한 발효요건이 개시된 후에는 결합되어 있었던 주식과 분리되어 자유롭게 양도 가능하고, Flip-Over Provision과는 다르게 인수회사의 합병 시도와는 상관없이 발효요건만 충족된다면 즉시 실행가능한 상태가 된다는 점이 특징이라 할 수 있으며, 이러한 Flip-In Provision을 채택한 Poison Pill을 Flip-In Pill이라 한다.

즉 인수회사가 대상회사의 주식을 20% 이상 인수한 것과 같은 발효요건이 개시된 경우에 Flip-In Provision의 권리는 행사가격을 지급하고 그 지급비용의 2배의 가치에 해당하는 대상회사의 주식을 인수할 수 있는 권리를 부여받게 되는 것이다(앞서 살펴본 바와 같이 대상회사의 주식을

소유를 의미한다.

328) 여기서 125%는 100%[시장가격]과 25%[프리미엄]의 합산을 의미한다.

반값에 인수할 수 있는 것이다).

이러한 Flip-In Provision이 실행되는 경우에 인수회사의 경제적 이익을 심각하게 희석시키는 결과가 발생하게 되는데, 이러한 잠재적인 경제적 이익의 희석 가능성은 인수회사로 하여금 공개매수를 주저하게 하는 효과를 가져오게 된다.[329] 이러한 경제적 효과를 전술한 가설적 상황에 따라 검토하여 본다면 다음과 같다.

공개매수가 진행되어 Flip-In Provision의 발효요건[330]이 발생한 경우에 있어서, 대상회사 B의 주식 50주에서 인수회사 A가 소유한 10주의 주식을 제외한 40주의 주식에 대하여 Flip-In Provision이 적용되어 40개의 권리가 존재하게 되며 각 권리는 $120의 행사가격을 지급하고 대상회사 B의 주식 8주를 매입할 수 있는 권리를 부여받게 된다.[331]

총체적으로는 40개의 권리는 320주의 대상회사 B의 주식을 매입할 수 있게 되므로, 대상회사 B의 총 주식수는 370주(기존의 50주+신규발행 320주)가 되고 1주당 가격은 $17.03이 된다.[332] 이때 인수회사 A가 소유한 10주의 가치는 $300(10주×1주당 가격인 $30)이었는데, Flip-In Provision이 실행된 이후에는 $170.30(10주×1주당 가격인 $17.03)으로 급격하게 주식의 가치가 하락하는 결과가 발생하며, 인수회사 A가 소유한 10주가 대상회사 B의 전체주식에서 차지하는 비중도 20%에서 2.7%로 큰 폭으로 낮아지게 되는 것이다.[333]

---

329) Velasco, *supra*, at 865.

330) 인수회사 A에 의한 대상회사 B 주식의 20%의 소유, 즉 10주(50주×20%)의 주식소유를 의미한다.

331) 대상회사 B의 한 주당 가격은 $30이고 행사가격의 2배에 해당하는 금액($240)만큼 주식을 매입가능하기에 8주($240/$30)를 매입할 수 있다.

332) 대상회사 B의 시장가치는 기존의 가치인 $1500(기존의 50주×$30)과 증가한 가치인 $4800[권리 40개×행사가격($120)]을 합산한 $6300이 되고, 이에 따라 1주당 가격은 $17.03($6300/370주)이 되는 것이다.

333) 인수회사 A는 Flip-In Provision이 실행되기 전에는 대상회사 B의 주식 50주 중 10주를 소유하고 있었는데(10주/50주=20%), Flip-In Provision이 실행된 후에는 대상회사 B의 증가된 주식 370주 중 10주만을 소유하게 되어 지분율의 급격한 하락이 발생하게 된다(10주/370주=2.7%).

(4) Exchange Option

Flip-In Pill이나 Flip-Over Pill에 있어서 주요한 단점은 권리의 소유자가 발효요건이 개시된 후 그 부여된 권리를 실행하기 위해서는 반드시 행사가격을 지급하여야 한다는 점이다. 행사가격은 주식의 장기적인 가치를 고려하여 현재의 시장가격을 월등히 초과하는 금액으로 결정되기 때문에, 이러한 비용은 권리의 소유자들이 Poison Pill의 혜택을 향유하기 위해서는 초기의 투자액 이외에 추가로 자금을 투입해야 한다는 사실을 의미하므로, 기관투자가의 경우보다 개인투자가의 경우에 있어서 문제가 될 수 있다.[334)]

이러한 문제점을 해결하기 위해서 대부분의 회사에서 채택하는 Poison Pill에는 권리를 증권이나 현금으로 교환할 수 있는 교환선택권(Exchange Option)을 포함하고 있는 경우가 있다. 전형적인 Exchange Option은 대상회사에 대하여 각 권리를 대상회사의 보통주 1주로 교환할 수 있는 선택권을 부여한 것이며, 인수회사들이 이러한 권리의 혜택을 향유하지 못하도록 하기 위하여 인수회사가 대상회사의 주식의 일정부분을 인수한 후에는 인수회사는 이러한 선택권을 행사 할 수 없다는 내용을 동시에 규정하고 있다.

이러한 Exchange Option은 Flip-In Provision이 실행된 경우 발생하는 인수회사의 경제적 이익의 희석효과를 행사가격의 부담 없이 동일하게 발생케 할 수 있는데,[335)] 전술한 가설적 상황에 따른 경제적 효과를 검토하여 본다면 다음과 같다.

대상회사 B가 인수회사 A가 소유한 10주의 주식을 제외한 40주의 주식에 대하여 부여된 Exchange Option을 행사하여 하나의 권리당 1주를 교환하기로 하였다면 40주의 신주가 발행되게 되는데, 대상회사 B의 총 주식수는 90주(기존의 50주+신주발행된 40주)로 증가하게 되며 대상회사 B

334) Velasco, *supra*, at 865-866.

335) Velasco, *supra*, at 866.

의 총체적인 주식의 가치는 행사가격의 지급 없이 신주가 발행되었기 때문에 원래의 $1500(50주×$30)로서 증가되지 않았다.

따라서 Exchange Option의 행사후 대상회사 B 주식의 1주당 가치는 $16.67($1500/90주)이며, 인수회사 A가 소유한 10주의 가치는 $300에서 $166.70(10주×1주당 가격인 $16.67)으로 급격하게 주식의 가치가 하락하는 결과가 발생하며, 또한 인수회사 A가 소유한 10주가 전체주식에서 차지하는 비중도 20%에서 11.1%로 낮아지게 되는데,[336] 이러한 결과는 Flip-In Provision이 실행된 경우와 수치상의 차이를 보일 뿐 효과면에 있어서는 동일하다고 할 수 있을 것이다.

이때 권리가 대상회사의 주식으로 교환된다는 점에서 앞서 살펴본 전환권이 부여된 우선주배당형태인 Poison Pill과 유사한 측면이 있으며, 또한 권리가 현금으로 교환되는 점에서는 상환권이 부여된 우선주배당형태인 Poison Pill 및 Back-End Pill과 유사한 측면을 가지게 되나, Exchange Option의 경우에는 그 실행 주체가 우선주 및 권리의 소유자가 아닌 대상회사라는 커다란 차이점이 있게 된다.

3. Poison Pill과 관련된 법적 논점

가. 미국법상 논점

Poison Pill의 적법성에 대한 선도적인 판례인 Moran v. Household International Inc.사건[337]에서 델라웨어법원은 대상회사의 이사회의 결의로 채택한 Poison Pill이 공개매수가 진행되고 있는 상황에서 공개매수라는 위협에 적절하게 대응하여 내린 경영상의 판단이라고 판결하여 Poison Pill을 채택한 이사회의 결의에 대하여 적법성을 부여하였다.[338]

---

336) 인수회사 A는 Exchange Option이 실행되기 전에는 대상회사 B의 주식 50주 중 10주를 소유하고 있었는데(10주/50주=20%), Exchange Option이 실행된 후에는 대상회사 B의 증가된 주식 90주 중 10주만을 소유하게 되어 지분율의 급격한 하락이 발생하게 된다(10주/90주=11.1%).

337) 500 A.2d. 1346 (Del. 1985).

338) 판결문 내용 중 관련된 原文은 다음과 같다: In conclusion, the Household

이렇게 적법성을 부여받은 Poison Pill은 공개매수에 대한 방어전략으로서 일반적으로 상당히 실효성 있다고 알려져 미국에서는 수많은 회사들이 이 Poison Pill을 방어수단으로 채택하게 되었다. 그 후 다수의 회사들이 Poison Pill을 채택하면서 계속이사조항과 같은 다양한 조건의 규정을 포함하게 되었는데, 그 중 중요한 규정은 Poison Pill의 상환은 계속이사(Continuing Director), 즉 Poison Pill 채택 당시의 이사나 그러한 이사에 의하여 선임된 이사에 의하여만 가능하다는 舊理事償還規定(Dead-Hand Provision)이나 다수의 이사가 교체된 경우에는 Poison Pill의 상환이 불가능하게 하거나 제한될 수 있다는 新理事償還制限規定(No-Hand Provision)이라 할 수 있다.[339] 이러한 조항의 적법성에 대하여는 각주의 법원마다 입장이 다르다. 조지아주 및 펜실베니아주에서는 적법하다는 판단을 내렸고,[340] 뉴욕주 및 델라웨어주에서는 부적법하다는 판단을 내렸다.[341]

근래에는 Poison Pill의 효과에 의문을 가지는 견해도 제시되고 있으며,[342] Poison Pill을 무력화하기 위한 방법(Antidote: 해독제라는 은유적인 표현을 사용하고 있다)도 여러 가지 방법으로 개발되고 있는 실정이다. 이

Directors receive the benefit of the business judgement rule in their adoption of the Right Plan. … The Directors adopted the Plan in the good faith belief that it was necessary to protect Household from coercive acquisition techniques. The Board was informed as to the detail of the Plan. In addition, Household has demonstrated that the Plan is reasonable in relation to the threat posed. …. [이 사건에서 법원은 이사회의 결정이 경영판단의 원칙의 범위에 해당하는지 판단하는 데 있어서 Unocal사건(Unocal v. Mesa Petroleum Company 493 A. 2d 946 (Del. 1985))에서 사용되었던 기준(Threat Test 및 Proportionality Test)을 원용하였다].

339) Letsou, supra, at 1104-1115.

340) Invacare Corp. v. Healthdyne Technologies, Inc., 968 F.Supp. 1578 (N.D.Ga. 1977); AMP Inc. v. AlliedSignal, Inc., Civ. Action No. 98-4405 (E.D.Pa. Oct. 8, 1998).

341) Bank of New York Co., Inc. v. Irving Bank Corp., 528 N.Y.S. 2d 482 (N.Y.Sup.Ct. 1988); Carmody v. Toll Brothers, Inc., 723 A.2d 1180 (Del.Ch. 1998); Quickturn Design Systems, Inc. v. Shapiro, 721 A.2d 1281 (Del. 1998).

342) Poison Pill의 실효성에 대하여 의문을 가지는 견해에 관하여는 다음 논문을 참조: William J. Carney & Leonard A. Silverstein, *The Illusory Protection of The Poison Pill,* 79 Notre Dame L. Rev. 179 (2003).

러한 해독제에는 주주에 의한 부속정관변경(Shareholder Bylaw Amendment)을 통하여 Poison Pill을 제거하거나 제한하는 방법이나, 입법론적으로 각 주의 증권법에 Poison Pill에 대하여 주주를 보호하는 법률(The Shareholder Protection Statute)을 규정하는 방법들이 있다.[343)]

이때 주주에 의한 부속정관변경이란 적대적 M&A의 개시후 최초의 대상회사의 정기주주총회에서 위임장경쟁을 통하여 회사의 부속정관을 변경하는 것이다. 전형적인 사례로는 대상회사의 이사가 주주총회의 승인 없이 Poison Pill을 채택하는 것을 금지하거나 또는 공정한 공개매수가격이 제시되어 있는 상황에서 이사회가 주주총회의 승인 없이 Poison Pill의 제거를 거부하는 것을 금지하는 내용으로 회사의 부속정관을 변경하는 것이다. 그리고 이 변경내용을 일반 부속정관의 조항과는 달리 이사회의 재량권으로 재변경하는 것을 금지하고, 이 변경내용을 재변경하기 위해서는 반드시 주주총회의 승인을 얻도록 정하고 있다. 이러한 부속정관의 변경은 International Brotherhood of Teamsters General Funding v. Flemming Companies, Inc. 판결[344)]에서 적법성이 인정되었다.[345)]

나. 우리법상 논점

(1) 우선주배당형식의 Poison Pill의 경우

① 전환권이 부여된 경우

전환권이 부여된 우선주배당형식의 Poison Pill의 경우에는 미리 정하여 놓은 일정한 전환사유(일정비율 이상의 주식취득이 있거나 기업매수후 2단계 합병이 개시될 때)가 발생하고 전환권이 행사된다면, 전환권이 부여된 우선주가 대상회사의 보통주로 공개매수가격 중 최고가격 또는 시장가격을 전환가액으로 하여 전환된다.

---

343) Braendel, *supra*, at 657-659

344) No. 97-6035, 1997 U.S.Dist. LEXIS 2980 (W.D. Okla. Jan. 24, 1997). International Bhd. Teamsters Gen. Fund v. Flemming Cos., Inc., No. 90-185, 1999 WL 35227 (Okla. Jan. 26, 1999).

345) 김재형 · 최장현, 전게논문, 131면.

즉 결과적으로는 상법상 전환주식과 유사하다고 할 수 있으나, 상법상 전환주식은 정관에 전환의 조건(전환주식 몇 주에 대하여 신주 몇 주를 주는가의 비율), 전환의 청구기간(예컨대 전환주식을 발행한 때로부터 몇 년 경과후 몇 년 내 등), 전환으로 인하여 발행할 주식의 수와 내용(예컨대 보통주식 몇 주)을 기재하여야 하는데(상법 제346조 1항), 앞에서 살펴본 바와 같이 전환조건(conversion ratio)은 공개매수에서 제시된 최고매수가격이나 대상회사 주식의 현재시장가격을 반영하게 되어 있으므로 불확정적이며 전환의 청구기간도 불확정한 미래의 전환사유의 발생에 의존하고 있으며 전환으로 인하여 발행할 주식의 수와 내용 또한 확정할 수 없으므로 우리 상법상 전환권 부여형태의 Poison Pill은 허용되기가 어렵다고 할 수 있다.[346)]

② 상환권이 부여된 경우

상환권이 부여된 우선주배당형식의 Poison Pill의 경우에도 미리 정하여 놓은 일정한 상환사유가 발생하고 상환권이 행사된다면, 상환권이 부여된 우선주가 공개매수가격 중 최고가격에 우선주배당금을 합한 금액을 상환가액으로 하여 상환된다. 이는 상법상 상환의 선택권이 주주에게 있는 의무상환주식과 유사하다고 할 수 있다. 상법상 상환주식은 회사에 배당가능이익이 있는 것을 법정조건으로 하여 회사가 그 범위에서 상환주식을 취득하고 일정한 상환금액을 지급하는 것으로서, 정관에 상환가액, 상환기간, 상환방법과 수 등을 정관으로 기재하여야 하는데(상법 제345조), 전환권부여형태의 Poison Pill의 경우와 마찬가지의 이유로 상환권 부여형태의 Poison Pill도 상환가액, 상환기간 및 상환방법과 상환할 주식수 등이 장래의 불확실한 조건에 의하기 때문에 우리 상법상 허용되기가 어렵다고 할 수 있다.[347)]

또한 우선주배당형식의 Poison Pill은 인수회사가 대상회사의 주식을 보유하고 있더라도 그 인수회사를 제외하고 대상회사의 주주에 대하

346) 정동윤·송종준·이문성, 전게서(적대적 M&A와 법적대응), 200면.
347) 정동윤·송종준·이문성, 전게서(적대적 M&A와 법적대응), 200면.

여만 발행되기 때문에 우리 상법상 주주평등의 원칙(상법 제464조 참조)에 반하는 점도 우리 상법상 허용되기 어려운 사유 중의 하나로서 고려될 수 있다.

(2) 권리(Right)부여형식의 Poison Pill의 경우

이는 대상회사의 주주들에게 우선주 대신에 이익배당으로서 주식매수권에 관한 권리(Right)를 배정하는 방법으로 행하여지는데, 상법상 이익배당은 현금이나 주식으로만 할 수 있기 때문에(상법 제462조, 462조의 2), 일단 이익배당의 방법으로 위와 같은 주식매수권이 결부된 권리를 주주들에게 배정하는 것은 상법상 인정되기 어렵다고 할 수 있다. 또한 상법상 이익배당은 주주총회의 결의사항인데(상법 제449조) 위와 같은 Poison Pill은 이사회의 결의로서 발행되며, 앞서 살펴본 것과 같은 이유로 대상회사의 주식을 보유한 인수회사에게도 권리가 배정되나 권리행사제한에 관한 규정으로 인하여 그 행사가 배제되어 상법상 주주평등의 원칙에 반하는 점 등이 이러한 Poison Pill이 우리 상법에 부적합한 사유 중의 하나로 거론되고 있다. 이하에서는 권리부여형식의 Poison Pill을 상법상 도입하는 데 있어서 어려운 점들을 중점적으로 검토하여 그 해결방안을 모색하여 보기로 하겠다.

① 주식매수권의 설정에 의한 Poison Pill의 도입방안

먼저 적대적 M&A에 대한 방어수단으로서 권리(Right)부여형태의 Poison Pill을 현행 상법상 도입하기 위해서는 미국회사법상의 Right나 일본 신회사법상의 신주예약권과 같은 권리가 설정되어야 한다는 견해[348]가 있다. 이 견해에 따르면 편의상 주식매수권이라 부르는 권리를 일반주주 및 회사전체의 이익보호의 목적을 충족하는 경우에 있어서 이사회의 결의에 의하여 이익배당의 방식에 의하지 아니하고 대상회사의 주주에게 배정할 수 있는데, 일정한 요건을 충족하는 경우에는 주주가 이를 행사하

348) 정쾌영, “포이즌 필의 도입에 관한 입법론적 고찰,” 「기업법연구」(한국기업법학회), 제20권 제 2 호(2006), 170-171면 참조.

여 시가보다 낮은 가격으로 신주나 자기주식을 취득할 수 있으며, 적대적 M&A의 국면에서 협상을 주도할 수 있도록 이사회에게는 일정한 경우에 강제소각권이 인정되어야 한다.

그리고 이러한 주식매수권은 현행상법상 대상이 반드시 신주에 한하며 이사회의 강제소각이 인정되지 않는 점에서 신주인수권(상법 제418조)과 다르며, 일정한 조건 하에서 임직원에게만 부여되는 주식매수선택권(상법 제340조의 2)과는 구별된다고 볼 수 있다. 그러나 모두 회사로부터 주식을 취득할 수 있는 권리라는 점에서 유사성이 있으므로 상법에 주식매수권을 주주 또는 제 3 자에게 부여할 수 있는 규정을 신설한다면 이들 권리와의 충돌 내지 상호모순이 생기지는 않을 것이라고 한다.

또한 기업해체를 목적으로 하는 적대적 기업인수자에 대하여 주식매수권의 행사를 제한하는 것은 정당한 근거와 제한의 필요성이 있는 경우로서 주주평등의 원칙에서 벗어나는 것은 아니라고 보며, Poison Pill의 남용방지를 위해서는 독립된 사외이사 또는 감사위원회의 승인, Poison Pill과 관련된 내용에 대한 이사의 의견표명의 의무화와 같은 사전적 통제장치와 주주총회의 결의에 의한 부적절한 실행의 Poison Pill의 폐지와 같은 사후적 통제장치가 필수적이라고 보고 있다.

② 주식매수예약권의 설정에 의한 Poison Pill의 도입방안

생각건대 Poison Pill의 경제적 효용성을 전제로 하여 그 도입방식을 고려하여 본다면 현행상법 규정을 활용한 신주 및 전환사채의 제 3 자배정의 방식은 무리가 있다고 보며, 앞에서 살펴본 미국회사법상의 Right나 일본 신회사법상의 신주예약권과 같은 권리의 도입에 관한 견해와 같이 이사회의 결의에 의하여 주주 및 제 3 자에게 가칭 株式買受豫約權[349]을 부여할 수 있다는 규정을 신설하는 것이 이익배당의 방법으로 권리(Right)를 주주들에게 배정하는 Poison Pill의 도입을 상법상 가능하게 하

349) 장래에 회사에 대하여 주식을 매도할 것을 청구할 수 있는 권리이기에 주식매수권이라는 용어보다 주식매수예약권이라는 용어가 좀 더 의미가 명료하다고 생각한다.

는 방향이라 생각된다.

이때 주식매수예약권에 관한 내용은 미국회사법상의 Right보다는 일본회사법상의 신주예약권을 참조하는 편이 좀 더 우리나라의 실정에 부합한다고 생각한다. 왜냐하면 이익배당의 방법으로 권리(Right)를 주주에게 배정하는 Poison Pill은 이익배당은 현금이나 주식으로만 할 수 있는 현행상법상 태생적 한계를 가지고 있으며, 이러한 Poison Pill의 도입을 위해서는 이익배당제도의 수정 및 주주평등의 원칙의 수정 등의 변화가 수반되어야 하므로, 우리나라와 유사한 법제도를 가진 일본이 채택한 신주예약권제도를 참조하는 편이 무리가 없다고 생각한다.

③ 주식매수예약권의 구성과 관련된 문제

주식매수예약권은 Poison Pill의 경우와는 달리 독립된 증권으로 발행된다고 구성하는 경우에 주식과 분리하여 양도가 가능하다고 생각하기에 주식매수예약권의 내용을 인수회사만이 주식매수예약권을 행사할 수 없도록 구성하면서 동시에 주주평등의 원칙에 저촉되지 않도록 하는 것은 쉽지 않을 것이다. 이하에서는 주식매수예약권을 구성할 때 유의할 점을 일본의 신주예약권을 참조하여 검토하여 보기로 하겠다.

i) 신탁을 이용하는 방법　　첫 번째는 일본 신회사법상의 신주예약권의 도입과 관련하여 일본의 전문가들이 제시하는 신탁을 이용하는 방법을 들 수 있는데, 이를 주식매수예약권의 경우에 적용한다면 다음과 같다. 대상회사는 특별목적회사(Special Purpose Vehicle, 이하 SPV라고 함)를 설립하여 무상으로 SPV에게 주식매수예약권을 발행하고 SPV는 그 주식매수예약권을 은행에 유가증권관리신탁의 방식으로 신탁한다.

이때 중요한 점은 신탁의 수익자의 범위를 적대적 인수시도가 있을 당시 인수회사를 제외한 주주로 한정하는 방식으로 구성한다는 것이다. 주식매수예약권은 인수시도가 있기 전에는 수탁은행에서 계속 보관되고 유통되지 않으며, 오직 인수시도가 있게 된 이후에만 수익자가 정해지고 유통이 가능하게 되므로 인수시도가 있기 전까지는 주식매수예약권이 주식과 분리하여 양도할 수 없게 만들 수 있다.

이에 따라 인수회사가 주식매수예약권을 상당부분 매집할 수 있는 가능성을 배제시킬 수 있으며, 만약 주식매수예약권을 제 3 자에게 배정한 경우에는 현재 누가 주식매수예약권을 보유하고 있는지 주의를 기울여야 하는데 신탁의 경우에는 그럴 필요가 없다고 할 수 있다.

그러나 적대적 인수회사가 수익자에서 제외된 점이 SPV와 수탁은행 사이에서 체결한 신탁계약의 문제라는 보는 것은, 대상회사가 처음부터 인수회사가 대상회사의 주식매수예약권 행사에 있어서 차별을 가하는 것이므로 신탁을 이용한 방법 또한 주주평등의 원칙 위반의 문제를 회피하기는 어렵다는 비판이 있다.[350)]

ii) 제 3 자배정방식을 이용하는 방법　　두 번째 방안으로는 대상회사가 주식매수예약권을 제 3 자 배정의 방식으로 발행하여 인수회사를 배제하는 방법이다. 즉 적대적 M&A에 대비하여 우호적 제 3 자를 물색하여 미리 제 3 자 배정의 방식으로 우호적 제 3 자에게 주식매수예약권을 발행하는 방법이다. 이 방법에 의하면 주주평등의 원칙 위반의 문제를 회피하도록 주식매수예약권을 구성하는 것이 가능하나 우호적 제 3 자가 주식매수예약권을 유통시킬 가능성을 배제할 수 없다는 문제점이 있다.[351)]

iii) 주주배정방식을 이용하는 방법　　세 번째 방안으로는 주식매수예약권의 주주배정의 경우에 있어서 주식매수예약권은 일단 모든 주주에게 배정되기 때문에 대상회사의 주식을 소유한 인수회사도 원칙적으로 주식매수예약권을 배정받게 되나, 인수회사의 주식매수예약권의 행사를 배제하기 위하여 주식매수예약권의 발효요건을 제공한 주주는 그 주식매수예약권을 행사할 수 없다는 조항을 증권의 내용에 포함시켜 인수회사를 배제하는 방법이다.

이 경우 주식매수예약권자 평등의 원칙이 문제가 될 수는 있겠지만 인수회사가 되면 주식매수예약권을 행사할 수 없다는 조건은 발행 당시

350) 송옥렬, 전게논문, 46-48면 참조.

351) 송옥렬, 전게논문, 46면 참조.

의 모든 주식매수예약권자에게 공통적으로 적용되기 때문에 문제가 없다고 보고 있으나,[352] 이 방법 또한 주식과 분리하여 주식매수예약권이 양도되는 것을 제한할 수 없다는 단점이 있다. 즉 인수회사가 주식매수예약권을 배정받은 후 이를 자기와 관련 있는 제 3 자에게 양도하였다면 제 3 자는 주식매수예약권의 발효요건을 제공하지 않았기 때문에 대상회사로서는 제 3 자의 주식매수예약권 행사를 저지하기가 용이하지 않을 수 있다.

iv) 주식매수예약권의 도입에 관한 사견 전술한 3가지 방법 중에서 신탁을 이용하는 방법이 대상회사로서는 방어수단으로서의 효용성이 높기는 하나 주주평등의 원칙의 위반문제를 완벽하게 회피하였다고는 볼 수 없으며, 이사회의 결의로 주식매수예약권을 주주 또는 제 3 자에게 배정할 때, 주주배정의 경우에는 전술한 인수회사의 주식매수예약권 행사를 제한하는 내용을 포함시켜야 하나 인수회사의 주식매수예약권의 매집을 배제할 수 있는 방법이 없는 단점이 있으며, 제 3 자배정의 경우에는 주주평등의 원칙이나 인수회사의 주식매수예약권의 매집의 문제의 문제가 발생하지는 않으나 신뢰할 만한 제 3 자를 물색하여야 한다는 점이 대상회사에게는 부담이 될 수 있을 것이다.

따라서 대상회사가 직면한 상황에 따라 이러한 방안을 취사선택하여 적절히 활용하는 편이 적대적 M&A에 대한 방어수단으로서의 신속성과 효율성을 높이는 방법이라 생각할 수도 있으나, 대상회사로 하여금 이렇게 법리적으로 복잡한 사안을 선택하게 한다는 것은 무리가 있다고 보기 때문에 장기적으로는 입법론적으로 해결하는 방향이 바람직하다고 본다.

그리고 주식매수예약권을 적대적 M&A에 대하여 신속하게 대응하기 위하여 이사회의 결의로 발행할 수 있도록 구성하여야 하기 때문에 이사회의 남용을 방지하기 위하여 몇 가지 안전장치가 필요하게 된다. 이는 주식매수예약권 발행에 관한 실체적·절차적 요건이라 할 수 있는데, 먼저 실체적 요건에는 회사 및 주주의 이익 보호의 필요성과 같은 주식매

352) 송옥렬, 전게논문, 48면 참조.

수예약권의 발행기준의 설정 및 적대적 M&A에 대응한 주식매수예약권의 행사기간, 행사가격, 행사조건 등의 적절성 등을 고려할 수 있으며, 절차적 요건에는 주식매수예약권 발행을 위한 독립된 사외이사로 구성된 감사위원회의 승인, 주식매수예약권 발행에 대한 이사의 의견표명, 주주총회 결의에 의한 부적절한 주식매수예약권의 발행의 폐지 등을 거론할 수 있겠다.

④ 현물배당과 관련된 문제

법무부가 2008년 5월 7일에 입법예고하여 2008년 10월 21일에 국회에 제출한 회사법개정안(법무부 공고 제2008-47호)에 따르면 종래의 이익배당의 방법인 현금 또는 주식에 금전 이외의 재산을 추가하여, 현물배당을 도입하고 있다. 즉 회사법개정안 제462조의 4 1항에 의하면 회사는 정관으로 금전 이외의 재산을 배당할 수 있음을 정할 수 있다고 규정하고 있다. 이러한 현물배당은 대개 사채, 옵션, 기타의 재산을 의미하는데, 권리부여형식의 Poison Pill의 경우에 있어서 주식매수권이 결부된 권리(Right)를 현물배당을 통하여 주주에게 분배할 수 있는 여부가 문제될 수 있다고 본다.

이때 권리가 현물배당의 대상에 포함되는지의 여부도 확실하지는 않으나, 만약 포함된다 하더라도 권리부여형식의 Poison Pill을 현행법상 도입하는 데에는 여전히 몇 가지 문제점들이 남아 있게 된다. 즉 이익배당으로서 주식매수권에 관한 권리(Right)를 주주에게 배정하는 경우에 회사법개정안에 의하면 현물배당은 정관에 규정되어야 하는 사항인데 권리부여형식의 Poison Pill은 이사회의 결의로서 발행되며, 대상회사의 주식을 보유한 인수회사에게도 권리가 배정되나 권리행사제한에 관한 규정으로 인하여 그 행사가 배제되어 상법상 주주평등의 원칙에 반하는 점 등은 문제점으로 들 수 있다. 따라서 회사법개정안이 통과되어 현물배당이 도입된다 하더라도 권리부여형식의 Poison Pill에 활용되는 것은 쉽지 않을 것이라고 생각한다.

◉ 참고문헌 ◉

Ⅰ. 국내문헌

권기범, 「현대회사법론」, 서울: 삼지원, 2001.

권재열, 「경제법」, 서울: 법원사, 2004.

———, 「적대적 M&A의 방어방법에 관한 연구」, 서울: 코스닥상장법인협의회, 2005.

이병태, 「全訂상법(上)」, 서울: 법원사, 1988.

이철송, 「회사법강의(제13판)」, 서울: 박영사, 2006.

임재연, 「증권거래법(改訂版)」, 서울: 박영사, 2002.

송종준, 「M&A법제의 현황과 보완과제」, 서울: 한국상장회사협의회, 2005.

정동윤, 「회사법(제 7 판)」, 서울: 법문사, 2001.

정동윤·송종준·이문성, 「적대적 M&A와 법적대응」, 서울: 전국경제인연합회, 1996.

정찬형, 「회사법강의(제 3 판)」, 서울: 박영사, 2003.

———, 「상법강의(上)(제 9 판)」, 서울: 박영사, 2006

채이식, 「상법강의(上)(改訂版)」, 서울: 박영사, 1996.

최기원, 「신회사법론(第11大訂版)」, 서울: 박영사, 2001.

최준선·김순석, 「회사법 개정방향에 관한 연구」, 서울: 한국상장회사협의회, 2004.

권재열, "적대적 M&A에 대한 방어방법의 현실적 평가," 「기업법연구」(한국기업법학회), 제19권 제 2 호(2005).

권종호, "적대적 M&A와 회사법개정," 「기업법연구」(한국기업법학회), 제20권 제 3 호(2006).

———, "2006년 회사법개정시안의 주요내용," 「상사법연구」(한국상사법학회), 제25권 제 2 호(2006).

권진호, "우리사주제도 운영현황 및 정책방향," 「임금연구」(한국경영자총협회 노동경제연구원), 겨울호(2004).

김규영, "선진국의 종업원지주제에 관한 고찰—ESOP에 대한 제도적 분석을 중심으로—," 「산업경제연구」(한국산업경제학회), 제18권 제 5 호(2005).

김두식, "M&A 법제의 개선방안 연구," 「상장협」(한국상장회사협의회), 제50호(2004).

김재형, "M&A대가의 유연화와 현금지불합병," 「비교사법」(한국비교사법학회), 제10권 4호(통권 23호)(2003).

김재형 · 최장현, "미국의 Poison Pill에 관한 동향," 「기업법연구」(한국기업법학회), 제20권 제 1 호(2006).

김택주, "적대적 기업매수에 있어서 우호적 제 3 자(White Knight)," 「동아법학」(동아대학교 법학연구소), 제21호(1996).

김화진, "M&A 시장의 최근 현황과 정책 및 법적과제," 「BFL(Business Finance Law)」(서울대학교 금융법센터), 제 6 호(2004).

김화진 · 송옥렬, "상장폐지와 차입매수(LBO) 개관," 「CFO」(한국CFO협회), 가을호(2004).

남상섭 · 안병룡, "우리사주제의 문제점과 활성화방안 연구," 「창업정보학회지」(창업정보학회), 제 7 권 제 3 호(2004. 9).

송옥렬, "포이즌필의 도입가능성—일본에서의 논의를 중심으로," 「BFL(Business Finance Law)」(서울대학교 금융법센터), 제12호(2005).

송종준, "M&A법제를 둘러싼 최근의 쟁점과 과제," 「기업법연구」(한국기업법학회), 제20권 제 3 호(2006).

———, "자기주식의 처분절차규제에 관한 소고," 「법률신문」(법률신문사), 제3504호(2006. 11. 9).

———, "PEF와 M&A: LBO의 구조와 법적 문제," 「금융법연구」(한국금융법학회), 제 2 권 제 1 호(2005).

———, "적대적 M&A 방어를 위한 법적 과제," 「기업법연구」(한국기업법학회), 제18권 제 2 호(2004).

신범철, "미국 ESOP의 고찰과 시사점," 「임금연구」(한국경영자총협회), 겨울호(2004).

———, "우리사주제도의 문제점과 정책과제," 「창업정보학회지」 제 8 권 제 1 호(창업정보학회(2005. 3).

신희강 · 류경진, "LBO거래의 실행과 법적문제," 「BFL(Business Finance Law)」(서울대학교 금융법센터), 제24호(2007).

안병룡, "우리사주제도의 현황과 개선방향," 「임금연구」(한국경영자총협회 노동경제연구원), 겨울호(2004).

유영일, "정관규정에 의한 M&A 방어대책 —Shark Repellent를 중심으로—," 「상사법연구」(한국상사법학회), 제14집 제 1 호(1995).

———, "M&A에 대한 방어행위로써의 전환사채발행의 적법성," 「상사판례 연구」(한국상사판례학회), 제 8 집(1997).

———, "그린메일(Greenmail)의 규제에 관한 연구," 「상사법연구」(한국상사법학회), 제20권 제 1 호(2001).

이상돈, "차입매수와 배임죄," 「제125회 정기세미나 발표자료」(한국증권법학회, 2006. 12. 23).

이원근·이기수, "적대적 M&A 발전가능성과 방어전략에 관한 소고," 「사회과학연구」(대구대학교), 제 5 집 제 5 호(1998).

정상근, "현행 종업원지주제의 쟁점과 문제점," 「경영법률」(한국경영법률학회), 제17권 1-1호(2006).

———, "신 우리사주조합제도의 법적 쟁점과 개선방안," 「기업법연구」(한국기업법학회), 제15집(2003).

정쾌영, "포이즌 필의 도입에 관한 입법론적 고찰," 「기업법연구」(한국기업법학회), 제20권 제 2 호(2006).

최성렬, "차입자금에 의한 기업매수(LBO)에 관한 고찰," 「상지전문대학논문집」(상지전문대학교), 제25집(1995).

Ⅱ. 국외문헌

太田洋, "米國におけるポイズン·ピル以外の企業買收防衛戰略と日本への示唆," 「企業買收防衛戰略」武井一浩 外 2人 編著, 商事法務, 2004.

中東正文, 「アメリカにおける締出め合併しとテイクオーバー (二)」「法政論集(名古屋大學)」, 138號(1991).

James D. Cox & Thomas Lee Hazen, Corporation 2nd Ed., New York: Aspen, 2003.

Jeffrey D. Bauman, Corporations and Other Business Associations Statutes, Rules and Forms 2006 Edition, Minnesota: West, 2006.

John C. Coffee, Jr. & Joel Seligman, Securities Regulation Cases and Materials 9th Ed., New York: Foundation Press, 2003.

John C. Coffee, Jr., Joel Seligman & Hillary A. Sale, Federal Securities Law, Selected Statutes, Rules and Forms 2006 Edition, New York: Foundation Press, 2006.

L. Solomon, D. Schwartz & J. Bauman, Corporations Law and Policy: Material and Problems 2nd Ed., Minnesota: West, 1988.

Robert Clark, Corporate Law, New York: Aspen, 1986.

Ronald J. Gilson & Bernard S. Black, The Law and Finance of Corporate Acquisitions 2nd Ed., Foundation Press, 1995.

Stephen M. Bainbridge, Mergers and Acquisitions, New York: Foundation Press, 2003.

Addison D. Braendel, *Defeating Poison Pills Through Enactment of a State Shareholder Protection Statute,* 25 Del. J. Corp. L. 651 (2000).

Anthony Augliera, *Shareholder Right Plans: Saying No to Inadequate Tender Offer,* 57 Fordham L. Rev. 803 (1989).

Bill Shaw, *Resolving the Conflict of Interest in Management Buyouts,* 19 Hofstra L. Rev. 143 (1990).

Christine O'Grady Putek, *Limited but not lost: A Comment on the ECJ's Golden Share Decision,* 72 Fordham L. Rev. 2219 (2004).

Dale Arther Oesterle& Jon R. Norberg, *Management Buyouts: Creatingor Appropriating Shareholder Wealth?,* 41 Vand. L. Rev. 207 (1988).

Daniel J. Hartnett, *Greenmail: Can the Abuses Be Stopped?,* 80 Nw. U. L. Rev. 1271 (1986).

David A. Skeel, Jr., *A Reliance Damages Approach to Corporate Lockups,* 90 Nw. U. L. Rev. 564, 568 (1996).

David S. Freeman, *Shark Repellent Charter and Bylaw Provisions,* 16 J. Corp. L. 491 (1991).

Donald E. Schwartz, *Federalism and Corporate governance,* 45 Ohio St. L. J. 545 (1984).

Douglas C. Ashton, *Revisiting Dual-Class stock,* 68 St. John's L. Rev. 863

(1994).

Drew Harrison Campbell, *Golden Parachutes: Common Sense from the Common Law,* 51 Ohio St. L. J. 279 (1990).

Ellen S. Friedenberg, *Jaws III: The Impropriety of Shark Repellent Amendments as a Takeover Defense,* 7 Del. J. Corp. L. 32 (1982).

Emily L. Sherwin, *Creditor's Rights Against Participants in a Leveraged Buyout,* 72 Minn. L. Rev. 449 (1988).

Eric Bielawski, *Selective Stock Repurchases after Grobow: The Validity of Greenmail under Delaware and Federal Securities Law,* 15 Del. J. Corp. L. 95 (1990).

Eric Grannis, *A Problem of Mixed Motivies: Applying Unocal to Defensive ESOPS,* 92 Colm. L. Rev. 851 (1992).

Frank H. Easterbrook & Daniel R. Fishel, *The Proper Role of a Target's Management in Responding to a Tender Offer,* 94 Harv. L. Rev. 1161 (1981).

Gina Marie Agresta & Richardson, *Employee Stock Ownership Plans: Uncertainties Plaguing the Duties of the ESOP Fiduciary with Respect to Voting and Defensive ESOPs,* 14 Akron Tax J. 91 (1999).

Henry F. Johnson, *Those "Golden Parachute" Agreements: The Taxman cuts the Ripcord,* 10 Del. J. Corp. L. 45 (1985).

———, *Government Regulation of Business: Golden Parachutes Revisited,* 23 Wake Forest L. Rev. 121 (1988).

———, *Anti-Takeover Actions and Defenses: Business Judgment or Breach of Duty?* 28 Vill. L. Rev. 51 (1982).

Ian Ayres, *Analyzing Stock Lock-ups: Do Target Treasury Sales Forecloseor Facilitate Takeover Auction?,* 90 Colm. L. Rev. 682 (1990).

Jeffrey N. Gordon, *Tie that Bond: Dual Class Common Stock and the Problem of Shareholder Choice,* 76 Cal. L. Rev. 1 (1988).

John C. Coates Ⅳ & Guhan Subramanian, *A Buy-Side Model of M&A Lockups: Theory and Evidence,* 53 Stan. L. Rev. 307, 314 (2000).

John S. Welsh, *Fiduciary Aspects of Employee Stock Ownership Plan Investment in Employer Securities,* 23 Real Prop. Prob. & TR. J. 575 (1988).

Johnson & Siegel, *Corporate Merger: Redefining the Role of Target Directors,* 136 U. Penn. L. Rev. 315 (1987).

Jonathan R. Macey & Fred S. McChesney, *A Theoretical Analysis of Corporate Greenmail,* 95 Yale L. J. 13 (1985).

Joseph F. Haggerty, *Golden Parachutes: Cushioning Executive Bailouts in the wake of a Tender Offer,* 57 St. John's L. Rev. 516 (1982-1983).

Julian Velasco, *Just do it: An antidote to the Poison Pill,* 52 Emory L. J. 849 (2003).

Karl F. Balz, *No-Shop Clause,* 28 Del. J. Corp. L. 513 (2003).

Kenneth C. Johnson, *Golden Parachutes and the Business Judgment Rule: Toward a Proper Standard of Review,* 94 Yale L. J. 909 (1985).

Laurence B. Wohl, *Fiduciary Duties Under ERISA: A Tale of Multiple Loyalties,* 20 U. Dayton L. Rev. 43 (1994).

Lucian A. Bebchuk & Marcel Kahan, *Fairness Opinions: How far are they and what can be done about it?,* 1989 Duke L. J. 27 (1989).

Lynn A. Grisham & Doug Rake, *Future Executive Bail Outs: Will Golden Parachutes fill the American Business Skies?,* 14 Tex. Tech. L. Rev. 615 (1983).

Matthew M. O'Toole, *Comment: The Disproportionate Effects of an ESOP's Proportional Voting,* 85. Nw. U. L. Rev. 824 (1991).

Michael Bradley & Michael Rosenzweig, *Defensive Stock Repurchases,* 99 Harv. L. Rev. 1378 (1986).

Michael G. Hatch, *Clearly defining Preclusive corporate Lock-Ups: A Bright-Line Test for Lock-Up Provision in Delaware,* 75 Wash. L. Rev. 1267 (2000).

Nicholas R. Williams, *Procedural Safeguards to ensure Fairness in the Management Buyout: A Proposal,* 21 Colum. J. L. & Soc. Probs. 191 (1988).

Patrick J. Ryan, *Corporate Directors and the "Social Costs" of Takeovers - Reflections on the Tin Parachute,* 64 Tul. L. Rev. 3 (1989).

Paul Regan, *Great Expectations? A Contract Law Analysis For Preclusive Corporate Lock-Ups,* 21 Cardozo L. Rev. 1 (1999).

Peter V. Letsou, *Are Dead Hand(and No Hand) Poison Pill Really Dead?,* 68 U. Cin. L. Rev. 1101 (2000).

Richard A. Booth, *Management Buyouts, Shareholder welfare, and the Limits of Fiduciary Duty,* 60 N.Y.U. L. Rev. 630 (1985).

Robert W. Rodriguez, *Hostile Takeover Contests: The Rise and Fall of Lock-Up Options,* 1987 Colm. Bus. L. Rev. 193 (1987).

Ronald J. Gilson, *The Case Against Shark Repellent Amendments: Structural Limitations on the Enabling Concept,* 34 Stan. L. Rev. 775 (1982).

Stephen M. Bainbridge, *Exclusive Merger Agreements and Lock-Ups in Negotiated Corporate Acquisitions,* 75 Minn. L. Rev. 239 (1990).

Stephen Fraidin & Jon D. Hanson, *Toward Unlocking Lockups,* 103 Yale L. J. 1739 (1994).

Steven J. Arsenault, *Fiduciary Duties of ESOP Trustees Under ERISA in Tender Offers: The Impact of Herman v. Nations Bank Trust Company and A Proposal for Reform,* 3 U. Pa. Journal of Labor and Employment Law, 87 (2000).

Susan L. Martin, *Platinum Parachute: Who's Protecting The Shareholder?,* 14 Hofstra L. Rev. 653 (1986).

Thomas A. Swett, *Merger Terminations After Bell Atlantic: Applying A Liquidated Damages Analysis to Termination Fee Provisions,* 70 U. Colo. L. Rev. 341, 356 (1999).

Tom Ablum & Mary Beth Burgis, *Leveraged Buyouts: The Ever Changing Landscape,* 13 Depaul Bus. L. J. 110 (2000/2001).

Vincent F. Garrity, Jr. & Mark A. Morton, *Would the CSX/Conrail Express Have Derailed in Delaware? A Comparative Analysis of Lock-Up Provisions Under Delaware and Pennsylvania Law,* 51 U. Miami L. Rev. 677, 690 (1997).

William J. Carney, *Shareholder Coordination Costs, Shark Repellents, and Takeout Mergers: The Case Against Fiduciary Duties,* A.B.F. Research J. 341 (1983).

William J. Carney & Leonard A. Silverstein, *The Illusory Protection of The Poison Pill,* 79 Notre Dame L. Rev. 179 (2003).

Directive 2004/25/EC of the European Parliament and of the Council of 21 april 2004 on takeover bids

Official Journal L 142 , 30/04/2004 P. 0012 - 0023

Article 1

Scope

1. This Directive lays down measures coordinating the laws, regulations, administrative provisions, codes of practice and other arrangements of the Member States, including arrangements established by organisations officially authorised to regulate the markets (hereinafter referred to as <rules>), relating to takeover bids for the securities of companies governed by the laws of Member States, where all or some of those securities are admitted to trading on a regulated market within the meaning of Directive 93/22/EEC(11) in one or more Member States (hereinafter referred to as a <regulated market>).

2. This Directive shall not apply to takeover bids for securities issued by companies, the object of which is the collective investment of capital provided by the public, which operate on the principle of risk-spreading and the units of which are, at the holders' request, repurchased or redeemed, directly or indirectly, out of the assets of those companies. Action taken by such companies to ensure that the stock exchange value of their units does not vary significantly from their net asset value shall be regarded as equivalent to such repurchase or redemption.

3. This Directive shall not apply to takeover bids for securities issued by the Member States' central banks.

Article 2

Definitions

1. For the purposes of this Directive:

   (a) <takeover bid> or <bid> shall mean a public offer (other than by the offeree company itself) made to the holders of the securities of a company to acquire all or some of those securities, whether mandatory or voluntary, which follows or has as its objective the acquisition of control of the offeree company in accordance with national law;

   (b) <offeree company> shall mean a company, the securities of which are the subject of a bid;

   (c) <offeror> shall mean any natural or legal person governed by public or private law making a bid;

   (d) <persons acting in concert> shall mean natural or legal persons who cooperate with the offeror or the offeree company on the basis of an agreement, either express or tacit, either oral or written, aimed either at acquiring control of the offeree company or at frustrating the successful outcome of a bid;

   (e) <securities> shall mean transferable securities carrying voting rights in a company;

(f) <parties to the bid> shall mean the offeror, the members of the offeror's board if the offeror is a company, the offeree company, holders of securities of the offeree company and the members of the board of the offeree company, and persons acting in concert with such parties;

(g) <multiple-vote securities> shall mean securities included in a distinct and separate class and carrying more than one vote each.

2. For the purposes of paragraph 1(d), persons controlled by another person within the meaning of Article 87 of Directive 2001/34/EC(12) shall be deemed to be persons acting in concert with that other person and with each other.

Article 3

General principles

1. For the purpose of implementing this Directive, Member States shall ensure that the following principles are complied with:

(a) all holders of the securities of an offeree company of the same class must be afforded equivalent treatment; moreover, if a person acquires control of a company, the other holders of securities must be protected;

(b) the holders of the securities of an offeree company must have sufficient time and information to enable them to reach a properly informed decision on the bid; where it advises the holders of securities, the board of the offeree company must give its views on the effects of implementation of the bid on employment, conditions of employment and the locations of the company's places of business;

(c) the board of an offeree company must act in the interests of the company as a whole and must not deny the holders of securities the opportunity to decide on the merits of the bid;

(d) false markets must not be created in the securities of the offeree company, of the offeror company or of any other company concerned by the bid in such a way that the rise or fall of the prices of the securities becomes artificial and the normal functioning of the markets is distorted;

(e) an offeror must announce a bid only after ensuring that he/she can fulfil in full any cash consideration, if such is offered, and after taking all reasonable measures to secure the implementation of any other type of consideration;

(f) an offeree company must not be hindered in the conduct of its affairs for longer than is reasonable by a bid for its securities.

2. With a view to ensuring compliance with the principles laid down in paragraph 1, Member States:

(a) shall ensure that the minimum requirements set out in this Directive are observed;

(b) may lay down additional conditions and provisions more stringent than those of this Directive for the regulation of bids.

Article 4

Supervisory authority and applicable law

1. Member States shall designate the authority or authorities competent to supervise bids for the purposes of the rules which they make or introduce pursuant

to this Directive. The authorities thus designated shall be either public authorities, associations or private bodies recognised by national law or by public authorities expressly empowered for that purpose by national law. Member States shall inform the Commission of those designations, specifying any divisions of functions that may be made. They shall ensure that those authorities exercise their functions impartially and independently of all parties to a bid.

2. (a) The authority competent to supervise a bid shall be that of the Member State in which the offeree company has its registered office if that company's securities are admitted to trading on a regulated market in that Member State.

(b) If the offeree company's securities are not admitted to trading on a regulated market in the Member State in which the company has its registered office, the authority competent to supervise the bid shall be that of the Member State on the regulated market of which the company's securities are admitted to trading.

If the offeree company's securities are admitted to trading on regulated markets in more than one Member State, the authority competent to supervise the bid shall be that of the Member State on the regulated market of which the securities were first admitted to trading.

(c) If the offeree company's securities were first admitted to trading on regulated markets in more than one Member State simultaneously, the offeree company shall determine which of the supervisory authorities of those Member States shall be the authority competent to supervise the bid by notifying those regulated markets and their supervisory authorities on the first day of trading.

If the offeree company's securities have already been admitted to trading on regulated markets in more than one Member State on the date laid down in Article 21(1) and were admitted simultaneously, the supervisory authorities of those Member States shall agree which one of them shall be the authority competent to supervise the bid within four weeks of the date laid down in Article 21(1). Otherwise, the offeree company shall determine which of those authorities shall be the competent authority on the first day of trading following that four-week period.

(d) Member States shall ensure that the decisions referred to in (c) are made public.

(e) In the cases referred to in (b) and (c), matters relating to the consideration offered in the case of a bid, in particular the price, and matters relating to the bid procedure, in particular the information on the offeror's decision to make a bid, the contents of the offer document and the disclosure of the bid, shall be dealt with in accordance with the rules of the Member State of the competent authority. In matters relating to the information to be provided to the employees of the offeree company and in matters relating to company law, in particular the percentage of voting rights which confers control and any derogation from the obligation to launch a bid, as well as the conditions under which the board of the offeree company may undertake any action which might result in the frustration of the bid, the applicable rules and the competent authority shall be those of the Member State in which the offeree company has its registered office.

3. Member States shall ensure that all persons employed or formerly employed by their supervisory authorities are bound by professional secrecy. No information covered by professional secrecy may be divulged to any person or authority except under provisions laid down by law.

4. The supervisory authorities of the Member States for the purposes of this Directive and other authorities supervising capital markets, in particular in accordance with Directive 93/22/EEC, Directive 2001/34/EC, Directive

2003/6/EC and Directive 2003/71/EC of the European Parliament and of the Council of 4 November 2003 on the prospectus to be published when securities are offered to the public or admitted to trading shall cooperate and supply each other with information wherever necessary for the application of the rules drawn up in accordance with this Directive and in particular in cases covered by paragraph 2(b), (c) and (e). Information thus exchanged shall be covered by the obligation of professional secrecy to which persons employed or formerly employed by the supervisory authorities receiving the information are subject. Cooperation shall include the ability to serve the legal documents necessary to enforce measures taken by the competent authorities in connection with bids, as well as such other assistance as may reasonably be requested by the supervisory authorities concerned for the purpose of investigating any actual or alleged breaches of the rules made or introduced pursuant to this Directive.

5. The supervisory authorities shall be vested with all the powers necessary for the purpose of carrying out their duties, including that of ensuring that the parties to a bid comply with the rules made or introduced pursuant to this Directive.

Provided that the general principles laid down in Article 3(1) are respected, Member States may provide in the rules that they make or introduce pursuant to this Directive for derogations from those rules:

(i) by including such derogations in their national rules, in order to take account of circumstances determined at national level

and/or

(ii) by granting their supervisory authorities, where they are competent, powers to waive such national rules, to take account of the circumstances referred to in (i) or in other specific circumstances, in which case a reasoned decision must be required.

6. This Directive shall not affect the power of the Member States to designate judicial or other authorities responsible for dealing with disputes and for deciding on irregularities committed in the course of bids or the power of Member States to regulate whether and under which circumstances parties to a bid are entitled to bring administrative or judicial proceedings. In particular, this Directive shall not affect the power which courts may have in a Member State to decline to hear legal proceedings and to decide whether or not such proceedings affect the outcome of a bid. This Directive shall not affect the power of the Member States to determine the legal position concerning the liability of supervisory authorities or concerning litigation between the parties to a bid.

Article 5

Protection of minority shareholders, the mandatory bid and the equitable price

1. Where a natural or legal person, as a result of his/her own acquisition or the acquisition by persons acting in concert with him/her, holds securities of a company as referred to in Article 1(1) which, added to any existing holdings of those securities of his/hers and the holdings of those securities of persons acting in concert with him/her, directly or indirectly give him/her a specified percentage of voting rights in that company, giving him/her control of that company, Member States shall ensure that such a person is required to make a bid as a means of protecting the minority shareholders of that company. Such a bid shall be addressed at the earliest opportunity to all the holders of those securities for all their holdings at the equitable price as defined in paragraph 4.

2. Where control has been acquired following a voluntary bid made in accordance with this Directive to all the holders of securities for all their holdings, the obligation laid down in paragraph 1 to launch a bid shall no longer apply.

3. The percentage of voting rights which confers control for the purposes of paragraph 1 and the method of its calculation shall be determined by the rules of the Member State in which the company has its registered office.

4. The highest price paid for the same securities by the offeror, or by persons acting in concert with him/her, over a period, to be determined by Member States, of not less than six months and not more than 12 before the bid referred to in paragraph 1 shall be regarded as the equitable price. If, after the bid has been made public and before the offer closes for acceptance, the offeror or any person acting in concert with him/her purchases securities at a price higher than the offer price, the offeror shall increase his/her offer so that it is not less than the highest price paid for the securities so acquired.

   Provided that the general principles laid down in Article 3(1) are respected, Member States may authorise their supervisory authorities to adjust the price referred to in the first subparagraph in circumstances and in accordance with criteria that are clearly determined. To that end, they may draw up a list of circumstances in which the highest price may be adjusted either upwards or downwards, for example where the highest price was set by agreement between the purchaser and a seller, where the market prices of the securities in question have been manipulated, where market prices in general or certain market prices in particular have been affected by exceptional occurrences, or in order to enable a firm in difficulty to be rescued. They may also determine the criteria to be applied in such cases, for example the average market value over a particular period, the break-up value of the company or other objective valuation criteria generally used in financial analysis.

   Any decision by a supervisory authority to adjust the equitable price shall be substantiated and made public.

5. By way of consideration the offeror may offer securities, cash or a combina-

tion of both.

However, where the consideration offered by the offeror does not consist of liquid securities admitted to trading on a regulated market, it shall include a cash alternative.

In any event, the offeror shall offer a cash consideration at least as an alternative where he/she or persons acting in concert with him/her, over a period beginning at the same time as the period determined by the Member State in accordance with paragraph 4 and ending when the offer closes for acceptance, has purchased for cash securities carrying 5 % or more of the voting rights in the offeree company.

Member States may provide that a cash consideration must be offered, at least as an alternative, in all cases.

6. In addition to the protection provided for in paragraph 1, Member States may provide for further instruments intended to protect the interests of the holders of securities in so far as those instruments do not hinder the normal course of a bid.

Article 6

Information concerning bids

1. Member States shall ensure that a decision to make a bid is made public without delay and that the supervisory authority is informed of the bid. They may require that the supervisory authority must be informed before such a decision is made public. As soon as the bid has been made public, the boards of the offeree company and of the offeror shall inform the representatives of their respective employees or, where there are no such representatives, the employees

themselves.

2. Member States shall ensure that an offeror is required to draw up and make public in good time an offer document containing the information necessary to enable the holders of the offeree company's securities to reach a properly informed decision on the bid. Before the offer document is made public, the offeror shall communicate it to the supervisory authority. When it is made public, the boards of the offeree company and of the offeror shall communicate it to the representatives of their respective employees or, where there are no such representatives, to the employees themselves.

Where the offer document referred to in the first subparagraph is subject to the prior approval of the supervisory authority and has been approved, it shall be recognised, subject to any translation required, in any other Member State on the market of which the offeree company's securities are admitted to trading, without its being necessary to obtain the approval of the supervisory authorities of that Member State. Those authorities may require the inclusion of additional information in the offer document only if such information is specific to the market of a Member State or Member States on which the offeree company's securities are admitted to trading and relates to the formalities to be complied with to accept the bid and to receive the consideration due at the close of the bid as well as to the tax arrangements to which the consideration offered to the holders of the securities will be subject.

3. The offer document referred to in paragraph 2 shall state at least:

(a) the terms of the bid;

(b) the identity of the offeror and, where the offeror is a company, the type, name and registered office of that company;

(c) the securities or, where appropriate, the class or classes of securities for which the bid is made;

(d) the consideration offered for each security or class of securities and, in the case of a mandatory bid, the method employed in determining it, with particulars of the way in which that consideration is to be paid;

(e) the compensation offered for the rights which might be removed as a result of the breakthrough rule laid down in Article 11(4), with particulars of the way in which that compensation is to be paid and the method employed in determining it;

(f) the maximum and minimum percentages or quantities of securities which the offeror undertakes to acquire;

(g) details of any existing holdings of the offeror, and of persons acting in concert with him/her, in the offeree company;

(h) all the conditions to which the bid is subject;

(i) the offeror's intentions with regard to the future business of the offeree company and, in so far as it is affected by the bid, the offeror company and with regard to the safeguarding of the jobs of their employees and management, including any material change in the conditions of employment, and in particular the offeror's strategic plans for the two companies and the likely repercussions on employment and the locations of the companies' places of business;

(j) the time allowed for acceptance of the bid;

(k) where the consideration offered by the offeror includes securities of any kind, information concerning those securities;

(l) information concerning the financing for the bid;

(m) the identity of persons acting in concert with the offeror or with the offeree company and, in the case of companies, their types, names, registered offices and relationships with the offeror and, where possible, with the offeree company;

(n) the national law which will govern contracts concluded between the offeror and the holders of the offeree company's securities as a result of the bid and the competent courts.

4. The Commission shall adopt rules for the application of paragraph 3 in accordance with the procedure referred to in Article 18(2).

5. Member States shall ensure that the parties to a bid are required to provide the supervisory authorities of their Member State at any time on request with all the information in their possession concerning the bid that is necessary for the supervisory authority to discharge its functions.

Article 7

Time allowed for acceptance

1. Member States shall provide that the time allowed for the acceptance of a bid may not be less than two weeks nor more than 10 weeks from the date of publication of the offer document. Provided that the general principle laid down in Article 3(1)(f) is respected, Member States may provide that the period of 10 weeks may be extended on condition that the offeror gives at least two weeks' notice of his/her intention of closing the bid.

2. Member States may provide for rules changing the period referred to in para-

graph 1 in specific cases. A Member State may authorise a supervisory authority to grant a derogation from the period referred to in paragraph 1 in order to allow the offeree company to call a general meeting of shareholders to consider the bid.

Article 8

Disclosure

1. Member States shall ensure that a bid is made public in such a way as to ensure market transparency and integrity for the securities of the offeree company, of the offeror or of any other company affected by the bid, in particular in order to prevent the publication or dissemination of false or misleading information.

2. Member States shall provide for the disclosure of all information and documents required by Article 6 in such a manner as to ensure that they are both readily and promptly available to the holders of securities at least in those Member States on the regulated markets of which the offeree company's securities are admitted to trading and to the representatives of the employees of the offeree company and the offeror or, where there are no such representatives, to the employees themselves.

Article 9

Obligations of the board of the offeree company

1. Member States shall ensure that the rules laid down in paragraphs 2 to 5 are complied with.

2. During the period referred to in the second subparagraph, the board of the of-

feree company shall obtain the prior authorisation of the general meeting of shareholders given for this purpose before taking any action, other than seeking alternative bids, which may result in the frustration of the bid and in particular before issuing any shares which may result in a lasting impediment to the offeror's acquiring control of the offeree company.

Such authorisation shall be mandatory at least from the time the board of the offeree company receives the information referred to in the first sentence of Article 6(1) concerning the bid and until the result of the bid is made public or the bid lapses. Member States may require that such authorisation be obtained at an earlier stage, for example as soon as the board of the offeree company becomes aware that the bid is imminent.

3. As regards decisions taken before the beginning of the period referred to in the second subparagraph of paragraph 2 and not yet partly or fully implemented, the general meeting of shareholders shall approve or confirm any decision which does not form part of the normal course of the company's business and the implementation of which may result in the frustration of the bid.

4. For the purpose of obtaining the prior authorisation, approval or confirmation of the holders of securities referred to in paragraphs 2 and 3, Member States may adopt rules allowing a general meeting of shareholders to be called at short notice, provided that the meeting does not take place within two weeks of notification's being given.

5. The board of the offeree company shall draw up and make public a document setting out its opinion of the bid and the reasons on which it is based, including its views on the effects of implementation of the bid on all the company's interests and specifically employment, and on the offeror's strategic plans for the offeree company and their likely repercussions on employment and the locations of the company's places of business as set out in the offer document

in accordance with Article 6(3)(i). The board of the offeree company shall at the same time communicate that opinion to the representatives of its employees or, where there are no such representatives, to the employees themselves. Where the board of the offeree company receives in good time a separate opinion from the representatives of its employees on the effects of the bid on employment, that opinion shall be appended to the document.

6. For the purposes of paragraph 2, where a company has a two-tier board structure <board> shall mean both the management board and the supervisory board.

Article 10

Information on companies as referred to in Article 1(1)

1. Member States shall ensure that companies as referred to in Article 1(1) publish detailed information on the following:

   (a) the structure of their capital, including securities which are not admitted to trading on a regulated market in a Member State, where appropriate with an indication of the different classes of shares and, for each class of shares, the rights and obligations attaching to it and the percentage of total share capital that it represents;

   (b) any restrictions on the transfer of securities, such as limitations on the holding of securities or the need to obtain the approval of the company or other holders of securities, without prejudice to Article 46 of Directive 2001/34/EC;

   (c) significant direct and indirect shareholdings (including indirect shareholdings through pyramid structures and cross-shareholdings) within the meaning of Article 85 of Directive 2001/34/EC;

(d) the holders of any securities with special control rights and a description of those rights;

(e) the system of control of any employee share scheme where the control rights are not exercised directly by the employees;

(f) any restrictions on voting rights, such as limitations of the voting rights of holders of a given percentage or number of votes, deadlines for exercising voting rights, or systems whereby, with the company's cooperation, the financial rights attaching to securities are separated from the holding of securities;

(g) any agreements between shareholders which are known to the company and may result in restrictions on the transfer of securities and/or voting rights within the meaning of Directive 2001/34/EC;

(h) the rules governing the appointment and replacement of board members and the amendment of the articles of association;

(i) the powers of board members, and in particular the power to issue or buy back shares;

(j) any significant agreements to which the company is a party and which take effect, alter or terminate upon a change of control of the company following a takeover bid, and the effects thereof, except where their nature is such that their disclosure would be seriously prejudicial to the company; this exception shall not apply where the company is specifically obliged to disclose such information on the basis of other legal requirements;

(k) any agreements between the company and its board members or employees providing for compensation if they resign or are made redundant without valid reason or if their employment ceases because of a takeover bid.

2. The information referred to in paragraph 1 shall be published in the company's annual report as provided for in Article 46 of Directive 78/660/EEC(13) and Article 36 of Directive 83/349/EEC(14).

3. Member States shall ensure, in the case of companies the securities of which are admitted to trading on a regulated market in a Member State, that the board presents an explanatory report to the annual general meeting of shareholders on the matters referred to in paragraph 1.

Article 11

Breakthrough

1. Without prejudice to other rights and obligations provided for in Community law for the companies referred to in Article 1(1), Member States shall ensure that the provisions laid down in paragraphs 2 to 7 apply when a bid has been made public.

2. Any restrictions on the transfer of securities provided for in the articles of association of the offeree company shall not apply vis-à-vis the offeror during the time allowed for acceptance of the bid laid down in Article 7(1).

   Any restrictions on the transfer of securities provided for in contractual agreements between the offeree company and holders of its securities, or in contractual agreements between holders of the offeree company's securities entered into after the adoption of this Directive, shall not apply vis-à-vis the offeror during the time allowed for acceptance of the bid laid down in Article 7(1).

3. Restrictions on voting rights provided for in the articles of association of the offeree company shall not have effect at the general meeting of shareholders which decides on any defensive measures in accordance with Article 9.

   Restrictions on voting rights provided for in contractual agreements between the offeree company and holders of its securities, or in contractual agreements between holders of the offeree company's securities entered into after the adoption of this Directive, shall not have effect at the general meeting of shareholders which decides on any defensive measures in accordance with Article 9.

   Multiple-vote securities shall carry only one vote each at the general meeting of shareholders which decides on any defensive measures in accordance with Article 9.

4. Where, following a bid, the offeror holds 75 % or more of the capital carrying voting rights, no restrictions on the transfer of securities or on voting rights referred to in paragraphs 2 and 3 nor any extraordinary rights of shareholders concerning the appointment or removal of board members provided for in the articles of association of the offeree company shall apply; multiple-vote securities shall carry only one vote each at the first general meeting of shareholders following closure of the bid, called by the offeror in order to amend the articles of association or to remove or appoint board members.

   To that end, the offeror shall have the right to convene a general meeting of shareholders at short notice, provided that the meeting does not take place within two weeks of notification.

5. Where rights are removed on the basis of paragraphs 2, 3, or 4 and/or Article 12, equitable compensation shall be provided for any loss suffered by the holders of those rights. The terms for determining such compensation and the arrangements for its payment shall be set by Member States.

6. Paragraphs 3 and 4 shall not apply to securities where the restrictions on voting rights are compensated for by specific pecuniary advantages.

7. This Article shall not apply either where Member States hold securities in the offeree company which confer special rights on the Member States which are compatible with the Treaty, or to special rights provided for in national law which are compatible with the Treaty or to cooperatives.

Article 12

Optional arrangements

1. Member States may reserve the right not to require companies as referred to in Article 1(1) which have their registered offices within their territories to apply Article 9(2) and (3) and/or Article 11.

2. Where Member States make use of the option provided for in paragraph 1, they shall nevertheless grant companies which have their registered offices within their territories the option, which shall be reversible, of applying Article 9(2) and (3) and/or Article 11, without prejudice to Article 11(7).

   The decision of the company shall be taken by the general meeting of shareholders, in accordance with the law of the Member State in which the company has its registered office in accordance with the rules applicable to amendment of the articles of association. The decision shall be communicated to the supervisory authority of the Member State in which the company has its registered office and to all the supervisory authorities of Member States in which its securities are admitted to trading on regulated markets or where such admission has been requested.

3. Member States may, under the conditions determined by national law, exempt companies which apply Article 9(2) and (3) and/or Article 11 from applying Article 9(2) and (3) and/or Article 11 if they become the subject of an offer launched by a company which does not apply the same Articles as they do, or by a company controlled, directly or indirectly, by the latter, pursuant to Article 1 of Directive 83/349/EEC.

4. Member States shall ensure that the provisions applicable to the respective companies are disclosed without delay.

5. Any measure applied in accordance with paragraph 3 shall be subject to the authorisation of the general meeting of shareholders of the offeree company, which must be granted no earlier than 18 months before the bid was made public in accordance with Article 6(1).

Article 13

Other rules applicable to the conduct of bids

Member States shall also lay down rules which govern the conduct of bids, at least as regards the following:

(a) the lapsing of bids;

(b) the revision of bids;

(c) competing bids;

(d) the disclosure of the results of bids;

(e) the irrevocability of bids and the conditions permitted.

Article 14

Information for and consultation of employees' representatives

This Directive shall be without prejudice to the rules relating to information and to consultation of representatives of and, if Member States so provide, co-determination with the employees of the offeror and the offeree company governed by the relevant national provisions, and in particular those adopted pursuant to Directives 94/45/EC, 98/59/EC, 2001/86/EC and 2002/14/EC.

Article 15

The right of squeeze-out

1. Member States shall ensure that, following a bid made to all the holders of the offeree company's securities for all of their securities, paragraphs 2 to 5 apply.

2. Member States shall ensure that an offeror is able to require all the holders of the remaining securities to sell him/her those securities at a fair price. Member States shall introduce that right in one of the following situations:

   (a) where the offeror holds securities representing not less than 90 % of the capital carrying voting rights and 90 % of the voting rights in the offeree company,

   or

   (b) where, following acceptance of the bid, he/she has acquired or has firmly contracted to acquire securities representing not less than 90 % of the offeree company's capital carrying voting rights and 90 % of the voting rights comprised in the bid.

In the case referred to in (a), Member States may set a higher threshold that may not, however, be higher than 95 % of the capital carrying voting rights and 95 % of the voting rights.

3. Member States shall ensure that rules are in force that make it possible to calculate when the threshold is reached.

Where the offeree company has issued more than one class of securities, Member States may provide that the right of squeeze-out can be exercised only in the class in which the threshold laid down in paragraph 2 has been reached.

4. If the offeror wishes to exercise the right of squeeze-out he/she shall do so within three months of the end of the time allowed for acceptance of the bid referred to in Article 7.

5. Member States shall ensure that a fair price is guaranteed. That price shall take the same form as the consideration offered in the bid or shall be in cash. Member States may provide that cash shall be offered at least as an alternative.

Following a voluntary bid, in both of the cases referred to in paragraph 2(a) and (b), the consideration offered in the bid shall be presumed to be fair where, through acceptance of the bid, the offeror has acquired securities representing not less than 90 % of the capital carrying voting rights comprised in the bid.

Following a mandatory bid, the consideration offered in the bid shall be presumed to be fair.

Article 16

The right of sell-out

1. Member States shall ensure that, following a bid made to all the holders of the offeree company's securities for all of their securities, paragraphs 2 and 3 apply.

2. Member States shall ensure that a holder of remaining securities is able to require the offeror to buy his/her securities from him/her at a fair price under the same circumstances as provided for in Article 15(2).
3. Article 15(3) to (5) shall apply mutatis mutandis .

Article 17

Sanctions

Member States shall determine the sanctions to be imposed for infringement of the national measures adopted pursuant to this Directive and shall take all necessary steps to ensure that they are put into effect. The sanctions thus provided for shall be effective, proportionate and dissuasive. Member States shall notify the Commission of those measures no later than the date laid down in Article 21(1) and of any subsequent change thereto at the earliest opportunity.

Article 18

Committee procedure

1. The Commission shall be assisted by the European Securities Committee established by Decision 2001/528/EC (hereinafter referred to as <the Committee>).

2. Where reference is made to this paragraph, Articles 5 and 7 of Decision 1999/468/EC shall apply, having regard to Article 8 thereof, provided that the implementing measures adopted in accordance with this procedure do not modify the essential provisions of this Directive.

The period referred to in Article 5(6) of Decision 1999/468/EC shall be three months.

3. Without prejudice to the implementing measures already adopted, four years after the entry into force of this Directive, the application of those of its provisions that require the adoption of technical rules and decisions in accordance with paragraph 2 shall be suspended. On a proposal from the Commission, the European Parliament and the Council may renew the provisions concerned in accordance with the procedure laid down in Article 251 of the Treaty and, to that end, they shall review them before the end of the period referred to above.

Article 19

Contact committee

1. A contact committee shall be set up which has as its functions:

   (a) to facilitate, without prejudice to Articles 226 and 227 of the Treaty, the harmonised application of this Directive through regular meetings dealing with practical problems arising in connection with its application;

   (b) to advise the Commission, if necessary, on additions or amendments to this Directive.

2. It shall not be the function of the contact committee to appraise the merits of decisions taken by the supervisory authorities in individual cases.

Article 20

Revision

Five years after the date laid down in Article 21(1), the Commission shall examine this Directive in the light of the experience acquired in applying it and, if necessary, propose its revision. That examination shall include a survey of the control structures and barriers to takeover bids that are not covered by this Directive.

To that end, Member States shall provide the Commission annually with information on the takeover bids which have been launched against companies the securities of which are admitted to trading on their regulated markets. That information shall include the nationalities of the companies involved, the results of the offers and any other information relevant to the understanding of how takeover bids operate in practice.

Article 21

Transposition

1. Member States shall bring into force the laws, regulations and administrative provisions necessary to comply with this Directive no later than 20 May 2006. They shall forthwith inform the Commission thereof.

When Member States adopt those provisions, they shall contain a reference to this Directive or shall be accompanied by such reference on the occasion of their official publication. The methods of making such reference shall be laid down by the Member States.

2. Member States shall communicate to the Commission the text of the main provisions of national law that they adopt in the fields covered by this Directive.

Article 22

Entry into force

This Directive shall enter into force on the 20th day after that of its publication in the Official Journal of the European Union.

Article 23

Addressees

This Directive is addressed to the Member States.

국문색인

[ㄱ]
가계정 289
가치극대화기준 129
거부권부주식 56
경매의 규칙 107
경영자경매인이론 106
경영자수동행위이론 103
경영진에 의한 차입매수 257
경영판단의 원칙 98
공개매수자로부터의 자기주식의 취득 246
공정가격규정 31
공정가격요건 264
공정가격조항 197
공정거래요건 264
공정성의견서 266
공평가격 36
교두보 확보 247
교환청약 204
구이사상환규정 321
宮入밸브 사건 140
권유금지조항 222
균형성기준 123
그림자투표 303
근로자주식소유신탁기금 288
근로자지주제도 284
근로자퇴직소득보장법 288
기업가치보고서 58
기업규모확대이론 11

[ㄴ]
내부자거래 262
ニレコ(니레코) 사건 146

[ㄷ]
단순거부전략 136
대량소유제한제도 68
대미외국인투자위원회 86
델라웨어 가중평균방식 265
동결기간 33

[ㄹ]
락업 221

[ㅁ]
명목회사 258

[ㅂ]
발판취득 247
발효요건 310

방어수단에 관한 지침 61
방어적 ESOP 291
본질적 공정성기준 101
비용상환규정 223
비차입형 ESOP 290

[ㅅ]
사기양도법 268
상승효과이론 10
상장폐지 259
상호적 선택권 39
상호출자규제 80
선순위채무 259
선택규정 39
수급권 289
승낙조건 43
시차이사임기조항 194
신이사상환제한규정 321
신인의무 98
신주예약권 53

[ㅇ]
안분비례에 의한 매입 26
안분비례요건 27
엑슨 플로리오 수정법안 85
예측정보 262
완전정직의무 264
우리사주조합 284
우호적 제 3 자 221
위약비용 223
위임장경쟁 72
윌리암스법 23
유비케어 사건 163
의결권대리행사의 권유 73
의결권의 변경 206
의결권제한주식 55
의무공개매수 36, 42, 48
의무공개매수제도 69
의무상환권조항 197
의제사기 268
2단계 공개매수 13
이익반환법 251
이해관계자규정 32
인수자격퇴규정 193
일본방송 사건 143

[ㅈ]
자기공개매수 245
자기주식의 취득 243
자본이동자유화규약 84
자산선매권 224
잠금규정 198
전부취득조항부종류주식 56
전체적 공정성기준 101
제 1 세대 기업인수규제법 30
제 2 세대 기업인수규제법 30
제 3 세대 기업인수규제법 33
죄수의 딜레마 13
주식대량보유보고제도 71
주식매도청구권 37
주식매수청구권 32, 37
주식선매권 224
주식시장에서의 자기주식취득 244
주요목적기준 120
주의의무 98
중립원칙 37
지배주식취득규정 30
질서규정 26

징계이론 9

[ㅊ]
차등의결권주식 203
차별적인 자기공개매수 246
차입매수 257
차입형 ESOP 290
착취이론 12
철회권 26
최고가격의 원칙 26
출자총액규제 79
忠實屋사건 142
충실의무 98
취득조항부주식 55

[ㅌ]
통일사기양도법 268
특별다수결조항 195
특별배당 205

[ㅍ]
폐기원칙 38
폐쇄기업화거래 265
폐쇄회사 259
포이즌 필 309

[ㅎ]
한화종합금융 사건 151
해약금 223
행사가격 314
현대엘리베이터 사건 154
협상금지조항 222
황금낙하산 212
황금주 212
후순위채무 259

영문색인

[A]

Acceptance Condition 43

All Holder Rule 246

Anti-Greenmail Statute 251

Asset Lock-Up Option 224

[B]

Back-End Pill 316

Back-End Provision 316

Beachhead Position 247

Best Price Rule 26

Best-Price Provision 246

Break-Up Fee 223

Breakthrough Rule 38

Business Judgment Rule 98

Business Roundtable 208

[C]

Change of Control Clause 213

Cheff판결 136

Code of Liberalisation of Capital Movement 84

Committee on Foreign Investment in the United States: CFIUS 86

Compensation Clause 214

Compulsory Redemption Provision 197

Constituency Statute 32

Constructive Fraud 268

Continuing Director 196

Control Share Acquisition Statute 30

Cross Lock-Up 223

Crown Jewel Option 224

CTS판결 28

[D]

Dead-Hand Provision 321

Defensive ESOP 291

Defensive Stock Repurchases 244

Delaware Bloc approach 265

Disciplinary Hypothesis 9

Discriminatory Self-Tender Offer 246

Disgorgement Statute 251

Double Trigger Parachute 215

Dual Class Capitalization 203

Dual Class Recapitalization 203

Dual Class Stock 203

Duty of Care 98

저자약력

◦ 고려대학교 법과대학 법학과 졸업 (法學士)
◦ 미국 Washington University Law School (St. Louis 所在)
  LL.M.과정 수료 (法學碩士)
◦ 고려대학교 대학원 법학과 박사과정 수료 (法學博士)
◦ 현 국립안동대학교 사회과학대학 법학과 전임강사 (상법 담당)

논　문

◦ M&A에 있어서 락업(Lock-Up)의 적법성에 관한 법적고찰
◦ 차입매수(Leveraged Buyout)의 법적논점에 관한 고찰
◦ 우리사주조합의 우호적 제 3 자(White Knight)로서의 활용방안
  — 미국법상의 ESOP와의 비교를 중심으로 —
◦ 전자지급결제대행(Payment Gateway)업에 관한 법적고찰
◦ 모바일 지급결제에 있어서 이동통신사업자의 책임에 관한 소고
  — USIM카드기반 결제를 중심으로
◦ 모바일 뱅킹(Mobile Banking)에 관한 법적연구
  — USIM뱅킹을 중심으로
  외 다수

M&A 개론

2009年　1月　20日　初版印刷
2009年　1月　30日　初版發行

著 者　김 홍 식
發行人　安 鍾 萬
發行處　(株) 博 英 社
서울特別市 鍾路區 平洞 13-31番地
電話 (733) 6771　FAX (736) 4818
登錄 1959. 3. 11.　제300-1959-1호(倫)

저자와 협의하에 인지첩부를 생략함

www.pakyoungsa.co.kr　e-mail: pys@pakyoungsa.co.kr

定 價　25,000원　　ISBN 978-89-7189-889-5